CHILE
EIN SCHWARZBUCH

CHILE
EIN SCHWARZBUCH

Herausgegeben von Hans-Werner Bartsch,
Martha Buschmann, Gerhard Stuby
und Erich Wulff

PAHL-RUGENSTEIN

Erste Auflage Februar 1974
Zweite Auflage April 1974

© 1974 by Pahl-Rugenstein Verlag, Köln
Alle Rechte vorbehalten
Fotos: AFP, AP, Billhardt, Camera-Press, Gamma, Life, Paris Match, Prensa Latina, Sefzik, Spiegel, Stern, Studio H & S, UPI, ZB
Gesamtherstellung: Heska-Druck
ISBN 3-7609-0138-7

Der 11. September 1973 ist ein unauslöschliches Datum. Nicht nur für das chilenische Volk, das in den drei Jahren Regierungszeit der Unidad Popular gelernt hatte, mit Hoffnung in die Zukunft zu blicken. Auch für die Menschen in aller Welt, die im Kampf der chilenischen Arbeiter, Bauern, Studenten und Intellektuellen ihr eigenes Streben nach mehr Demokratie und sozialer Gerechtigkeit erkannten und die Sache des chilenischen Volkes zu ihrer eigenen machten. Vier Monate faschistischer Barbarei haben seitdem das Land erschüttert, vier Monate blutigsten Terrors, der in erschreckender Weise an die brutale Gewaltherrschaft des Hitlerfaschismus erinnert. Tausende chilenischer Patrioten fielen ihm zum Opfer, über Millionen brachte er unsägliches Leid und Verzweiflung. In diesem Buch sind die Verbrechen der Junta verzeichnet, die Verbrechen von 120 Tagen ihrer Willkürherrschaft. Unbestechliche Dokumente weisen nach: Die Vergewaltigung der Demokratie in Chile, der Bruch internationaler Abkommen und der tausendfache Mord an chilenischen Patrioten wurden in den Büros der CIA und den Vorstandsetagen multinationaler Konzerne, der ITT und anderer US-Monopole geplant, die Durchführung war von außen gesteuert. Das Buch zeigt auch, was sie zerstörten: die sozialen und politischen Errungenschaften, die sich das chilenische Volk mit seiner Regierung der Volkseinheit erkämpft hat. Errungenschaften, die sich in Zahlen ausdrücken lassen, aber auch solche, die man nur in den Gesichtern der jungen Chilenen zu erkennen vermag, die in dem Bewußtsein, ihre eigene Zukunft in Händen zu halten, begeistert am Aufbau des Landes teilnahmen.

Der Putsch in Chile und unsere eigenen leidvollen Erfahrungen unter dem Hitlerfaschismus mahnen zur Wachsamkeit. Unüberhörbar waren auch bei uns die Stimmen derer, die sich nicht nur in Versuchen ergingen, die Machtergreifung der Militärjunta zu rechtfertigen. In der Haltung zu dem blutigen Verfassungsbruch in Chile weisen sich Freunde und Feinde der Demokratie aus. Daher kann niemand aus der Pflicht entlassen werden, in dieser Frage eindeutig Stellung zu beziehen. Der Putsch in Chile entläßt die demokratischen Kräfte auch nicht aus ihrer Verantwortung, gemeinsam Front zu machen gegen die moralischen und politischen Anwälte der faschistischen Militärjunta in unserem Land, gemeinsam Front zu machen gegen die Aushöhlung von Grundwerten unserer Verfassung.

Die Einheit breiter Schichten des chilenischen Volkes, wie sie sich im Bündnis der die Unidad Popular tragenden demokratischen Parteien verkörperte, weist in ihrer beispielhaften Bedeutung weil über die Grenzen Chiles hinaus. Die solidarische Zusammenarbeit von Parteien und Organisationen verschiedener weltanschaulicher Bekenntnisse, von Marxisten, Christen und Liberalen, war ungeachtet der zeitweisen Niederlage des chilenischen Volkes Unterpfand seiner sozialen und politischen Errungenschaften in den drei Jahren der Volksregierung Allendes. Auf diese Einheit gründet sich zugleich die Kraft des sich in Chile organisierenden antifaschistischen Widerstandes. Unidad Popular – Volkseinheit – wird so zum Symbol der Kraftentfaltung eines jeden um Freiheit, Unabhängigkeit und sozialen Fortschritt ringenden Volkes.

Am 11. September 1973 senkte sich die Nacht des Faschismus über das freie Chile. Ohne Zweifel hat das chilenische Volk einen schweren Kampf zu bestehen – einen Kampf, der große Anstrengungen und Opfer erfordert. Es steht nicht nur einer Handvoll faschistischer Militärs gegenüber, sondern einem weitaus mächtigeren Gegner, erfahren in der Unterdrückung fremder Völker und skrupellos in der Wahl seiner Mittel. Doch die Geschichte wird von den Völkern gemacht, wie Salvador Allende noch im Angesicht des Todes sagte. Die Welt von 1973 ist nicht mehr die von 1933. Überall haben antiimperialistische Kräfte starke Positionen erobern können. Eine weltweite Bewegung des Protestes und der Solidarität steht an der Seite der chilenischen Antifaschisten. Auch dieses Buch will einen Beitrag im Kampf um die gerechte Sache Chiles leisten.

Köln, im Februar 1974   *Die Herausgeber*

José Venturelli

No habrá olvido

Es wird nicht vergessen werden

Unauslöschliches Datum:

11. September 1973

Über das freie Chile bricht die Nacht faschistischer Barbarei herein.
Eine gekaufte Generalsclique stürzt die rechtmäßige Regierung
der Unidad Popular. Der Amtssitz des vom Volk gewählten Präsidenten
wird bombardiert und in Brand geschossen. Der Präsident, Dr. Salvador
Allende, wird ermordet. Die faschistischen Henker greifen nach
dem Generalsekretär der KP Chiles, Luis Corvalán. Die Armee errichtet
ein Regime des Terrors. Die Straßen der chilenischen Städte färben
sich mit dem Blut von Zehntausenden Anhängern der Unidad Popular.
Panzer, Artillerie und Bomben ersticken die Freiheit des Volkes.

Ein Aufschrei des Zorns, der Empörung geht durch die Welt.

Unauslöschliches Datum: 11. September 1973!

Ein Volk wird in Knechtschaft zurückgeworfen, das einen geschicht-
lichen Augenblick lang den befreienden Hauch menschenwürdigen
Lebens gespürt hat.

Eine Regierung wird gestürzt, die in drei Jahren vollbracht hat,
was ihre Vorgänger in anderthalb Jahrhunderten nicht vermochten.
Die Chiles Kindern Milch, Chiles Jugend Bildung, Chiles Bauern
Land, Chiles Arbeitslosen Arbeit, Chiles Werktätigen die großen
Betriebe, Chiles Volk sein Kupfer, Chiles Obdachlosen Wohnung
gab.

Ein Volk wird ins Elend zurückgeworfen, auf dessen Weg ans Licht
die Geknechteten in ganz Lateinamerika voller Hoffnung blickten.

Unauslöschliches Datum: 11. September 1973!

Tag auch des unbeschreiblichen Heldenmutes einfacher Menschen,
chilenischer Arbeiter, Bauern und Intellektueller. Tag des heroischen
Widerstandes ihres Präsidenten, der den Mördern der Demokratie
mit der Waffe in der Hand entgegentritt und kämpfend fällt. Beginn
einer neuen Etappe im revolutionären Kampf eines Volkes, das
sich trotz waffenstarrender feindlicher Übermacht nicht geschlagen
gibt. Das der Sache der Unidad Popular die Treue hält. Das KZ,
Folter und Tod die Stirn bietet. Das seine Kräfte sammelt. Das die
Freiheit zurückerobern und mit seinen Henkern abrechnen wird,
wenn der Tag gekommen ist!

Alle fortschrittlichen Menschen der Welt stellen sich an die Seite
dieses leidenden und kämpfenden Volkes, der Anhänger der Unidad
Popular, aller Patrioten Chiles!

Zur Zeit, da dieses Buch abgeschlossen wird, herrscht die faschistische
Junta gerade vier Monate über das Andenland. Was haben drei
Jahre Unidad Popular – und was haben vier Monate Faschismus
dem chilenischen Volk gebracht? Die Antwort spricht der Junta
und ihren dollarschweren Hintermännern das Urteil.

Drei Jahre Unidad Popular – das waren drei Jahre erfolgreichen
Kampfes für nationale Unabhängigkeit, für die Freiheit des arbeitenden
Menschen, für den sozialen Fortschritt. Erstmals konnten in Chile
die die Köpfe hoch tragen, die sie Jahrhunderte unter das Joch
fremder und einheimischer Ausbeuter beugen mußten. Erstmals
erhielten satt zu essen, die stets Hunger leiden mußten. Erstmals
bekam im Lande das Wort derer Gewicht, die alle Werte schaffen,
und nicht jener, die sie sich ungerechtfertigt aneignen. Drei Jahre
Unidad Popular – das war der Schritt in ein neues Leben. Der mühsame,
schwere. Aber der erfolgreiche, lohnende. Der neue Weg der Würde
und der Menschlichkeit für ein ganzes Volk.

Vier Monate Militärjunta – das sind vier Monate permanenten

faschistischen Terrors, Massenverhaftungen, Massenfolterungen, Massenexekutionen. Das sind vier Monate der Angst und des Schreckens, der Deportationen und der Konzentrationslager, der Denunziation und der Kriegsgerichtsurteile – nie in seiner Geschichte hat das chilenische Volk ein solches Ausmaß von Mord und Totschlag, von Willkür, Inquisition und Barbarei erlebt. Die angeblich dem „Chaos" ein Ende machen wollten, haben das totale Chaos zum Normalzustand erhoben. Vier Monate faschistische Militärjunta, das bedeutet die Beseitigung aller sozialen Errungenschaften der Unidad Popular, bedeutet Massenelend und Massenentlassungen, schwindelerregende Preissteigerungen und beispielloses Inflations- tempo, Auslieferung der Betriebe des Volkes an die in- und aus- ländischen Konzerne, Rückgabe des Bodens an die gnadenlosen Großgrundbesitzer, Verwandlung der Universitäten in Kasernen. Vier Monate Junta – das ist die zum System erhobene Unmenschlichkeit.

Drei Jahre Unidad Popular – das war ein freies Volk voller Tatendrang, der Welt bekannt durch seine kraftvollen, hinreißenden Manifestationen, durch seine Lieder, durch das Vorbild seines Präsidenten, des großen Humanisten und Sozialisten Dr. Allende.

Vier Monate Militärjunta – das ist die zerstörte Moneda, das Schweigen in den Straßen, die Angst in den Augen der Menschen. Das sind zumindest 20 000 Ermordete, ebensoviel Verschleppte, ein Vielfaches an Verfolgten, Gemaßregelten, Gequälten. Das sind die Gesichter der uniformierten Mörder, ist das Knacken ihrer Gewehrschlösser, das Rasseln ihrer Panzer.

Wer trägt die Schuld daran, daß so blutig unterbrochen wurde, was mit soviel Lebensfreude und Begeisterung begann? Wer verlegte der Hoffnung eines Kontinents den Weg? Wer trug das Mittelalter ins zwanzigste Jahrhundert? Die ganze Wahrheit muß ans Licht.

Wer plante das Verbrechen und wer führte es aus? Von wem war es gewollt, von wem wurde es begrüßt, von wem wird es unterstützt? Und vor allem: Warum?

Dieses Buch will eine Antwort darauf geben. Anhand von Dokumenten, Zahlen, Fakten. Anhand von Zeugenaussagen, Protokollen, Unter- suchungen. Anhand von unbestechlichen Fotos, die das Verbrechen und die Lüge ebenso entlarven und anklagen, wie sie der Wahrheit ans Licht verhelfen.

Dieses Buch erbringt den Nachweis: Der 11. September 1973, und was ihm folgte, war kein „gewöhnlicher" Putsch, kein politischer Umsturz von lokaler oder nationaler Bedeutung. Der 11. September 1973 und der Blutrausch, der bis auf den heutigen Tag anhält, sind das Ergebnis einer heimtückischen Verschwörung der großen US-amerikanischen und multinationalen Konzerne gegen Frieden und Fortschritt, gegen Freiheit und Demokratie – nicht nur des chilenischen Volkes, sondern aller Völker der Welt. Es ist die Ver- schwörung der gleichen aggressiven imperialistischen Kräfte, die um ihrer Profite und Privilegien willen den Völkermord gegen das Volk Vietnams praktizierten. Die in Chile den Faschismus in den Sattel hoben, sind die gleichen, die stets zu faschistischen Herrschaftsmethoden griffen, wenn die Völker mit Ausbeutung, Krisen und Kriegen Schluß machen wollten. Der Schlag gegen die Volkseinheit in Chile richtet sich gegen die demokratische und revolutionäre Einheit der Völker aller Länder.

Aber die Welt von 1973 ist nicht die Welt von 1933. Die Sache des Friedens und der Freiheit, die Sache des gesellschaftlichen Fortschritts, der Demokratie und des Sozialismus ist im Vormarsch. Das Prinzip der friedlichen Koexistenz zwischen Staaten unterschiedlicher Gesellschaftsordnung setzt sich durch im Leben der Völker. Es engt die Möglichkeiten der Imperialisten immer mehr ein. Wohl können die Gegner des Friedens und des Fortschritts noch zeitweise Erfolge in diesem oder jenem Lande erzielen. Es gibt keinen Grund, ihre Kräfte zu unterschätzen. Aber, wie Dr. Salvador Allende voller Siegesgewißheit noch im Angesicht des Todes sagte: „Man kann weder durch Verbrechen noch durch Gewalt die gesellschaftlichen Prozesse aufhalten. Die Geschichte gehört uns, es sind die Völker, die sie machen."

Es ist das Anliegen dieses Buches, der Sache des chilenischen Volkes zu dienen, der Wahrheit über seinen Weg, der Wahrheit über sein Leid, der Wahrheit über seinen Kampf.

Die Sache der Unidad Popular ist nicht tot. Sie lebt. In den Köpfen und Herzen von Millionen Chilenen, von Millionen Ausgebeuteten und Unterdrückten in Lateinamerika, von Millionen Demokraten und Sozialisten in der ganzen Welt. Diese gerechte Sache wird siegen.

Bis zum Tage des Sieges aber ist es die Pflicht eines jeden fortschrittlichen Menschen in jedem Land, alles zu tun, um den Henkern der chilenischen Patrioten und Demokraten in den Arm zu fallen, um weitere Verbrechen zu verhindern, um Menschenleben zu retten, um dem Morden ein Ende zu machen, um Freiheit für Luis Corvalán und alle anderen Eingekerkerten zu erkämpfen.

Millionen Hirne, Millionen Herzen, Millionen Münder, Millionen Arme sind eine Kraft, wenn sie sich zu gemeinsamem Protest gegen Völkermord, zu tätiger Solidarität vereinen. Sorgen wir alle dafür, daß kein Verbrechen der Henker am chilenischen Volk unbekannt bleibt. Daß der Protest und die Solidarität täglich wachsen. Daß Freiheit und Demokratie in Chile wiederhergestellt werden.

Das Weltgewissen ist eine Macht – das Weltgewissen sind wir alle! Unser Wort, unsere Tat – für Chile.

Kapitel I

Wogegen putschte die Reaktion?

Die das Volk Chiles in ein Meer von Blut und Tränen stürzten, ersannen viele Lügen, um ihre Gewaltherrschaft zu rechtfertigen. Sie erfinden täglich neue.

Die geschichtliche Wahrheit über die Regierung der Unidad Popular, über ihre historische Leistung können sie nicht verdunkeln!

Ihre Bomber, ihre Panzer, ihre Mordkommandos richteten sich gegen eine Regierung, die von der Mehrheit des chilenischen Volkes in Ausübung seines Selbstbestimmungsrechts frei gewählt war.

Gegen eine Regierung, deren Programm den Wünschen und Sehnsüchten des schaffenden Volkes nach Wiedererlangung seiner Bodenschätze, nach einem menschenwürdigen Leben, nach sozialer Sicherheit entsprach.

Gegen eine Regierung, die dieses Programm gegen enorme Schwierigkeiten mit großen Anstrengungen Punkt für Punkt verwirklichte und in knapp drei Jahren mehr für die Lösung der sozialen Probleme tat als je eine chilenische Regierung zuvor.

Gegen ein Volk, das den Weg in einen glücklicheren Tag eingeschlagen hatte und einen heroischen Kampf um seine nationale und soziale Befreiung führt.

Sie putschten im Namen der Vergangenheit gegen die Zukunft. Im Namen der Finsternis gegen das Licht. Im Namen des Todes gegen das Leben.

Programm der Unidad Popular

Um der wirtschaftlichen Ausplünderung des Landes und der Not von Millionen Menschen ein Ende zu machen, hatten sich in Chile sechs Parteien zu einem Bündnis zusammengefunden, zur Unidad Popular. Gemeinsam wollten sie dem gesellschaftlichen Fortschritt zum Durchbruch verhelfen. Das Programm, mit dem sie vor das chilenische Volk traten, war gegen die ausländischen Monopole und gegen die einheimische Oligarchie gerichtet. Es bot dem chilenischen Volk die Chance, in Übereinstimmung mit der Verfassung, auf demokratischem Wege, mit friedlichen Mitteln schrittweise eine revolutionäre Umgestaltung der Gesellschaft zu vollziehen.

1969: Gründung der UP

Die Unidad Popular formierte sich im Ergebnis eines jahrelangen Kampfes. Am 17. Dezember 1969 unterzeichneten ihr Programm die Kommunistische Partei, die Sozialistische Partei, die Radikale Partei, die Bewegung der Einheitlichen Volksaktion (MAPU), die Unabhängige Volksaktion (API) und die Sozialdemokratische Partei. Später, 1971, schloß sich ihr die „Christliche Linke" (IC) an.

Damit war das breiteste politische und soziale Bündnis zustandegekommen, das es je in Chile gab. Die Unidad Popular – das sind die Arbeiter und Angestellten, die Bauern und die Intelligenz, das sind kleine Handwerker und Gewerbetreibende.

Ein Programm des sozialen und demokratischen Fortschritts

Und dies ist das Programm, mit dem die Unidad Popular 1970 in den Wahlkampf ging, mit dem ihr Kandidat, Dr. Salvador Allende Gossens, den Sieg errang:[1]

● **Für eine allgemeine Demokratisierung des gesellschaftlichen Lebens**

„Mit dem Tage, an dem die Volksregierung die Macht übernimmt, werden Wege eröffnet werden, um den Einfluß der Werktätigen und des Volkes – durch die Einschaltung der gesellschaftlichen Or-

ganisationen – bei der Annahme von Beschlüssen und in der Kontrolle der staatlichen Verwaltung wirksam werden zu lassen."

● Für die Entmachtung des Monopolkapitals

„Es ist das zentrale Ziel der Politik der geeinten Volkskräfte, die gegenwärtige ökonomische Struktur zu verändern und die Macht des in- und ausländischen Monopolkapitals und der Großgrundbesitzer zu brechen…"

● Für die Nationalisierung der Bodenschätze

„Als erste Maßnahme werden diejenigen grundlegenden Reichtümer nationalisiert werden, die sich – wie der große Kupfer-, Eisen- und Salpeterbergbau und andere Industrien – in der Hand des ausländischen Kapitals und der inländischen Monopole befinden."

● Für die Verstaatlichung der Banken und Schlüsselindustrien

„Folgende Bereiche werden von der Nationalisierung erfaßt:

1. Der große Kupfer-, Salpeter-, Jod-, Eisen- und Steinkohlebergbau;

2. das Finanzsystem des Landes, im besonderen die Privatbanken und die Versicherungsgesellschaften;

3. der Außenhandel;

4. die großen Absatzbetriebe und -monopole;

5. die Rüstungsmonopole;

6. im allgemeinen alle jene Bereiche, die die ökonomische und gesellschaftliche Entwicklung des Landes begünstigen wie Produktion und Verteilung

von Elektroenergie, der Schienen-, Luft- und See-transport, das Nachrichtenwesen, Produktion, Ver-edelung und Verteilung von Erdöl und seinen Deri-vanten einschließlich Flüssiggas, das Eisenhütten-wesen, die Zementindustrie, die Petrolchemie und der Chemieanlagenbau, die Zelluloseindustrie und die Papierindustrie."

● **Für eine echte Bodenreform**

„1. Die Enteignung der Güter, die die entspre-chend den in den verschiedenen Gebieten herr-schenden Bedingungen festgelegte Maximalgröße überschreiten.

2. Unverzügliche Einbeziehung des verlassenen Bodenbesitzes und des schlecht genutzten Staats-eigentums in den Ackerbau.

3. Die enteigneten Ländereien werden vorzugs-weise in genossenschaftlichen Eigentumsformen organisiert. Die Bauern werden Besitzrecht auf Haus und Garten haben, die ihnen zugeteilt werden, und auf ihren in das unteilbare Grundstück der Ge-nossenschaft eingebrachten Bodenanteil…"

● **Für Abschaffung der Arbeitslosigkeit**

„Gewährleistung eines Arbeitsplatzes für alle Chi-lenen im arbeitsfähigen Alter bei angemessener Entlohnung. Das bedeutet die Ausarbeitung einer Politik der Vollbeschäftigung, wobei die Ressour-cen des Landes in angemessener Weise genutzt und die Technik an die Erfordernisse der nationalen Entwicklung angepaßt werden."

● **Für wirtschaftlichen Aufschwung**

„Sicherung eines schnellen und dezentralisierten Wachstums zur maximalen Entwicklung der Pro-duktivkräfte, indem die verfügbaren menschlichen, natürlichen, finanziellen und technischen Ressour-cen optimal genutzt werden, mit dem Ziel, die Ar-beitsproduktivität zu erhöhen und die Erforder-nisse der unabhängigen Entwicklung der Wirt-schaft sowie die einem würdigen und menschli-chen Leben entsprechenden Bedürfnisse und Wünsche der arbeitenden Bevölkerung zu befriedi-gen."

● **Für eine soziale Wohnungspolitik**

„Ziel der Wohnungspolitik der Volksregierung wird es sein, daß jede Familie eine eigene Wohnung be-sitzt. Das System der Umbewertungen der Anzah-lungsquoten wird abgeschafft werden. Die von den Wohnungseigentümern beziehungsweise von den Pächtern zu zahlenden monatlichen Anzahlungen oder Mieten werden in der Regel 10 Prozent des Fa-milieneinkommens nicht überschreiten."

● **Für soziale Verbesserungen**

Als Erstmaßnahmen einer UP-Regierung werden angekündigt: „Einschreibung, Schulbücher und Schulmaterial für alle Kinder der Grundschule wer-den kostenlos. Gewährleistung einer täglichen Ra-tion von einem halben Liter Milch für alle Kinder

Chiles. Gerechte Renten. Kostenlose ärztliche Betreuung in den Krankenhäusern. Rasche Erweiterung des Systems der Kinderkrippen und -gärten."

● **Für normale Beziehungen zu allen Ländern**

"Auf der Grundlage der Achtung des Selbstbestimmungsrechtes und der Interessen des chilenischen Volkes werden Beziehungen zu allen Ländern der Erde aufgenommen werden, unabhängig von ihrer ideologischen und politischen Haltung.
Die freundschaftlichen Beziehungen und der Handel mit den sozialistischen Ländern werden sich verstärkt entwickeln."

Vom Volk gewählt – vom Volk bestätigt

Der Präsident, der ermordet wurde, war vom Volk demokratisch gewählt. Die Regierung der Unidad Popular, die von einer verfassungsverräterischen Minderheit mit blutiger Gewalt gestürzt wurde, verwirklichte das vom Volk bestätigte Programm. Die Parteien der UP, die einem brutalen Terrorfeldzug der Junta ausgesetzt sind, fanden nach ihrem Regierungsantritt von Wahl zu Wahl wachsende Unterstützung bei der Bevölkerung. Hier die Tatsachen.

Der Wahlsieg der UP

4. September 1970: Ein großer Tag in der Geschichte Chiles. Der gemeinsame Kandidat der in der Unidad Popular vereinten Parteien, Dr. Salvador Allende Gossens, gewinnt die Präsidentschaftswahlen.

Nachdem er 1952 erst 57 000 Stimmen erhalten hatte und auch in zwei weiteren Wahlen trotz großen Stimmenzuwachses noch nicht erfolgreich sein konnte, erzielt er nun, als Kandidat der UP, mit 36,30 Prozent die höchste Stimmenzahl. Der Rechtskandidat Alessandri bekommt 34,98 Prozent und der Christdemokrat Tomic 27,84 Prozent.

Votum für ein klares Programm

Dr. Allende vor der begeisterten Bevölkerung: „Es ist ein Sieg, der mit einem sehr präzisen und klaren Programm erkämpft wurde, mit einem großen Nationalbewußtsein und einer ausgesprochen antiimperialistischen Einstellung. Dieser Sieg gehört nicht einer Person, sondern dem Volk, das für seine wirtschaftliche Unabhängigkeit und völlige politische Souveränität kämpft.‟

Erstmalig eine Regierung des werktätigen Volkes

22. Oktober 1970: Dr. Salvador Allende wird vom chilenischen Kongreß – mit den Stimmen der Christdemokraten – zum Präsidenten proklamiert. Seinem Kabinett gehören erstmals in der Geschichte Chiles vier Arbeiter an. Vier Minister sind Sozialisten, drei Kommunisten, drei gehören zur Radikalen Partei.

Nach der feierlichen Amtseinführung Dr. Allendes jubeln Hunderttausende ihrem Präsidenten zu.

Endlich ist der Tag gekommen...

5. November 1970: Präsident Dr. Salvador Allende anläßlich seines Amtsantritts vor 100 000 Chilenen:

„Der Sieg gehört dem geprüften Volk, das eineinhalb Jahrhunderte lang unter dem Deckmantel sogenannter Unabhängigkeit die Ausbeutung der herrschenden Klasse ertrug, die unfähig ist, den Fortschritt zu sichern, und die auch gar kein Interesse daran hat. Die Wahrheit ist – und das wissen wir alle –, daß Rückständigkeit, Unwissenheit und Hunger unseres Volkes und aller Völker der dritten Welt einigen wenigen Privilegierten Gewinne bringen. Aber jetzt endlich ist der Tag gekommen, um Schluß zu sagen, Schluß mit der wirtschaftlichen Ausbeutung! Schluß mit der sozialen Ungleichheit! Schluß mit der politischen Unterdrückung!"

Kalender der Wahlerfolge

1971: Bei den Kommunalwahlen am 5. April findet die Unidad Popular überwältigende Zustimmung für ihre antiimperialistische Politik. Sie erhält 50,8 Prozent der abgegebenen Stimmen.
Aus den Wahlen zu den Vertretungen an den Universitäten gehen die Kandidaten der UP mit fast 47 Prozent der Stimmen als Sieger hervor.

1972: Bei den Wahlen zu den Führungsgremien der einheitlichen Gewerkschaftsorganisation CUT erringen die Vertreter der Unidad Popular wiederum einen überwältigenden Erfolg. Auf sie entfallen fast 70 Prozent der abgegebenen Stimmen.
Bei den Wahlen zum Studentenverband erreichen die Vertreter der UP im Landesdurchschnitt knapp 48 Prozent.

1973: Trotz der von der Reaktion organisierten wirtschaftlichen Schwierigkeiten erhält die Regierung Allende am 4. März bei den Wahlen zum Parlament erneut einen überzeugenden Vertrauensbeweis.
Der Unidad Popular gelingt, was noch keiner Regierung Chiles gelang:
Sie gewinnt nach dreijähriger Regierungszeit 43,39 Prozent der Stimmen, sieben Prozent mehr als bei den Wahlen von 1970!
Sie erhöht die Zahl ihrer Abgeordneten von 57 auf 63. Auch im Senat gewinnt sie zwei Sitze hinzu.

Niederlage der Reaktion

Der Generalsekretär der Kommunistischen Partei Chiles, Luis Corvalán, kommentiert dieses Ergebnis auf der Tagung des Zentralkomitees seiner Partei im März 1973:
„Die reaktionären Kräfte haben eine Niederlage erlitten. Ihre Ziele (Erreichung der Zweidrittelmehrheit im Parlament, Reduzierung der Stimmen der Unidad Popular auf einen Prozentsatz, der unter den letzten Präsidentschaftswahlen liegt) wurde vereitelt...
Die Wahlergebnisse haben einmal mehr gezeigt, daß die Kommunistische und die Sozialistische Partei die Grundpfeiler der Volksbewegung sind und daß das Einvernehmen zwischen diesen beiden immer die Schlüsselfrage für die Fortführung der chilenischen Revolution bleiben wird."

Was die UP vorfand

Die Unidad Popular übernahm ein schweres Erbe. Obwohl reich an Bodenschätzen, ist Chile ein armes Land. Zur Zeit des Wahlsieges der Unidad Popular herrschen neben parasitärem Luxus unvorstellbares Elend und wirtschaftlicher Niedergang.

Reichtum in wenigen Händen

Die sozialen Gegensätze sind kolossal. Einige wenige Chilenen schwimmen im Reichtum, die überwiegende Mehrheit vegetiert in Armut.

So repräsentieren 17 Prozent der Aktiengesellschaften über 78 Prozent des Aktienkapitals. Die größten von ihnen – nicht einmal ein halbes Prozent aller Unternehmen – kontrollieren zwei Drittel der gesamten Produktion des Landes.

Acker- und Weideland befinden sich zu 80 Prozent in den Händen von 4,2 Prozent der Bevölkerung, nämlich der großen Grundeigentümer, der Latifundistas.

Zwei Prozent der chilenischen Familien verfügen über 46 Prozent des Geldeinkommens. Andererseits haben 60 Prozent der Familien ein Einkommen, das lediglich 17 Prozent der Einkünfte des Landes ausmacht.

Totale Überfremdung

46,2 Prozent des Aktienkapitals der 30 größten Industrieunternehmen Chiles befinden sich im Besitz ausländischer Konzerne. Der Bergbau, aus dem rund 85 Prozent aller Exporterlöse Chiles stammen, ist unumschränkte Domäne der US-Konzerne. Sie realisieren Spitzenprofite. Täglich führen sie aus Chile 1,5 Millionen Dollar aus.

Stagnierende Wirtschaft

Bei relativ hohem Bevölkerungszuwachs steigt das Bruttosozialprodukt in den Jahren 1964 bis 1970 nur geringfügig an. Die Zuwachsrate: 2 Prozent. Zuwachsrate der Bevölkerung: 2,5 Prozent.

Die Kupfergewinnung steigt jährlich um weniger als 2 Prozent. Der Eisenbahn- und Seeverkehr ist nur schwach entwickelt; der Fahrzeugbestand ablösungsreif.

Die Landwirtschaft steckt in einer tiefen Krise. Das Land, das in den 30er Jahren landwirtschaftliche Erzeugnisse exportierte, ist auf einen hohen Import von Lebensmitteln angewiesen.

Zweithöchste Pro-Kopf-Verschuldung

Die Staatsfinanzen sind zerrüttet. Beim Antritt der UP-Regierung beläuft sich die Auslandsschuldenlast auf rund 4,125 Milliarden Dollar. Nach Israel die zweithöchste Pro-Kopf-Verschuldung der Welt: 422 Dollar pro Einwohner.

Im Verlauf der nächsten drei Jahre ist über eine Milliarde Dollar zurückzuzahlen – als Folge der Verpflichtungen, die frühere Regierungen eingegangen sind.

Hunger und Arbeitslosigkeit

Unter den Regierungen Alessandri (Nationalpartei) und Frei (Christdemokraten) stiegen die Lebenshaltungskosten innerhalb eines Jahrzehnts um fast 1 000 Prozent.
Die Arbeiter erhalten Hungerlöhne, die Altersrenten sind fast auf ein Nichts reduziert. Das Einkommen

der Landarbeiter beträgt nur ein Fünftel des schon sehr niedrig angesetzten Mindestlohnes der Arbeiter.
Allein in Santiago leben 600 000 Menschen in Elendsquartieren. Zwei Drittel aller Bauernhäuser besitzen keinen befestigten Fußboden, nur zehn Prozent haben Strom. Es gibt über 300 000 Arbeitslose (8,3 Prozent).

Kinder im Elend

1,5 Millionen Kinder sind unterernährt. 600 000 Kinder sind geistig zurückgeblieben, nur weil sie nicht genug zu essen bekommen.
Die Kindersterblichkeit ist enorm. Sie beträgt im Landesdurchschnitt 10 Prozent, auf den Dörfern sogar 30 Prozent. Jährlich sterben 25 000 Kinder

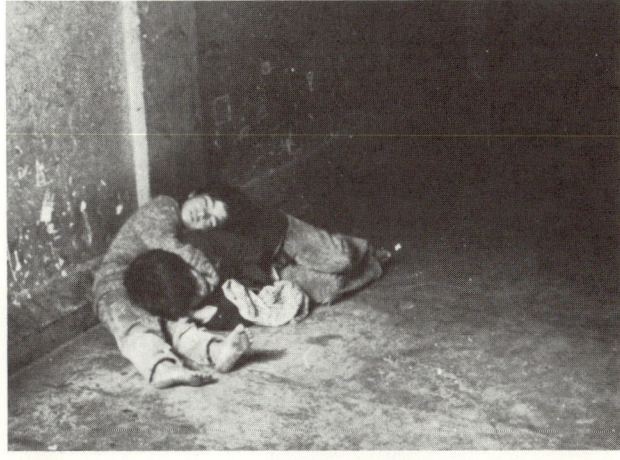

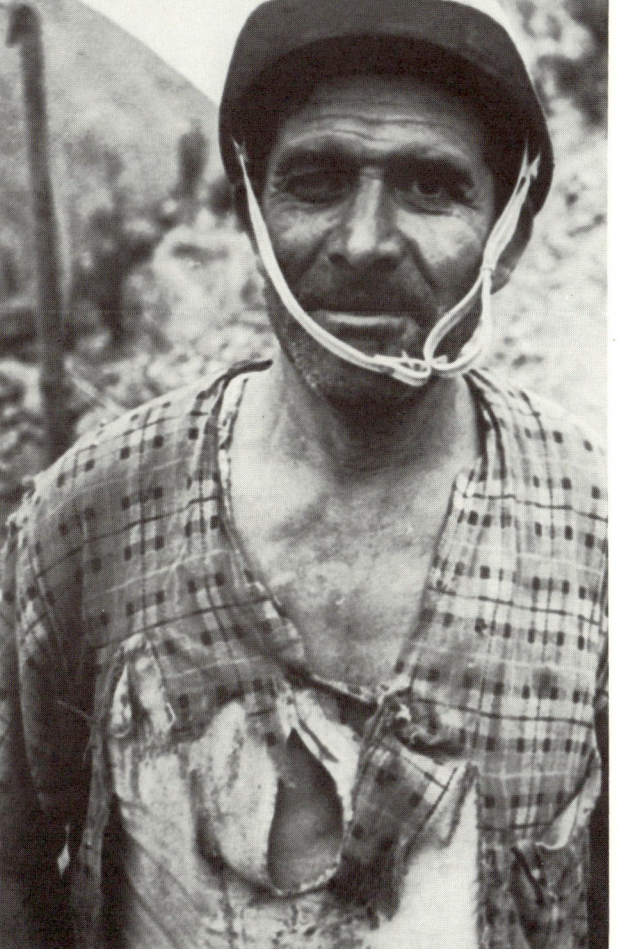

schon im ersten Lebensjahr an Unterernährung. 60 Prozent aller Kinder werden ohne medizinische Hilfe geboren.
Auf dem Lande haben nur 52 Prozent aller Kinder im Schulalter die Möglichkeit, am Unterricht teilzunehmen. Die Folge ist, daß 15 Prozent aller Chilenen über 15 Jahre Analphabeten sind.

Das sind die Tatsachen.[2] Es ist unglaublicher Zynismus, wenn großbürgerliche Zeitungen zur Rechtfertigung des Militärputsches behaupteten, Chile sei unter den bürgerlichen Regierungen ein „blühendes Land" und „im sozialen Bereich weit fortgeschritten" gewesen.
Erst die Unidad Popular ermöglichte Chiles Aufstieg und Gesundung!

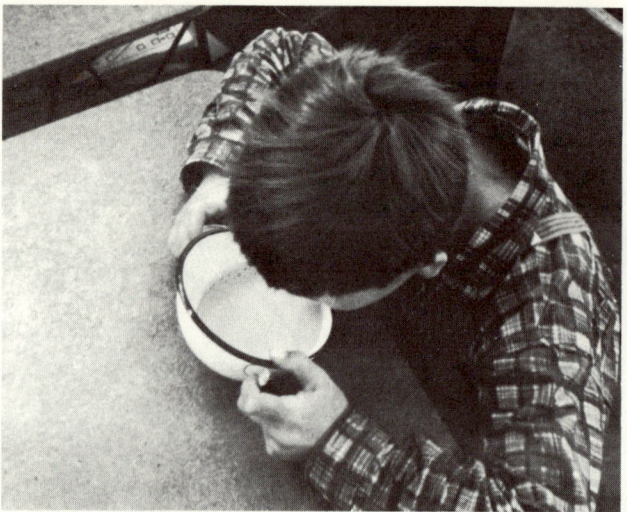

Großangriff auf das Elend

Mit dem ersten Tag ihres Wirkens beginnt die Regierung der UP unter Dr. Salvador Allende – gegen den Widerstand reaktionärer Kräfte – mit der Verwirklichung wahrhaft menschlicher sozialer Maßnahmen.

Milch und Schulbücher für die Kinder

Bereits im November 1970 tritt eine Verfügung in Kraft, die in ganz Lateinamerika Aufsehen erregt. Alle Kinder unter 15 Jahren erhalten täglich kostenlos einen halben Liter Milch. Diese Maßnahme trägt dazu bei, daß bis August 1971 die Kindersterblichkeit um 20,1 Prozent sinkt.

Kostenlos werden an Kinder werktätiger Familien fünf Millionen Schulbücher, 500 000 Paar Schuhe und große Mengen Schulutensilien verteilt. Täglich erhalten zusätzlich zu ihrer Milchration 1,8 Millionen Schüler ein Frühstück und 600 000 ein Mittagessen.

Die Preise für Schulbekleidung werden gesenkt.

Lohnerhöhungen und neue Arbeitsplätze

Die Löhne und Gehälter werden um 35 bis 66 Prozent erhöht. Die Mindestlöhne steigen um 66 Prozent. Die Familienzuschläge werden verdoppelt. Die Oppositionsparteien versuchen, diese Maßnahmen immer wieder unter Ausnutzung ihrer parlamentarischen Positionen zu sabotieren.

Ein Sofortprogramm zur Beseitigung der Arbeitslosigkeit tritt in Kraft. In kurzer Zeit erhalten 260 000 Arbeitslose einen Arbeitsplatz.

Steigender Lebensstandard

Die Preise für die wichtigsten Bedarfsgüter werden durch Verfügung der Regierung eingefroren. Das Realeinkommen der Werktätigen steigt um 20 Prozent. Ihre Kaufkraft erhöht sich 1971 gegenüber dem Vorjahr um fast die Hälfte. Die 1970 bei 34,9 liegende Inflationsrate kann bis April 1971 auf 6,6 Prozent gesenkt werden.

In den ersten Monaten der neuen Regierung steigt der Verbrauch von

Geflügel	um 15,0 Prozent
Fleisch	um 26,3 Prozent
Kartoffeln	um 55,0 Prozent
Zucker	um 37,0 Prozent
Reis	um 15,0 Prozent
Milch	um 16,3 Prozent
Eier	um 13,6 Prozent

Die UP-Regierung macht Schluß mit der Ungerechtigkeit, daß die Reichen besseres Brot zu kaufen bekamen als die Armen. Zum erstenmal können sich die Bewohner aus den Armensiedlungen Rindfleisch, Bekleidung oder ein Möbelstück kaufen.

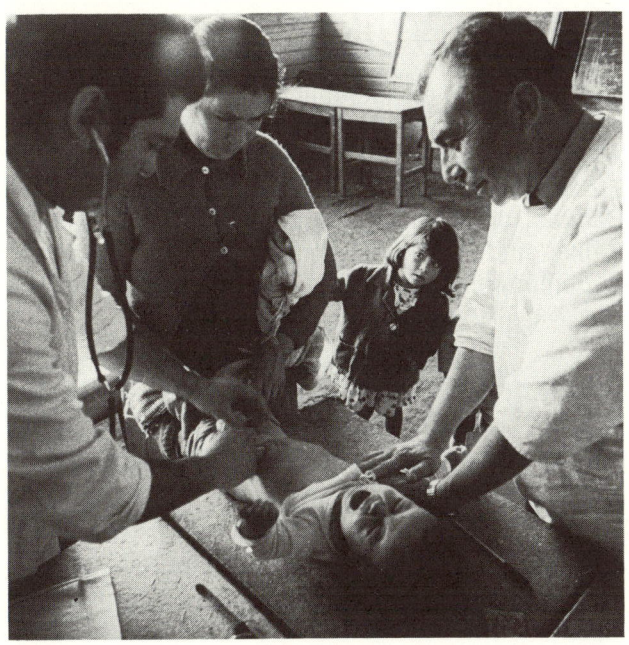

Mietstopp und Wohnungsbau

Die UP-Regierung verkündet einen Mietstopp. Der Bau von 4 500 Wohnungen für Obdachlose beginnt bei Santiago. Dort, wo Zehntausende in primitiven Bretterverschlägen ohne Licht und eigenen Wasseranschluß vegetiert hatten, entstehen feste Wohnhäuser.

1971 wird der Bau von 80 000 Wohnungen in Angriff genommen. 7 000 weitere werden für Bauern errichtet. Die Anstrengungen auf dem Wohnungsbausektor sind die größten, die das Land je in einem Jahr gemacht hat. Sie übertreffen den Durchschnitt der Jahre 1967 bis 1970 um das Vierfache.

Bessere medizinische Hilfe

Für Arbeiter und Arbeitslose sind Medikamente und medizinische Betreuung in den Krankenhäusern, die zum Nationalen Gesundheitsdienst gehören, unentgeltlich. Auch Zahnbehandlung und Erste Hilfe sind jetzt kostenlos. Der Schwangerschaftsurlaub wird auf 3 Monate erhöht.

Jeder Erste-Hilfe-Station in den einzelnen Stadtteilen werden örtliche Gesundheitskomitees zugeordnet, an denen die Gewerkschaften, die Vereinigungen der Mütter und die lokalen Komitees der UP beteiligt sind. Zusammen mit dem gesamten medizinischen Personal erarbeiten sie Programme für die Gesundheitsfürsorge.[3]

Soziale Fürsorge für alle

Die UP-Regierung schafft Voraussetzungen, daß die gesamte arbeitende Bevölkerung in den Genuß der Sozialversicherung gelangt, auch die Angehörigen der Mittelschichten.

In die Versicherung werden aufgenommen: die Transportarbeiter, die kleinen und mittleren Bauern, ambulante Händler, Kaufleute, Fischer, Chemiker, Apotheker, Priester, Nonnen, Pastoren und Geistliche aller Glaubensbekenntnisse.

Damit erhalten rund 90 Prozent der Bevölkerung Leistungen der Sozialversicherungen (1970 waren es erst 72 Prozent).

Unterstützung für die Rentner

Das erste Jahr der UP-Regierung bringt den Rentnern eine beträchtliche Erhöhung der Mindestrenten. Die reale Steigerung der Alters- und Invalidenrenten beträgt 78,5 Prozent. Sie werden schließlich auf das Niveau der Mindestlöhne der Arbeiter in der Industrie angehoben. Auch Witwen und Waisen erhalten höhere Zuschüsse.

Damit hat zum erstenmal eine Regierung in Chile erreicht, daß die alten Bürger nicht mehr auf die Straße gehen müssen, um Brot zu erbetteln.

Revolutionäre Fortschritte

Die Unidad Popular muß ihren Weg gegen den sich versteifenden Widerstand der in- und ausländischen Reaktion durchkämpfen, die noch über die Mehrheit im Parlament, über wichtige Positionen im Staat, in Justiz, Armee und den Massenmedien verfügt. Doch Schritt für Schritt wird das Programm der Unidad Popular verwirklicht. Im harten Ringen drängt sie das in- und ausländische Großkapital zurück. Das Volk wird sich mehr und mehr seiner Kraft bewußt.

Schach den Kupferkonzernen

Im Dezember 1970 unterzeichnet Dr. Allende den Gesetzentwurf über die Nationalisierung des Kupferbergbaus und der Kupferverhüttung, die vor allem in den Händen von USA-Monopolen liegen.
Im Mai 1971 wird „El Teniente", das größte unterirdische Kupferbergwerk, das zum nordamerikanischen Braden-Copper-Konzern gehört, unter staatliche Kontrolle gestellt. Es ist an Chile mit 1,4 Millionen Dollar verschuldet.

Im Juli 1971 werden alle amerikanischen Kupferminen in Chile verstaatlicht. Der Beschluß wird einstimmig gefaßt. Selbst die rechten Kräfte im Kongreß wagen angesichts der Forderungen des Volkes nicht, gegen diesen von der Unidad Popular eingebrachten Antrag zu opponieren.
Nationalisiert werden – im Einklang mit der Verfassung – in der Folge alle bedeutenden in- und ausländischen Großunternehmen. So unter anderem:
der USA-Telephon- und Telegrafenkonzern ITT,
die Kohlenbergwerke von Lota und Schwager,
der Salpeterbergbau,
alle Textil- und Zementfabriken,
das US-Sprengstoffunternehmen Du Pont.

Gesundung der Wirtschaft

Nachdem die arbeitenden Menschen sich der Geschicke des Landes angenommen haben, beginnt die Wirtschaft zu gesunden. Trotz wirksamer imperialistischer Boykottmaßnahmen. Ein allgemeiner Produktionsaufschwung ist das Ergebnis des Massenenthusiasmus von vielen tausend Werktätigen.
● Bereits im Jahr 1971 steigern die Arbeiter die Kupfergewinnung um 40 000 auf 730 000 t. Nie zuvor war in Chile ein solcher Produktionsumfang erreicht worden.
● Die früher nur zu etwa 65 Prozent ausgelasteten Industriekapazitäten werden voll genutzt.
● Das Nationalprodukt ist unter der Regierung von Dr. Allende im ersten Jahr schon um 8,5 Prozent gestiegen. Der Zuwachs der Industrieproduktion beträgt 12,5 Prozent. Das ist die höchste Zuwachsrate seit 1930.
● Folgende Produktionssteigerungen wurden z.B. 1971 erreicht:

Landwirtschaft	plus 5 Prozent
Salpeter	plus 50 Prozent
Zement	plus 7 Prozent
Ölraffinerie	plus 32 Prozent
Elektronische Erzeugnisse	plus 55 Prozent
Stahl	plus 10 Prozent
Elektroenergie	plus 16 Prozent

● Die UN-Wirtschaftskommission für Lateinamerika stellt fest: Chile ist 1971 hinsichtlich des Wirtschaftswachstums an die zweite Stelle der 23 lateinamerikanischen Staaten gerückt.
Dieser positiven Tendenz wirkt allein der skrupellose Wirtschaftskrieg entgegen, den die in- und ausländische Reaktion seit 1971 – und 1973 verstärkt – gegen das Volk Chiles entfesselt, um Putsch und Bürgerkrieg vorzubereiten.

Privatbanken werden Volksbanken

Ende 1971 sind die kapitalistischen Banken weitgehend verstaatlicht. Die Regierung der Unidad Popular kontrolliert – nach dem Aufkauf der Aktien – 90 Prozent der früheren Privatbanken. Unter den 24 Banken, die nunmehr Eigentum des chilenischen Volkes sind, befinden sich: die Spanische Bank, die Südamerikanische Bank, die Kredit- und Investitionsbank und die Bank von Chile.

Land in Bauernhand

Die Latifundien – eine der wesentlichen Grundlagen der Macht der Oligarchie – sind im wesentlichen beseitigt. Eine vier Jahrhunderte während Ausbeutung der Bauern durch die Großgrundbesitzer ist damit aufgehoben. Insgesamt wurde das Land der Latifundisten 50 000 Bauern übergeben.

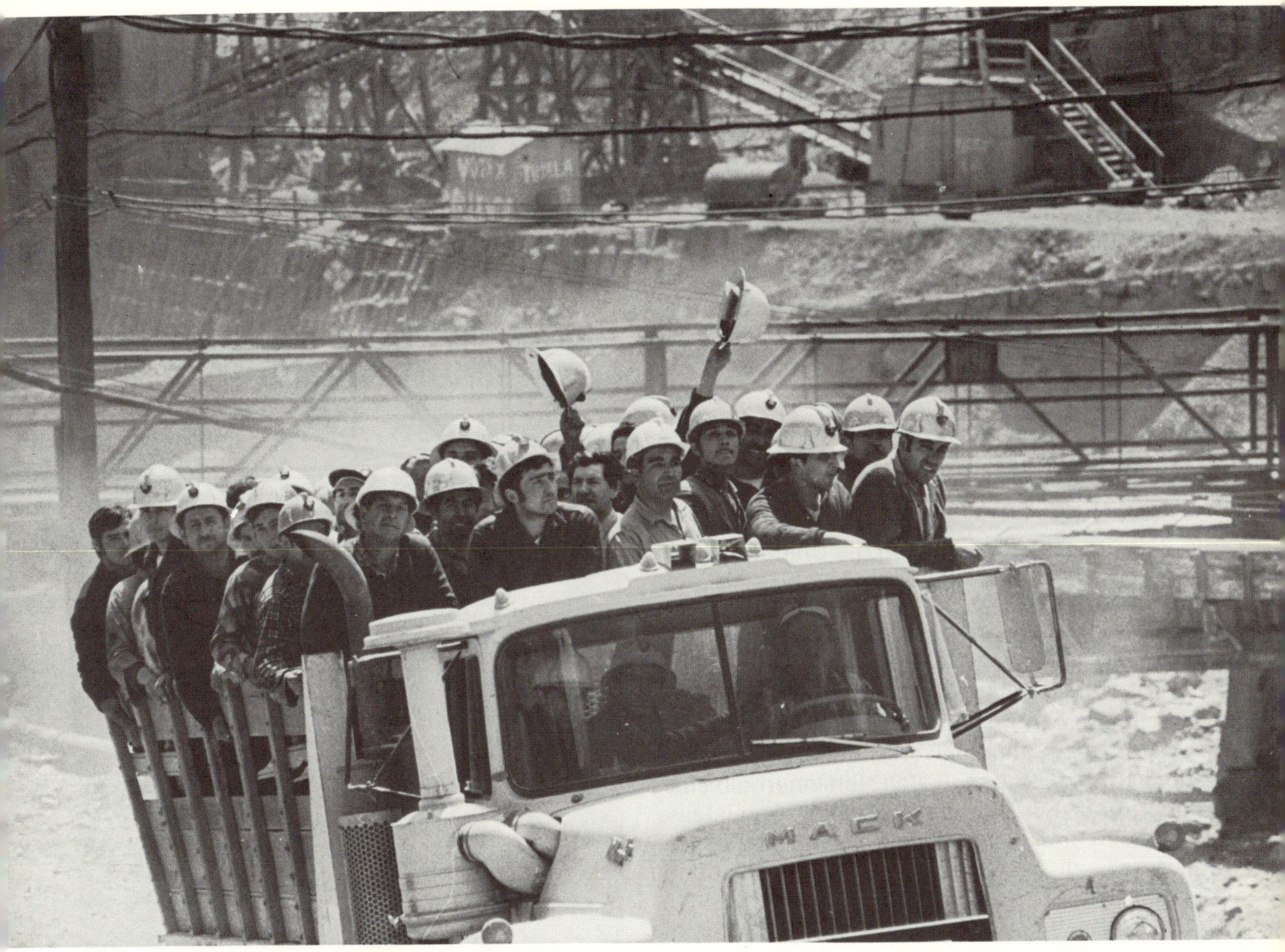
MACK

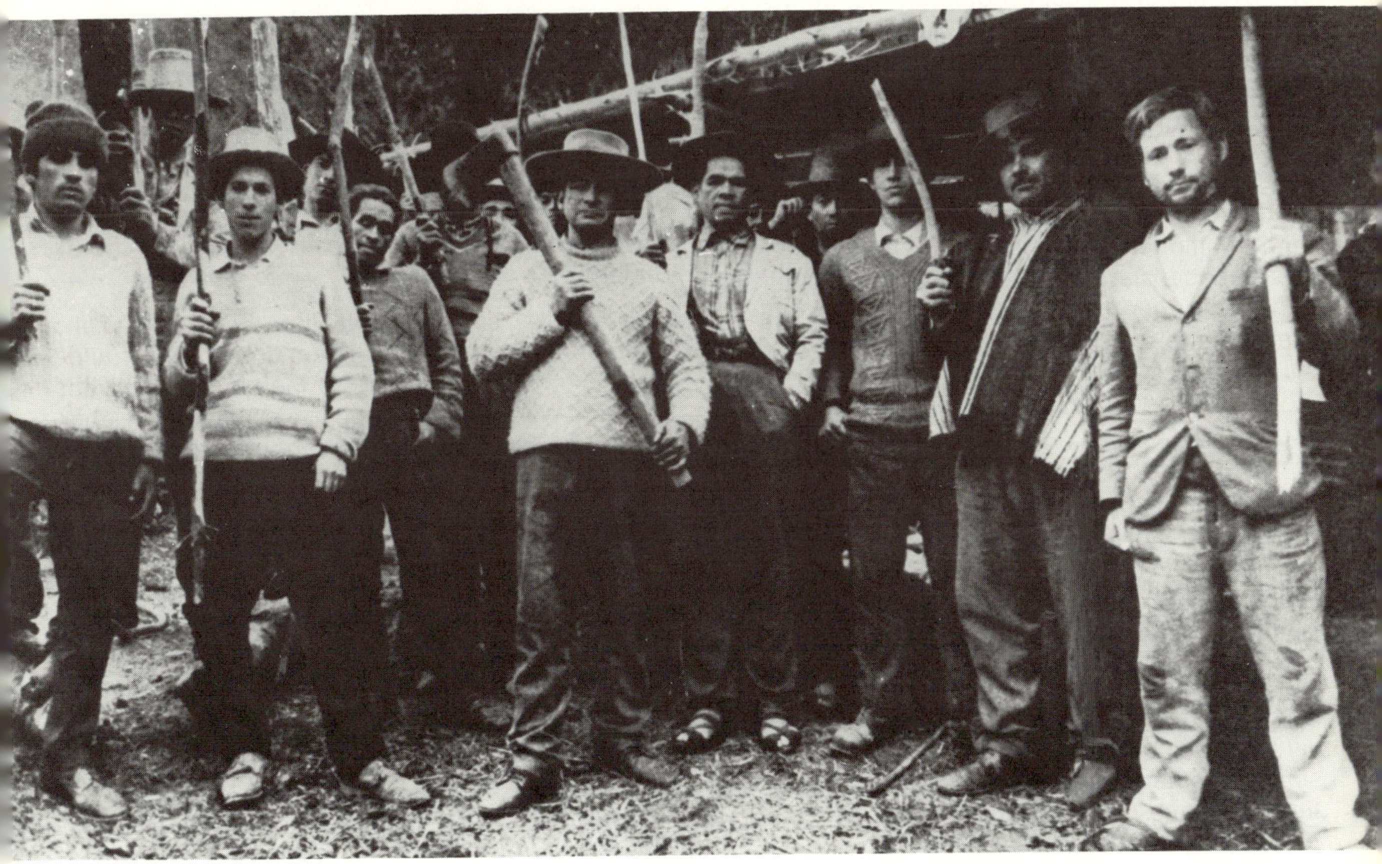

Kostenloser Schulbesuch

Ein Wunschtraum vieler Eltern und Kinder wurde Wirklichkeit: der kostenlose Besuch der Grundschule. Außerdem können jetzt bedeutend mehr Kinder unterrichtet werden. Durch Neubauten wurde es möglich, daß 94 Prozent der Kinder zwischen 6 und 15 Jahren sowie 35 Prozent der Jugendlichen zwischen 15 und 19 Jahren die Schule besuchen. Hatten 1970 erst 35 000 Kinder die Möglichkeit zu lernen, so waren es 1971 bereits 210 000.

Wachsende Aktivität der Volksmassen

Die Volksmassen unterstützen die Unidad Popular durch verschiedenste Initiativen. 15 000 Basiskomitees der UP stehen am Anfang dieser Bewegung. Dann entstehen die „Räte für Versorgung und Preiskontrolle" (JAPS). Hunderttausende auch unorganisierter Werktätiger und Jugendlicher werden in ihnen aktiv. Einem gemeinsamen Aufruf von SP, KP und der Zentralgewerkschaft CUT vom September 1972 zufolge schließen sich innerhalb eines Jahres rund 1,5 Millionen Arbeiter, Angestellte, Hausfrauen und Jugendliche in „UP-Selbstschutzkomitees" auf Wohngebiets- und Betriebsebene zusammen.
In den verstaatlichten Betrieben beteiligen sich die Arbeiter an der Neuererbewegung, an der Planung und Organisierung der Produktion. Auf dem Lande treten Hunderttausende den Bauernräten und -gewerkschaften bei. Die Jugendverbände der Unidad Popular organisieren freiwillige Arbeitseinsätze unter der Losung: „Ich arbeite für Chile." So beteiligen sich am „Nationalen Tag der freiwilligen Arbeit", dem 14. Mai 1971, 1 Million junger Arbeiter, Studenten und Schüler. Ein Jahr später sind es bereits 2 Millionen. Tausende von Studenten nehmen an Alphabetisierungskampagnen und „Volksgesundheitszügen" der Unidad Popular in städtische Elendsviertel und abgelegene Dörfer teil.[4]

Jede Maßnahme: unversöhnlicher Kampf

Belando Calderon, Sekretär der Sozialistischen Partei Chiles für Massenarbeit, auf der Tagung des Zentralkomitees der SP im April 1971:
„Mit jeder Maßnahme, die die Regierung oder die Unidad Popular betreibt, ist unweigerlich der unversöhnliche Kampf zwischen dem Volk Chiles und seinen größten Feinden verbunden, nämlich dem Imperialismus, den Monopolen, den Banken und dem Großgrundbesitz."

Das Wort der Arbeiter

Luis Bustamante, Meister in der Kupferhütte von El Teniente:

„Die Arbeiter schaffen voll Elan. Sie freuen sich, daß hier nun alles den Chilenen und nicht der ausländischen Company gehört. Meine Brigade zählt 12 Mann. Wir arbeiten schon lange zusammen, aber erst nach der Verstaatlichung erlebte ich, was meine Leute alles leisten können."

Jesus Gonzalez Vasquez, Arbeiter in der Kupfermine von El Teniente:

„Nach der Verstaatlichung verdiene z.B. ich doppelt soviel wie früher. Jetzt kauft meine Frau Lebensmittel, die sie früher nur im Schaufenster betrachten konnte. Wenn es in Geschäften Schlangen und in der Lebensmittelversorgung Unterbrechungen gibt, so ist das auf die Quertreibereien derjenigen zurückzuführen, die uns früher ausgebeutet haben. Aber der gesunde Teil der Arbeiterklasse läßt sich nicht um den Finger wickeln,"

Heute regiert das Volk

Carlos Altamirano, Generalsekretär der Sozialistischen Partei, im April 1971:

„Wir sind keine simplen Reformisten. Wir kämpfen auch nicht für eine Demagogen- und Politikaster-Volkstümlichkeit. Wir erstreben radikale Veränderungen in den Strukturen der Gesellschaft. Ohne diese Veränderungen werden die nationalen Probleme keine gültige und dauerhafte Lösung finden. Oftmals in unserer mehr als hundertjährigen Geschichte hat das chilenische Volk Regierungen gewählt, aber nie war es Regierung. Heute ist es das. Aber keine Revolution wurde den Völkern je geschenkt. Alle Revolutionen waren die Frucht unzähliger blutiger Opfer. Eine Revolution besteht nicht nur aus heroischen, augenblicklichen, flüchtigen und vergänglichen Akten, sondern zum größten Teil aus der täglichen Vollbringung von Heldentaten, namenlosen Opfern bei jeder der vielfältigen Aufgaben, deren Erfüllung das große revolutionäre Geschehen bildet."

Ein Schuldkonto wird getilgt

Dr. Salvador Allende am 4. Dezember 1972 vor der UNO-Vollversammlung:

„Diese Konzerne, die schon seit langem den chilenischen Kupferreichtum ausbeuteten, entzogen dem Land allein in den letzten 42 Jahren mehr als 4 Milliarden Dollar, obgleich ihre Anfangsinvestitionen nicht einmal 30 Millionen Dollar überschritten. Dazu steht in scharfem Gegensatz ein einfaches und so schmerzliches Beispiel: In meinem Land gibt es 600 000 Kinder, die niemals ein normales glückliches Leben führen dürfen, weil sie während der ersten 8 Monate ihres Lebens nicht die minimale Menge an Proteinen erhalten. 4 Milliarden Dollar würden genügen, Chile gänzlich umzugestalten. Nur ein Teil davon würde ausreichen, um alle Kinder meines Vaterlandes ausreichend mit Proteinen zu versorgen."

Aufbau der Häuserfabrik von Quilpue – ein Geschenk der Sowjetunion

Internationale Solidarität

Vom ersten Tag an hat die Regierung der Unidad Popular die Sympathie der fortschrittlichen Menschen in aller Welt auf ihrer Seite. Die sozialistischen Staaten belassen es nicht nur bei Sympathieerklärungen. Sie tun, was in ihren Kräften steht, um den Aufbau des neuen Chile zu unterstützen.

Die in Lateinamerika entstehenden Volkseinheitsbewegungen ringen um die Aufnahme gleichberechtigter Beziehungen ihrer Regierungen zu Chile. Die antiimperialistischen Kräfte Westeuropas organisieren Solidaritätsaktionen gegen die Beschlagnahmung chilenischen Kupfers und entfalten Druck gegen die antichilenischen Kreditsperren ihrer Regierungen.

Die dem Rat der kupferexportierenden Länder (CIPEC) angehörenden Staaten Peru, Sambia, Zaire verhalten sich solidarisch mit Chiles Kampf gegen den imperialistischen Kupferkrieg. Sozialdemokratisch regierte Länder Skandinaviens, wie Finnland oder Schweden, durchbrechen die von den USA gegen die UP-Regierung verhängte Wirtschaftsblockade.

Günstige Kredite für den Aufbau der Wirtschaft

Die tatkräftigste Hilfe entfalten die Regierungen und Völker der sozialistischen Staatengemeinschaft.

Bis September 1972 gaben sie Chile insgesamt 463 Millionen Dollar Kredite; davon kamen 259 Millionen aus der Sowjetunion. Über ihre Verwendung kann die chilenische UP-Regierung frei verfügen. Sie werden verwendet für den Bau von Fischereihäfen, Agrar-Industrie-Komplexen, Fabriken für Baumaterialien, Chemie- und Düngemittelbetrieben. Die CSSR leiht 10 Millionen Francs zum Kauf von Ausrüstungsmaterial für die Kupferminen. Bulgarien stellt einen Kredit von 9 Millionen Francs für Lehrmittel zur Verfügung, die für Berufsschulen bestimmt sind. Die DDR übergibt Schul- und Kindergartenausrüstungen im Werte von 15 Millionen Mark als Solidaritätsspende.

Entsendung von Fachleuten

Die Sowjetunion und die anderen sozialistischen Länder entsenden Fachleute für die Kupfer- und Kohlenindustrie, für die Landwirtschaft und andere Bereiche der Volkswirtschaft. Sie helfen beim Bau einer Eisenbahnlinie in der Provinz Valparaiso, um die ungestörte Arbeit des großen Kupferkombinats Enami-Ventanas zu gewährleisten. Aus Rumänien kommen Techniker zur Beschleunigung des Baus von Wohnungen für die Kupferarbeiter.

Bau von Fabriken

Veraltete Produktionsanlagen in den chilenischen Kupferminen und anderen Industriezweigen werden mit Hilfe der sozialistischen Staaten rekonstruiert und modernisiert. Die Sowjetunion hilft beim Bau bzw. der Rekonstruktion von 20 Betrieben. Für das Wohnungsbauprogramm der UP-Regierung schenkt die Sowjetunion dem chilenischen Volk ein modernes Wohnungsbaukombinat.

Traktoren für die Bauern

Die sozialistischen Staaten liefern viele tausend Traktoren, landwirtschaftliche und andere Maschinen, die den Kleinbauern die Arbeit erleichtern. Ende 1972 waren bereits 6 000 Traktoren aus sozialistischen Ländern in Chile eingetroffen. Im Juli 1973 kamen erneut 750 Stück aus der Sowjetunion.

Unterstützung beim Fischfang

Gemäß einem Abkommen mit der Regierung der Volkseinheit betreiben drei große sowjetische Gefriertrawler – „Lew Tolstoi", „Stanjukowitsch" und „Chrustall" – zwei Jahre lang in den Küstengewässern der Republik Chile Fischfang. Die Ausbeute kommt bis zum letzten Zentner den Werktätigen des Landes zugute. Die Fischschwärme wurden von sowjetischen Forschungsschiffen aufgespürt.

Solidaritätssendungen

Aus allen sozialistischen Ländern kommen umfangreiche Solidaritätssendungen, darunter Lebensmittel, Medikamente und medizinische Instrumente im Werte von vielen Millionen Mark.
Die kubanische Regierung stellt unentgeltlich große Zuckerlieferungen zur Verfügung. Noch im August/September 1973 bringen DDR-Frachtschiffe Solidaritätsgüter im Werte von über 30 Millionen Mark nach Chile.
Jugendbrigaden aus sozialistischen Ländern leisten mehrmonatige Einsätze, bauen Industriebetriebe und Bildungsstätten auf oder helfen, durch Kanalisierung Tausende Hektar Land fruchtbar zu machen.

Gastdozenten an den Universitäten: Ein Gewinn für den akademischen Nachwuchs

Freundschaftliche Begegnung am Kai: DDR-Frachter „Fontane" mit Lebensmitteln an Bord im Hafen von Valparaiso

Die Bilanz von knapp drei Jahren

Ziehen wir Bilanz: Während der knapp dreijährigen Regierungszeit der Unidad Popular wurden politische, soziale und kulturelle Errungenschaften erzielt, für die ganze Generationen vorher vergeblich gekämpft hatten. Umfassende gesellschaftliche Veränderungen waren die Grundlage dafür. Die UP begann, das Land aus dem Gestern ins Morgen zu führen.

So verändert ist Chile, als die käuflichen Generale das Volk um Jahrzehnte zurückwerfen:[5]

Monopolmacht eingeschränkt

Es besteht ein starker staatlicher Sektor der Industrie, in dem Arbeiter und Angestellte nicht mehr für die Profite der Monopole produzieren.
● Das Kupfer – die Existenzgrundlage des Staates – ist nationalisiert.
● Hüttenkombinate, Eisenerz- und Salpetergruben, Textil- und Zementfabriken sind verstaatlicht. Ebenso die Energieversorgung.
● In der verarbeitenden Industrie umfaßt der staatliche Sektor bereits über 210 Betriebe, die etwa 32 Prozent der Industrie-Bruttoproduktion bringen.
● Insgesamt erzeugen die nationalisierten Betriebe in der gesamten Volkswirtschaft Ende 1972 über 50 Prozent des industriellen Bruttoprodukts.

Höherer Lebensstandard

Noch ist das Erbe der Vergangenheit nicht überwunden. Aber der Lebensstandard von Millionen Chilenen ist gewachsen, statt weiter zu sinken.
● Der Anteil der Werktätigen am Nationaleinkommen ist von 50 Prozent im Jahre 1968 auf über 65 Prozent gestiegen.

● Die Löhne der Arbeiter haben sich um 35 bis 66 Prozent erhöht.
● Die Arbeitslosigkeit ist von 8,8 Prozent auf etwa 3 Prozent der erwerbsfähigen Bevölkerung zurückgegangen.
● Hunderttausende Werktätige haben neue, zum Teil erdbebensichere Wohnungen erhalten.
● Zum ersten Mal in der Geschichte des Landes ist ein umfassendes Gesundheitswesen für die Werktätigen aufgebaut worden.
● Die Kindersterblichkeit ist um mehr als 20 Prozent gesunken.
● Ein Feldzug gegen die Kinderlähmung beginnt.
● Erstmals erhalten alle alten Menschen über 65 Jahre eine monatliche Unterstützung.

Neues Bildungssystem

Das Bildungsprivileg ist abgeschafft. Ein neues einheitliches Schulsystem ist ausgearbeitet, jedoch scheitert seine Einführung an der Obstruktionspolitik der Opposition im Parlament.
● Durch ein umfangreiches Bauprogramm sind 800 000 neue Schulplätze entstanden.
● Auch für Erwachsene wird ein umfassendes System der Qualifizierung und Bildung geschaffen.
● Die Zahl der Studienplätze an den Universitäten verdoppelt sich. In der Staatlichen Technischen Universität verzehnfacht sich sogar die Zahl der Plätze für Kurzlehrgänge. Immer mehr Arbeiter und Bauern studieren.

Neues Leben auf dem Lande

Der Boden gehört denen, die ihn bestellen. Das Landarbeiterelend wird überwunden.
● Insgesamt sind 4 000 Latifundien mit rund 8 900 000 ha enteignet und ist Land an 50 000 Bauernfamilien verteilt.
● Es gibt Ausleihstationen für landwirtschaftliche Maschinen. Landwirtschaftliche Genossenschaften entstehen.
● Unter der UP-Regierung werden im Jahr 60 000 Hektar Wald aufgeforstet. Die durchschnittliche Aufforstung betrug früher nur 25 000 Hektar.

Hilfe für die Indianer

Die Unidad Popular hat auch mit der jahrhundertelangen Verachtung, Unterdrückung und Vernichtung der Indianer und ihrer Kultur Schluß gemacht.
● Allein im ersten Jahr nach ihrem Machtantritt verteilt die Volksregierung 58 000 ha Boden unter die Indianer.
● 70 000 Mapuche-Kinder werden mit Kleidung und Lehrbüchern versorgt.
● 4 000 Indianer erhalten Stipendien an Universitäten und Fachschulen.
● UP-Angehörige, vor allem Studenten, helfen Mapuche-Indianern bei der Überwindung des Analphabetismus, beim Bau von Polikliniken.

Demokratische Rechte und Freiheiten

Die Regierung der Unidad Popular entwickelt die demokratischen Rechte und Freiheiten in einem Umfang wie nie zuvor in Chile.

● Die Unidad Popular verwirklicht die breiteste Einheitsfrontpolitik in der Geschichte Chiles. Eine entscheidende Rolle im Bündnis der antiimperialistischen, demokratischen und patriotischen Kräfte spielen die Arbeiterparteien, die Kommunistische und die Sozialistische Partei.

● Die einheitliche Gewerkschaftsorganisation, die CUT, in deren Leitungen auf allen Ebenen sowohl Mitglieder der Parteien der Unidad Popular als auch Christdemokraten vertreten sind, nimmt aktiven Einfluß auf das gesellschaftliche Leben im Lande. Sie stellt etwa die Hälfte des Leitungspersonals in den verstaatlichten Betrieben. An der Lohnpolitik der Regierung und der Ausarbeitung der Wirtschaftspläne haben die Gewerkschaften maßgeblichen Anteil.

● In vielfältigen Formen – in Produktionskomitees der verstaatlichten Betriebe, in Bauernräten und in Komitees der Unidad Popular in den Wohngebieten – entwickeln die arbeitenden Menschen eine breite demokratische Mitarbeit.

● Die Freiheit der Versammlung, die Freiheit von Wort und Schrift sind für alle Chilenen garantiert, einschließlich der Vertreter der Opposition.

Ansehen in aller Welt

Die Regierung der Unidad Popular hat Chile nicht „in die Isolierung geführt", sondern die umfassendsten internationalen Beziehungen in der Geschichte des Andenlandes hergestellt.

● Chile nimmt diplomatische Beziehungen mit Kuba, der Volksrepublik China, der DDR, der Demokratischen Republik Vietnam, der Mongolischen Volksrepublik, der Provisorischen Revolutionären Regierung der Republik Südvietnam, der Koreanischen Volksdemokratischen Republik, Albanien, mit Tansania und Libyen auf.

● Präsident Allende besucht die Sowjetunion, Argentinien, Ekuador, Kolumbien, Peru, Kuba, Mexiko und Venezuela.

● Chile wirkt auf einen engeren Zusammenschluß der vom internationalen Großkapital ausgebeuteten Länder Lateinamerikas, Asiens und Afrikas hin.

● Chilenische Regierungsdelegationen festigen auf Reisen in die Sowjetunion, nach Polen, in die CSSR, die DDR, nach Ungarn, Bulgarien, Rumänien und Jugoslawien die freundschaftlichen Beziehungen und vertiefen die Zusammenarbeit.

● Im Zuge der Herstellung der vollen Souveränität verweigert Chile die Erneuerung des Stützpunktvertrages mit den USA. Damit verlieren die USA die drei auf chilenischem Territorium gelegenen Luftwaffenbasen Cintero, Punta Arenas und Osterinsel.

Plan für die Zukunft

Ein Sechsjahrplan ist konzipiert. Er sieht vor, daß noch stärker die Interessen der Bevölkerung mit niedrigem Einkommen berücksichtigt werden.

● Der Lebensstandard der großen Mehrheit der Chilenen, die wirtschaftlich benachteiligt sind, soll um 60 Prozent angehoben werden.

● Alle Anstrengungen sollen auf die Entwicklung der Grundstoffindustrie gerichtet werden: Stahl, Kohle, Salpeter, Erdöl, metallverarbeitende Industrie, Elektroindustrie, Zement und Bauteile.

● Die Produktion von Holz, Möbeln, Druckereipapier soll um 66 Prozent steigen, die von Nahrungsmitteln, Getränken, Tabak, Textilien und Leder um 52 Prozent. Die Aufwendungen für das Bildungs- und Gesundheitswesen sollen um 57 Prozent anwachsen, die landwirtschaftliche Produktion um 47 Prozent.

Erfolge nicht zu übersehen

Die augenfälligen Verbesserungen für die arbeitenden Menschen sind nicht zu übersehen. Der „Stern" am 15. März 1973:
„Den meisten Besitzlosen in Chile geht es heute besser als vor drei Jahren… Arbeiterfamilien aßen 1970 durchschnittlich 12 Kilogramm Fleisch pro Person, 1972 waren es 18 Kilo… Hinter den Holzhütten der ‚Populationes' entstehen Steinhäuser."

Im Einklang mit der Verfassung

Luis Cor/alán, Generalsekretär der Kommunistischen Partei Chiles, im Januar 1972:
„Seit Präsident Allende und die Unidad Popular die Zügel der Regierung des Landes in ihre Hände nahmen, wurden in Chile wichtige antiimperialistische und antioligarchische Umgestaltungen vollzogen: im System der Naturschätze, in großen Industriebetrieben, in der Agrarsphäre, auf dem Gebiet der Produktionsverhältnisse sowie auch im Bereich der Innen- und Außenpolitik des Landes… Ihre spezifischen Besonderheiten bestehen darin, daß sie im Einklang mit der Verfassung und auf der Grundlage jener Prinzipien der Rechtsordnung erfolgen, die sich im Verlauf der gesamten Geschichte Chiles herausgebildet haben."

Indianerkinder der Mapuches: Auch für sie begann ein neues Leben

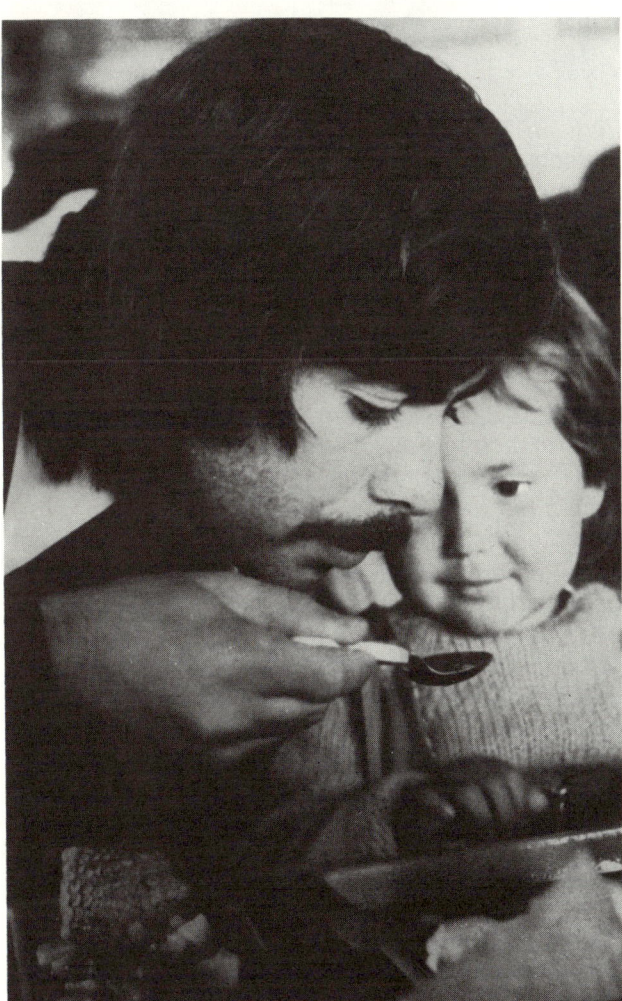

Das Volk steht zu seiner Regierung

So stehen die Arbeiter Chiles, die Bauern, die fortschrittlichen Intellektuellen auch zu ihrer Regierung, als die Reaktion ihre feindseligen Attacken, ihren Boykott und ihre Sabotage verstärkt, als dadurch die Produktions- und Versorgungsschwierigkeiten größer werden.

Mai 1973: Im ganzen Lande finden angesichts der Sabotageakte und der Attentate der Reaktion Massenkundgebungen der Arbeiter statt, die fest an der Seite ihrer Regierung stehen.

Juni 1973: Als zwei Panzerregimenter einen Putschversuch unternehmen und die Moneda zu stürmen versuchen, kommt es erneut zu großen Massenkundgebungen und Demonstrationen der Arbeiter für die Regierung. Die Betriebe werden von Arbeitern vor Angriffen der Reaktion gesichert.

4. September 1973: Mehr als 800 000 Arbeiter demonstrieren für Dr. Allende anläßlich des III. Jahrestages seiner Wahl zum Präsidenten.

Die Tatsachen beweisen: Der Regierung der Unidad Popular, der Regierung Allende gehörte vom ersten bis zum letzten Tage das Vertrauen der großen Mehrheit des Volkes.
Es ist eine erbärmliche Lüge der Verfassungsbrecher und Präsidentenmörder, daß sie „ein Mandat des Volkes" für ihren Putsch und ihre Verbrechen gehabt hätten. Eben weil ihnen das Volk kein Mandat zu geben bereit war, griffen sie zu überlegener militärischer Gewalt und brutalem Terror.

„Die Mehrheit gegen die Junta"

Die Londoner „Financial Times" unmittelbar nach dem Putsch am 19. September 1973:
„Man kann als sicher annehmen, daß die Junta die Mehrheit des Landes gegen sich hat... Gleichzeitig

sind viele, die für die Christlich-Demokratische Partei gestimmt haben, über die Ereignisse entsetzt und haben eine juntafeindliche Haltung eingenommen."

Gegen die Errungenschaften der UP-Regierung setzen die Feinde des chilenischen Volkes die Militärmaschinerie, die Mörderbanden und Folterknechte in Marsch. Sie erklären der Freiheit des Volkes, der Würde des Menschen, der sozialen Sicherheit der Arbeiter und Angestellten den Krieg.

Ist also die Unidad Popular „gescheitert", wie die Reaktion behauptet? Sie ist nicht gescheitert, sondern gewaltsam von einer in- und ausländischen Verschwörung gestürzt worden! Wäre die UP „gescheitert", hätte die Reaktion nicht zu militärischer Gewalt zu greifen brauchen. Eben weil die gerechte Sache der UP, der chilenischen Arbeiterklasse, aller chilenischen Patrioten mit legalen Mitteln nicht zu überwinden war, mußte die gekaufte Militärjunta Panzer, Flugzeuge und Artillerie in Bewegung setzen und die blutige Diktatur einer Minderheit errichten.

Wahlkundgebung im Nationalstadion von Santiago: Carlos Altamirano, Vorsitzender der Sozialistischen Partei, Luis Corvalán, Generalsekretär des Zentralkomitees der Kommunistischen Partei, und Präsident Salvador Allende

Mister X aus USA   Frans Masereel

Kapitel II

Wer verübte das Verbrechen?

Die Nacht der blutigen Diktatur und des grenzenlosen Terrors fiel nicht von ungefähr über Chile herein. Der 11. September 1973 war nicht der plötzliche Schurkenstreich einiger Generale. Er war von langer Hand vorbereitet. Viele hatten die Hände im Spiel.

Das Verbrechen wurde in den Büros der amerikanischen Konzerne ITT und Kennecott, in der Zentrale der CIA und in den Geschäftsräumen der chilenischen Monopolbourgeoisie und ihrer Parteien ebenso heimtückisch geplant wie in den Stabsquartieren der verräterischen Militärs.

Alle Tatsachen beweisen: US-Konzerne und internationale Großbanken, einheimische Oligarchie und faschistischer Abschaum gingen eine schmutzige Verschwörung gegen den politischen und sozialen Fortschritt ein.

Schon vor dem Amtsantritt Präsident Allendes, aber erst recht danach, scheuten die Feinde der Freiheit und Würde Chiles kein Mittel, das Programm der Unidad Popular zu durchkreuzen.

Ihr Plan: Stufenweise Chaos schaffen, die Gewalt eskalieren, um so den Weg für einen Militärputsch freizumachen.

Ihre Methoden: 1. Systematische Lähmung der staatlichen Institutionen und der Gesetzgebung. 2. Wirtschaftssabotage, Boykott, Warenhortung, Organisierung von Streiks, von Attentaten und Terroraktionen. 3. Wühlarbeit in der Armee gegen die verfassungsmäßige Regierung, Belebung und Förderung aller rechtsextremen und profaschistischen Elemente, Korrumpierung der höheren Offiziere.

Die große Verschwörung des Dollar-Imperialismus

Chile ist – wie ganz Lateinamerika – für das internationale Großkapital von besonderem Interesse. Von hier bezog es seit Jahrzehnten spottbillig wichtige Rohstoffe, besonders Kupfer. Hier brachten Kapitalanlagen in kürzester Zeit den doppelten, drei- und vierfachen Profit. Hier waren nicht die arbeitenden Menschen, sondern die Konzerne Herren des Landes. Sie schalteten und walteten, wie es ihnen beliebte.

Damit soll nun nach dem Regierungsantritt der Unidad Popular Schluß sein. Aber dieser Gedanke war den Mächtigen des Großkapitals unerträglich. Für ihren Profit waren sie noch stets bereit, über Leichen zu gehen. Wer nach den Schuldigen an den fürchterlichen Verbrechen in Chile sucht, der findet sie deshalb vor allem in den Büros der mächtigen Konzerne und Banken in den USA und anderen imperialistischen Ländern, in Außenministerien, Geheimdiensten, in Propagandazentralen dieser Staaten. In engem Zusammenspiel mit der einheimischen Oligarchie und den verräterischen Generalen gingen sie der Unidad Popular an die Gurgel.

Es ging um Profite und Privilegien

Das hauptsächliche Interesse an der Ausbeutung der Schätze Chiles, an der Fortdauer der wirtschaftlichen Abhängigkeit, des Elends der Chilenen, hatten die führenden USA-Monopole und große multinationale Konzerne. Allein rund 110 US-Unternehmen hatten in der Andenrepublik am Ende des Jahres 1970 etwa 1,5 Milliarden Dollar investiert.[6]

Die drei größten Haie

● *Der Anaconda-Konzern,* seit 1969 infolge der Ausbeutung der chilenischen Kupfergruben weltgrößter Kupferproduzent. In Chile besaß er die Minen „Chuquicamata", „El Salvador" und „La Exotica".

● *Der Kennecott-Konzern,* ebenfalls einer der größten Kupferproduzenten. Mit einem durchschnittlichen Kupfergehalt von 1,83 Prozent zählte sein chilenisches Werk „Chilean El Teniente Mining Co." zur rentabelsten Anlage des Unternehmens (Kupfergehalt der amerikanischen Minen = 0,77 Prozent). Dazu eine Kapitalanlagestudie der „Deutschen Bank" vom Februar 1972: „Die Ertragskraft des Unternehmens ist ungewöhnlich groß."

● *Der „International Telephone & Telegraph"-Konzern (ITT),* einer der zehn größten kapitalistischen Konzerne. Seine Tochterunternehmen in Chile: „ITT Communicaciones Mundiales S.A.", „Cia Standard Electric S.A.C." und „Cia Telefonos de Chile". Kapitalanlage: 200 Millionen Dollar.

Und viele Dutzend weitere...

... aus den USA

● *General Electric Company,* größter Elektrokonzern der Welt, mit dem chilenischen Tochterunternehmen „Electromat S.A., Fabrica de Materiales Electricos".

● *General Motors Corporation,* größter Konzern der Welt, mit seinem Tochterunternehmen „General Motors Chile S.A.".

● *Gulf Oil Corporation,* fünftgrößter Erdölkonzern, mit „Lubricantes Gulf de Chile S.A.".

● *Dow Chemical Company,* zehntgrößter Chemiekonzern der Welt, mit seinen Tochterunternehmen

„Dow Quimica Chilena S.A." und „Ivon Watkins-Dow S.A.". Außerdem maßgeblich beteiligt an der „Petroquimica Dow S.A.".

● *Du Pont de Nemours,* der ebenfalls unter den größten Chemiekonzernen der Welt rangiert und Sprengstoff produziert, mit seinem Unternehmen „Compania Sud American de Explosivos-Manufactures".

● *Mobil Oil Corporation,* die über 150 Tochter- und Beteiligungsgesellschaften in rund 100 Ländern unterhält, mit dem Unternehmen „Mobil Oil de Chile Ltda.".

● *Phillipps Petroleum Company,* die Erdöl- und Erdgasquellen in 15 Ländern ausbeutet, mit „Phillipps Petroleum International Chile Ltda.".

● *Armco Steel Corporation,* einer der bedeutenden amerikanischen Stahlkonzerne, mit „Armco Chile S.A.J.".

● *Cerro Corporation,* einer der amerikanischen Kupferkonzerne, mit „Compania Minera Andind S.A.J.".

● *Ford Motor Company,* zweitgrößter Automobilkonzern der Welt, der ein Montagewerk betrieb.

● *Union Carbide Corporation,* zweitgrößter Chemiekonzern der USA, mit „Union Carbide Commercial de Chile Ltda.".

● *Eastman-Kodak Company,* das größte Fotounternehmen der Welt, mit der „Kodak Chilena S.A.F.".

● *Exxon (früher Standard Oil Corporation New Jersey),* der zweitgrößte Konzern der Welt, mit „Esso Standard Oil Co., Chile, SAC.".

● *International Business Machines Corporation,* der bedeutendste Computer-Konzern der Welt, mit „IBM de Chile SAC.".

● *RCA Corporation,* führender Konzern auf den Gebieten der Elektronik, des Rundfunks und Fernsehens, der zugleich über sein Tochterunternehmen NBC die größte Rundfunk- und Fernsehgesellschaft der kapitalistischen Welt unterhält, mit den Unternehmen „Corporacion de Radio de Chile S.A." und „Industrias Electronicas Ilesco Ltda.".

● *Chase Manhattan Corp. Co.,* dessen Aufsichtsratsvorsitzender David Rockefeller zu den größten Aktionären eines der bedeutendsten Monopolunternehmen Chiles gehörte: dem Yarur-Textil-Konzern, der die „Banco de Credites e Inversiones" und den Sender „Radio Balmaceda" besaß sowie 20 Unternehmen der Leichtindustrie kontrollierte.

... aus der BRD

Bis zu dem Zeitpunkt, da die Regierung der Unidad Popular am 4. November 1970 ihr Amt antrat, hatten 65 Unternehmen aus der BRD fast eine Milliarde DM Kapital in die chilenische Wirtschaft investiert. Allein ein Drittel der Kapitalinvestitionen entfielen auf die Nachfolger des IG-Farben-Konzerns, bekannt

für die Ausbeutung fremder Arbeitskräfte und als Stütze des faschistischen Regimes in Hitler-Deutschland:

● *Badische Anilin- und Sodafabrik (BASF)* mit „Compania de Productos Quimicos Idrongal" und zwei anderen Firmen. Zusammen mit dem christdemokratischen Parlamentsabgeordneten Gonzáles betreibt der Konzern eine Fabrik für Isoliermaterial. Die BASF besitzt 50 Prozent und der Christdemokrat 33 Prozent des Kapitals.

● *Farbenfabriken Bayer AG* mit „Quimica Bayer de Chile Ltda." und „Bayer Quimicas Unidas S.A.". Außerdem ist Bayer zu 90 Prozent an der Firma „Industrias Quimica Andinas Ltda." beteiligt.

● *Farbwerke Hoechst AG* mit „Fibro Quimica Chilena", „Quimica Hoechst de Chile Ltda." und „Tranchini & Hollemart".

In Chiles Wirtschaft breit gemacht haben sich auch VW, AEG-Telefunken, Klöckner, Schering, Merck, Rosenthal, Bosch, Hochtief, Preussag, Ferrostaal, Phoenix-Rheinrohr, das Außenhandelsunterneh-

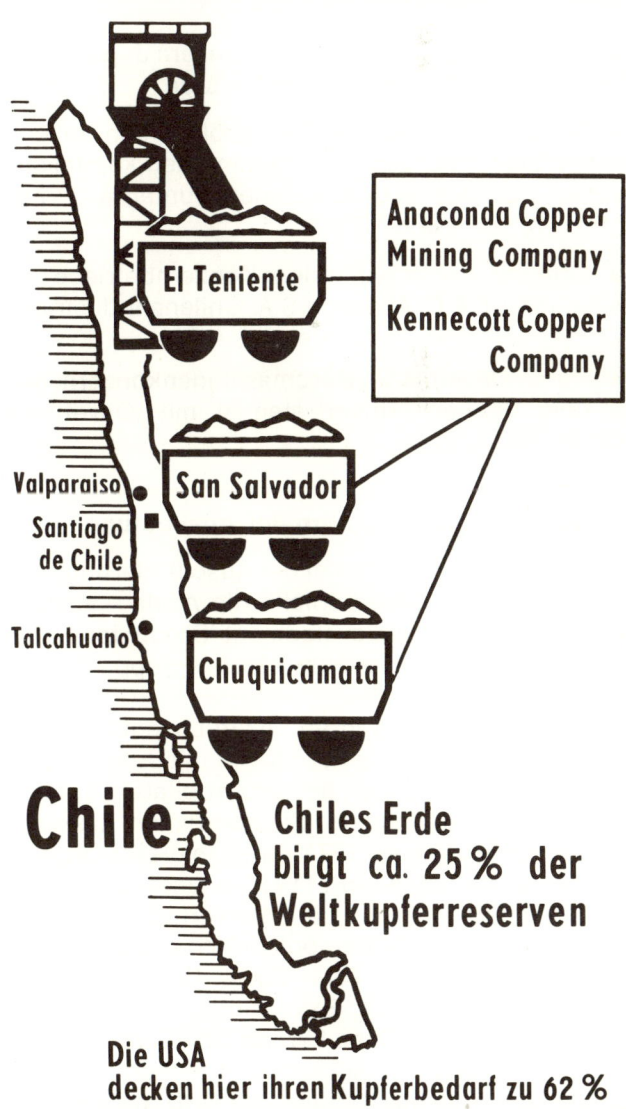

Anaconda Copper Mining Company

Kennecott Copper Company

El Teniente

Valparaiso
Santiago de Chile
Talcahuano

San Salvador

Chuquicamata

Chile Chiles Erde birgt ca. 25 % der Weltkupferreserven

Die USA decken hier ihren Kupferbedarf zu 62 %

43

men Münchmeyer, Petersen & Co., Rodenstock und viele andere. Siemens läßt sich in Chile durch das Unternehmen „Gildemeister S.A.C." vertreten, das im Besitz eines Deutsch-Chilenen ist.

... und aus anderen Ländern

An der Ausbeutung des chilenischen Volkes beteiligten sich auch Großunternehmen aus Großbritannien, den Niederlanden, Italien, Japan und der Schweiz. So unter anderem:

● *Royal Dutch/Shell Gruppe,* die sich als viertgrößter Konzern der Welt in über 100 Ländern eingenistet hat, mit „Shell Chile S.A. Industrial Chimica" und „Shell Chile S.A. Distribuiodora".

● *The Rio Tinto-Zinc Corporation Ltd.,* einer der bedeutendsten Bergbaukonzerne der kapitalistischen Welt, mit „Ireco of Chile Ltd.".

● *Imperial Chimical Industries Ltd.,* zweitgrößter Chemiekonzern der Welt, mit „Cia. Imperial de Industrias Quimicas de Chile S.A.".

● *British Leyland Motor Corporation Ltd.,* sechstgrößter Automobilkonzern der Welt, mit „British Leyland Automotores de Chile S.A.".

● *Hitachi Ltd.,* größter Elektrokonzern Japans, mit „Fy. H. Industria Electroquimica Ltda.".

● *AG Brown, Boveri & Cie.,* größter schweizerischer Elektrokonzern, der fast in allen kapitalistischen Ländern Unternehmen unterhält, mit „Brown, Boverie de Chile".

● *Unilever,* der in 70 Ländern Konzernbetriebe besitzt, mit „J. & E. Atkinson S.A. Chilena Industrial y Comercial" und „Indus Lever S.A.C.J.".

● *Ing. C. Olivetti & C.,* Büromaschinenkonzern, der in über 100 Ländern vertreten ist, mit „Olivetti de Chile S.A.".

Adela – ein Superkonzern der Ausbeutung

Eine bedeutende Rolle bei der Ausplünderung und Unterdrückung Chiles spielte die Adela – Abkürzung für „Atlantic Development Group for Latin America" (Atlantische Entwicklungsgruppe für Lateinamerika).
Die Organisation hat ihren Sitz in Luxemburg. Sie wurde 1964 im Rahmen der NATO mit dem Ziel gegründet, die Positionen des Großkapitals in Lateinamerika zu untermauern. Sie koordiniert das Vorgehen der Monopole. 1971 waren in dieser Organisation 121 Industrie- und 119 Finanzgesellschaften aus 23 kapitalistischen Ländern vertreten.
Darunter die USA-Monopole: Alcoa, Caterpillar, Coca-Cola, Chrysler, John Deere, Dow Chemical, Ford, General Motors, Exxon, IBM, Gulf Oil, ITT, United Fruit, U.S. Steel. Ferner: Shell und Dunlop (Großbritannien), Mitsubishi und Hitachi (Japan) sowie Konzerne aus Kanada, der BRD, Italien, den Niederlanden, Schweden und der Schweiz.

Das Gesamtkapital aller 240 Firmen beträgt über 200 Milliarden Dollar, wobei mehr als drei Viertel dieser Riesensumme auf die USA-Monopole entfallen.
Die Adela wurde von dem ehemaligen USA-Kriegsminister und jetzigen Präsidenten der Weltbank McNamara und vom amerikanischen Multimilliardär und Politiker Nelson Rockefeller aus der Wiege gehoben. Alle wirtschaftlichen Berechnungen liefert die Ford-Stiftung.
In Chile hat die Adela nach einem Bericht der „Business Week" (USA) vom 11. Juli 1970 folgende Unternehmen organisiert:

● Cia. de Productes de Acero (Stahlrohrwerk)
● Fabrica Espanola Magnetos (Betrieb für elektrische Ausrüstungen)
● Armat Metalurgica (Metallbetrieb)
● Encuadernacion Real (Buchbinderei).

Niedriges Lohnniveau – „große Chance"

Chile erschien den Monopolen geradezu als ein Musterland zur eigenen Bereicherung. Der Industrielle und Bundestagsabgeordnete von Kühlmann-Stumm darüber am 30. April 1970 im „Außenhandelsdienst" (AHD), Hamburg:

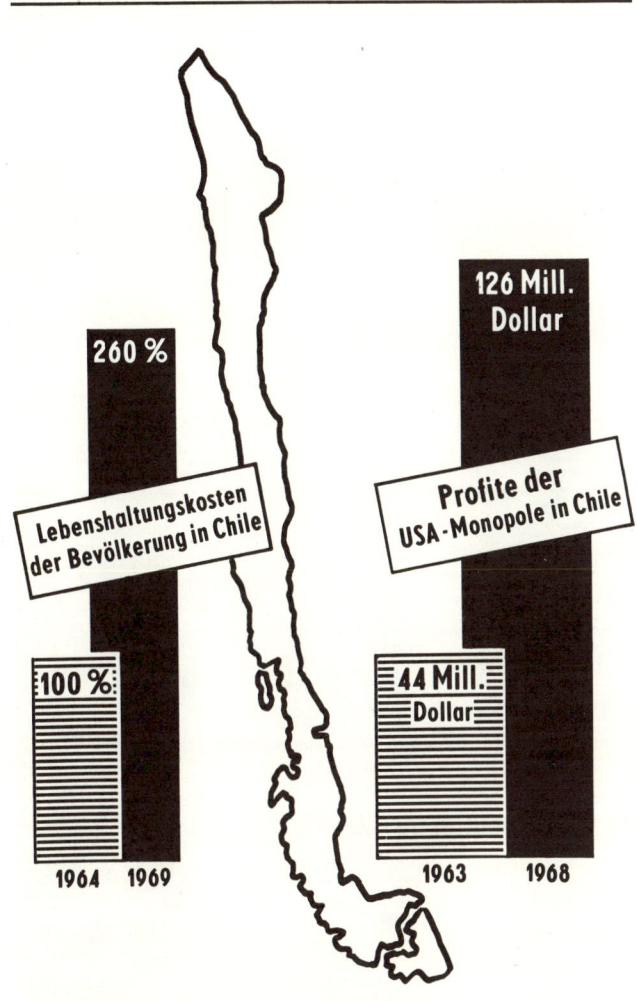

260 %

126 Mill. Dollar

Lebenshaltungskosten der Bevölkerung in Chile

Profite der USA-Monopole in Chile

100 %

44 Mill. Dollar

1964 1969

1963 1968

● Der Anaconda-Konzern erzielte 1969 über 80 Prozent seines Profits aus seinen chilenischen Kupferminen, obwohl er dort nur 16 Prozent seines Kapitals investiert hatte.

● Die Profite wurden vor allem durch niedrige Löhne in die Höhe getrieben. So erhielten die Arbeiter im Hoechst-Werk „Fibro Quimica Chilena" je Tag nur 36 Escudos, wofür man sich gerade ein Frühstück in einem Durchschnittsrestaurant leisten konnte.

● Die Konzerne der BRD schweigen sich zwar über die konkrete Profitentwicklung ihrer Tochterunternehmen in Chile aus. Doch eine empirische Untersuchung für die Jahre 1965 bis 1967 zeigt: Die Kapitalanlagen in Lateinamerika sind überdurchschnittlich profitabel. In diesen drei Jahren wurden mindestens folgende Gewinne aus lateinamerikanischen Ländern gezogen:

– 20,84 Millionen DM in der Eisen- und NE-Metall-Industrie

– 36,61 Millionen DM in der Elektro- und optischen Industrie

– 163,36 Millionen DM im Maschinenbau.

● Ausländische Monopole erzielten von 1956 bis 1965 durch sechs Milliarden Direktinvestitionen in Chile Gewinne von rund 8,1 Milliarden Dollar – einen Profit von 135 Prozent.

Salvador Allende: „Für jeden Dollar, den wir erhielten, haben wir 4 Dollar zurückzahlen müssen."[7]

Sagenhafte Vorrechte

● Die ausländischen Unternehmen konnten den größten Teil des Profits aus Chile transferieren, so daß dem Land bedeutende Finanzmittel verloren gingen, die dringend zur Entwicklung der Wirtschaft benötigt wurden. Der ITT-Konzern hatte dem Land sogar einen Vertrag aufgezwungen, der es ihm erlaubte, seinen Gewinn in Form von Gold aus dem Andenland herauszuholen.

● Darüber hinaus hatten die ausländischen Konzernherren über die Unternehmerorganisation „Sociedad de Fomento Fabril" Zutritt zu staatlichen und anderen zentralen Wirtschaftsorganisationen, die Entscheidungen über die Wirtschaftspolitik und Investitionen im volkswirtschaftlichen Maßstab zu treffen hatten. Sie kamen direkt an die Schalthebel der Macht.

Die Tatsachen sprechen eine deutliche Sprache: Auch die großen ausländischen Konzerne sahen ihre Profite durch die sozialen Reformen und gesellschaftlichen Umwälzungen gefährdet, die von der Regierung der Unidad Popular eingeleitet wurden. Ihnen paßten weder die Lohnerhöhungen noch die Arbeiterrechte auf Mitbestimmung und erst recht nicht die Maßnahmen zur Nationalisierung des räuberischen Auslandskapitals. Deshalb zählten sie zu den Interessenten und Drahtziehern des blutigen Putsches.

„Die Menschen (in Chile) sind sehr gelehrig und arbeitsam, das Lohnniveau international niedrig... Diese Gesichtspunkte machen Industrieansiedlungen für Ausländer recht attraktiv. In keinem Land Südamerikas findet man so günstige Arbeitskräftebedingungen wie in Chile... Auf Grund eines Gesetzes wird Kapitalimport dadurch begünstigt, daß man das importierte Kapital unter bestimmten Voraussetzungen und Fristen re-exportieren kann. Auch die Dividenden können in fremder Währung zurücküberwiesen werden... Rohstoffe sind in großem Umfang vorhanden, besonders im Raum Concepcion (Stahl und Kohle)... Für die deutsche Industrie ergibt sich hier eine große Chance, die man nicht ungenutzt vorübergehen lassen sollte..."

Märchenhafte Gewinne auf Kosten des chilenischen Volkes

Jeder Dollar, jede Mark, jedes Pfund, das in Chile vom internationalen Großkapital investiert wurde, brachte märchenhafte Gewinne:

● Aus den chilenischen Kupferbergwerken wirtschafteten die USA-Konzerne vor dem Amtsantritt von Dr. Allende jährlich 260 Millionen Dollar Profit heraus. Dem chilenischen Staat dagegen blieben ganze 35 Millionen Dollar.

Das Großkapital greift wieder nach Chiles Reichtum: das Kupferwerk El Teniente

Kaufhauskonzerne als Latifundistas

Angehörige der westdeutschen Großbourgeoisie haben sich in Chile auch beträchtliche Ländereien bis zu 5 000 ha angeeignet. Die Landarbeiter wurden auf diesen Gütern wie zu Zeiten des tiefsten Kolonialismus ausgebeutet.

,,Der Spiegel'' am 13. September 1971:

,,Die meisten Fabrikanten, Bankiers und Großaktionäre vom Rhein haben ihren billig erworbenen Boden in Chile nie gesehen und ließen die Gutsprovinzen im Kolonialstil verwalten.''

Unter den 5 000 Latifundistas befinden sich neben dem Freiherrn von Kühlmann-Stumm vor allem eine ganze Reihe westdeutscher Versandhaus- und Kaufhaus-Konzerne.

In der Provinz Osorno sind – so der ,,Stern'' am 18. April 1971 – rund 85 Prozent des Bodens im Besitz von ,,Deutschen''.

An der Arbeit chilenischer Landarbeiter bereichern sich u.a.:

● Otto-Versandhaus-Chef Werner Otto;
● Familie Schickedanz, die das Quelle-Versandhaus betreibt;
● Brigitte Gräfin von Normann, Tochter des Besitzers des Hertie-Konzerns, Karg;
● Dr. Arthur Lindgens, Aufsichtsratsvorsitzender des Warenhaus-Konzerns Wertheim und der Sektfirma Burgeff;
● Willi Maurer, Vorsitzender des Aufsichtsrats und Mitinhaber der Kaiser's Kaffee-Geschäft AG.

Hungerlöhne für Landarbeiter

Am 2. Juli 1972 weiß der ,,Stern'' über das armselige Leben der Landarbeiter auf dem Gut des CDU-MdB Freiherrn von Kühlmann-Stumm zu berichten:

,,,Unser Patron zahlt uns nur Hungerlöhne', beschwert sich Oswaldo Saldivia. Er ist 39 Jahre alt, sieht aus wie fünfzig, hat Frau und sieben Kinder und verdient bei seinem deutschen Arbeitgeber genau... 900 Escudos im Monat. Das entspricht einer Kaufkraft von 140 Mark. Saldivia: ,Dafür kann ich mir fast nur Reis, Nudeln und Bohnen leisten, selten mal Schweinefleisch oder Fisch, und Rindfleisch so gut wie nie.' Die Landarbeiter auf ,Fundo Huillin' sind nicht gut auf ihren Arbeitgeber zu sprechen, der bis vor zwei Jahren jährlich einmal kam und ein paar Anordnungen gab. ,Nach unseren Problemen hat er nie gefragt', sagt Saldivia bitter, ,er ließ seine Pferde satteln, ging reiten, jagen und angeln. Dann war er wieder weg.'''

Der Würgegriff der Großbanken

Die entscheidenden Großbanken der kapitalistischen Welt hatten ihr Spinnennetz über die chilenische Wirtschaft ausgebreitet. Sie stürzten das Land in immer größere Schulden und profitierten vom Elend des Volkes. Als die Regierung der Unidad Popular ihrem Treiben ein Ende bereitete, setzten sie den Würgegriff der Kreditverweigerung an.

First National City Bank USA

Die zweitgrößte Bank der USA und der kapitalistischen Welt besaß in Chile zehn Zweigstellen und war darüber hinaus noch an der „National Financeira S.A." kapitalmäßig beteiligt. Der Vorsitzende des Verwaltungsrates war bis 1967 James S. Rockefeller, der über die von ihm ins Leben gerufene „International Basic Economy Corporation Chilena, Sociedad Anónimo" Aktien chilenischer Gesellschaften aufkaufen ließ.

Im Verwaltungsrat der Bank sind u.a. folgende auch im Chile-Geschäft tätige USA-Konzerne vertreten: ITT, Eastman-Kodak Company, Du Pont de Nemours, IBM und National Steel Corporation.

Bank of America, USA

Die größte Bank der USA und der kapitalistischen Welt unterhielt in Chile acht Zweigstellen.

Interamerikanische Bank

Obwohl hier jeder lateinamerikanische Staat Einlagen zu zahlen hatte, besitzen die USA mit 42,47 Prozent der Gesamtstimmen eine deutliche Vormachtstellung in dieser Bank. Sie entscheiden letztendlich, an wen zu welchen Bedingungen und für welche Projekte Kredite gewährt werden.

Bank of London and South America, Großbritannien

Neben sechs eigenen Zweigstellen und Agenturen verfügt sie über ihre Tochtergesellschaft „Balfour Williamson & Cia. S.A." über weitere vier Tochter- und Beteiligungsgesellschaften im Andenland.

Deutsche Überseeische Bank, Bundesrepublik

Sie ist eine Tochtergesellschaft der größten Monopolbank der BRD, der Deutschen Bank. Sie unterhält in Santiago zusammen mit dieser eine Gemeinschaftsvertretung und ist darüber hinaus mit 25 Prozent an der Ibero-Amerika-Bank beteiligt.
Im Aufsichtsrat sind vertreten: Flick, Klöckner, Siemens, Oetker, Schering, BASF u.a.

Deutsch-Südamerikanische Bank, Bundesrepublik

Sie ist zu 98 Prozent eine Tochter der zweitgrößten Bank der BRD, der Dresdner Bank. In enger Zusammenarbeit mit der Chase Manhattan Bank (New York) baute sie systematisch ihre Positionen in Südamerika und speziell in Chile aus. Bereits 1967 erwarb sie über 20 Prozent der Aktien der Banco Osorno y la Union, der größten Regionalbank Chiles. Sie kontrollierte 44 Prozent aller Bankeinnahmen des Landes.
Im Aufsichtsrat sind folgende bedeutende Unternehmen vertreten:
Krupp, AEG-Telefunken, Volkswagenwerk, Thyssen, Farbwerke Hoechst, Demag, Ferrostaal, Brown, Boverie & Cie, BASF, Klöckner u.a.

Im gleichen Augenblick, da die Regierung der Unidad Popular ihr Programm des gesellschaftlichen Fortschritts zu verwirklichen beginnt, drehen die Großbanken in einer konzertierten Aktion alle Kredithähne zu. Gleichzeitig weigern sie sich, Schulden früherer Regierungen länger zu stunden.

Kredite gesperrt

Das Nachrichtenmagazin „Der Spiegel", Hamburg, 16. Oktober 1972:
„Größere Kredite aus dem westlichen Ausland, die zu Zeiten der christdemokratischen Regierung reichlich ins Land geströmt waren, blieben aus... Von internationalen Finanzinstituten erhielt Chile 1971 nur rund 55 Millionen Dollar – Brasiliens Militärregime hingegen in der gleichen Zeit mindestens 456 Millionen Dollar... Die Interamerikanische Entwicklungsbank verweigerte sogar die Auszahlung bereits zugesagter Darlehen."

Schuldenregelung auf „nach dem Putsch" vertagt

Die französische Nachrichtenagentur AFP am 15. Juli 1973:
„Die neuen Verhandlungen über die chilenische Außenschuld für die Jahre 1973 und 1974 sind auf Oktober vertagt worden. Das verlautet nach zweitägigen Erörterungen des ‚Klubs von Paris'. In diesem sind die 14 Hauptgläubiger Chiles vertreten."
Vertagt auf Oktober 1973! War das Datum Zufall oder Absicht?

Vorsätzliche Einmischung und Erpressung

Präsident Allende am 4. Dezember 1972 vor den UN:
„Bis zu unserem Regierungsantritt erhielt Chile als Anleihen internationaler Finanzorgane, zum Beispiel von der Weltbank und der Interamerikanischen Bank, finanzielle Mittel in Höhe von etwa 80 Millionen Dollar im Jahr. Plötzlich wurden diese Finanzierungen eingestellt.

Im vergangenen Jahrzehnt erhielt Chile Anleihen vom Büro für Internationale Entwicklung der Regierung der Vereinigten Staaten in Höhe von etwa 50 Millionen Dollar. Wir erheben keinen Anspruch darauf, daß diese Anleihen weitergewährt werden. Den Vereinigten Staaten steht es frei, einem Lande Unterstützung zu gewähren oder nicht. Wir wollen nur aufzeigen, daß die abrupte Einstellung dieser Kredite in erheblichem Maße zur Verschlechterung unserer Zahlungsbilanz beigetragen hat.

Als ich die Präsidentschaft übernahm, erhielt mein Land kurzfristige Kredite in Höhe von etwa 220 Millionen Dollar von amerikanischen Privatbanken, die zur Finanzierung unseres Außenhandels bestimmt waren. Kurzfristig wurden von diesen Krediten etwa 190 Millionen Dollar gekündigt; wir mußten diese Summe zahlen, da die entsprechenden Verträge nicht erneuert wurden...

Anleihen, die Chile vor meiner Regierungsübernahme mit offiziellen Institutionen der USA vereinbart hatte und deren Auszahlung bereits im Gange war, wurden ebenfalls suspendiert...

Diese brutale finanzielle Abdrosselung bedeutete angesichts der Beschaffenheit der chilenischen Wirtschaft eine ernste Beschränkung unserer Einkaufsmöglichkeiten für Anlagen, Ersatzteile, Nahrungsgüter und Medikamente. Alle Chilenen verspüren die Folgen dieser Maßnahmen, die sich auf das tägliche Leben jedes Bürgers und natürlich auch auf das innere politische Leben des Landes auswirken.

Was ich hier dargelegt habe, beweist, daß die internationalen Organisationen ihrem eigentlichen Zweck entfremdet wurden. Es ist moralisch und juristisch unzulässig, sie als Instrument der bilateralen Politik irgendeines der Mitgliedsländer zu mißbrauchen, und mag es auch noch so mächtig sein. Das bedeutet, ein wirtschaftlich schwaches Land zu erpressen. Das bedeutet, ein Volk dafür zu bestrafen, daß es entschlossen ist, seine Bodenschätze wieder in Besitz zu nehmen. Das bedeutet eine vorsätzliche Einmischung in die inneren Angelegenheiten eines Landes. Das ist das, was wir als imperialistische Anmaßung bezeichnen."

Der 18-Punkte-Plan der ITT

Dr. Salvador Allende war noch nicht gewählt, da begann das ausländische Monopolkapital bereits seinen geheimen, aber erbarmungslosen Feldzug gegen die Unidad Popular. Der multinationale Trust „International Telephon & Telegraph Co." (ITT), der in Chile 200 Millionen Dollar investiert hatte, schmiedete das Komplott.

Wer ist ITT?

ITT ist eines der größten Konglomerate der Welt. Der Konzern beutet in 90 Ländern der Erde 423 000 Arbeiter und Angestellte aus und übertrifft mit seinen jährlichen Einnahmen von 8,6 Milliarden Dollar sogar das Bruttosozialprodukt von Chile.

ITT beschäftigt sich nicht nur mit der Herstellung von Telephonen, integrierten Schaltkreisen, Tiefkühlkost, mit Versicherungen und dem Verleih von Autos. ITT versucht, ganze Länder und Völker seinen Macht- und Profitzielen unterzuordnen.

„Wall Street Journal", USA, am 28. Oktober 1965:
„ITT ist ein gefräßiges Ungeheuer, das wie wahnsinnig seine Pranken auf alles legt, was in Reichweite ist, jederzeit zum neuen Zuschlagen bereit."

„Stuttgarter Zeitung", am 27. März 1973:
„Wie groß der politische Einfluß von ITT in Washington ist, zeigen die Kontakte bis hinauf zu Henry Kissinger (damals engster Berater des Präsidenten Nixon, heute amerikanischer Außenminister). ITT läßt sich solchen Einfluß etwas kosten. Im vergangenen Jahr offerierte der Großkonzern der

Die Ordnung der Generale, Zeichnung von GAL

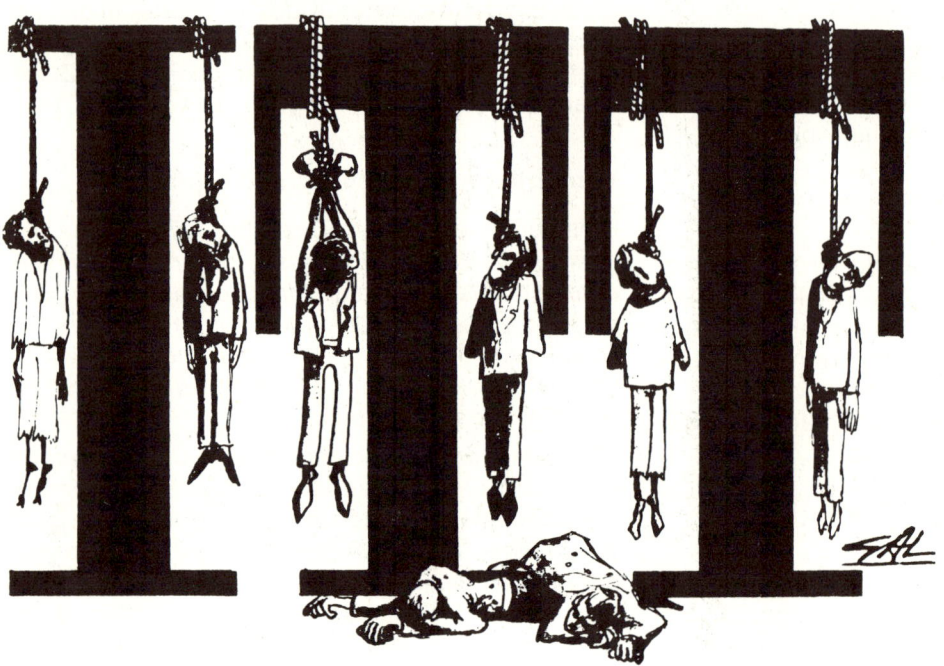

Republikanischen Partei Präsident Nixons 400 000 Dollar zur Finanzierung ihres Parteitages in San Diego in Kalifornien."

„Der Spiegel", 3. April 1972:
„Einer Regierung gleich hat der Konzern eine eigene außenpolitische Abteilung und einen eigenen Nachrichtendienst. Er beschäftigt ehemalige US-Diplomaten, und auf seinen Gehaltslisten standen bereits ein früherer UNO-Generalsekretär und ein belgischer Ex-Premier. Neben internationalen Banken sitzt im ITT-Aufsichtsrat auch der ehemalige CIA-Chef John McCone."

„Le Monde", am 13. September 1973 über das Buch „ITT – Souveräner Staat" des Amerikaners Anthony Samson:
„Dieses Monstrum, berichtet A. Samson, verbindet sich stets mit den politischen Führern des Auslands, zumindest mit denen, die mit ihm übereinstimmen. Die Verbindungen der ITT zu politischen, militärischen und Finanzkreisen sind zahllos… Die gegenwärtigen kapitalistischen Wirtschaftsriesen versuchen, die Staaten zu überflügeln, in die sie investieren, oder wie im Falle Chiles, den Versuch zu unternehmen, diejenigen Führer zu beseitigen, die sich weigern, sich ihren Gesetzen zu unterwerfen."

Um jeden Preis: Sieg des Volkes verhindern

Dieser Weltkonzern tat buchstäblich alles, um den Wahlsieg der Unidad Popular und den Amtsantritt Präsident Allendes zu verhindern. Kein Mittel war den ITT-Bossen zu schmutzig. Die Souveränität anderer Staaten ist für sie ein Fetzen Papier. Die Rechte anderer Völker treten sie mit Füßen.

Erster Versuch: Dollars gegen Allende

Am 16. Juli 1970 trifft sich der ITT-Direktor Geneen im Washingtoner ITT-Hotel „Sheraton-Carlton" mit dem CIA-Spezialisten für Lateinamerika, William Broe, und informiert ihn: ITT ist bereit, über eine Million Dollar zur Verfügung zu stellen, um einen Erfolg von Dr. Allende bei den bevorstehenden Präsidentschaftswahlen zu verhindern.
Über weitere Aktivitäten zur damaligen Zeit das „Handelsblatt", Düsseldorf, am 9. April 1973:
„ITT-Vertreter in Lateinamerika versprachen dem Anti-Allende-Blatt ‚Mercurio' großzügige Anzeigen-Hilfe und arrangierten, daß der US-Informations-Dienst (USIS) Berichte und Leitartikel des Blattes gegen Bezahlung verbreitete. Es war wiederum Broe, der diesem Plan zugestimmt hatte; ITT überwies daraufhin einen nicht genannten Beitrag an USIS."

Zweiter Versuch: Schiebung im Parlament

Als Salvador Allende dennoch gesiegt hat, unternimmt ITT im September 1970 einen zweiten Versuch. Diesmal soll die Abstimmung zugunsten des neuen Präsidenten im Parlament verhindert werden. ITT-Chef Geneen bietet über seinen Direktor McCone (von 1961 bis 1965 selbst CIA-Chef) dem neuen Chef des USA-Geheimdienstes, Helms, und Nixons Sonderberater, Kissinger, erneut mindestens eine Million Dollar für die Aktion gegen Allende an.
Die „Frankfurter Rundschau" vom 9. April 1973:
„ITT wollte eine Koalition von Christdemokraten und Konservativen – die im Wahlkampf zwei verschiedene Kandidaten aufgestellt hatten – im chilenischen Parlament unterstützen, um die Wahl des rechtskonservativen Jorge Alessandri durchzusetzen."

Dritter Versuch: Hoffnung auf Militärs

Zugleich wurde ein anderer Plan ausgeheckt. Der von ITT angeheuerte frühere Starreporter der amerikanischen Nachrichtenagentur AP, Bob Berrellez, am 17. September 1970 in einem vertraulichen Schreiben aus Santiago an den ITT-Vizepräsidenten E. J. Gerrity:
„Eine konstitutionelle Lösung, beispielsweise, könnte aus massiver innerer Unruhe, Streiks, Krisenhandlungen in Stadt und Land hervorgehen. Das würde eine Intervention der Streitkräfte auf unbestimmte Zeit moralisch rechtfertigen… Ein General im Ruhestand, Viaux, steht Gewehr bei Fuß, um sofort loszuschlagen, ob es dafür Gründe gibt oder nicht."

Generalstabsmäßige Vorbereitung des Putsches: Stufenweise Chaos organisieren

Alle Versuche der ITT mißlangen: Dr. Allende wurde auf demokratischem Weg Präsident. Aber die ITT steckte nicht auf. Als ihr zusammengeraubtes Eigentum in Chile von der UP-Regierung beschlagnahmt worden war, unterbreitete der Chef des Washingtoner Büros, William R. Merriam, dem damaligen Sonderberater Präsident Nixons, Peter G. Peterson, ein 18-Punkte-Programm des konzentrierten Kampfes gegen die Unidad Popular.
Unter dem Datum vom 1. Oktober 1971 legt ITT-Merriam dem Weißen Haus einen Plan zur generalstabsmäßigen Vorbereitung auf Staatsstreich und Militärputsch vor. Stufenweise soll das Chaos organisiert werden. Hier der Wortlaut des einzigartigen Beweisdokuments, das die Schuldigen überführt:
„Ich meine, es sollte darauf hingewiesen werden, daß die Situation in Chile von der gesamten Administration absolut mit Vorrang zu behandeln ist und daß insgeheim, aber wirksam alles getan werden sollte, um dafür zu sorgen, daß Allende die entscheidenden nächsten sechs Monate nicht übersteht.
Das Weiße Haus sollte innerhalb des Nationalen Sicherheitsrats einen Sonderstab einsetzen und auf Chile Druck ausüben.
Diese Gruppe könnte Maßnahmen ergreifen mit dem Ziel:

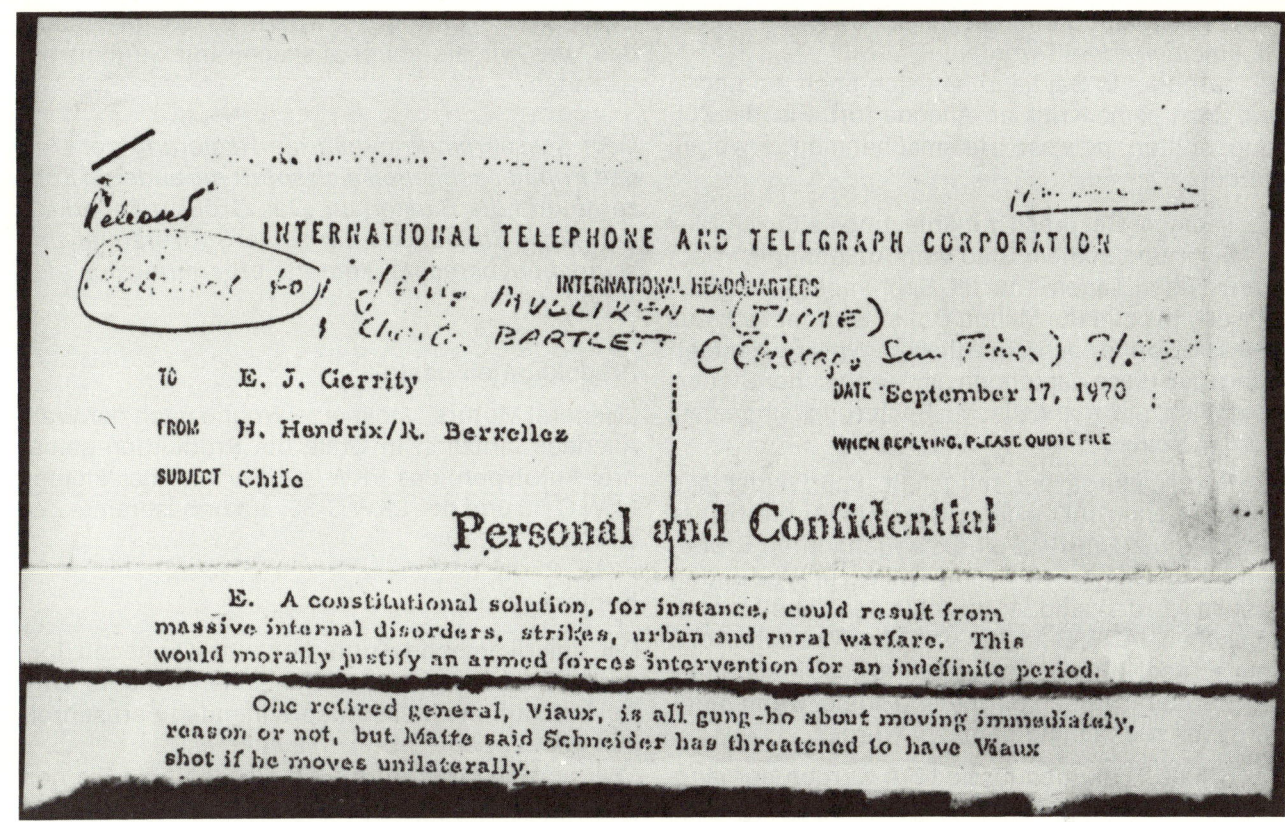

Aus den ITT-Geheimakten: Brief von Hendrix und Berrelez an den Konzernvizepräsidenten Gerrity

1. die Kreditbeschränkungen, wie sie von der Export-Import-Bank bereits verhängt wurden, bei den internationalen Banken aufrechtzuerhalten;

2. die großen amerikanischen Privatbanken insgeheim zu veranlassen, ebenso zu verfahren;

3. mit ausländischen Banken zu verhandeln, um sie ebenfalls zu Kreditrestriktionen zu bewegen;

4. Käufe aus Chile in den nächsten sechs Monaten aufzuschieben und die amerikanischen Kupfervorräte zu nutzen, statt von Chile zu kaufen;

5. für eine Verknappung des Dollars in Chile zu sorgen;

6. mit der CIA über Möglichkeiten zu diskutieren, wie sie den sechsmonatigen Druck unterstützen kann;

7. verläßliche Quellen innerhalb des chilenischen Militärs anzubohren und die Treibstofflieferungen für die Marine sowie die Benzinlieferungen für die Luftwaffe hinauszuzögern.

8. wahrscheinlich wird es erforderlich sein, den geschwächten Nachrichtenmedien Dollarhilfen zu gewähren, da dieser Sektor rapide verkümmert und ‚El Mercurio' im Nu ausgelöscht werden könnte;

9. Allendes Unctad-Pläne zu vereiteln;

10. Enteignungen und Verstaatlichungen amerikanischer Privatinvestitionen ohne volle und sofortige Entschädigung sind für die amerikanische Zahlungsbilanz von unmittelbarem Schaden. Dadurch wird das Gleichgewicht gestört und der Glaube an den Dollar gebrochen.

Die US-Regierung tat alles mögliche, um ihren Etat auszugleichen, den Dollar zu stärken und die Konkurrenzfähigkeit amerikanischer Produkte auf dem Weltmarkt zu bewahren. Dabei werden amerikanische Privatinvestitionen von einigen ausländischen Regierungen benachteiligt, obwohl diese gleichzeitig eine Vorzugsbehandlung auf unseren Märkten verlangen und bei den von Amerika unterstützten Banken ‚weiche Darlehen' beantragen.

11. Die Charta der Inter-American Development Bank (IADB). Paragraph 2-a-iii sieht vor, daß Darlehen ‚zur Ergänzung von Privatinvestitionen' gewährt werden. Hier aber ist das Gegenteil der Fall: Die IADB-Darlehen verdrängen die Privatinvestitionen.

12. Die amerikanischen Hersteller sollten ihre Handfeuerwaffen- und Munitionslieferungen nach Chile einstellen oder aufschieben. Letzte Woche ging noch eine Remington-Lieferung an die (chilenische) Geheimpolizei.

13. Chiles jüngste Reisebeschränkungen schaden dem amerikanischen Handel. Die Chilenen sind in ganz Lateinamerika als die wohl reisefreudigste Nation bekannt. Hier sollten Vergeltungsmaßnahmen getroffen werden.

14. Die chilenischen Aktionen gegen die Nachrichtenagentur UPI sollten von der Inter-American

Press Association und der amerikanischen Presse allgemein verurteilt werden.

‚El Mercurio' in Santiago hält sich noch am Leben und setzt seine Kritik an Allende fort. Für die Zeitung sollten gewisse Hilfsmaßnahmen erwogen werden.

15. In einem Gespräch mit Abteilungsleiter Charles A. Meyer und seinem Stab vom Außenministerium vor wenigen Tagen – am 28. September – erfuhren wir, daß bis zu eine Million Dollar allmonatlich aus dem Hilfsfonds nach Chile fließen. Wir sind der Meinung, daß diese Zahlungen amerikanischer Steuergelder an die marxistische Regierung eingestellt werden sollten.

16. Ferner wurde uns mitgeteilt, daß Gelder aus verschiedenen IADB-Hilfsprogrammen, die bisher nicht benutzt wurden, einem sogenannten Erdbeben-Fonds zugewiesen und Chile zur Verfügung gestellt worden sind. Angesichts des hohen amerikanischen IADB-Beitrags und der Tatsache, daß kein echter Notstand vorlag, hätte diese Maßnahme nicht erlaubt werden dürfen und sollte, wenn möglich, jetzt rückgängig gemacht werden.

17. Chiles Ausfuhren in die USA werden auf jährlich 154 Millionen US-Dollar geschätzt. Möglichst viele amerikanische Märkte sollten daher für Chile geschlossen werden. Ebenso sollten amerikanische Ausfuhren, die für Allende von besonderer Bedeutung sind, verzögert oder eingestellt werden.

18. Die Vereinigten Staaten sollten mit anderen Regierungen, deren Staatsbürger unter den chilenischen Marxisten leiden, über geeignete Maßnahmen beraten. Zu diesen Nationen gehören auch Länder, denen Chile Geld schuldet. Allendes Geldreserven schrumpfen rapide. Er hat bereits ein Moratorium für die Begleichung seiner Auslandsschulden beantragt."[8]

Wer auch nur oberflächlich diesen Plan und die tatsächlichen Ereignisse vergleicht, der stellt fest:

Das ist der Plan, nach dem Chiles Wirtschaft untergraben, eine Bürgerkriegsatmosphäre erzeugt und den Mördern Allendes der Weg bereitet wurde. Er trägt den Stempel: Made in USA!

„Nach dem Drehbuch der ITT"

„Der Spiegel" am 17. September 1973 zu Vorbereitung und Ablauf des Putsches:
„Wie nach dem Drehbuch, das vor zwei Jahren ITT-Manager dem USA-Geheimdienst CIA vorgeschlagen hatten."

Organisatoren des Bürgerkriegs

Präsident Dr. Salvador Allende am 4. Dezember 1972 vor den UN:
„Meine Herren Delegierten, ich klage vor der Weltöffentlichkeit die ITT an, in meinem Vaterlande den Bürgerkrieg heraufbeschwören zu wollen. Das ist das, was wir als imperialistische Intervention bezeichnen."

Dem Kesseltreiben gegen die Regierung der Unidad Popular schließen sich sofort die anderen Konzerne und die Banken an. Das Großkapital erklärt dem Volk Chiles, das um seine Souveränität und seine Lebensrechte kämpft, erbarmungslos den Krieg.

Produktion eingestellt

„General Motors" stellt eine Woche nach der Wahl Allendes plötzlich in Chile die Produktion seiner drei Autotypen, des PKW „Chevy 71", des kleinen LKW C-10 und des LKW C-30, auf unbestimmte Zeit zurück.

Kupferboykott

Der amerikanische Kupferkonzern Kennecott fordert die Bezieher des chilenischen Kupfers zum Boykott auf. In einem entsprechenden Fernschreiben vom 7. September 1972 heißt es:
„Wir sind darüber informiert worden, daß Sie den Kauf… von Kupfer… (aus) der El Teniente Mine in der Republik Chile, auf das wir Rechte auf Eigentum haben, vereinbaren oder vereinbaren könnten. Wir machen Sie darauf aufmerksam, daß jeder Kauf… dieses Kupfers… ohne unsere ausdrückliche Erlaubnis im Gegensatz zu den herrschenden Rechtsgrundsätzen sein würde, und benachrichtigen Sie, daß wir (dies) so ansehen würden, wie wir es als nötig erachten würden, um unsere Rechte… zu schützen."[9]

Die Folge: Beschlagnahme von Kupferlieferungen in anderen Ländern, darunter auch in der Bundesrepublik.

Kapitalflucht

Die Konzerne der BRD, die mit der vorhergehenden Regierung Frei verbindliche Verträge abgeschlossen hatten, halten diese nach der Wahl Allendes nicht mehr ein. Sie investieren keinen Pfennig mehr, sondern organisieren sogar die Kapitalflucht. Bereits am 14. September 1970 notierte das Nachrichtenmagazin „Der Spiegel":
„Auch die Tochterfirmen von Bayer, Hoechst und Phoenix-Rheinrohr bringen über die Grenze, was mobil ist."

Wie in der Frühzeit des US-Interventionismus

Kommentar des „Spiegel" am 3. April 1972:
„Die Dokumente belegen: Auch heute noch, nach den Praktiken der legendären United Fruit Company in Guatemala, nach nordamerikanischer Wirtschaftsdiktatur in Lateinamerika, arbeiten US-Konzerne so wie in der Frühzeit des US-Interventionismus, als 1916 ein General Smedley Butler ‚für die

Boys von der National City Bank' mit seinen Marines in der Dominikanischen Republik gelandet war.''

Superkonzerne als Drahtzieher

,,Il Messaggero'', Italien, am Tage nach dem Putsch, am 12. September 1973, über die Rolle der großen amerikanischen und ,,multinationalen'' Konzerne: ,,Das grundlegende Ziel dieser multinationalen Unternehmen bestand darin, in Chile ein wirtschaftliches Chaos zu schaffen… Dieses Ziel wurde hartnäckig nicht nur von der ,ITT', sondern von Gesellschaften wie der Anaconda, der Cerro Mining, der Kennecott und zwei amerikanischen Bankgruppen verfolgt, die in Lateinamerika wirken.
Diese Aktion der ,Multinationalen' ging Hand in Hand mit einer geschickteren, doch deshalb nicht weniger erbarmungslosen Wirtschaftsoffensive, die von den USA ausging und über die Weltbank, den Internationalen Währungsfonds und alle mit den beiden großen Finanzinstituten verflochteten Kredit- und Entwicklungsagenturen hinweg betrieben wurde.''

Ziel: ,,Der völlige Zusammenbruch der Produktion.''

Angriff aus dem Hinterhalt

Präsident Dr. Allende am 4. Dezember 1972 vor der UNO-Vollversammlung:
,,Es war beabsichtigt, den Amtsantritt einer frei vom Volk gewählten Regierung zu verhindern, sie zu stürzen, ehe sie sich konstituierte. Wir sollten international isoliert werden, unsere Wirtschaft sollte erdrosselt und der Handel mit unserem Hauptexportprodukt, dem Kupfer, sollte lahmgelegt werden. Man wollte uns auch die internationalen Kreditinstitute verschließen.
Wenn wir die gegen uns gerichtete finanziell-ökonomische Blockade anprangern, sind wir uns bewußt, daß dies für die internationale öffentliche Meinung und selbst für einige unserer Landsleute schwer verständlich sein wird. Es handelt sich ja nicht um eine offene Aggression, die unverhüllt vor aller Welt zutage tritt. Es ist vielmehr eine Untergrundattacke, ein versteckter und verschleierter Angriff, der aber für Chile nicht weniger gefährlich ist als offene Aggression.
Wir stehen Kräften gegenüber, die im Schatten operieren, ohne Fahne, mit mächtigen Waffen, die sich auf die verschiedensten Machtpositionen stützen…
Wir sind Opfer von kaum faßbaren Aktionen, die mit Phrasen und Erklärungen über die Respektierung der Souveränität und Würde unseres Landes verschleiert werden. Wir haben aber am eigenen Leibe erfahren den enormen Unterschied zwischen solchen Erklärungen und den außergewöhnlichen Aktionen, denen wir tatsächlich ausgesetzt sind.''

Die CIA und ihr Plan ,,Centaur''

Die Central Intelligence Agency (CIA), das Zentrale Nachrichtenamt der USA für geheimdienstliche und Spionagetätigkeit, hat eine entscheidende Rolle zunächst bei der Verhinderung, dann − als dies mißlang − bei der Organisierung des Vernichtungsfeldzuges gegen den gesellschaftlichen Fortschritt in Chile gespielt.

Neun Jahre lang führte die CIA einen unterirdischen Krieg im Andenland: zunächst, um die Mehrheit der Unidad Popular zu verhindern; später, um Salvador Allendes Wahl zum Präsidenten zu vereiteln; schließlich, um den Sturz der UP-Regierung herbeizuführen und den faschistischen Ausrottungsfeldzug der Militärjunta gegen die patriotischen Kräfte des chilenischen Volkes zu ermöglichen.

Mit viel Lärm und Schmutz

Präsident Allende drei Tage vor seiner Ermordung, am 8. September, im Französischen Fernsehen:
,,Der amerikanische Senat selbst hat die Rolle des Geheimdienstes CIA klargestellt, der sich auch in anderen Ländern als Chile einmischt.''
Salvador Allende kannte die Praktiken, Mittel und Methoden der CIA im Kampf gegen Chile spätestens seit 1964. 20 Millionen Dollar waren damals laut ,,Washington Post'' vom 6. April 1972 ,,aus den Fonds der USA verwandt'' worden, ungefähr 100 CIA-Beamte zum Einsatz gekommen. Sie hatten Provokationen, Verleumdungen, Verdächtigungen, Schießereien, Morde gesteuert mit dem einzigen Ziel, 1964 noch einmal den Gegenkandidaten Frei ins Präsidentenamt zu bringen.
Ein CIA-Beamter sagt 1972 vor dem Untersuchungsausschuß des Senats aus: die CIA-Aktionen waren ,,mit viel Lärm verbunden und schmutzig''.

Das ,,Recht'' der CIA

Während des Wahlkampfes im Sommer 1970 intensivieren US-Monopole, CIA und Nixon-Administration ihre Umtriebe in Chile. Wieder ist die Verhinderung der Wahl Allendes ihr Ziel. 400 CIA-Agenten werden im Spätsommer in das Land am Pazifik eingeschleust.[10]

Im Zusammenspiel mit ITT entfacht die CIA eine wütende antikommunistische Hetzkampagne in 40 Radiostationen und zahlreichen reaktionären Zeitungen Chiles. Massive Drohungen werden verbreitet: Im Falle der Wahl Salvador Allendes werde das Land keine Kredite, keine technische Hilfe aus den USA erhalten.
Vor dem Untersuchungsausschuß für Auswärtige Angelegenheiten des US-Senats, der sich später unter dem Druck der Öffentlichkeit mit dem Kom-

plott befassen muß, „verteidigt" der frühere Stellvertretende US-Staatssekretär für Lateinamerika-Fragen, Charles Meyer, „das Recht der Central Intelligence Agency der USA, eine Alternative für die Aktion in Chile zu suchen, um den Machtantritt Allendes zu verhindern."[11]

Chaos schon 1970 geplant

Am 4. September 1970 gewinnt Dr. Salvador Allende die Präsidentschaftswahlen. Der CIA-Spezialist für Geheimaktionen in Lateinamerika, William Broe, erklärt vor dem erwähnten Ausschuß, er habe daraufhin „den 29. September 1970 für den Beginn eines Aktionsplans zur ‚Schaffung eines Wirtschaftschaos in Chile' vorgeschlagen."[12]

Suche nach verräterischen Militärs

Anfang Oktober 1970, zwei Wochen vor der Proklamation Allendes zum Präsidenten, schickt der damalige ITT-Chef, William Merriam, an den ehemaligen CIA-Chef und ITT-Boß, John McCone, eine Nachricht, in der es heißt:
„Es wird weiterhin versucht, Angehörige der Streitkräfte zu finden, die an die Spitze einer Art Aufstand treten können – bisher ohne Erfolg."[13]

„Unternehmen Chile": Chaos und Mord

Der Sturz des gewählten Präsidenten Salvador Allende ist von jetzt an das niederträchtige Ziel der USA. Die CIA faßt es in die Bezeichnung „Unternehmen Chile" oder „Plan Centaur".

Die CIA geht im besonderen darauf aus, „alle wichtigsten politischen Parteien zu unterwandern, die regierungsfeindlichen Demonstrationen und Gruppierungen zu unterstützen und die oppositionelle

Presse zu finanzieren", wie die „Washington Post" am 20. Oktober 1973 anhand vertraulicher Aussagen des CIA-Direktors, William Colby, enthüllt.

Hier nur einige Stationen des Planes „Centaur":

15. März 1971
Rechtsradikale Kräfte, inspiriert von der CIA, verüben auf Präsident Allende einen Sprengstoffanschlag, der jedoch fehlschlägt.

24. März 1972:
Der Plan, durch bewaffnete Einsatzgruppen der faschistischen „Patria y Libertad" Krawalle zu entfesseln, das Präsidentenpalais „La Moneda" zu stürmen, den Hochverräter Brigadegeneral a. D. Viaux aus dem Gefängnis zu holen und eine Militärrevolte auszulösen, wird aufgedeckt und scheitert.
Der Generalsekretär der Regierung Allende, Minister Jaime Suarez, weist nach, daß es sich um ein Komplott der einheimischen Reaktion und der CIA gehandelt hat.

11. September 1972:
Auf Präsident Allende wird ein von der CIA gesteuertes Attentat verübt, das jedoch scheitert.

17. September 1972:
Innenminister Jaime Suarez und Präsident Allende enthüllen den von konterrevolutionären Verschwörern aufgestellten „September-Plan". Danach sollten am Vorabend des Unabhängigkeitstages (18. September) von reaktionären Kräften und Organisationen Straßenunruhen provoziert, die Carabineros und Teile der Armee zu Handlungen gegen die gewählte Regierung veranlaßt, zugleich aber auch von angeblichen Funktionären linker Parteien Überfälle auf Häuser von Polizisten und Militärs verübt werden.

Hier entstand der Plan „Centaur": CIA-Hauptquartier in den Virginia-Wäldern bei Washington

Die Zeitung „El Siglo" weist nach, daß sich an der Aufstellung des verschwörerischen Plans die CIA und das Pentagon beteiligt haben.

Dezember 1972:
1 500 Agenten hat die CIA 1972 nach Chile eingeschleust, darunter zahlreiche kubanische Konterrevolutionäre. Das wird in der Zeitschrift „Ramona" enthüllt. Sie arbeiten mit den halbmilitärischen, faschistischen Organisationen „Rolando Matus" und „Patria y Libertad" zusammen.
Die Wochenzeitschrift „Ramona" lenkt die Aufmerksamkeit auf die Tatsache, daß diese neuen Agenten der CIA in Chile „nicht die klassischen Gringos" sind. Dieses Mal, so heißt es, handelt es sich um kubanische, bolivianische, viele brasilianische und einige westdeutsche Konterrevolutionäre.

29. Juni 1973:
Als an diesem Tag Teile zweier Panzerregimenter den Präsidentenpalast angreifen, liegt dem Anschlag ein Instruktionsplan der CIA zugrunde. Der Plan wird im Haus des geflohenen CIA-Agenten und Funktionärs der faschistischen „Patria y Libertad", Manuel Fuentes, gefunden.
Die wichtigsten Punkte dieses Planes für den Fall eines Sturzes der UP-Regierung: Ausweisung von Tausenden und aber Tausenden Chilenen aus dem Lande, massenhafte Festnahme von Mitgliedern aller Linksparteien der Unidad Popular und ihre Einlieferung in Gefängnisse und Konzentrationslager, Liquidierung aller demokratischen Freiheiten, Rückgabe aller enteigneten Betriebe, Unternehmen und Latifundien an ihre früheren Besitzer.
Dieser Plan wird nach dem 11. September 1973 verwirklicht.

August 1973:
Hunderte von Attentaten werden von gedungenen CIA-Agenten verübt, um das Land in Bürgerkriegsstimmung zu versetzen.

6. September 1973:
Im Zusammenhang mit der Vernehmung des verhafteten Führers der faschistischen Terrororganisation „Patria y Libertad", Thieme, werden zahlreiche Dokumente entdeckt, die darüber Auskunft geben, daß die faschistischen Elemente von der CIA finanziert werden.
Für den geplanten Beginn einer blutigen Konfrontation in Chile sind in den Dokumenten die Bewachung von Start- und Landeplätzen für DC-9-Flugzeuge sowie die Sicherung der Funkverbindungen bis in alle Einzelheiten festgelegt.

10. September 1973:
Über eine Verdreifachung der Zahl der CIA-Agenten in Chile im Jahre 1973 berichtet die katholische italienische Wochenzeitung „Sette Giorni". Sie sind zur Vernichtung von Stromleitungsmasten, zur Anzettelung von Aktionen der Lastkraftwagenbesitzer und einer Boykottwelle der Ärzte, Piloten und Einzelhändler eingesetzt.
Als einen „sonderbaren Zufall" bezeichnet die Zeitschrift die Tatsache, daß in diesen Tagen ein Geschwader USA-Kriegsschiffe, aus dem Südatlantik kommend, vor der chilenischen Küste eintreffen wird. Zur gleichen Zeit versuche die CIA, durch Verteufelung des Kommunismus die chilenische Armee gegen den Präsidenten aufzuwiegeln, um unter den Militärs eine Revolte gegen die UP-Regierung zu provozieren.

11. September 1973:
Der blutige, faschistische Putsch der Militärjunta gegen die Unidad Popular, gegen die sozialen, politischen und demokratischen Errungenschaften des chilenischen Volkes wird ausgelöst. Der Plan „Centaur" läßt Ströme von Blut der besten Töchter und Söhne Chiles fließen.

Um einige Tage verschoben

Der Plan „Centaur" sollte ursprünglich schon eine Woche früher ausgelöst werden.
Das enthüllte der Botschafter der UP-Regierung in Mexiko, Hugo Vigorena, am 15. September 1973 auf einer Pressekonferenz in Mexiko-City. Der CIA-Plan sei unglücklicherweise zu spät in die Hände der UP-Regierung gefallen. Nach diesem Plan sollte der Putsch offenbar zu dem Zeitpunkt erfolgen, „an dem Salvador Allende seine Teilnahme an der Konferenz der blockfreien Staaten in Algier angekündigt hatte."[14]

Die französische Zeitung „Le Monde" am 22. September 1973:
„Der Entschluß Allendes, nicht nach Algier zu fliegen, hatte zur Verschiebung des Putsches geführt."

Frau Hortensia Bussi de Allende faßt die Auswirkungen des Planes „Centaur" der CIA auf die Tätigkeit von Präsident Allende und seiner Regierung in einem Interview mit der Illustrierten „Stern" vom 27. September 1973 in die Worte zusammen:
„Sie ließen ihm (Salvador Allende, d. Hrsg.) keinen einzigen Tag, das Land in Ruhe zu regieren."

Die Aktivitäten des US-State Departement

Zur Verwirklichung der USA-Strategie, in Chile Schritt für Schritt die Bedingungen eines Militärputsches zu schaffen, waren neben den Managern der großen Monopole und Banken auch Experten des Pentagon, des State Departement sowie speziell der US-Botschaft in Santiago tätig.
In Washington saßen die Planer des Verbrechens gegen Chile. In Washington wurde schließlich der faschistische Putsch „gezündet".

Blutiger Pfad führt ins Pentagon

Die gleiche „New York Times", die 1972 die Existenz des ITT-Planes bestätigt hat, geniert sich nicht, einige Tage nach dem faschistischen Putsch zu behaupten:
„Es gibt nicht den allergeringsten Hinweis auf eine amerikanische Komplicenschaft bei dem Putsch…"
Ein zynisches Dementi – von vielen Tatsachen widerlegt!
Zur gleichen Zeit, da solche Dementis verbreitet werden, erklärt der kubanische UNO-Botschafter, Alarcon Quesada, vor dem Weltsicherheitsrat der Vereinten Nationen:
„Der blutige Pfad in Chile führt direkt in die dunklen Räume des US-Geheimdienstes CIA und des Pentagon."[15]

Was Kissinger denkt und tut

Am 15. September 1970 trifft sich H. Kissinger, damals Sonderberater R. Nixons, in Chicago mit führenden Pressevertretern. Es geht um die Entwicklung in Chile, den Wahlsieg der UP, die „drohende" Präsidentschaft Allendes. Dazu der britische „Guardian" im Oktober 1973:
„In einer vertraulichen Erklärung im September 1970 sagte Dr. Henry Kissinger gegenüber Journalisten: ‚Ich glaube, wir dürfen uns nicht der Illusion hingeben, daß ein Machtantritt Allendes in Chile keine schwerwiegenden Probleme für uns selbst, für unsere Kräfte in Lateinamerika und natürlich für die gesamte westliche Hemisphäre mit sich bringen würde'."
Diesen Gedanken Kissingers folgten noch in der gleichen Nacht Taten des US-State Departements.

Grünes Licht für Botschafter Korry

US-Botschafter Korry erhält weitgehende Befugnisse, gegen Salvador Allende und die Unidad Popular vorzugehen. Das geht aus einem vertraulichen ITT-Dokument hervor:
„Dienstag, spät in der Nacht (15. September), erhielt Botschafter Edward Korry schließlich eine Botschaft vom SD, welche ihm ‚grünes Licht' gab,

im Namen von Präsident Nixon vorzugehen. Diese Botschaft gab ihm weitgehend Vollmachten, um alles Denkbare, kurz gesagt – außer einer Aktion wie in der Dominikanischen Republik – zu unternehmen, um Allende von der Macht fernzuhalten.[16]

Nixon: ITT-Plan „sehr von Nutzen"

Als ITT-Vizepräsident William R. Merriam sich am 23. Oktober 1970 direkt an Präsident Nixon wendet und auf Entscheidungen und Interventionen drängt, weil „die strategische Wichtigkeit der chilenischen Ressourcen für die Sicherheit der Vereinigten Staaten neu überdacht werden muß", läßt USA-Präsident Nixon ihm am 9. November 1970 antworten:
„Lieber Mr. Merriam,
vielen Dank für Ihren Brief vom 23. Oktober und das beigefügte Schriftstück über die US-Lateinamerika-Politik. Ich habe es sorgfältig durchgelesen und es an die Mitglieder meines Stabes weitergegeben, die mit Angelegenheiten Lateinamerikas zu tun haben. Ihre Ansicht und Empfehlungen sind sehr von Nutzen, und wir werden sie sicherlich berücksichtigen. Ich danke Ihnen, daß Sie sich Zeit genommen haben, sie mir zu überlassen.
Mit besten Grüßen
Henry A. Kissinger"[17]

„Wir dulden Allende nicht"

Die Eskalation der US-Feindschaft gegen die Unidad Popular-Regierung steigert sich von Monat zu Monat. Präsident Nixon am 25. Februar 1971 in seinem Bericht an den Kongreß:
„Der Beschluß Chiles, Beziehungen zu dem kommunistischen Kuba aufzunehmen, steht im Widerspruch zu der gemeinsamen Politik der OAS und war eine Herausforderung an das interamerikanische System. Wir und unsere Partner in der OAS werden daher die Entwicklung der chilenischen Außenpolitik aufmerksam verfolgen. Wir gehen davon aus, daß internationale Rechte und Pflichten beachtet werden."[18]
Im April 1971 noch deutlicher in einem Interview:
„Wir dulden diese Art von Regierung des Marxisten Allende nicht."[19]

Washington dreht Kredithahn zu

Kurz darauf laufen die Aktionen des imperialistischen Wirtschaftskrieges gegen Chile an. Die USA sperren die Kredite. „Handelsblatt-Industriekurier", Düsseldorf, am 16. August 1971:
„Washington hat den Kredithahn für Chile gesperrt… Die Import-Exportbank hat unverzüglich in diese Kerbe geschlagen."
„Der Spiegel", am 27. September 1972:
„So strichen etwa die USA ihre kurzfristigen Kredite von 220 Millionen Dollar im Sommer 1970 auf 32 Millionen Mitte dieses Jahres."

THE WHITE HOUSE

WASHINGTON

November 9, 1970

Dear Mr. Merriam:

Thank you very much for your letter of October
23 and the enclosed paper on United States
policy toward Latin America. I have read it
carefully and I have passed it to those members
of my staff who deal with Latin American mat-
ters. It is very helpful to have your thoughts
and recommendations, and we shall certainly
take them into account. I am grateful for your
taking the time to give them to me.

With best regards,

Henry A. Kissinger

Henry A. Kissinger

Mr. William R. Merriam
Vice President
International Telephone and
    Telegraph Corporation
1707 L Street, N. W.
Washington, D. C. 20036

Mr. E. J. Gerrity

Believe this is more than
perfunctory. Things are
brewing on the Chile matter
and I will be back to you
later on that subject.

W. R. MERRIAM

Aus den ITT-Geheimakten: Dankschreiben von Kissinger an den Konzernvizepräsidenten Merriam

„Dominowirkung" verhindern

US-Außenminister Rogers empfängt am 21. Oktober 1971 leitende Mitarbeiter von amerikanischen Konzernen, die in Chile Tochtergesellschaften haben. Darunter befinden sich Vertreter der ITT, Anaconda Company, Ford Motor Company, Bank of America, First National City Bank of New York und der Ralston-Pusina Company. Zweck der Begegnung? Die demonstrative Verkündung der Absicht des US-State Departement, nunmehr alle Kredite und jegliche Wirtschaftshilfe für Chile einzustellen. Der 18-Punkte-Plan der ITT schlägt sich in der offiziellen US-Außenpolitik nieder. Die USA wollen verhindern, so „The Time" am 23. Oktober 1971 über die Ausführungen Rogers, daß Chile „eine ‚Dominowirkung' in anderen lateinamerikanischen Ländern auslöst".

Hilfestellung aus der BRD

Auch andere Regierungen kapitalistischer Staaten, darunter die BRD, gehen mit den USA in einer Front vor.

Schon im April 1970 hat die BRD die Entwicklungshilfe „eingefroren". Eifrigste Fürsprecher für diese Aktion sind nach einem Bericht von „Publik", Frankfurt, vom 17. September 1971, Außenminister Scheel (FDP) und der Minister für „innerdeutsche Beziehungen", Franke (SPD).

Fast zwei Jahre später, am 2. April 1973, stellt die „Frankfurter Allgemeine Zeitung" befriedigt fest: „Irgendeine Hilfe für irgendein neues Projekt haben die Chilenen, seit Allende regiert, nicht mehr bekommen."

Totale Drosselung des Handels

Die BRD beläßt es dabei nicht: Sie drosselt den Handel mit Chile. Im Import aus Chile hatte die BRD die USA ab 1966 übertroffen. Auch unter den Käuferländern des chilenischen Kupfers stand die BRD 1970 an erster Stelle, gefolgt von den USA, England und Japan. Nach dem Amtsantritt Präsident Allendes wurde der Handel in kurzer Zeit nahezu halbiert.

- **Importe der BRD aus Chile (in Millionen DM)[20]**

1969	:	893,7	1971	:	697,4
1970	:	924,0	1972	:	547,6

- **Importe von rohem Kupfer und -Legierungen der BRD aus Chile[21]**

1969	132 045 t	1. Hj.		
1970	141 867 t	1972	:	74 537 t
1971	147 828 t	1.Hj.		
1972	131 657 t	1973	:	56 123 t

Großunternehmen und Behörden der BRD beteiligen sich aktiv am internationalen Wirtschaftskrieg gegen die Regierung Allende. Sie arbeiten der inneren Reaktion in die Hände, helfen so den Sturz der rechtmäßig gewählten Regierung vorzubereiten.

Die „Coup teams" in der US-Botschaft

Das US-State Departement und die CIA ergänzen die Mittel des politischen und ökonomischen Kampfes gegen Chile durch den Einsatz von „coup teams", von Staatsstreich-Teams. Dazu gehören CIA-Experten im Diplomatengewand mit Spezialausbildung und -erfahrung in der Liquidierung demokratischer Regierungen.

Im Oktober 1971 schickt das US-State Departement einen neuen Botschafter nach Santiago: Nathaniel P. Davis. Seine Devise?

In Chile „eine so große Unzufriedenheit zu schaffen, daß die militärische Intervention allgemein gefordert wird."[22]

Die US-Botschaft wird zu einem Zentrum der Staatsstreich-Vorbereitung.

Nathaniel Davis und andere

Von 16 Mitarbeitern der politischen Abteilung der US-Botschaft identifiziert die Organisation „Nordamerikanischer Kongreß für Lateinamerika" (NACLA) mindestens 10 getarnte Agenten. Allesamt Staatsstreichspezialisten, die schon beim blutigen Sturz vieler fortschrittlicher Regierungen mitgewirkt und Massenverhaftungen von Demokraten organisiert haben.

Wer ist Nathaniel Davis?
Die in der BRD erscheinende Zeitschrift „Europa-Archiv" (Folge 16/1972) charakterisierte Davis bald nach seinem Amtsantritt als „strammen Spezialisten des Außenministeriums für Affären, die mit Marxismus zu tun haben. Davis hat zweifellos CIA-Leute bei sich, die sicherlich in ihrer unnachahmlichen Art gegen die Regierung agieren."

Die BRD-Publikation schließt nicht aus, „daß die Vereinigten Staaten Allende mit subversiven Mitteln zu Fall bringen wollen".

Davis diente 1943–1946 als Marineleutnant, wurde an das Amt für Strategische Dienste (Office of Strategic Services) versetzt, den Vorgänger der CIA für den geheimen Nachrichtendienst in der Kriegszeit, arbeitete ab 1947 im auswärtigen Dienst.

1960 war Davis in Caracas (Venezuela) eingesetzt, einem Zentrum der CIA-Vorbereitungen für die Invasion gegen Kuba in der Schweinebucht (1961).

1968 kommt Davis als Botschafter nach Guatemala. Dort fallen dem ungezügelten Terror des amerikanischen „Befriedigungsprogramms" gegen die Pa-

trioten bis 1971 rund 20 000 Menschen zum Opfer.
1971 wird Davis von Guatemala nach Chile gesandt.
Von dort schickt er verschiedene Berichte über
Möglichkeiten, die Regierung zu stürzen, an Präsident Nixon. Davis an Nixon im Dezember 1972:

„Wahrscheinlich ist jetzt die wachsende Überzeugung der Oppositionsparteien, des Privatsektors
und anderer wichtig, daß Opposition möglich ist...
Noch wichtiger ist die wachsende Einsicht, daß Opposition nötig ist."

Nach Davis' Meinung – ein Jahr vor dem Putsch –
müßte die Opposition gegen Präsident Allende jedoch

„so überwältigend und die Unzufriedenheit so groß
werden, daß die militärische Intervention allgemein
gefordert wird. Man nimmt an, daß das Militär abwartet, bis diese öffentliche Ablehnung wahrscheinlich klarer und deutlicher als je zuvor wird."

Deane Roesch Hinton

Leitete 1968–1969 in der von Davis geleiteten US-Botschaft in Guatemala die im Lande tätigen CIA-Agenten.
1969–1971 in der US-Botschaft in Chile.
Ab 1971 Stellvertretender Direktor des Rates für Internationale Wirtschaftspolitik, die als Behörde des
Nationalen Sicherheitsrates die Strategie der „unsichtbaren" Blockade Chiles leitete.

Daniel N. Arzac jun.

Trat im Juli 1953 ins Außenministerium und in die
CIA als wissenschaftlicher Analytiker für den Geheimdienst ein.
Ein Jahr nach Allendes Wahl wurde er als „politischer Beamter" in die US-Botschaft in Chile abkommandiert.

James E. Anderson

Von 1953 bis 1957 beim geheimen Nachrichtendienst der Luftwaffe.
Ab 1962 im auswärtigen Dienst.
1965, einen Monat vor der blutigen USA-Invasion, in
die US-Botschaft in der Dominikanischen Republik
kommandiert.
Der bei der CIA geführte Agent kam, getarnt als
„Konsulatsbeamter", im Januar 1971 in Santiago
an, zwei Monate nach Allendes Regierungsantritt.

John B. Tipton

Trat 1958 als wissenschaftlicher Spezialist für den
Geheimdienst in das Außenministerium und die CIA
ein. Nach einer mehrmonatigen Tätigkeit in Bolivien wurde er für „Arbeitgeber-Arbeitnehmer-Beziehungen" ausgebildet. In dieser Funktion von August 1965 bis September 1968 in Guatemala eingesetzt.

Nach weiterer Ausbildung kam er im Januar 1972
als „politischer Beamter" nach Santiago.

Raymond Alfred Warren

Trat 1954 in das Außenministerium und die CIA ein
und war an dem von der CIA unterstützten Putsch
gegen die fortschrittliche Regierung Arbenz in
Guatemala beteiligt.
Als „politischer Beamter" traf er im Oktober 1970 in
Santiago ein, als Allende vom chilenischen Parlament als Präsident bestätigt wurde.

Arnold M. Isaacs

Trat 1958 in das Außenministeriuim ein und arbeitet
seit 1959 für die CIA als wissenschaftlicher Spezialist für den Geheimdienst. 1970 als „Politischer Beamter" in der Botschaft in Santiago. Hauptaufgabe:
in Kreise der Linken einzudringen.

Frederick W. Latrash

Sammelte 1948–1949 und 1951–1954 erste Erfahrungen beim Amt für den geheimen Marinenachrichtendienst.
1954 an dem von der CIA unterstützten Putsch gegen die fortschrittliche Regierung Arbenz in Guatemala beteiligt.
Von Juni 1967 bis Mai 1971 „politischer Beamter" in
Accra, Ghana. In dieser Zeit wurde Kwame Nkrumah mit Unterstützung der CIA gestürzt.
Seit Mai 1971 als „politischer Beamter" in der Botschaft in Santiago.

Joseph F. McManus

Trat 1954 in das Außenministerium ein. CIA-Agent.
Nach dem September 1972 traf er in Chile als „politischer Beamter" ein.

Keith W. Wheelock

Von Oktober 1960 bis März 1962 als wissenschaftlicher Spezialist für den geheimen Nachrichtendienst im Außenministerium und bei der CIA.
Erschien im März 1962 in dem früheren Belgisch-Kongo, ein Jahr nach der Ermordung Patrice Lumumbas durch die CIA. In dieser Zeit war die CIA intensiv bemüht, in diesem Land den Widerstand der
Freiheitskämpfer zu brechen.
Von 1964 bis Juli 1966 als wissenschaftlicher Spezialist für den geheimen Nachrichtendienst tätig.
Dann als „politischer Beamter" nach Santiago versetzt.
Verlautbarungen in Chile, die kurz vor dem Putsch
veröffentlicht wurden, brachten Wheelock mit der
Terroristengruppe „Patria y Libertad" in Verbindung.

Donald H. Winters

Ab 1962 Beamter für den auswärtigen Dienst. Er ist
CIA-Agent und seit Mai 1969 als „politischer Beamter" in Santiago tätig.

Wer kaufte und instruierte die Putsch-Generale?

Durch tausendfache Fäden sind die Junta-Generale und ihr reaktionärer Militärklüngel mit imperialistischen und militärischen Kräften in anderen Ländern verbunden: Vor allem mit dem Pentagon in Washington und mit der Bonner Hardt-Höhe. Auf amerikanischen Ranger-Schulen und von Offizieren der Bundeswehr lernten sie die barbarische Grausamkeit, die sich seit dem 11. September in den Straßen Chiles austobt.

Verläßliche Quellen

In dem vom ITT-Konzern entwickelten Plan der Konterrevolution gegen die UP-Regierung ist die Rede vom „Anbohren verläßlicher Quellen" – auch innerhalb der chilenischen Armee. Generalität und Offizierscorps waren damit vor allem gemeint, aus deren großbürgerlicher und feudaler Herkunft diese „Verläßlichkeit" ebenso abzuleiten ist wie aus ihrer Ausbildung in imperialistischen Armeen.

Ausbildung in den USA

Von den höheren Offizieren der chilenischen Armee haben 68 Prozent, die in den letzten Jahren aktiv dienten, in Militärschulen der USA und der Panamazone ihre Ausbildung im Sinne der imperialistischen Doktrin des Kampfes gegen nationale Unabhängigkeit und gesellschaftlichen Fortschritt der Völker erhalten. Über den Inhalt dieser Ausbildung gibt die Nr. 356 der Zeitschrift „Memorandum der Armee Chiles", offizielles Organ des Generalstabes, Aufschluß:
„Die Streitkräfte haben außer der Gewährleistung der Landessicherheit auch die Aufgabe... die Solidarität Chiles mit dem Block der westlichen Länder zu garantieren."
Zentrum der Ausbildung ist die „U.S. School of the Americas" in Fort Gulick (Panamazone).
„Seit ihrer Gründung hat die Schule 21 294 lateinamerikanische Offiziere ausgebildet und mit Diplomen versehen."[23]
● Nach Angaben des „North American Congress of Latin America" (NACLA) absolvierten 3 667 chilenische Offiziere zwischen 1950 und 1969 die „U.S. School of the Americas".
● Darüber hinaus erhielten 24 000 Angehörige der Carabineros eine US-amerikanische Ausbildung.

Auf Umsturz gedrillt

Neben der Ausbildung an amerikanischen Waffen werden die Absolventen nach einem Bericht des „Condor", Sonderausgabe Juni 1970, „auf härteste Proben, besonders körperlicher Ertüchtigung und Ausdauer, gestellt".

„Gewisse, nach politischen Gesichtspunkten ausgewählte Offiziere, werden... zu Aufenthalten in die USA eingeladen, wo sie unter anderem das Pentagon, die wichtigsten militärischen Einrichtungen und die Rüstungsfabriken besuchen. Wenn solche hohen Militärs später die ihnen zur Verfügung stehenden Streitkräfte zum Umsturz einer demokratisch gewählten Regierung einsetzen, können sie dabei mit dem Vertrauen oder sogar mit der Freundschaft amerikanischer Offiziere rechnen, die bereit sind, dafür zu bürgen, daß das neue Regime gegenüber dem ‚Kommunismus' nicht die geringste Schwäche an den Tag legen wird."[24]
„Als sich der Schatten Castros über den Subkontinent zu legen begann, wurde die Aufgabe der ‚School of the Americas' ganz unmißverständlich formuliert: Nicht mehr Ausbildung für den ‚großen Krieg',... sondern nordamerikanische Unterweisung für die Südamerikaner, um die ‚internal security', die innere Sicherheit, in ihren Ländern zu gewährleisten."[25]

Konterrevolution ist also Ausbildungsinhalt an den US-amerikanischen Kriegsschulen!

„Außenposten" der USA

„Die Neue Gesellschaft", Bonn, November 1973: „...das ‚lange Zögern' der Militärs, das von den Kommentatoren als Verfassungstreue gedeutet wird, scheint seinen Ursprung woanders zu haben. Ebenso wie in Brasilien und anderen lateinamerikanischen Staaten steht das Offizierskorps stets in unmittelbarer Verbindung zu den Vereinigten Staaten. Die Kriegsakademien werden mit amerikanischen Dozenten beschickt, die Fähnriche in den USA ausgebildet. Nach dem Putsch in Brasilien 1964 und in Bolivien 1971 war schon deutlich geworden, was nun in Chile offenkundig ist: Die Putschisten hatten stets besonders enge Beziehungen zu jenen Militärakademien, die ihrerseits als Außenposten der Vereinigten Staaten anzusehen sind. Bis zu den Parlamentswahlen im März 1973 sahen die USA die Regierungszeit Allendes als unangenehme Durststrecke, die man ohne Gewaltanwendung bis zu den nächsten Präsidentenwahlen würde durchstehen müssen. (Daher auch die Weigerung der amerikanischen Regierung, schon 1970 den Plan der ITT zum Sturz Allendes anzuwenden)... Erst als die Wahl im März 1973 der Unidad Popular einen Stimmenzuwachs bescherte, erwies sich die Hoffnung als falsch, und nun waren auch die militanten Gruppen um die rechtskonservative Nationalpartei nicht mehr zu halten. Das Militär übernahm praktisch die Macht im Lande ab Juni..."

Auch die Bundeswehr mischt mit

Ihre Ausbildung erfahren die reaktionären chilenischen Militärs jedoch nicht nur in den USA. Die Zeitung „Condor", Chile, bestätigt in der Sonderaus-

Das Pentagon: Organisator der Spezialausbildung von chilenischen Armeeangehörigen

In den amerikanischen Militärschulen: Ausbildung, die jedes menschliche Gefühl abstumpft

gabe vom Juni 1970: Die in Fort Gulick ausgebildeten Chilenen fahren „anschließend an diesen Kurs in die Bundesrepublik Deutschland".

Auch der „Norddeutsche Rundfunk" weiß am 13. Juli 1971 zu berichten, daß die chilenische Armeeführung „ihre Offiziere deutschen Militärakademien anvertraut".

Innerhalb von acht Jahren (1963–1970) erhalten 30 hohe Offiziere aus Armeen lateinamerikanischer Länder von der Bundeswehr eine Generalstabsausbildung.
Darunter auch chilenische Offiziere.[26]

Alte Traditionen

Die faschistische Militärjunta in Chile fühlt sich mit Führungskräften der Bundeswehr eng verbunden. Ihre Generale verweisen auf „alte Traditionen".

Die „Süddeutsche Zeitung" am 24. Februar 1964: „Preußens Gloria, so heißt es, ist in Chiles traditionsreicher Armee lebendig geblieben."
Und „Die Welt" vom 13. September 1973 mit kaum

zu überbietendem Zynismus angesichts der blutigen Massaker:
„Das Heer ist, wenn man so sagen darf, bis auf den heutigen Tag seiner preußischen Schule treu geblieben."

Faschistisch indoktriniert

Bereits lange vor dem Putsch haben von den USA gedrillte und von Bundeswehroffizieren instruierte Militärs Gelegenheit, ihre faschistische Gesinnung zu „erproben": Sie foltern und erschießen ihre eigenen Kameraden. „Die Neue Gesellschaft", Bonn, schreibt im November 1973:
„Die Folterungen und Erschießungen einfacher Soldaten durch Offiziere schon Wochen vor dem Putsch… und sein (des reaktionären Militärklüngels, – d. Hrsg.) Verhalten nach dem Putsch zeigt, daß es nicht nur preußisch gedrillt, sondern auch faschistisch indoktriniert gewesen sein muß. Der offene Antisemitismus einiger Offiziere weist weit mehr auf die stark national-sozialistisch geprägten Deutsch-Chilenen als auf Clausewitz."

Ob „preußische Schule" oder die „U. S. School of the Americas" – das Ergebnis ist das gleiche. Aus beiden geht der Anführer des faschistischen Militärklüngels hervor, der die UP-Regierung niederbombte: General Pinochet.

Am 1. November 1973 berichtet „das da", Hamburg: „Wenige Tage nach dem Putsch fand Pinochet Zeit, sich mit einem Reporter aufs Sofa zu setzen und von Deutschland zu schwärmen: ‚Mein größter Lehrer und Freund, Herr von Franzius, war Deutscher. Er hat mir beigebracht, militärische Operationen zu leiten.' "

Diese „Schule" durchlief auch General Placinos, der jene Einheit befehligte, die am 11. September 1973 den Moneda-Palast stürmte und Präsident Allende ermordete. „das da" berichtet:

„Monate zuvor hatte er sein Opfer, den Präsidenten Allende, als Militärattaché in Bonn vertreten. Mit seinen deutschen Kollegen verbindet ihn nicht nur Partyfreundschaft, sondern die gemeinsame Überzeugung, daß diese Welt vom ‚Krebsgeschwür des Marxismus' befreit werden muß."

Hitlermärsche in Chile

So läßt sich denn auch die faschistische Militärjunta am 11. November, zwei Monate nach ihrem Putsch gegen die rechtmäßige chilenische Regierung, laut AFP mit einem „Panzermarschlied der Hitlerwehrmacht" feiern, und „eine Militärkapelle spielte sodann den ‚Badenweiler' ".

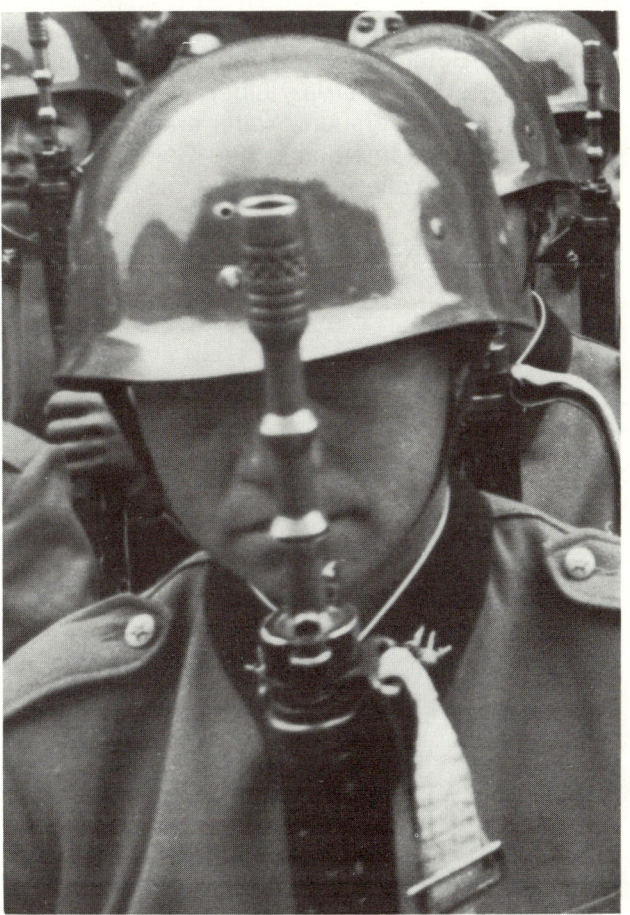

Wo kamen
die Mordwaffen her?

Kein anderes lateinamerikanisches Land – außer Brasilien – erhält seit Jahrzehnten eine so umfangreiche, kostspielige Militärhilfe von anderen imperialistischen Staaten – vor allem von den USA – wie Chile.

Während die imperialistischen Staaten jegliche wirtschaftliche Hilfe für die UP-Regierung einstellen, geht das Militärhilfeprogramm für die chilenische Armee uneingeschränkt weiter.

Die offizielle Begründung der USA-Regierung laut „Welt" vom 13. September 1973:
Um das „weiter bestehende Interesse ... an der Aufrechterhaltung unserer traditionellen Freundschaftsbeziehungen mit der Armee Chiles zu demonstrieren".

● Die chilenischen Militärs empfangen zwischen 1950 und 1970 militärische Unterstützung im Werte von 175,8 Millionen Dollar.

● Die Carabineros erhalten im Zeitraum von 1961 bis 1970 eine „US-Beihilfe" in Höhe von 2,4 Millionen Dollar.

● Von 1971 bis 1973 geben die USA für die „verläßlichen" Militärs 70 Millionen Dollar aus – davon 15 Millionen Dollar Anfang 1973. Unmittelbar vor dem Putsch bewilligten die USA „eine weitere Million Dollar für die Ausbildung chilenischer Offiziere".[27]

USA, England, BRD groß im Geschäft

Militärische Ausrüstung für Chiles Armee liefern vor allem die USA, Großbritannien und die BRD.

● Aus den USA stammt der größte Teil der Waffen und Geräte der chilenischen Armee. Die nordamerikanischen Rüstungskonzerne liefern u.a. Panzer, Flugzeuge, Kriegsschiffe und Artillerie.

● Aus Großbritannien kommen neben Kriegsschiffen die berüchtigten „Hawker-Hunter"-Kriegsflugzeuge, die die Moneda in Schutt und Asche legten, sowie andere Kampfmaschinen.

● Die BRD liefert allein im Zeitraum 1972/73 mindestens „fünftausend automatische Schnellfeuergewehre des Typs HK 33, Kaliber 5,56 mm mit Tumble-Effekt, dazu passende Infanteriemunition in Millionenstückzahl und größere Stückzahlen 20-Millimeter-Munition".[28]

Der Westberliner „Tagesspiegel" meldet am 9. November 1973 die Erklärung des Staatssekretärs im Auswärtigen Amt der BRD, Moersch, „daß die chilenische Polizei traditionell mit deutschen Waffen beliefert werde."

Am 14. September 1973 resümiert der „Kölner Stadtanzeiger":
„Die Bomben und Granaten, die am Mittwoch auf den Präsidentenpalast in Santiago niedergingen, waren mit amerikanischem Geld finanziert worden."

Waffen für Terrorbanden

Nicht nur die chilenischen Putsch-Generale erhalten von ihren imperialistischen Freunden alle benötigten Waffen: Auch die faschistischen Banden wie „Patria y Libertad" bekommen Sprengstoff, Handgranaten, Pistolen und Maschinenwaffen von ihren Komplicen in verschiedenen Ländern.
Das Geld für diese Waffen stammt laut „Observer" vom 17. September 1973 „aus westdeutschen und amerikanischen Quellen für die extreme rechtsge-

richtete Organisation ‚Patria y Libertad' und ist aus beiden Ländern an eine Organisation in Venezuela gegangen". Die dafür gekauften Waffen sind dann „über die Grenze zu Argentinien in die Provinz Osorno nach Chile gebracht worden".

Die Auslandsreisen der rechtsextremistischen Führer gelten in den meisten Fällen Waffeneinkäufen.

„Die Welt" am 31. August 1973:
„Thieme unternahm in den letzten Monaten mehrere Flüge mit dem eigenen Sportflugzeug nach Mendoza, dem Zentrum der argentinischen Waffenindustrie. Die Mittel werden angeblich durch Spenden der Anhänger von ‚Patria y Libertad' aufgebracht."

Die Ausbildung der Terroristen geschieht organisiert. Dazu wieder „Die Welt":

„Wehrtüchtige Männer werden in geheimen Lagern ausgebildet... Um die Organisation schlagkräftig zu erhalten, ist sie in Gruppen von 15–20 Mann unterteilt."

Im Juli 1973 wird die direkte Beteiligung von CIA-Agenten an militärischen Umsturzversuchen sowie ihre unmittelbare Anleitung der faschistischen Organisationen Chiles aufgedeckt:

„Am 29. Juni versuchten Panzereinheiten und faschistische Elemente den Regierungspalast zu stürmen... Der Faschistenführer Roberto Thieme gestand die Beteiligung oligarchischer Kreise, der Nationalpartei, der ‚Patria y Libertad' und des CIA an diesem Putschversuch. Weiter erklärte Thieme, er und seine US-amerikanischen Geldgeber würden auch künftig alles daransetzen, die neutralisierende Einheit der Armee zu spalten, um die Regierung Allende gewaltsam zu stürzen."[29]

11. September 1973: Kurs auf Chile

Die Putschvorbereitungen sind getroffen: vom CIA, den verräterischen chilenischen Militärs, den faschistischen Terrorbanden, den Führern der Nationalpartei und dem rechten Flügel der Christdemokraten. Der Putsch-Zeitpunkt ist festgelegt. Alle Kräfte der Verschwörer nehmen Kurs auf Chile.

Erstes Indiz:

US-Luftwaffe setzt sich in Marsch

Etwa 8 Tage vor dem Putsch der chilenischen Militärs werden aus Mendoza/Argentinien verdächtige Aktivitäten gemeldet: Die dort stationierten US-Luftwaffeneinheiten sind in Alarmzustand versetzt. Unmittelbar vor dem Putsch werden Dutzende Piloten der US-Luftwaffe nach Chile entsandt.

„L'Humanite", 5. November 1973:

„Das Pentagon hatte schon lange vorher 27 Visa, danach 50 und schließlich 150 Visa für ein Geschwader von Luftakrobatikspezialisten ... angefordert. Die Genehmigung wurde ihnen vom Oberkommandierenden der chilenischen Luftstreitkräfte, General Leigh, dem ‚starken Mann' der Junta, erteilt. Nur eine kleine Anzahl von Putschisten wurde über die Anwesenheit dieser Luftakrobatikspezialisten für Bombardierungen informiert."

„Il Giorno", Rom, berichtet am 4. Oktober 1973, „... daß in den Tagen unmittelbar vor dem Putsch amerikanische Spezialisten in Chile eingetroffen sind, um die chilenischen Piloten zu unterrichten oder auch direkt persönlich an den Aktionen teilzunehmen."

Die „Luftakrobaten" werfen Bomben irrtümlich auch auf das Krankenhaus der Luftstreitkräfte.

„L'Humanite", 5. November 1973: „Die Piloten, die das Krankenhaus irrtümlich bombardiert hatten, kannten Santiago nicht. Sie gehörten der USA-Luftwaffe an und waren erst am 7. September in Chile eingetroffen."

„Luftakrobaten" sitzen auch in der US-Airforce-Maschine vom Typ WE-57 S, Nr. 631-3289: Major V. Duenas und Major T. Shull sowie als Reservepiloten die Hauptleute M. B. Lemmons und D. C. Baird. Sie steuern eine Maschine, die – mit hochentwickelten elektronischen Geräten ausgerüstet – „wiederholt von Argentinien über Chile flog, um den chilenischen Streitkräften während der militärischen Operationen als fliegendes Kommunikationszentrum zu dienen". So meldet „The Observer" am 28. Oktober 1973.

Zweites Indiz:

US-Marine steuert Chiles Küste an

Nicht zufällig setzt die US-Marine gerade zum Zeitpunkt des Putsches gemeinsame Manöver vor der chilenischen Küste an. Der „Norddeutsche Rundfunk" am 13. September 1973:
„Auch vorgestern hielten vier amerikanische Kriegsschiffe Kurs auf Chile."
Am 10. September 1973 läuft ein aus fünf Kreuzern und Zerstörern bestehender Verband der chilenischen Kriegsmarine zu gemeinsamen Flottenmanövern mit der Kriegsmarine der USA aus.
Bald ändern die Schiffe auf Befehl der Putschisten-Generale ihren Kurs. „Stern" am 20. September 1973:
„Für alle Fälle kreuzt vor der Küste (Chiles, d. Hrsg.) auch noch ein Geschwader der ‚US-Navy' – ganz ‚zufällig' – in diesen Breiten."

Einige Kriegsschiffe der US-Navy mit Marineinfanteristen an Bord befinden sich zu Beginn des Putsches im Hafen von Valparaiso. Kolumbianische Studenten erklären nach ihrer Rückkehr in Bogota – einer AFP-Meldung vom 24. September 1973 zufolge –, daß Angehörige der US-Marineinfanterie unmittelbar an den Massakern teilgenommen haben:
„Diese Soldaten hatten sich das Gesicht mit Schuhpaste beschmiert, um nicht erkannt zu werden."

Drittes Indiz:

Der US-Botschafter gibt grünes Licht

Wenige Tage vor Beginn des Putsches beordert der Berater von US-Präsident Nixon, Henry Kissinger, den US-Botschafter in Chile, Nathaniel Davis, zu Konsultationen nach Washington.
„24 Stunden vor dem Umsturz tagte im Regierungssitz Nixons ein Chile-‚Krisenstab' unter Beteiligung von CIA und ITT. Der US-Botschafter in Chile, Davis, traf von einem Blitzbesuch in Washington Stunden vor Putschbeginn der Militärs wieder in Santiago ein."[30]
USA und chilenische Reaktion haben sich auf den Weg der militärischen Intervention geeinigt: auf den Putsch!
Diplomatische Kreise in Mexiko laut Tanjug, Belgrad, vom 12. September 1973:
„Grünes Licht für die endgültige Konfrontation mit Allende wurde unmittelbar nach der Veränderung an der Spitze der amerikanischen Diplomatie gegeben."
Am 12. September 1973 bezeichnet ein hoher Beamter der Regierung Nixon den faschistischen Militärputsch in Chile „als einen erfolgreichen Abschluß unserer Politik".[31]

Die britische Nachrichtenagentur Reuter dazu am 13. September 1973:

„Nixon war 48 Stunden vor dem Staatsstreich in Chile informiert."
Die Zeitung „Helsingin Sanomat" bezeichnet Nathaniel Davis am 10. November 1973 als „Zünder" des Putsches.

Und Davis erfährt die Ehrung für die Explosion der faschistischen Barbarei, die Chile heimsucht: Er wird zum persönlichen Berater von USA-Außenminister Henry Kissinger ernannt.

Die Mittäterschaft ist erwiesen

Sofort nach dem Putsch kommen weitere US-Spezialisten nach Chile. Wie ADN dazu unter Berufung auf die in Buenos Aires erscheinende „Primera Plana" am 9. Oktober 1973 berichtet, ist „eine Gruppe von 35 für die Partisanenbekämpfung ausgebildeten USA-Spezialisten... kürzlich nach Chile eingeflogen worden. Sie trafen mit einer Maschine der US-Air Force auf dem militärischen Teil des internationalen Flugplatzes Ezerziza ein und wurden von dort mit einer chilenischen Militärmaschine über die Anden gebracht".
Die Nachrichtenagentur Prensa Latina teilt mit, „daß bereits drei Tage nach dem konterrevolutionären Putsch US-amerikanisches Militärpersonal aus der Panama-Kanal-Zone nach Chile geflogen wurde".

„Es gibt nicht den allergeringsten Hinweis auf eine amerikanische Komplicenschaft bei dem Putsch...", hatte die „New York Times" wenige Tage nach dem Sturz der UP-Regierung geschrieben. Die Lüge ist geplatzt! Die Komplicenschaft und das unmittelbare Mitwirken des Pentagon am blutigen Putsch vom 11. September sind erwiesen.

Nach berüchtigtem Muster

Der blutige Putsch in Chile hat seine Vorgänger. Seit 1930 haben die USA oder von den USA korrumpierte Offiziere über 40 vom Volk gewählte bürgerlich-demokratische oder progressive Regierungen in Lateinamerika gestürzt. Jedem Versuch der Völker Lateinamerikas, die Ausbeutung durch das internationale Kapital einzuschränken oder demokratische Reformen einzuleiten, wurde mit brutaler Gewalt begegnet. Beispiele aus den letzten zwanzig Jahren:

1954: Gewaltsamer Sturz der vom Volk gewählten progressiven Regierung Cheddi Jagan in Guayana durch die britische Kolonialverwaltung.

1954: Putsch in Paraguay, durch den Diktator Stroessner an die Macht gelangt.

1954: Militärputsch in Guatemala gegen die progressive Regierung Jacobo Arbenz, die mit der Nationalisierung der United Fruit Company begonnen hatte.

1957: Militärputsch in Honduras.

1961: Landung von konterrevolutionären Truppen aus den USA auf Kuba.

1962: Militärputsch in Peru.

1963: Militärputsch in der Dominikanischen Republik gegen Präsident Juan Bosch.

1964: Militärputsch in Brasilien gegen die progressive Regierung Joao Goulart.

1965: Überfall von 30 000 US-Ledernacken und Fallschirmjägern auf Santo Domingo gegen die antiimperialistische Bewegung von Oberst Caamano.

1966: Putsch in Argentinien durch eine proimperialistische Offiziersclique.

1971: Militärputsch in Bolivien gegen die linksnationale Regierung von General Juan José Torres.

1973: Militärputsch in Uruguay gegen das Parlament und die progressive „Frente amplio".

Das jüngste Glied in dieser Kette ist Chile. Das aber ist schon kein „gewöhnlicher" Putsch mehr. Es ist einer der blutigsten, den Lateinamerika und die Welt je erlebt haben. Es ist ein Vernichtungskrieg gegen die Anhängr der Unidad Popular. Die physische und psychische Ausrottung aller Demokraten in Chile ist das erklärte Ziel der Junta und ihrer Hintermänner, der Henker des chilenischen Volkes.

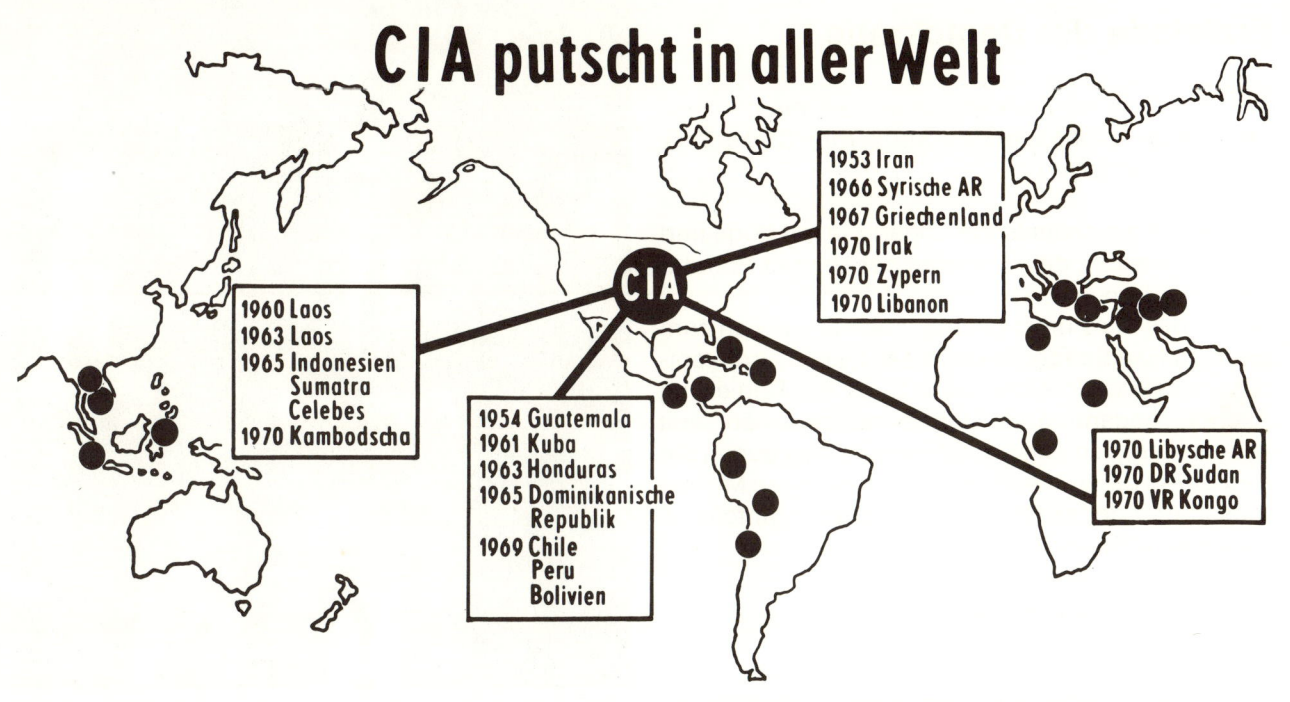

CIA putscht in aller Welt

1960 Laos
1963 Laos
1965 Indonesien
      Sumatra
      Celebes
1970 Kambodscha

1954 Guatemala
1961 Kuba
1963 Honduras
1965 Dominikanische
      Republik
1969 Chile
      Peru
      Bolivien

1953 Iran
1966 Syrische AR
1967 Griechenland
1970 Irak
1970 Zypern
1970 Libanon

1970 Libysche AR
1970 DR Sudan
1970 VR Kongo

Oligarchen und Faschisten erwürgen die Freiheit

Der Regierung der Volkseinheit stand ein zahlenmäßig kleiner, aber mächtiger und skrupelloser Feind gegenüber: die einheimischen Oligarchen, die vom Elend des Volkes gelebt hatten.
Sie sind es, die es nicht ertragen konnten, daß
Chiles Kinder Milch
Chiles Bauern Land
Chiles Arbeiter die Betriebe
Chiles Bürger ihr Kupfer
Chiles Obdachlose Wohnungen
erhielten.

Erzfeinde der Demokratie

Die Erzfeinde der Demokratie sind es, die gemeinsam mit den multinationalen Konzernen Chiles Volk den Krieg erklärten.

1970 hatte die chilenische Oligarchie mit Lüge und Terror versucht, den Wahlsieg der Unidad Popular zu verhindern.
Als ihr das alles nicht gelang, machte sie sich zum direkten Handlanger des internationalen Großkapitals und seiner Interessen am Sturz der Regierung Allende, begannen sie den heimtückischen, erst versteckten, dann immer offeneren Krieg gegen die Regierung der Volkseinheit, der im blutigen Militärputsch und der terroristischen Diktatur gipfelte.
Was gelten ihnen Wahlen?
Was gilt ihnen der Volkswille?
Was gelten ihnen Gesetze?
Was gilt ihnen die Verfassung?
Um ihre Privilegien und Profite zu erhalten, ließen sie die Demokratie erwürgen und den Mord regieren.

Eine kleine Minderheit von Superreichen…

Die Unidad Popular begann der Herrschaft dieser kleinen Minderheit ein Ende zu setzen.
● 150 von 35 000 Betrieben kontrollierten im Chile vor der UP mehr als 65 Prozent der Produktion.
● Nicht mehr als 100 Familien waren die tatsächlichen Herren der Aktiengesellschaften, der Banken, des Handels, der Versicherungen, der Presse, des Rundfunks.
● Ein Prozent der Aktionäre besaß 46 Prozent aller Aktien. Das waren die Clans der Edwards, Matte-Alessandri, Yarur, Picó Canas und andere, eng verfilzt mit dem USA-Kapital, dem sie die Reichtümer des Landes auslieferten.

… ihre politischen Instrumente

Die politischen Geschäfte im Kampf gegen die Unidad Popular besorgten die rechtsstehende Nationalpartei des früheren Präsidenten Alessandri und der rechte Flügel der Christlich-Demokratischen Partei unter dem früheren Präsidenten Frei.
Im Kampf gegen den sozialen Fortschritt bildeten sie mehr und mehr einen rechten Block, der gemeinsame Sache nicht nur mit reaktionären Berufsverbänden, sondern auch mit der faschistischen Unterwelt machte. Je erfolgreicher die UP die Sache des Volkes vertrat, desto fester schloß sich dieser Block zusammen.

Obstrukteure im Parlament:

Der namhafte chilenische Journalist Joaquin Gutiérrez im Oktober 1972 über diesen Block:

„Wer geht von der anderen Seite der Barrikade aus gegen die Regierung vor? Es sind vor allem die Imperialisten, die sich auf die einheimische Reaktion stützen. In deren Reihen ist die Nationalpartei besonders betriebsam, die die Interessen der Latifundienbesitzer und der Monopolherren sowie derjenigen chilenischen Kapitalisten vertritt, die eng mit imperialistischen Monopolen liiert sind. Zu diesem reaktionären Block gehören auch die faschistischen Terrororganisationen vom Schlage der „Patria y Libertad", die eigentlich Stoßtrupps der Nationalpartei sind (sie ist es, die die faschistischen Schläger organisiert und finanziert, wenn sie auch versucht, es so hinzustellen, als gingen diese selbständig vor). Und schließlich gehört diesem Block der rechte Flügel der Christlich-Demokratischen Partei an, der in der Parteiführung den Ton angibt."[32]

… und ihre Methoden

Die führenden Vertreter des rechten Blockes hatten einflußreiche Positionen inne: in der Wirtschaft, im Staatsapparat und in der Legislative (im Nationalkongreß besaßen sie die Majorität), in der Justiz und im Verwaltungsapparat. Einen großen Teil der Massenmedien befand sich unter ihrer Kontrolle.

Gesetzentwürfe der UP auf der langen Bank

Skrupellos verteilten sie die Rollen untereinander. Bedenkenlos nutzten sie ihre Machtpositionen aus, um dem chilenischen Volk den Weg des sozialen Fortschritts zu verlegen.

Als sie sahen, daß es ihnen mit legalen Mitteln nicht gelang, die Unidad Popular aufzuhalten, griffen sie zu Boykott und Sabotage, zu Obstruktion und Lüge. Der Block der Rechten war, so die „Frankfurter Rundschau" zwei Tage nach dem Putsch, am 13. September 1973, „von vornherein entschlossen, diesen… Versuch (der UP-Regierung, – d. Hrsg.) zum Scheitern zu bringen. Führende bürgerliche Politiker wußten beispielsweise vorher von dem Komplott des US-Konzerns ITT mit dem US-Geheimdienst CIA…; Bürgerliche ermordeten den Armeechef René Schneider, um die Armee noch vor Regierungsantritt Allendes zum Putsch zu bewegen".

Und der Südamerika-Korrespondent des sozialdemokratischen „Vorwärts" am 20. September 1973:
„Die Rechte mobilisierte alle Mittel, die ihr zur Verfügung standen: Sabotage, Boykott und passiven Widerstand in den verschiedensten Variationen, systematische Obstruktion im Parlament, politisch motivierte Streiks auf Biegen und Brechen, Kampagnen in den mehrheitlich von konservativen Kräften kontrollierten Massenmedien, womit die Maßnahmen der Regierung konsequent verzerrt wurden."

„Eine verabscheuungswürdige und aufrührerische Tätigkeit"

Präsident Allende am 4. Dezember 1971 im Nationalstadion von Santiago:
„In jeder Minute, in jedem Augenblick stehen wir der Front der Minderheitsgruppierungen gegenüber, die gestern die Macht und die Regierung innehatten, stehen wir den großen ausländischen Interessengruppen gegenüber, die unsere Wirtschaft deformiert haben und die uns dem unerbittlichen Joch der imperialistischen Herrschaft unterwerfen wollten…
Wir haben erlebt, wie die mit dem Imperialismus verbündete arrogante und dünkelhafte Bourgeoisie alles versucht hat, um zu verhindern, daß das Volk an die Regierung gelangt… Wir sind vorangeschritten und haben dem Volk immer wieder versichert, daß die Revolution weiterhin zugunsten der Mehrheit gemacht wird. Genau deshalb erlebt Chile in diesem Augenblick den Angriff, der von außen kommt, dort energisch organisiert wird und hier im Lande bei jenen Kräften Unterstützung findet, die nach der Macht streben und zu gern der Regierung, dem an der Regierung teilnehmenden Volk den Weg verlegen möchten.
So erleben wir heute im Lande eine verabscheuungswürdige und aufrührerische Tätigkeit, die in dem Maße zunimmt, in dem wir bei der Eroberung der wirtschaftlichen Macht im Interesse der Mehrheit der Nation voranschreiten."

Der Versuch,
ein Chaos zu organisieren

Während die Regierung Allende sich Tag für Tag damit befaßt, das düstere Erbe zu überwinden und die sozialen Probleme im Interesse des ganzen Volkes zu lösen, konzentriert sich die einheimische Reaktion ausschließlich auf die Sabotage der Regierungstätigkeit. Sie versucht, ein Wirtschaftschaos zu organisieren.

„Institutionelle Konfrontation"

„Strategie der institutionellen Konfrontation" nannte der Block der chilenischen Rechten das organisierte, „legale" Vorgehen gegen die Politik der Unidad Popular auf der Ebene des Parlaments, des Staatsapparates, der Justiz. Systematisch wurde begonnen
„im Schutz der durch die Verfassung verbrieften ‚demokratischen Freiheitsrechte' auf allen Ebenen den Widerstand zu organisieren und zu praktizieren."[33]

Parlamentarische Obstruktion gegen jedes progressive Gesetz

Im Parlament lähmen die Rechten von vornherein systematisch alle Gesetzesinitiativen der Regierung. Steuerreformen und vor allem Gesetze zur Bekämpfung der Wirtschaftskriminalität werden verhindert.
Vom Regierungsantritt der Unidad Popular bis Mai 1973 versucht die reaktionäre Parlamentsopposition durch 10 Verfassungsklagen Minister der UP-Regierung zu stürzen.
Die „Frankfurter Rundschau" am 13. September 1973:
„Soweit für Reformmaßnahmen die Zustimmung des Parlaments notwendig war, wurde sie verweigert, etwa für Steuererhöhungen, die die Besitzenden getroffen hätten."

Im Visier: der Präsident

„Der Spiegel" vom 24. Januar 1972 berichtet über das eigentliche Ziel des reaktionären Bündnisses:
„Christdemokraten (PDC) und die konservative Nationalpartei (PN), noch unter dem christdemokratischen Allende-Vorgänger Eduardo Frei bitter verfeindet, leisten nun einträchtig Widerstand. Sie nutzen ihre Mehrheit im Abgeordnetenhaus, um… Minister… zu stürzen… Doch ein Abgeordneter der Nationalen visierte bereits das eigentliche Ziel an: ‚Nach dem Minister ist der Präsident an der Reihe'."

Drei Viertel Gegner im Staatsapparat

Im Staatsapparat und der öffentlichen Verwaltung „saßen bis zu drei Viertel Gegner der Unidad Popular. Sie leisteten entsprechenden Widerstand gegen alle Maßnahmen der Regierung."[34]

Justiz schirmt ab

Die Rechtskräfte stützen sich neben ihren parlamentarischen Positionen vor allem auf die Justiz. Über deren politischen Standort bemerkt die britische Zeitschrift „The World Today", 11/1973, u.a., daß „die Richterliste des Obersten Gerichtshofes sowohl vor als auch nach dem Coup kaum parteiischer hätte aussehen können".
Im Gesamtsystem der vom Rechtsblock betriebenen „Strategie der institutionellen Konfrontation" haben die Vertreter der Reaktion in der Justiz besonders zu garantieren, daß alle „Spielarten konterrevolutionärer Aktion… voll abgeschirmt" werden.[35]
Und die reaktionären Richter erfüllen ihre Aufgabe: Faschistische Mörder werden mit geringen Strafen belegt, ernste Wirtschaftsvergehen kaum verfolgt.
Das Urteil der Zeitschrift „Kritische Justiz":
„Verschiedene Entwicklungen in der jüngsten Rechtsprechung… zeigen, in welchem Maße sich die controlaria als Wahrerin konservativer Prinzipien versteht…"

Die Pressezaren Edwards

In den Händen der Oligarchie befindet sich ein großer Teil der chilenischen Massenmedien. Absolute Spitzenreiter: die Edwards, eine Familie von Pressezaren. Die Hälfte der Auflage der Tageszeitungen wird von ihnen unmittelbar herausgegeben oder kontrolliert. „El Mercurio" ist ihr am weitesten verbreitetes Blatt.
Von anderen Demokratiefeinden wird vor allem „Radio Nacional de agrikultura" und Fernseh-„Kanal 13" betrieben.
Konzertiert wühlen sie gegen die Unidad Popular. Von Jahr zu Jahr heftiger. Sie betreiben Anti-Regierungskampagnen,
„… mit denen sie u.a. Kaufpsychosen hervorriefen, Kabinettsmitglieder und die Regierungspolitik verleumdeten, Militär und Polizei zu fraktionieren versuchten und allgemein durch die Verbreitung einer Unzahl alarmierender Falschinformationen Bürgerkriegsstimmung vorbereiteten…"[36]

… bis zum Exzeß

Vom chilenischen Rechtsblock wird, dem „Stern" vom 15. März 1973 zufolge, „die Pressefreiheit bis zum Exzeß ausgenutzt…"

Eine „Hungerdemonstration": Fröhliche und wohlgenährte Damen proben den Aufruhr

Künstliche Warenverknappung

Von der Rechten aufgeputschte Besitzer von Kaufhäusern und Geschäftsinhaber ließen dringend benötigte Waren in Lagern verschwinden oder organisierten den Schwarzen Markt.

Der Berliner „Extra-Dienst" dokumentierte in seiner Ausgabe vom 5. Oktober 1973 folgenden typischen Vorfall:

„Im März des letzten Jahres war ich selbst Zeuge, wie der Wirtschaftsminister Pedro Vuskovic in einen Laden in Santiago ging, wo Schulkleidung verkauft wurde. Er sah nur leere Regale. Der Minister ließ den Besitzer des Ladens kommen, einen untersetzten Mann mit Glatze.

‚Wo ist Schulkleidung?', fragte Vuskovic müde.

‚Nicht da', der Mann mit der Glatze breitete die Arme aus.

‚Sie wurde Ihnen gestern erst geliefert.'

‚Schon verkauft', beharrte der Kaufmann.

‚Alles?'

‚Beinahe.'

‚Zeigen Sie mir dieses Beinahe', sagte Vuskovic…

Der Ladenbesitzer begleitete Vuskovic ins Warenlager. Dort lagen Hunderte Schulanzüge, sorgsam gestapelt in den Regalen, ebensoviele Haufen auf dem Fußboden."

Millionen Devisen verschoben

„Chiles Großbourgeoisie und die von ihr beeinflußten Teile der chilenischen Mittelbourgeoisie brachten Millionen an Devisen außer Landes und gingen dazu über, das Wirtschaftsleben zu sabotieren (Investitions- und Produktionsstop, Warenverknappung und astronomische Preiserhöhungen, Abschlachten der Viehbestände, Verödung der Felder, Lahmlegung des Verkehrs- und Transportwesens usw.). Mittels hemmungsloser Agitation…, wirtschaftlicher Repression (Abhängigkeit vom Großkapital) und mittels direkter Korrumpierung (‚ein nicht versiegender Strom von Dollarspenden') wurden die Mittelschichten und Kleineigentümer dazu gebracht, sich den Boykottmaßnahmen der Großen anzuschließen."[37]

Die chilenische Oligarchie verschiebt von 1971 bis 1973 durch Devisenübertragungen mindestens 680 Millionen Dollar ins Ausland.

„Hungerdemonstrationen" der Reichen

Die chilenische Reaktion organisiert „Hungerdemonstrationen", „an denen nur ‚Damen' aus der vornehmen Gesellschaft teilnehmen. Anläßlich eines Staatsbesuches von Fidel Castro erklärt Allende unter dem Beifall von Hunderttausenden Chilenen, diese ‚Hungerdemonstrationen' seien ‚ein von außen gelenkter Versuch, die Macht des Volkes zu untergraben'."[38]

Druck auf arbeitswillige Ärzte

Lediglich 3 Prozent der praktizierenden Ärzte sind aus Arbeiterfamilien hervorgegangen. Ein großer Teil der aus der Bourgeoisie und den Mittelschichten stammenden Mediziner widersetzte sich jeglicher Demokratisierung des Gesundheitswesens und dem Verlust seiner Privilegien. Während des verbrecherischen „Streiks" der Ärzte wurde auf die verantwortungsbewußten und arbeitswilligen Kollegen massiver Druck ausgeübt: Der nationale Ärzteverband beauftragte seine Delegierten, „schwarze Listen" derer anzulegen, die sich weigerten, den „Streik" zu unterstützen. Sie sollten im Falle einer Machtübernahme der Reaktion von den Ärztelisten gestrichen – was die geringste Strafe bedeutete – oder aber ermordet werden. Ärzte, die sich der Sache des Volkes verbunden fühlten, erhielten – laut „Le Nouvel Observateur" vom 17. Dezember 1973 – Drohbriefe: „Du bist ein Verräter; man wird dich hinrichten."

Vieh massenweise geschlachtet und verschoben

Großgrundbesitzer setzen auf ihre Weise die Boykottpolitik der chilenischen Rechten in die Tat um: „Besitzer… landwirtschaftlicher Betriebe schlachteten ihr Vieh ab, verkauften es ins Ausland und ließen die Felder brach liegen."[39]

Riesige Viehherden wurden außer Landes geschafft:

„Was die Fleischversorgung betrifft, so muß noch erwähnt werden, daß kurz nach unserem Wahlsieg über 200 000 Stück Rindvieh über die Grenzen Chiles getrieben wurden", erklärt Präsident Allende am 4. November 1971 im Nationalstadion von Santiago. Die aufrührerische Tätigkeit des Rechtsblocks eskaliert 1973 immer stärker. Er setzt alle Mittel ein, mobilisiert alle rechtsextremen Kräfte. So nimmt es nicht Wunder, daß alle Vorschläge der Unidad Popular an die christdemokratische Parteiführung für einen Dialog zur Verhinderung eines Bürgerkrieges von Frei zurückgewiesen werden.

Aufforderung zum Putsch

Schließlich erklärt die rechte Majorität im Parlament im August 1973 die demokratisch gewählte und vom Volk noch im März bestätigte Regierung für „verfassungswidrig". Damit fordert sie faktisch die Militärs auf, die Regierung Allende zu stürzen, um die „verfassungsmäßige Ordnung" wiederherzustellen.

Der rechte Führer der Christdemokraten, Eduardo Frei, laut „Frankfurter Allgemeine Zeitung" vom 3. September 1973: „Es muß endlich Schluß gemacht werden."

Boykott des Transports bereitet Putsch vor

Nachdem sie der UP-Regierung größte Schwierigkeiten gemacht, jedoch in den Wahlen vom März 1973 eine Niederlage erlitten hatten, griffen die Rechten im Bunde mit dem USA-Monopolkapital und der CIA zum totalen Boykott des lebenswichtigen Straßentransports. Mit dem „Streik" der Fuhrunternehmer fügten sie der chilenischen Wirtschaft unermeßliche Schäden zu.

„Streikgelder" aus dem Ausland

Die Witwe des ermordeten chilenischen Präsidenten, Frau Hortensia Bussi de Allende, Ende September 1973 in einem Interview mit einem mexikanischen Journalisten:

„Der Streik der Lastwagenbesitzer vor dem Putsch, der die Belieferung der Städte mit Lebensmitteln und die Verbindung zwischen den einzelnen Regionen unterbrochen hatte, währte 47 Tage. Schon die Dauer beweist, daß der Streik von außen her finanziert worden ist. So lange kann keiner durchhalten, wenn er nicht unterstützt wird. Wie hätten denn die Lastwagenbesitzer die mehr als 50 000 Transportarbeiter ernähren können, denen der Lohn weiterbezahlt wurde? Wovon lebten sie all die Zeit, in der nicht gearbeitet wurde? Sie wurden ganz bestimmt aus dem Ausland finanziert."[40]

Dollars im Überfluß

Der peruanische Publizist Francisco Mandoa: „Man braucht nicht unbedingt Agent 007 zu sein, um dahinterzukommen, wer den dem Putsch vorausgegangenen Streik finanziert hat. Dazu genügt es, den Schwarzen Markt unter die Lupe zu nehmen. Auf dem Schwarzen Markt in Santiago wurde

stern

Der Streik der 40 000 privaten Fuhrunternehmer ebnete den Militärs den Weg zum Putsch. Die Versorgung des Anden-Staates, der sich über 4300 Kilometer erstreckt, drohte durch den 47tägigen Ausstand zusammenzubrechen. Streikführer war ein von nordamerikanischen Fernfahrerkollegen gedrillter Chilene. Er sorgte dafür, daß den Streikenden das Geld nicht ausging. Die Fahrer erhielten vierfachen Lohn, die »Spenden« kamen in harter Währung — in Dollars

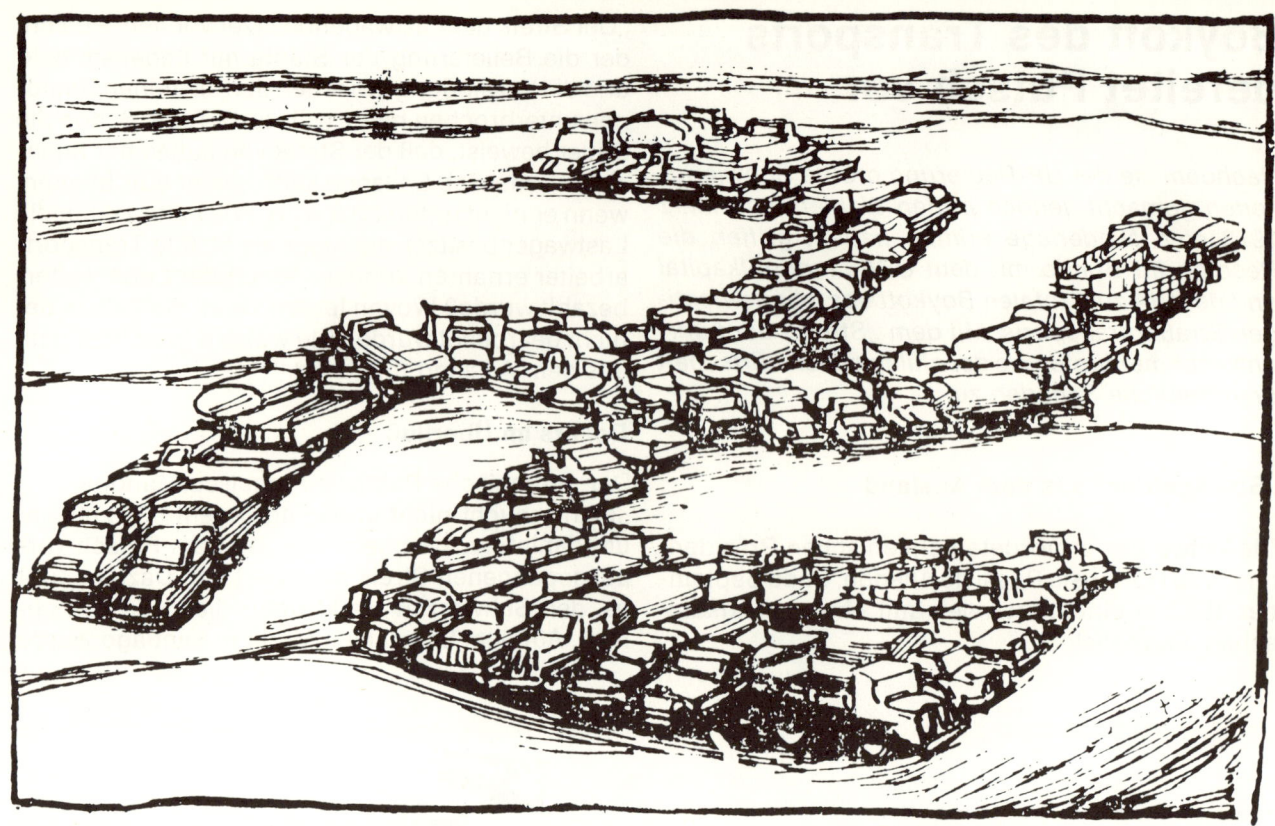

Vilarins Parkplatz   *Zeichnung aus „L'Humanité"*

mit Dollars geschoben. Drei bis vier Monate vor dem Putsch kostete dort ein Dollar zehnmal soviel, wie es der offizielle Kurs vorschrieb.

Als dann der Streik der Lastwagenbesitzer ausbrach, sank der Preis für den Dollar rapide. Woher kam das? Alles erklärt sich einfach: Man hatte eben Dollars für diesen Streik aufbewahrt – oder bekommen. Auch die Nachfrage nach Dollars reduzierte sich; offenbar waren genug da."[41]

Streikführer – made in USA

An der Spitze des Boykotts der Transportunternehmen steht ein von den USA für diese Aufgabe gedrillter Mann. „Der Stern" am 20. September 1973: „Geführt wurden die Streikenden von dem in Amerika ausgebildeten Funktionär Vilarin. Bestärkt wurde ihre Moral durch einen nicht versiegenden Strom von Dollarspenden. Die Lastwagenbesitzer entschädigten ihre arbeitslosen Fahrer mit dem Vierfachen ihres normalen Lohnes."

Den Führern des Streiks geht es nicht um irgenwelche sozialen Forderungen. Es geht um den Sturz der Volksregierung, die den Konzernen und der Oligarchie nicht paßt. Der Chef des chilenischen Fuhrunternehmerverbandes, Juan Salas, nach dem Militärputsch, als Mord und Terror das Land regieren: „Unser Streik wurde mit der Befriedigung gekrönt, das Vaterland frei zu sehen."

„Alibi" für Eingreifen der Armee

Der „Stern" in seinem Chile-Bericht vom 11. Oktober 1973:

„Als im Oktober 1972 Lastwagenbesitzer, Geschäftsinhaber und andere kleine Unternehmer in einem 26tägigen ‚Streik' die Wirtschaft zum ersten Mal zu lähmen versuchten, wurde der Kontakt zu putschbereiten Militärs kurzgeschlossen. Es war eine Gruppe von Offizieren aus den mittleren Rängen, meist von mittelständischer Herkunft, die von nun an mit den Führern der Berufsorganisationen eng zusammenarbeiteten...

Als im vergangenen August (1973) wiederum 40 000 Lastwagenbesitzer zusammen mit einigen hunderttausend kleinen Geschäftsleuten, Ärzten und höheren Angestellten in einen gutorganisierten ‚Streik' traten, war das Teil eines Putschplanes, in den die Führung der Streikräfte schon eingeweiht war. Der totale Zusammenbruch der Wirtschaft und der Versorgung sollte Alibi für das Eingreifen der Armee sein.

Als nach mehr als einem Monat ‚Streik' die Versorgung immer noch einigermaßen klappte (weil die Unidad Popular eigene Versorgungs- und Transporteinrichtungen organisieren half, – d. Hrsg.), als die Kommunisten und Allende zu einer Verständigung mit den Christdemokraten um jeden Preis und zu einer Volksabstimmung bereit waren, mußten die Putschisten losschlagen."

Mit Mord und Terror gegen die gewählte Regierung

Begleitet wurden der Boykott, die Wirtschaftssabotage und die Obstruktion von den Schüssen, Sprengstoffanschlägen und Brandstiftungen der chilenischen Faschisten, der Organisation „Patria y Libertad". Die Führer dieser Mörderbande brüsteten sich nach dem blutigen Putsch in aller Offenheit, „die geistigen Väter des Coups" und „die ideologische Kraft hinter der Junta" zu sein – so Pablo Rodriguez in einem „Spiegel"-Interview vom 15. Oktober 1973.

Wer steckt hinter „Patria y Libertad"?

„Patria y Libertad" wurde am 11. September 1970 – genau eine Woche nach dem Wahlsieg der Unidad Popular – gegründet. Wie hinter allen faschistischen Organisationen stecken dahinter die reaktionärsten Monopolkreise und der halbfeudale Großgrundbesitz.

Die Organisation entstand als Ableger der großindustriellen Nationalpartei. Sie übernahm die Aufgabe, alle jene schmutzigen Aufträge auszuführen, mit denen die Politiker dieser Partei die eigene Weste nicht beflecken wollten.

Die Arbeitsteilung wird eingehalten: Mord, Terror, Brandstiftung, Sprengstoffanschläge sind fortan Sache der „Patria y Libertad". Dafür wird die Tätigkeit der faschistischen Terrororganisation „legal" unterstützt durch die Nationalpartei und den rechten Flügel der Christdemokraten. Durch ihre Mehrheit im Parlament und ihre Anhänger im Staatsapparat wird jede ernsthafte Maßnahme gegen faschistische Rowdies verhindert.

Mischung von CIA und Hakenkreuz

„Authentisch ist, daß zu den Begründern der ‚Patria y Libertad' viele notorische chilenische Faschisten sowie CIA-Agenten der USA gehören, die in Wühlaktionen versiert sind und den chilenischen Reaktionären ihre Erfahrungen vermitteln."[42]
Zum Symbol der Organisation wird eine Mischung aus Hakenkreuz und Spinne. Wie alle faschistischen Organisationen ist sie nach einem streng hierarchischen Prinzip militärisch aufgebaut. Ihre Mitglieder werden von reaktionären Ex-Generalen und Offizieren für ihre terroristischen Aktionen ausgebildet.

Ziel: Sturz Allendes, Mittel: Gewalt

Die Führer der „Patria y Libertad", Pablo Rodriguez und der deutschstämmige Roberto Thieme, lassen über ihre Ziele und Methoden keinen Zweifel. Nach dem Erfolg der Unidad Popular bei den Märzwahlen 1973 hatte Pablo Rodriguez unverblümt erklärt:

„Allende muß heute gestürzt werden und nicht morgen. Wenn die Wahlen 1976 stattfinden, wird der Marxismus 80 Prozent der Stimmen sammeln."[43]

Roberto Thieme, Ende August 1973:
„Wir wollen Allende stürzen. Um das Land von ihm zu befreien, werden wir auch vor Gewalt nicht zurückschrecken. Wir sind entschlossen, bis zum Tode zu kämpfen...
Unser Ziel ist es, das Chaos bis zu dem Punkte zu beschleunigen, an dem eine Machtübernahme durch das Militär möglich ist."[44]

Bereits Anfang 1973 schrieben die rechtsradikalen Elemente an die Hauswände in Santiago das Wort „Djakarta". Sie drohten damit, blutige Massaker wie in Indonesien, denen 1965 Hunderttausende zum Opfer fielen, zu wiederholen.

Gemeinsame Putschpläne mit Militärs

Von Anfang an bestanden engste Verbindungen zwischen der Führung von „Patria y Libertad" und reaktionären chilenischen Militärs:
● Unmittelbar nach Gründung seiner faschistischen Organisation knüpfte Rodriguez enge Fäden zu General a.D. Roberto Viaux Marambio. Viaux hatte schon zur Zeit der Präsidentschaft des Christdemokraten Eduardo Frei in Santiago eine Rebellion angestiftet, um der chilenischen Großbourgeoisie zu einer „harten" Regierung zu verhelfen. Viaux gehörte dann am 1. Oktober 1970 zu den Hauptmanagern der Ermordung des Oberbefehlshabers der chilenischen Armee, General René Schneider, der sich geweigert hatte, gegen die Verfassung zu verstoßen und den Amtsantritt Dr. Salvador Allendes gewaltsam zu verhindern.
● In der Nacht vom 24. zum 25. März 1972 wird ein von der CIA ausgeheckter Putschplan von Sicherheitsorganen der UP-Regierung zerschlagen. Die Durchsuchung der Büros von „Patria y Libertad" fördert Waffen zutage: Plastikbomben, Flaschen mit Brennflüssigkeit, Pistolen, Knüppel, Eisenruten und -ketten. Die weitere Untersuchung ergibt: Gemeinsam mit einer Gruppe ausrangierter reaktionärer Militärs hatten die Führer der „Patria y Libertad" geplant, den Präsidenten der Republik, Salvador Allende, umzubringen und das Präsidentenpalais zu besetzen.

Eine Kette von Attentaten, Sabotagen und Morden

Eine Kette von Attentaten, Sabotageakten und Morden kommt auf das blutige Konto der chilenischen Faschisten und ihrer in- und ausländischen Auftraggeber:
● Der Sprengstoffanschlag auf Präsident Allende vom 15. März 1971;
● der 1971 aufgedeckte „Plan März", der Sabotageakte in der Kupferindustrie, Überfälle und Terrorakte auf UP-Politiker sowie Grenzzwischenfälle mit Chiles Nachbarn vorsah;

- die Ermordung des ehemaligen Innenministers und Vizepräsidenten der christdemokratischen Frei-Regierung, Perez Zujovic, am 8. Juni 1971, um eine Annäherung zwischen UP und Teilen der Christdemokraten zu verhindern;
- der Anschlag auf den Präsidentenpalast Moneda im November 1971;
- die faschistischen Ausschreitungen vom August 1972 in der Stadt Concepcion;
- das mißlungene Attentat auf General Prats und der Putschversuch von zwei Panzerregimentern am 29. Juni 1973;
- der Mord an Kapitän zur See Araya, Chefadjutant von Präsident Allende im Juli 1973;
- die Ermordung von 19 Kommunisten, Sozialisten und Gewerkschaftern im Zeitraum von August 1972 bis April 1973. 7 Attentate auf UP-Minister, Militärs und Funktionäre der UP-Parteien in der Zeit von September 1972 bis Mai 1973;
- mehr als 600 Terroranschläge auf Eisenbahnanlagen und Brücken, Hochspannungsleitungen, Pipelines, Industrie- und Versorgungseinrichtungen im Sommer 1973.

Schläger und Brandstifter in Aktion

Die Terrorbanden wirken mit den anderen Rechtskräften zusammen, um Aufruhr zu stiften.
Präsident Allende am 4. Dezember 1971 im Nationalstadion über die von der extremen Rechten organisierte „Hungerdemonstration" fanatisierter Damen der Oberschicht und ihre Ziele:
„Auf dieser Demonstration der reaktionärsten Kreise der Bourgeoisie wurden als Ausdruck des Protestes leere Kochtöpfe gezeigt, und dies von Leuten, die niemals Mangel an Lebensmitteln gelitten haben und die mit pompösen Autos zu der Demonstration gefahren waren, Leute, die dann bis morgens um 3 oder 4 Uhr in der Providencia randalierten, den Verkehr störten, Reifen anzündeten und Häuser und Wohnungen in Brand setzten...
Es gab einen Augenblick gestern bei der Frauendemonstration, da versuchten die Männer des Begleitkommandos in die Gebäude einzudringen, die im nächsten April eine bedeutende internationale Konferenz beherbergen sollen. Sie versuchten, sie anzuzünden, und hatten die Türen schon eingedrückt. Aber die Arbeiter, die mit beispielhaftem Einsatz diese Bauten errichten, verhinderten, daß die Gebäude der UNCTAD von den Faschisten verbrannt wurden...
Gestern abend wurde versucht, das Büro unseres Companero Gesundheitsminister, Doktor Concha, anzuzünden; gestern wurde versucht, in den Sitz des Kommunistischen Jugendverbandes und das Gebäude der Radikalen Partei einzubrechen; das Polizeikorps wurde gestern von jenen angegriffen, die ins Stadttheater eindringen wollten, wo wir mit dem Diplomatischen Korps versammelt waren, um des 100. Jahrestages der Bildung des Außenministeriums unseres Landes zu gedenken.

Das Werk der Faschisten:
Mord an General René Schneider

Mit Fäusten und Messern gegen Taxifahrer, die sich dem Unternehmerstreik nicht angeschlossen haben

Djakarta – Ankündigung blutigen Massenmords

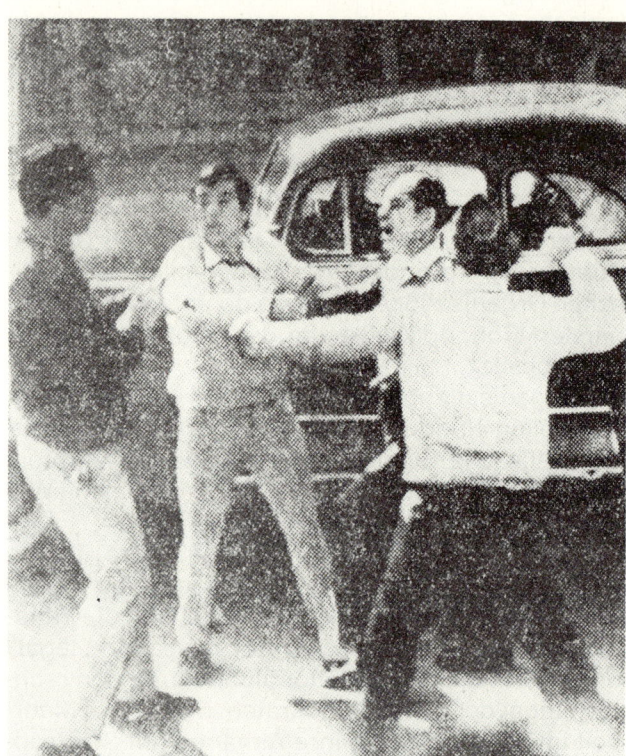

Was jene beschämen sollte, falls sie überhaupt Schamgefühl haben, ist die Tatsache, daß sie für ihre Aktionen Mädchen und Jungen ausgenutzt haben; von den gestern verhafteten 90 jungen Leuten waren mindestens 60 Prozent im Alter von 18 bis 20 Jahren. Jünglinge, Muttersöhnchen, die niemals erfahren haben, was Arbeit heißt, und Mädchen, die nie eine Schüssel abgewaschen haben, haben sich zu Gewaltakten und Terrorakten hingegeben."

„Operation SACO"

Einen bis ins einzelne detaillierten Sabotageplan – 16 engbeschriebene Schreibmaschinenseiten umfassend – berät der Nationalrat von „Patria y Libertad" auf seiner Sitzung vom 21. März bis 1. April 1973: die kriminelle verschwörerische „Operation SACO" – Sistema de Accion Civica Organizada (System der organisierten Zivilaktion).
Dieser Plan, der in enger Tuchfühlung mit den Führungen der Nationalpartei und der Christdemokraten ausgearbeitet wurde, sollte nach der Wahlnie-

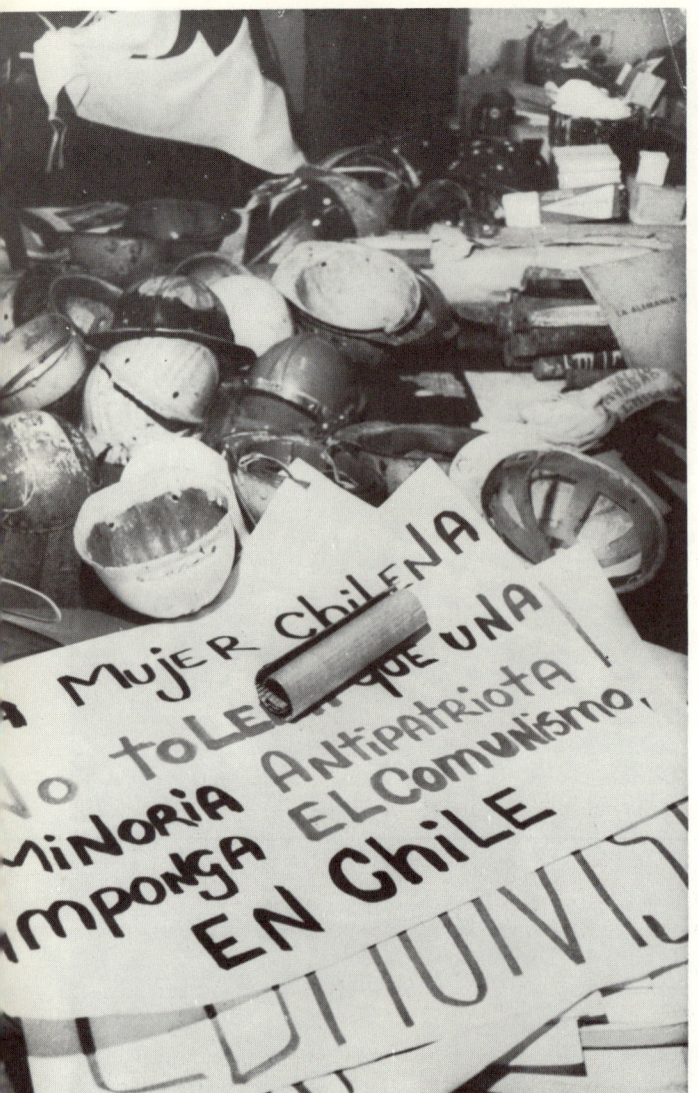

„Patria y Libertad" bereitet den Putsch vor: Aus einem Waffen- und Propagandalager

Führer der faschistischen Terrororganisation: Thieme und Rodriguez

• „... mindestens 20 Prozent der einlaufenden Materialien (zu) verbergen, um unter außerordentlichen Umständen einen Vorrat haben zu können,

• einen Vorrat von Ersatzteilen in Kellerräumen außerhalb des Betriebes anzulegen und im Betrieb selbst den langsamsten Arbeitsrhythmus zu unterhalten...,

• die Erzeugnisse des Betriebes nur über SACO-Vermittler zu verteilen. Im Falle von Repressalien seitens der Regierung dem Staatssektor nur die Erzeugnisse schlechtester Qualität und in geringsten Mengen zu liefern."

Den Unternehmern wird angeraten, mit der Unidad Popular sympathisierende Arbeiter und Angestellte unter den verschiedensten Vorwänden zu entlassen und von ihnen Listen anzufertigen, die „immer zur Hand" sein müßten.

Von den Gegnern der Unidad Popular in ländlichen Gebieten wird u.a. verlangt:

• „die wichtigsten Nahrungsmittel auf den besten, ertragreichsten Böden anzubauen, diese Ländereien aber in kleine, schwer aufzufindende Parzellen aufzuteilen,

• den Verbänden der landwirtschaftlichen Produktionsgenossenschaften falsche Angaben über die Ertragsfähigkeit pro Flächeneinheit zugehen zu lassen,

• Zellen der Selbstverteidigung... und ein Informationssystem zu bilden,

• alle Aktivisten der Unidad Popular zu ermitteln, sie zwecks Einschüchterung im Auge zu behalten."

Den Besitzern von Warenhäusern und Läden wird befohlen,

• „an die Anhänger der Unidad Popular nach Möglichkeit nichts zu verkaufen bzw. sie mit schlechtesten Waren in geringsten Mengen zu beliefern,

• keinem einzigen Anhänger der Unidad Popular die Zeit des Verkaufs der Waren, den Tag und die Stunde ihres Eintreffens mitzuteilen."

„Patria y Libertad" verbreitet Listen von Personen, die „vorrangig zu versorgen sind", und erteilt Weisungen, „woher und wie die Waren zu beziehen und wie sie zu befördern sind".

Die Frauen werden aufgefordert,

• „ständige Kampagnen zur psychologischen Einschüchterung durchzuführen, u.a. verschiedene Gerüchte und Schauergeschichten zu verbreiten, die für Frauen und Kinder aus Familien der Unidad-Popular-Anhänger bestimmt sind".[45]

In dem Maß, wie die reaktionärsten Kreise des Großkapitals merken, daß sie auch mit ihren Boykottmaßnahmen die Regierung der UP nicht stürzen können, stützen sie sich auf den offenen faschistischen Terror. Er soll das Land reif machen für das Eingreifen der Militärs.

derlage der Reaktion alle gegen die Regierung der Volkseinheit gerichteten Aktivitäten in ein einheitliches System zur Erzeugung von Chaos und Bürgerkriegs-Atmosphäre einpassen.

In dem Verschwörer-Dokument werden die Industriellen aufgefordert,

Putschversuche der Reaktion: Die arbeitenden Menschen antworten mit Massendemonstrationen für die Regierung der Unidad Popular

Pablo Neruda

Chile – ein stilles Vietnam

Wir werden von Faschisten, Imperialisten und falschen
Christen angegriffen: Die Vergangenheit vereint sich,
um die Spinnweben zu bewahren und der Hoffnung
den Weg zu versperren. Eure Brüderlichkeit ist das
Brot und das Wasser, die der heldenhafte Kampf
meines Volkes braucht.
Mein einziges Wort an Euch:
Chile ist ein stilles Vietnam!

Die uniformierten Henker der Freiheit

Das sind sie, die sich bereit fanden, Chiles Freiheit im Blut zu ertränken! Die den gewählten Präsidenten mordeten. Die den Blutrausch in Chiles Städten und Dörfern entfesselten. Die den bestialischen Mord an dem wehrlosen Sänger Victor Jara auf dem Gewissen haben. Die den toten Pablo Neruda schändeten.

Ihre Namen sind der Welt bekannt:

General Pinochet,
General Leigh,
Admiral Merino,
General Mendoza.

Das ist die chilenische Junta. Barbaren in Uniform. Jeder einzelne Name ein Synonym für Meineid, Niedertracht, Verrat, Faschismus.

Wer kommandiert die Mördertruppe?

Die Mehrzahl der Generale und höheren Offiziere der chilenischen Armee kommt aus den besitzenden Klassen. Sie ist der Oligarchie, den Interessen des Kapitals und des Großgrundbesitzes eng verbunden. Sie denkt und handelt nach deren Maximen. Ein besonders reaktionärer Teil der Militärs hat starke Sympathien für faschistische Ideen. Hinzu kommt die Ausbildung der meisten in Ausbildungszentren der USA, wo eine Killer-Mentalität anerzogen wird.

Untersuchungen haben ergeben:
- In der chilenischen Generalität kommen 23 aus dem Adel und der Großbourgeoisie, 40 aus dem Mittelstand und 20 aus dem städtischen und ländlichen Kleinbürgertum, wie Prof. Roy Allen Jancen, Soziologe an der Universität Kalifornien, ermittelt hat.
- 42 Prozent der Offiziere der chilenischen Armee gehören zur Großbourgeoisie, 39 Prozent zur wohlhabenden Mittelklasse und 19 Prozent stammen aus dem Kleinbürgertum.
- Von den höheren Offizieren stammen 65 Prozent aus der Mittelklasse – durch vielerlei Beziehungen mit der Oberschicht verbunden.[46]

Wer ist Pinochet?

Augusto Pinochet, Chef der Junta, entstammt der bürgerlichen Mittelschicht. Geht 1954 zur Militärakademie, 1956 als Militärattaché nach Washington. 1968 ist er als Generalstabschef der II. Division maßgeblich beteiligt an der blutigen Niederschlagung streikender Kupferarbeiter durch die Armee. Im August 1973 verdrängte er im Auftrag der USA und der extremen Rechten den verfassungstreuen Oberbefehlshaber des Heeres, General Prats, und schwor einen Meineid auf die Verfassung.

Krieg und Leichen – immer noch Hoffnung der Reichen
John Heartfield

Die Satrapen

von Pablo Neruda

Nixon, Frei und Pinochet,
bis heute, bis zu diesem bitteren
Monat September
des Jahres 1973
mit Bordaberry, Garrastazu und Banzer
gefräßige Hyänen, Nagetiere,
nagend an den Bannern, erobert
mit so viel Blut, so viel Feuer,
und beschmutzt auf den Gütern,
teuflische Plünderer
Satrapen, tausendmal verkauft,
Verkäufer auch, getrieben
von den Wölfen von New York.
Dollar-hungrige Maschinen,
befleckt durch das Opfer
ihrer geopferten Völker,
prostituierte Krämer
von Brot und Luft aus Amerika
mörderische Sümpfe, Bande
von Zuhälter-Bossen
mit keinem anderen Gesetz als der Folter
und dem Hunger, der die Völker peitscht.

Verhängnisvolle Traditionen

Den Streitkräften Chiles wurde lange Zeit eine „traditionelle unpolitische Haltung" zugeschrieben. Aber diese angeblich „verfassungstreue" Haltung hatte stets ihre Grenze, wo es um die Privilegien der herrschenden Klasse ging. Auch die chilenische Armee erwies sich immer wieder als brutales Instrument der Klassenherrschaft.

Wann immer in der Geschichte Chiles Arbeiter oder Bauern darangingen, ihren Vorstellungen von einer vernünftigen Ordnung einen Schritt näher zu kommen, stießen sie auf die brutale Gewalt der Ausbeuterklasse. Trägerin dieser Gewalt aber war stets die Armee. Sie hatte zu garantieren, was die Herrschenden die „innere Ordnung" nannten: das Profitsystem, die Privilegien. Und die Armee „garantierte" rigoros:

● Im Jahre 1903, als die Hafenarbeiter von Valparaiso ihren ersten großen Streik durchführten, fielen 30 Menschen unter ihren Salven.

● 1905 wurden bei Streikkämpfen in Santiago 200 Personen ermordet.

● 1906 wurden Massaker gegen Arbeiter auf dem Colon-Platz in Antofagasta verübt.

● 1907 mähten die Militärs auf dem zentralen Platz in Iquique mehr als 2 000 wehrlose Menschen mit Maschinengewehren nieder.

● 1925 waren es 3 000 Chilenen, die in Coruna ermordet wurden.

● 1948 wurde Militär gegen einen Bergarbeiterstreik in Lota eingesetzt.

● 1957 schlugen Truppen Massenstreiks und Demonstrationen von Arbeitern, Angestellten und Studenten blutig nieder.

● 1967 wurde ein Streik der Kupferarbeiter brutal zerschlagen.

Positive Tendenzen

Wie in vielen Armeen lateinamerikanischer Staaten vollzogen sich auch in der chilenischen Armee Veränderungen. Söhne aus Familien des Kleinbürgertums, ja, auch aus Bauernfamilien stießen zum Offizierskorps. Ihre Ansichten waren teilweise gegen das Großkapital und die alte Agraroligarchie, vor allem aber auch gegen die Abhängigkeit von den USA gerichtet. Progressive Ideen begannen auch in die Armee einzudringen.

● Schon im Jahre 1931 stellten sich junge Marineoffiziere an die Seite der streikenden Hafenarbeiter von Valparaiso und zogen auf einigen Schiffen rote Fahnen auf. Aber ihr Aufstand wurde niedergeschlagen.

● 1932 drängten Militärs unter Führung von General Marmaduque Grove an die Macht und riefen in Chile die sozialistische Republik aus. Obwohl sie nur zwölf Tage bestand, wurden damals fortschrittliche Verordnungen erlassen, auf die sich später die UP-Regierung stützen konnte.

● Diese guten Traditionen wurden auch symbolisiert durch solche Militärs wie General Schneider,

Unter der Regierung Frei:

der von der Rechten wegen seiner aufrichtigen demokratischen Haltung 1970 ermordet wurde. Dazu gehörten auch Kapitän Araya, der ermordete Chefadjutant Präsident Allendes, und General Prats, der unter dem Druck der reaktionären Militärs sein Amt als Oberkommandierender der Armee zur Verfügung stellen mußte.

Die Haltung der UP-Regierung zur Armee

Auf solche demokratischen und loyalen Kräfte in der Armee stützt sich die UP-Regierung in ihrem Kampf für gesellschaftliche Veränderungen auf der Grundlage der geltenden Verfassung. Sie sollten die Oberhand gegenüber den rechtsextremen und faschistischen Elementen erhalten, die es zu neutralisieren bzw. mattzusetzen galt. Präsident Allende läßt deshalb keine Gelegenheit ungenutzt, um mit Militärs den offenen Dialog zu führen und sie für die Ziele der UP zu gewinnen:

● Am 1. Oktober 1970 trifft er mit den Oberkommandierenden aller Waffengattungen zusammen, erläutert sein Regierungsprogramm und entwickelt Vorstellungen über die Stellung der Armee innerhalb der Gesellschaft.

● Im April 1971 begründet er vor über 2 000 Vertretern der Garnison Santiago Sinn und Zweck der Politik der Unidad Popular.

Polizei terrorisiert Arbeiter

● Allein in den ersten 7 Monaten seiner Amtszeit finden 14 Treffen mit Offizieren und Soldaten statt. Vertreter der Streitkräfte werden vorübergehend Mitglieder der Regierung.

Die materielle Lage der Armeeangehörigen wird unter der UP-Regierung wesentlich verbessert:

● Um durchschnittlich 40 Prozent wurde der Sold erhöht.

● Wohnhäuser wurden auch für Soldaten und Offiziere gebaut.

● Kinder von Armeeangehörigen erhielten beim Studium Stipendien.

„Ab 1. Januar 1971 litten die Streitkräfte nicht mehr wie in früheren Jahren materielle Entbehrungen", schrieb Oberst Poloni in einem Buch über Chiles Armee, erschienen kurz vor dem Putsch.[47]

Faschisten spalten die Armee

Aber die Erfolge der Unidad Popular lassen die extremen Rechten innerhalb und außerhalb der Armee nicht ruhen.

Am 28. August 1973 trifft Luis Corvalán, Generalsekretär der KP Chiles, die alarmierende Feststellung, „daß in den Streitkräften eine Verschlechterung der Lage zu spüren ist. Der Gegner konnte einbrechen und hohe Offiziere korrumpieren. Es ist offensichtlich, daß der Chef der faschistischen Gruppe ‚Patria

y Libertad' einige hohe Offiziere für sich gewonnen hat. Die Anzahl der Generale, die an der Seite der Regierung stehen, ist sehr gering. Andererseits sind die meisten von ihnen verfassungstreu. Die Spaltung zieht sich durch die ganze Armee."[48]

Der Druck und der Einfluß aller Gruppierungen der Rechten auf die Militärs verstärkt sich. Nachdem General Prats zum Rücktritt gezwungen worden ist, werden viele andere verfassungstreue Generale aus der Armeeführung entfernt. Die Verschwörer reißen alle entscheidenden Kommandoposten an sich, bevor sie meineidig und treubrüchig der Regierung der UP den Dolchstoß versetzen.

Rechte Christdemokraten decken Verschwörer

Gestützt und gedeckt werden sie vor allem durch den rechten Flügel der Christdemokratischen Partei, der immer unverhüllter auf gewaltsame Beseitigung der Regierung Allende drängt. Bewußt verhindern sie die Bemühungen des Präsidenten, einen Ausweg aus der sich täglich zuspitzenden Situation zu finden. Sie machen seine Versuche zunichte, in Verhandlungen mit den Christdemokraten und allen vernünftig denkenden christdemokratischen Politikern zu einer Übereinkunft über die Verhinderung des Bürgerkrieges zu gelangen.

Das Massaker begann in der Armee

Heute ist erwiesen: Dem Putsch der Junta gegen die Regierung Allende und die Unidad Popular ging ein Putsch gegen loyale und regierungstreue Kräfte innerhalb der Armee voraus – eine „Säuberung der eigenen Reihen" nach faschistischem Muster und nicht weniger blutig als die nachfolgenden Tage, Wochen und Monate.

Ein Bericht in „L'Humanité" vom 3. November 1973 enthüllt:

„In der Nacht vom 10. zum 11. September wurden zahlreiche Offiziere verhaftet und Soldaten erschossen."

Zu den Verhafteten gehören: Admiral Montero, Oberkommandierender der Marine; General Bachelet, Luftstreitkräfte; die Generale Pickering und Sepulveda.

General Prats wurde in der Nacht vom 10. zum 11. September 1973 „unter strenge Haft gestellt, bevor er ‚gebeten' wurde, Chile in Richtung Buenos Aires zu verlassen. Aber seine Familie mußte in Santiago bleiben. Die Junta zögerte nicht, sich ‚Geiseln' zu sichern".

Der Widerstand innerhalb der bewaffneten Kräfte äußerte sich vor allem in folgenden Formen:

● Verweigerung der direkten Beteiligung am Staatsstreich;

● offene Rebellion, die in verschiedenen Fällen zu bewaffneten Auseinandersetzungen zwischen Armeeinheiten führte;

● Verteilung von Waffen durch Carabineros an Zivilisten.

2 000 ermordete Soldaten und Polizisten

Obwohl die Junta alles unternimmt, um die dem unmittelbaren Putsch vorausgegangene „Säuberung" zu verheimlichen, sind bisher folgende Tatsachen bekannt:

● Schauplätze des Kampfes zwischen Putschisten und ihren Gegnern waren:
Die Infanterieschule in San Bernardo, der Standort des Regimentes Buin in Conchali, die Unteroffiziersschule der Carabineros, die Kaserne der Panzerstreitkräfte von Vina del Mar und eine Infanteriekaserne in San Felipe, wo neben vielen anderen Oberst Cantuarias von Putschisten erschossen wurde.

● Der Widerstand in der Infanterieschule von San Bernardo dauerte am 11. September bis gegen 15 Uhr. „Es bedurfte des Einsatzes der Panzerstreitkräfte und der Luftwaffe, um die Soldaten zu besiegen, die beschlossen hatten, der legitimen Regierung ihres Landes treuzubleiben."[49]

● In der Unteroffiziersschule der Carabineros war die Zahl der Opfer besonders hoch. Der Kommandeur, Oberst Victoriano Sanchez, widersetzte sich der Aufforderung General Mendozas, sich mit seiner Einheit am Putsch zu beteiligen. Zuerst wurde auf Befehl der Junta die Wasser- und Energieversorgung der Schule abgeschnitten.
Dann bombardierten „Hawker Hunter"-Flugzeuge die Einheit und Panzer gingen vor – bis der Widerstand am 13. September im Blute erstickt war.
Die Zahl der getöteten Offiziere, Soldaten und Polizisten, die sich dem Putsch widersetzten, wird auf 2 000 beziffert.
„L'Humanite" am 3. November 1973:
„Diejenigen, denen es gelang, zu entkommen, wurden die ganze Nacht verfolgt. Jene, die man gefangennahm, wurden gezwungen, ein Massengrab in Cerro Chena auszuheben, wo ihre getöteten Kameraden und Opfer der Unterdrückung in den Fabriken und Vororten begraben wurden. Dann wurden die Gefangenen ebenfalls erschossen."

Details schon im Sommer festgelegt

„Den Beschluß zum Umsturz faßten wir 48 Stunden vor Beschießung des Palais La Moneda", erklärte eine Woche nach dem Putsch Fliegergeneral Gustavo Leigh.
Eine der ungezählten Lügen der Junta.
Während das Junta-Mitglied Leigh diese Lüge in die Welt setzte, schrieb die US-amerikanische Zeitung „Christian Science Monitor" am 17. September 1973:
„Die chilenischen Streitkräfte sind … in den Wintermonaten – im Juni, Juli und August – unentwegt dem Umsturz entgegengegangen… Es war kein plötzliches Geschehnis, sondern ein gut koordinierter Schritt, an dem sich alle Waffengattungen beteiligten… Sie haben alle Details der Rebellion festgelegt."

Der Segen der rechten Christdemokraten

Zur endgültigen Festlegung des Putsch-Zeitpunktes trafen sich – wie der „Christian Science Monitor" weiter berichtet – die treubrüchigen Militärs „am 9. oder 10. September mit den Christdemokraten und bekamen zum Umsturz deren Segen."

Tage vorher hatten bereits die Führer der faschistischen „Patria y Libertad" einigen in Santiago anwesenden Auslandskorrespondenten den Hinweis zugespielt, zwischen dem 7. und 11. September die Hauptstadt nicht zu verlassen, da sich in diesem Zeitraum „etwas Außergewöhnliches" ereignen werde.

Vollzugs-Meldung an den CIA

Auch der CIA wird das endgültige Losschlagen exakt gemeldet:
„So gaben die meuternden Offiziere nach Washington durch, sie hätten ihre Aktion für den 10. September angesetzt, und schickten dann eine Korrektur hinterher, in der sie genau zehn Stunden vor dem Losschlagen das neue Datum, den 11. September, angaben."[50]

Einer der Gründe für diese Korrektur: Die Satrapen mußten sich den Weg für den Sturz der Volkseinheitsregierung erst in den eigenen Reihen freischießen!

Wer hatte die Hände im Spiel?

Einen beträchtlichen Anteil an der Vorbereitung des Putsches gegen die UP-Regierung hatten Institutionen und Organisationen führender imperialistischer Staaten. Sie operierten sehr freizügig mit dem Begriff „Hilfe". Sie operierten auch im Namen des Kulturaustauschs. Sie erklärten, „im Dienste des Menschen" zu wirken. Ihr tatsächliches Ziel: Verhinderung des gesellschaftlichen Fortschritts, Beihilfe zum Sturz der Regierung.

Fünfte Kolonne am Werk

Zu den Institutionen, die seit vielen Jahren eine intensive Wühlarbeit in Chile entfaltet haben, zählen vor allem Stiftungen der USA und der BRD sowie das „Friedenskorps" der USA und die Auslandsschulen der BRD. Sie wurden zu ideologischen und organisatorischen Zentren für die Sammlung der Gegner von Demokratie und Freiheit.

Instrumente der US-Außenexpansion

Die Zahl der im internationalen Bereich tätigen USA-Stiftungen wächst von 39 im Jahre 1963 auf 152 im Jahre 1966. Die dafür eingesetzten Stiftungsmittel steigen von 62 Millionen Dollar im Jahre 1961 auf 141 Millionen Dollar im Jahre 1966.

Die Schwerpunkte der Stiftungstätigkeit?

● Als „Bewahrung des Friedens" getarnte antikommunistische Tätigkeiten;
● als „technische und Bildungshilfe" ausgegebene neokolonialistische Expansion;
● als „Studenten- bzw. Wissenschafleraustausch" verdeckte Aktivität gegen gesellschaftlichen Fortschritt.

Was die Ford-Stiftung unter „Bewahrung des Friedens" versteht, ist aus einem Kommentar zum Arbeitsprogramm der Stiftung ersichtlich:
„Frieden bedeutet in diesem Zusammenhang ... die beste Methode, andere Nationen uns gegenüber freundlicher zu stimmen und sie zu einer feindseligeren Haltung gegenüber den Kommunisten zu bewegen."[51]

Ford „sorgt sich" um Universitäten

Zu den wichtigsten USA-Stiftungen, die sich in dieser Weise in die inneren Angelegenheiten anderer Staaten einmischen, gehören
● die Ford Foundation
Kapital: 3,3 Milliarden Dollar
● die Rockefeller Foundation
Kapital: 854 Millionen Dollar
● das Duke Endowment
Kapital: 700 Millionen Dollar
● die Kellog Foundation
Kapital: 491 Millionen Dollar.

Seit Beginn der 60er Jahre gehört die gesteigerte Aufmerksamkeit dieser Stiftungen der chilenischen Wirtschaft, den Wirtschaftskreisen des Landes sowie den Universitäten und dem Bildungswesen.

Kanäle für CIA-Gelder

Die US-Stiftungen, die eine umfangreiche Wühltätigkeit in zahlreichen Ländern betreiben, fungieren auch als Empfänger und Verteiler von CIA-Geldern. Darüber heißt es in einer Verlautbarung der westdeutschen Max-Planck-Gesellschaft:
„Es steht inzwischen fest, daß außer der nationalen amerikanischen Studentenvereinigung eine Vielzahl von erzieherischen, religiösen, kulturellen und Gewerkschaftsorganisationen innerhalb und außerhalb der Vereinigten Staaten auf diese Weise beträchtliche Beträge erhalten. Den Hauptzweck bei der Vergabe der Gelder sah die CIA offenbar in der Stärkung dieser Organisationen und ihrer Politik gegenüber dem Kommunismus und seinen Anhängern."[52]

Instrumente der internationalen Spionage

Der bürgerliche Kritiker der „kranken amerikanischen Gesellschaft", F. Lundberg, über die Rolle der Stiftungen für geheimdienstliche Umtriebe:
„Die Stiftungen haben sich als ein vorzügliches Dekor für die Aktivitäten des Geheimdienstes CIA erwiesen... Die Stiftungen sind eben nicht nur für die Konzern-Manager und die großen Finanziers nützlich, sondern auch für Berufspolitiker, wenn es um internationale Spionage und vielleicht um die innenpolitische Überwachung... geht."[53]

Hinaus aus Chile!

Das amerikanische „Friedenskorps" existiert seit 1961, wird voll von der US-Regierung finanziert und untersteht dem State Department.
1965 betrug das Budget dieses Korps etwas mehr als 100 Millionen Dollar.
1967 gab das Korps in Chile – wie es hieß – für „Zwecke uneigennütziger Hilfe" 1 113 000 Dollar aus.
Im gleichen Jahr preßten die USA aus Ländern Asiens, Afrikas und Lateinamerikas rund 15 Milliarden Dollar.
1961 kamen die ersten 45 Mitglieder des Korps nach Chile.
1965 betrug ihre Zahl 442. Die trüben Geschäfte der „Helfer des Friedens" aus den USA führten zu empörten Reaktionen in der chilenischen Öffentlichkeit.
1968 wird in den Städten Chiles die Losung populär: „Hinaus aus Vietnam, hinaus aus Chile!"
1969 veröffentlichen demokratische Kräfte Chiles eine geheime Instruktion der Leitung des „Friedenskorps" an seine Mitglieder. Darin werden die „Friedenskorps"-Leute aufgefordert, Informationen über demokratische Parteien und Gruppen, Personen, die die USA-Politik kritisieren, Staatsfunktionäre, Industrieunternehmen und Rohstoffvorkommen zu sammeln. Angesichts dieser Enthüllungen sieht sich sogar die US-freundliche Frei-Regierung veranlaßt, 80 „Friedenskorps"-Mitglieder auszuweisen. Nachweislich haben sie unter dem Deckmantel der Wohltätigkeit Spionage verübt.[54]

Vom „Friedenskorps"-Direktor zum Putsch-„Zünder"

Einer der Repräsentanten des US-„Friedenskorps": Nathaniel Davis, seit 1946 Geheimdienst-Spezialist.
1965 wird er Stellvertreter Direktor dieser Spionage-Einrichtung. 1971 erscheint er als US-Botschafter in Santiago. Dem US-Botschafter im jeweiligen Land obliegt die direkte Einweisung der „Friedenskorps"-Mitglieder. Davis wird als „Zünder" der CIA für den faschistischen Putsch vom 11. September 1973 bezeichnet.

Institutionen der Einmischung

Zu den maßgeblichen Organisationen zur Verwirklichung des „außenpolitischen Gesamtkonzepts" der herrschenden Kreise der Bundesrepublik, die sich als engen Bundesgenossen der USA betrachten, zählen vor allem

● die Konrad-Adenauer-Stiftung

● das Auslandsschulwesen

● das Goethe-Institut.

Adenauer-Stiftung übt politische Denkweisen ein

Die Konrad-Adenauer-Stiftung der CDU konzentriert sich darauf, Einfluß auf solche Kräfte im Ausland zu nehmen, die führende Positionen in Staat und Wirtschaft bekleiden.

Die „Deutsche Zeitung/Christ und Welt", Stuttgart, 11. Mai 1973, über die hauptsächliche Aufgabe der Stiftung im Andenbereich: „Einübung politischer Denkweisen".

Gemeinsam mit ihrem Ableger, dem sogenannten „Institut für Internationale Solidarität", entwickelt die Stiftung seit 1964 unter der Regie des CDU-Bundestagsabgeordneten H. Gewandt enorme Aktivitäten zur Unterstützung des rechten Flügels der chilenischen Christdemokratischen Partei (PDC) durch Schulung von Funktionären dieser Partei.

Gewandts „tatkräftiger Einsatz"

1963 taucht er in Washington, bei Senator Humphrey auf, der damals Vizepräsident des „Nationalen Sicherheitsrates" (NSC) der USA ist und damit zu den Verantwortlichen des CIA-Einsatzes – auch in Chile – gehört.

Der „Bayern-Kurier" berichtet in seiner Ausgabe vom 3. Oktober 1964:

„In Wahlkämpfen stehen die Berater (des Instituts) … zur Verfügung. Der Erfolg Eduardo Freis in Chile muß nicht zuletzt dem tatkräftigen Einsatz Heinrich Gewandts und seiner Helfer zugeschrieben werden."

Gewandt sorgt in all den Jahren dafür, daß die finanziellen Hilfsmittel aus der Bundesrepublik in die Hände derer gelangen, die die Position Freis stützen und gegen die Unidad Popular kämpfen.
Die Transaktion der Gelder für die Rechtskräfte erfolgt über das „Büro für Internationale Soziale Hilfe" (BISH), dessen Direktorium Gewandt angehört. Die Filiale des BISH in Santiago befindet sich im gleichen Haus, in dem das „Institut für Internationale Solidarität" der Konrad-Adenauer-Stiftung und – das US-„Friedenskorps" untergeschlüpft sind!

Unmittelbar nach dem Putsch begibt sich Gewandt wieder nach Chile. Er führt umfangreiche Gespräche mit den faschistischen Machthabern über eine Wirtschaftshilfe. Auf einer Pressekonferenz in Santiago unterstreicht er das starke Interesse an der Entwicklung des von der Junta beschrittenen Weges.

Er sagt der Junta entsprechende Finanzmittel zu. Diese Zusage zeuge, wie Gewandt erklärt, vom „Vertrauen in die Aktionen der neuen chilenischen Regierung".

Schwarzbraune Stiftungs-Experten

Erster Vorsitzender der 1964 gegründeten Adenauer-Stiftung war *Franz Thedieck,* von 1935 bis 1940 Führer der von der Nazipartei organisierten „Fünften Kolonne" im belgischen Eupen-Malmedy und in der Folgezeit Generalreferent der faschistischen Militärverwaltung in Brüssel.

Nach Thedieck wurde *Kai-Uwe von Hassel* Vorsitzender der Stiftung, zur Zeit seiner Ernennung Verteidigungsminister, später Chef des revanchistischen „Vertriebenen-Ministeriums".

Leiter des „Instituts für Internationale Solidarität" der Adenauer-Stiftung wurde 1966 *Dr. Adolf Herkenrath,* eng verquickt mit der „Privaten Sozialmission Heide", die unter der Regierung Frei in der Nähe von Parral die Nazi-Kolonie „Dignidad" („Würde") ins Leben rief, aus der bald von körperlichen Züchtigungen und mysteriösen Todesfällen berichtet wurde. Die chilenische Zeitung „Clarin" schrieb damals, die Herren der Kolonie beabsichtigen offenbar,

„in einem Winkel Chiles ein Stück Hitlerdeutschland zu errichten – ein Stück, wo das Regime der Autoritätsgläubigkeit und des Gehorsams bis zum Äußersten getrieben wurde".

Die Absicht verwirklichen sie nach dem 11. September 1973 im großen Stil.

„Führungsnachwuchs" heranziehen

Im Rahmen der „auswärtigen Kulturpolitik" unterhält die BRD 31 Schulen in Chile, in denen 10 000 Schüler unterrichtet werden: in Santiago, Valparaiso, Concepcion, Valdivia, Osorno, Frutillar, Llanquihé, Los Angeles, Puerto Montt, Puerto Varas, Quilpue, Temuco, Pucon-Villarica, Vina del Mar.

Ihre Absicht? Langfristig den politischen Einfluß der westdeutschen Großindustrie ausdehnen und einen Führungsnachwuchs heranziehen, der die Interessen der Monopole im jeweiligen Lande vertritt. In der bundesdeutschen Zeitschrift für Auslandslehrer ist nachzulesen:

„Für solche Schulen... Geld, sogar viel Geld auszugeben, erscheint als die beste Kapitalanlage. Dieses Kapital verzinst sich vielfältig."[55]

Bewunderung für die Junta

„Die Welt" veröffentlicht am 10. Oktober 1973 einen Brief des Leiters einer deutschen Schule in Santiago, Johannes Schote, der über eine „langjährige Erfahrung" an westdeutschen Auslandsschulen verfügt. Der Brief, der ein einziges Loblied auf die Junta ist, läßt ahnen, wie sehr die BRD-Auslandsschulen die Putschvorbereitungen unterstützen:
„Durch die Schnelligkeit, mit der die Militärs handelten, ist großes Blutvergießen vermieden worden. Dieser Militärputsch entschied das Schicksal eines Volkes, das vor einem Abgrund einer marxistischen Diktatur stand. Alles, was jetzt ans Tageslicht kommt, ist so erschreckend, daß man nur sagen kann: Wir sind noch einmal davongekommen. Zu bewundern ist, mit welcher Zielstrebigkeit die Militärjunta in einer Woche versuchte, Ordnung zu schaffen."

Goethe-Institut „ahnt vor"

Offiziell beschäftigt sich das Goethe-Institut mit der Pflege deutscher Sprache und Kultur im Ausland. Unter diesem Aushängeschild unterhält die Institution auch in Chile Stützpunkte, und zwar in Santiago, Antofagasta, Arica, Concepcion, Osorno, San Antonio und Valdivia.
Präsident des Goethe-Instituts ist aber weder ein Germanist noch ein Fachmann auf kulturellem Ge-

Deutsche Schule in Valdivia: „... die beste Kapitalanlage"

biet, sondern der belastete Nazi und Hitler-Diplomat *Hans-Heinrich Herwarth von Bittenfeld,* Fachmann für die Arbeit fünfter Kolonnen zur Unterminierung anderer Staaten. Seit Hitlers Machtantritt ununterbrochen im diplomatischen Dienst tätig, wurde er 1941 Verbindungsmann von Ribbentrops Auswärtigem Amt zur Hitlerwehrmacht. Nach dem Überfall auf die Sowjetunion war er am Aufbau der berüchtigten „Wlassow-Armee" beteiligt und machte sich schwerer Verbrechen bei der gnadenlosen Partisanenbekämpfung schuldig.[56] Nach zwanzigjähriger Tätigkeit im Bonner Auswärtigen Amt übernahm er 1971 den Vorsitz im Goethe-Institut.

Unter dieser „sachkundigen" Leitung entfaltet das Goethe-Institut auch in Chile seine Vortragstätigkeit mit dem Ziel der Stärkung der Positionen der Großkonzerne und der Verhinderung des gesellschaftlichen Fortschritts. Die „Zielgruppen", unter denen besonders aktiv gewirkt wird: Wissenschaftler, Lehrer, Unternehmer, Militärs, Beamte. Und nicht zu vergessen – die sogenannten „Deutsch-Chilenen", unter denen sich nicht wenige ehemalige Nazis befinden.

Dr. W. Ross, Direktor des Goethe-Instituts, schrieb im Februar 1972 vieldeutig, in seiner Arbeit müsse das Institut die Fähigkeit beweisen, „den sich wandelnden Zeitläufen zu entsprechen, wobei nicht nur an Anpassen und Mitmachen gedacht ist, sondern auch an Vorahnen und Vorangehen."[57]

Wie das zu verstehen war, zeigte sich am 11. September 1973.

Die Geldgeber

Die Zusammensetzung der Führung des „Arbeitsrings Ausland für kulturelle Aufgaben e.V." gibt Auskunft darüber, wer in der Bundesrepublik zu den finanzgewaltigen „Kulturbringern" zählt, die auch die Arbeit in Chile mit finanzieren:

Arbeitsring Ausland für kulturelle Aufgaben e.V.
5 Köln 1, Habsburgerring 2–12

Präsidiums-Vorsitzender:
Professor Dr. Ralf Rodenstock, Optische Werke G. Rodenstock

Mitglieder:
Dr. Hans C. Boden, Vorsitzender des Aufsichtsrats der AEG
Gerhard Elkmann, Mitglied des Vorstandes der Hoesch-Werke A.G.
Generalkonsul Dr. Hans Gerling, Gerling-Konzern
Direktor Siegfried Janzen, Siemens-Aktiengesellschaft
Dr. Andreas Kleffel, Stellvertretendes Vorstandsmitglied der Deutschen Bank Aktiengesellschaft.

90

Die Rolle der braunen Deutsch-Chilenen

In Chile leben heute etwa 300 000 Chilenen deutscher Abstammung. Etwa 30 000 von ihnen zählen sich zu den „Deutsch-Chilenen". Wie die neofaschistische Zeitschrift „Nation Europa", Coburg, im Februar 1973 rühmte, treten sie durch „bewußte Herausstellung ihrer deutschen Abstammung und Ablehnung jeglicher Assimilierung" hervor. Da „meist wohlhabend" und „zum oberen Mittelstand" zählend, sind sie „bis in höchste Regierungsstellen, einschließlich Wehrmacht, aufgerückt".

Ein beträchtlicher Teil dieser Sorte „Deutsch-Chilenen" gehört zu den „nacistas", den faschistischen Kräften im Lande. Sie gehörten zu den ideologischen Wegbereitern des Putsches und bejubelten offen die Gewaltherrschaft der Militärs.

„Verklärtes Bild vom Faschismus"

Die Illustrierte „Stern" vom 11. Oktober 1973 unter der Überschrift „Klassischer Faschismus":

„…Deutsche Vorfahren hatte Roberto Thieme, Führer und Chefideologe der faschistischen Geheimorganisation ,Patria y Libertad'. Hochdeutsch gesprochen wurde in Führungsstäben der Fuhrunternehmer-Camps und der Grundbesitzer vor allem im Süden des Landes. Für viele dieser Nachfahren deutscher Einwanderer gehört zur romantischen Bindung an die Heimat ihrer Väter ein verklärtes Bild vom Nationalsozialismus. Sie propagierten schon vor Allendes Sturz NS-Ideologisches als Patentrezept für die Rettung vom Kommunismus."

Augenzeugen der blutigen Massaker der Militärjunta weisen übereinstimmend darauf hin, daß verantwortliche Putschisten-Offiziere in Santiago, Valparaiso, Osorno und anderen Städten fließend hochdeutsch sprachen.

Im ARD-Fernsehen wurde am 30. September 1973 ein deutschstämmiger Luftwaffengeneral, der im Juli 1973 – zur Zeit der Aufnahme – seinen Namen nicht genannt wissen wollte, mit folgenden Worten vorgestellt:

„Jetzt steht Luftwaffengeneral Heitmann in der Führungsspitze der Militärjunta."

Nicht wenige der „Deutsch-Chilenen" mit dem „verklärten Bild" vom Hitlerfaschismus sind seit dem 11. September offen hervorgetreten und jagen und denunzieren nach Nazi-Vorbild Anhänger der Unidad Popular.

Daran hat der Deutsch-Chilenische Bund beträchtlichen Anteil.

Chilenische Nazis 1942 und 1964

Der Deutsch-Chilenische Bund (DCB)

Der Deutsch-Chilenische Bund wurde 1916 während des Ersten Weltkrieges gegründet, im gleichen Jahr wie der Ibero-Amerika-Verein des deutschen Großkapitals. Der DCB ist die Leitzentrale für militaristische, chauvinistische und faschistische Beeinflussung der Deutsch-Chilenen.

Als der DCB 1966 sein 50jähriges Bestehen beging, hielt der damalige Bundesvorsitzende, Prof. Dr. Krebs, eine Festrede, die in verblüffender Offenheit die politische Position des Bundes darlegt.[58]

„Für Kaiser und Reich"

Prof. Dr. Krebs über die Haltung der Deutsch-Chilenen bei Ausbruch des vom deutschen Imperialismus ausgelösten 1. Weltkrieges:

„Der Krieg löste unter den Deutschen in Chile eine Woge patriotischer Begeisterung aus... Vaterländische Veranstaltungen wurden durchgeführt. Reichsgründung, Kaisers und Bismarcks Geburtstag wurden mit besonderer Inbrunst gefeiert."

Das „Ja" zum Hitlerfaschismus

Über die Haltung zum Machtantritt des Faschismus zitierte Krebs die „Deutsche Zeitung", Santiago, vom 31. Januar 1933:

„Das neue Deutschland, so wie es alle wirklich nationalgesinnten Elemente unseres Volkes seit jenen grauen Novembertagen des fluchbeladenen Jahres 1918 mit allen Fasern ihres Herzens herbeigesehnt haben, für das so viele gestritten und geblutet haben, es ist da."

Bindungen an die Bundesrepublik

Zugleich betonte Krebs, wie vielfältig und eng die Bindungen des DCB an die Bundesrepublik sind:

„Unsere Institutionen, unsere Schulen, unsere Vereine, stehen in innigster Verbindung mit den entsprechenden amtlichen und privaten Stellen der Bundesrepublik. Aufrichtiger Dank erfüllt uns für die großzügige materielle und moralische Unterstützung, die wir von der Bundesrepublik empfangen."

Propaganda für die Junta

Die profaschistischen Kreise unter den Deutsch-Chilenen haben seit dem Putsch eine wahre Flut von Briefen losgelassen, um das blutige Militärregime als „unsere Junta" im Ausland reinzuwaschen und die Ermordung von Freiheit und Demokratie als „Erlösung" darzustellen. So finden sich in den Zeitungen des Großkapitals in der BRD, vornehmlich in der „Frankfurter Allgemeinen" und in Springers „Welt", fast täglich solche Propagandabriefe, in denen das „gut organisierte rein denkende Militär"

gefeiert und der Putsch gegen die Regierung der Unidad Popular mit den unglaublichsten Lügen gerechtfertigt wird.

Am 24. Oktober 1973 berichtete Hildegard Moral für den „Tagesspiegel" aus Santiago:

„...auch deutsch-chilenische Organisationen von der Deutschen Evangelischen Kirche und dem Verband Deutscher Schulen bis zum Bund Ehemaliger Deutscher Frontkämpfer und dem Gesangverein ‚Frohsinn' spenden ‚in dem unermeßlichen Glauben, daß unser Vaterland nun wieder geeint, groß und frei sein wird', und bekunden öffentlich ihre ‚unbegrenzte und treue Unterstützung' für die neue Regierung."

Besuch bei Gleichgesinnten

Die Besuche von Vertretern revanchistischer und neonazistischer Organisationen der BRD wurden nach dem Regierungsantritt der Unidad Popular erheblich intensiviert. Sie hatten die Förderung und Sammlung der Allende-Gegner zum Ziel.

So befanden sich unter den im Rahmen des „Jugend-Austausches" nach Chile reisenden Jugenddelegationen nicht zuletzt Gruppen der sogenannten „Deutschen Jugend des Ostens" (DJO). Sie ist ein Teil des revanchistischen „Bundes der Vertriebenen", in dessen Führung ultrareaktionäre Kräfte und Spezialisten aus Hitlers fünften Kolonnen den Ton angeben, die maßgeblich an der Unterminierung anderer Staaten beteiligt waren. Sie war auch bei den antiitalienischen terroristischen Aktionen in Südtirol (Alto Adige) engagiert.

Bei ihrem Wirken nach Chile kontaktierte die DJO entsprechend ihrem rechtsradikalen Programm ausschließlich Gegner der UP-Regierung.

Die DJO erhält für ihre Tätigkeit allein aus dem Bonner Haushalt jährlich 200 000 DM.[59]

„Condor" – ein „Völkischer Beobachter"

In der chilenischen Hauptstadt Santiago residiert in der Agustinas 925, Büro 616, die Redaktion der deutschsprachigen chilenischen Zeitung „Condor". 1938 wurde sie als Nachfolgeblatt der „Deutschen Zeitung" gegründet.

Gründungsjahr und Name des Blattes bezeugen die Anlehnung an Hitlers berüchtigte „Legion Condor". Der „Condor" ähnelt in Aufmachung und Diktion dem berüchtigten „Völkischen Beobachter" der Nazis.

● Bereits im Jahre 1968, als unter der konservativen Regierung Frei von einigen Reformen gesprochen wurde, als Arbeiter und Studenten für ihre Rechte streikten – propagierte das Blatt einen „Staatsstreich":

„Wenn ein neuer Staatsstreich kommen sollte ..., dann, weiß Gott, wären wir die ersten, die einen solchen Staatsstreich begrüßen würden, von der tiefsinnigsten Überzeugung getragen, daß wir mit sol-

CONDOR

MERCEDES BENZ

JAHRGANG XXXVI · N° 2097 · PREIS E° 100.— · SANTIAGO DE CHILE, SONNABEND DEN 17. NOVEMBER 1973 · VERLAG SCHRIFTLEITUNG UND VERWALTUNG · Agustinas 825 · Of. 414 · Casilla 9666 · Telefon 3 2 5 8

cher Einstellung die Meinung der überwältigenden Mehrheit des politisch noch nicht angekränkelten chilenischen Volkes vertreten."[60]

● Nach dem Wahlsieg der Unidad Popular steigerte „Condor" Hetze und Haß:
„Es geht um die grundsätzlichen Werte, die in Frage gestellt werden: Freiheit des Denkens, des Handelns, der Meinung in Wort und Schrift… Heute stehen wir einem schwerwiegenden, innenpolitischen Problem gegenüber. Eine relative, marxistisch ausgerichtete Mehrheit betrachtet unser Denken und Handeln, die Formen unserer Institutionen und unser Schulsystem als überholt und reaktionär."[61]

● „Condor" betätigte sich in der Folgezeit als geistiger Urheber für Sabotageakte und Attentate gegen den gesellschaftlichen Fortschritt:
„Wir stehen in unserem Lande durchweg in irgendeiner Weise in der Führungsschicht, sei es geistig oder wirtschaftlich. Sollen wir kampflos das Feld räumen?"[62]
Das Blatt rief den DCB zum Durchhalten auf, bis zu dem Tag, da „seine Privatinitiative einmal wieder gebraucht wird".

Naziverbrecher unter den Putschisten

Belastete Nazis, die nach der Zerschlagung des Hitlerfaschismus nach Südamerika gingen, fanden in Chile beim DCB und bei braunen Deutsch-Chilenen allseitige Unterstützung. Sie verbanden sich mit den einheimischen faschistischen Gegnern von Demokratie und Fortschritt:
„Die meisten waren stramme Deutschnationale bis lange nach dem Ersten Weltkrieg. Ab 1933 waren sie ebenso stramme Nazis…
Noch im Mai 1945 – in Deutschland war der Spuk vorbei – marschierte die Auslands-SA unter der Hakenkreuzfahne zum Parteitag nach Valdivia."[63]

Nach 1945 bildete sich in Chile eine faschistische Partei, die von aus der BRD stammenden Faschisten inspiriert wurde. Ihr Chef, der aus der BRD stammende Franz Pfeiffer-Richter, erklärte offen:
„Wir sind Antikommunisten und Antisemiten … unsere Bewegung hat die gleichen Ziele, die Hitler in Deutschland verfolgt hat."[64]

Die faschistische Bewegung in Chile errichtete ihre stärksten Stützpunkte in jenen Städten, in denen sich Deutsch-Chilenen konzentrieren:

„Fest steht, daß gerade in Städten wie Osorno, Puerto Montt und Valdivia unsere dort wohnenden Landsleute in den Zeiten des nationalsozialistischen Regimes die fanatischsten Parteigenossen gewesen waren und es noch heute sind. Fest steht auch, daß in den Jahren 1933 bis 1939 vornehmlich die reichen ,arischen' Großgrundbesitzer um Osorno herum durch ihre finanzielle Hilfe den Machteinfluß der Nazis in Deutschland stärkten…"[65]

Kriegsverbrecher-Söhne auf Militärakademie

Nach Chile kam auch der ehemalige Eichmann-Mitarbeiter, SS-Obersturmbannführer Walter Rauff, der während des Faschismus für den Einsatz der sogenannten mobilen Gaskammern verantwortlich war, in denen etwa 96 000 Juden, Sozialisten und Kommunisten ermordet wurden. Er ließ sich in Magallanes nieder.

„Dort … partizipiert er am ,geheimen Reichsvermögen', von dem eine namhafte Summe gemeinsam mit US-Kapital in chilenischen Kupferminen investiert ist."[66]
Die beiden Söhne dieses Massenmörders absolvierten in den 60er Jahren die chilenische Militärakademie.

Nazi als DPA-Korrespondent

Zu den Deutsch-Chilenen mit nazistischer Vergangenheit gehört auch Heriberto Zecher, Chile-Mitarbeiter der Nachrichtenagentur DPA und Redaktionsmitglied des „Condor". Als erbitterter Gegner der Unidad Popular versorgte er die Leser in der Bundesrepublik Deutschland mit Lügenberichten:
„Der in Chiles ultrarechten Kreisen wohlgelittene Heriberto konnte westdeutschen Zeitungslesern die schicken Töchter der chilenischen Bourgeoisie als ,Frauen streikender Lkw-Fahrer' verkaufen; er verleumdete gegen den heraufziehenden Faschismus demonstrierende Arbeiter als ,linksextremistische Unruhestifter', er schob Attentate, die erwiesenermaßen Faschisten von ,Patria y Libertad' begangen hatten, ,Unbekannten' in die Schuhe."[67]
Nach dem blutigen Putsch, als Journalisten aller politischen Richtungen sich voller Abscheu über die Verbrechen der Militärjunta äußerten, meldete Zecher die „Rückkehr des Landes zum völlig normalen Leben".[68]

Importierter Antisemitismus

Auch der Antisemitismus, der unter der faschistischen Militärjunta hervorbricht, wurde bei den braunen Deutsch-Chilenen konserviert. Laut der Illustrierten „Stern" vom 4. Oktober 1973 spielt er eine Rolle vor allem bei jenen Putschisten, „von denen ein großer Teil Deutsch spricht, aus deutschen Familien kommt und deutsche Namen hat."

Die Tatsachen beweisen: Der faschistische Putsch der Militärjunta gegen die Unidad Popular zählt Naziverbrecher und faschistische Deutsch-Chilenen zu seinen geistigen und organisatorischen Wegbereitern.

Deutsch-Chilenen in Spitzenpositionen der Junta-Herrschaft

Pedro Ewing Hodar, Oberst; Generalsekretär der Militärregierung
Hugo Hinrichsen, Oberst; Direktor für Gefängnisse
Adolfo Walbaum Wieber, Konteradmiral; Gouverneur von Valparaiso
Christian Guedelhoefer, Oberstleutnant; Gouverneur von Chillán
Walter Heitmann, General; Botschafter in den USA
Pablo Schaffhäuser, General; Botschafter in Ecuador
Alberto Spoerer, Oberst; Gesundheitsminister
Juan Deichler, Oberst; Chef des Verteilungskomitees.

Wer bejubelt den Putsch? Wer unterstützt die Junta?

Der ermordete Präsident ist noch nicht beigesetzt, die Trümmer der Moneda rauchen noch, die ersten Nachrichten barbarischer Greueltaten gehen um die Welt und lassen die Menschen vor Entsetzen erstarren – da äußert das internationale Kapital bereits seine Zufriedenheit über den faschistischen Putsch und zollt den Präsidentenmördern Beifall. Da treten die Initiatoren und Drahtzieher der Konterrevolution aus dem Hintergrund hervor und schreiten zur immer unverholleneren Unterstützung für die Mörder der Anhänger der Unidad Popular. Da beginnt der gierige Wettlauf zur Aufteilung der nationalen Reichtümer Chiles und zur verdoppelten Ausbeutung der chilenischen Arbeiter.

Entlarvender Beifall für die Junta

Schon unmittelbar nach dem Beginn des blutigen Dramas geben Sprachrohre der internationalen Hochfinanz, reaktionärer Parteien und imperialistischer Regierungen kaum verhohlen ihrer Sympathie für die putschenden Militärs Ausdruck – vor al-

lem in den USA, in England und in der Bundesrepublik. Motto: *„Der Ermordete ist schuld"*. Sie verleumden Präsident Allende und die Unidad Popular und versuchen, die Mörder weiß zu waschen.

„The Wall Street Journal", 12. September 1973:
„Der Schritt der Militärs wird von Chiles großer Mittelklasse begrüßt."

„La Nation", Paris, 12. September 1973:
„… stellen wir fest, daß die sozialistischen Methoden Chile innerhalb von drei Jahren nur Chaos, ständige Proteste, Ruin und jetzt ein Drama gebracht haben."

„The Economist", 15. September 1973:
„Die aus Militärs und Technokraten bestehende Regierung, zu der es offensichtlich kommen wird, wird versuchen, das gesellschaftliche Gefüge zusammenzuketten, das Präsident Allende zerschlug. Das wird den vorübergehenden Tod der Demokratie in Chile bedeuten, und das ist zu bedauern. Doch es darf nicht vergessen werden, wer das unvermeidlich machte."

Der „Deutschlandfunk" am 13. September 1973:
„Wer sich einigermaßen in der chilenischen Geschichte auskennt, kann sogar für das Vorgehen der Streitkräfte ein gewisses Maß an Verständnis aufbringen…"

„Die Welt" am 13. September 1973 in kaum zu überbietendem Zynismus über die brutalen Verfassungsbrecher:
„Chiles Militär wollte in letzter Essenz die Verfassung retten."

„Bild" am 12. September 1973:
„Jetzt hat die Armee nicht mehr länger stillgehalten. Drei Jahre Marxismus sind ihr genug."
Das ist die Parole Hitlers, der 1933 den Mord an der Weimarer Republik damit begründete, er habe „14 Jahre marxistische Mißwirtschaft" beendet.

Die „Frankfurter Allgemeine Zeitung" rechtfertigt am 12. September 1973 die Putschisten mit den Worten:
„Im Augenblick der höchsten Gefahr konnten sich die Streitkräfte ihrer Verantwortung nicht mehr länger entziehen."
Die Brutalität der mordenden und folternden Militärjunta verteidigt das Blatt damit, „daß sie nur obsiegen konnte, wenn sie sofort und mit aller Schärfe reinen Tisch machte".

So artikulieren die großbürgerlichen Medien die Genugtuung all jener großkapitalistischen Kräfte, deren Haß vom ersten Tage an der verfassungsmäßigen Regierung Allende galt.

Diplomatische Anerkennung des Terrors

Ungeachtet des anhaltenden und sich verschärfenden Terrors in Chile beeilen sich die Regierungen großer imperialistischer Staaten ebenso wie die schlimmsten faschistischen und militaristischen Diktaturen aller Erdteile, die blutbefleckte Junta diplomatisch anzuerkennen.

● Zu den ersten Regierungen, die das faschistische Militärregime ausdrücklich anerkennen, gehören die USA und Großbritannien.
● Zu den ersten Regierungen, die die Junta anerkennen, gehören auch das Thieu-Regime in Südvietnam, die Regierungen Südkoreas, Südafrikas, Israels, Haitis, Brasiliens, Paraguays und Portugals.
● Das Auswärtige Amt der BRD und seine Botschaft in Chile nehmen bereits am 21. September den offiziellen Verkehr mit dem Militärregime auf.

Asylverweigerung

Die Botschaften einer Reihe lateinamerikanischer und europäischer Staaten öffnen großzügig ihre Tore für asylsuchende Chilenen und Ausländer. Sie gewähren den von der Junta Gejagten diplomatischen Schutz. Diplomaten, wie der schwedische Botschafter Harald E d e l s t a m, setzten sich in beispielhafter Weise für die Verfolgten ein.
Ganz im Gegensatz dazu steht das Verhalten der westdeutschen Botschaft. Die „Frankfurter Rundschau" meldet am 3. Oktober 1973: „Die Tore der westdeutschen Botschaft… sind für asylsuchende Chilenen geschlossen."
Die Illustrierte „Stern", am 24. Oktober 1973:
„… asylsuchende Chilenen und Südamerikaner klopften bei der Bonner Botschaft vergebens an."
Während die Bundesregierung in Bonn den Putsch offiziell „bedauert", ist sie offenbar nicht bereit, das in ihrer Macht Stehende zu tun, um den Opfern des faschistischen Terrors zu helfen.
Dazu – laut „Stern" vom 25. Oktober 1973 – BRD-Botschafter Lüdde-Neurath:
„Für uns ist es sehr schwer, Passierscheine für Nichtdeutsche zu bekommen, und wir würden uns außerdem dem Vorwurf aussetzen, uns in innerchilenische Angelegenheiten einzumischen." Im November ändert die Bundesregierung aufgrund des Protestes der Solidaritätsbewegung in der BRD und im Ausland ihre Haltung. Asylgewährung – ja, aber nicht für jeden. Das ist jetzt die Richtlinie.
Zu ihrer Einhaltung wird eine Dreier-Kommission von Bonn nach Santiago geschickt, darunter Oberamtsrat Klaus Arend. Er wird als „Schreibkraft" ausgewiesen. Doch schnell entpuppt er sich als Experte des Bundesamtes für Verfassungsschutz.
Er hat „etliche Fragen" an jeden Asylsuchenden:
„… ob sie Verwandte im Untergrund haben, an Waffen ausgebildet wurden…, ob sie von geheimen Waffenlagern wissen…"[69]
Dazu die Asylsuchenden:
„Wir haben sofort gemerkt, daß ein Polizist dabei ist, er stellt uns Fragen, die die deutsche Regierung gar nicht interessieren können, wohl aber die Militärjunta. Wir wissen, denn wir kennen uns darin aus, daß die Polizei international zusammenarbeitet."[70]

Beschönigung der Junta-Verbrechen

Angesichts des weltweiten Protestes gegen die Verbrechen der Junta entsenden Regierungen und Parteien imperialistischer Staaten Emissäre in den Andenstaat, um durch erlogene und beschönigende „Augenzeugenberichte" ihre aktive Unterstützung für die Junta zu rechtfertigen.

Die Hauptparteien des westdeutschen Monopolkapitals, CDU und CSU, stellen sich voll hinter den faschistischen Militärputsch in Chile.

Am 22. September 1973 schreibt das Organ des CSU-Vorsitzenden F.J. Strauß, der „Bayern-Kurier":

„Angesichts des Chaos, das in Chile geherrscht hat, erhält das Wort Ordnung für die Chilenen plötzlich wieder einen süßen Klang." Der Fraktionsführer der CDU/CSU, Carstens, hatte bereits am 12. September 1973 in Bonn erklärt, „die Ereignisse in Chile hätten nunmehr bewiesen, daß Marxismus und ‚freiheitlich-demokratische Grundsätze' unvereinbar seien".[71]

Zu den mit der Junta ‚solidarischen' Reisenden gehört der frühere CDU-Generalsekretär, Bruno Heck. Nach seiner Rückkehr aus Santiago versucht er, die Massenmorde der faschistischen Diktatoren und den Terror der Juntaschergen gegen die Eingekerkerten wegzulügen:

„Soweit wir Einblick bekommen haben, bemüht sich die Militärregierung in optimalem Umfang um die Gefangenen. Die Verhafteten, die wir... sprachen, haben sich nicht beklagt."[72]

Über die verzweifelte Lage der im Nationalstadion von Santiago gefangenen und viehisch gepeinigten Patrioten äußert er sich gegenüber der „Süddeutschen Zeitung" vom 18. Oktober 1973 zynisch:

„Das Leben im Stadion ist bei sonnigem Wetter recht angenehm."

Beifall für Wegbereiter

Die CDU lädt zu ihrem Parteitag in Hamburg (17. und 18. November 1973) den chilenischen Expräsidenten und rechten Christdemokraten, Eduardo Frei, sowie den Vorsitzenden der Christdemokratischen Partei Chiles, Patricio Aylwin, ein.

Beide bekämpften verbissen die UP-Regierung Salvador Allendes. Beide gehören zu den Wegbereitern des faschistischen Putsches. Frei versuchte die Führung des Putsches zu erlangen. Gegenüber der spanischen Zeitung „ABC" äußerte er, die Junta-Generäle hätten „Chile und uns alle gerettet". Frei hatte zugesagt, nach Hamburg zu kommen, teilte dann jedoch mit, daß ihn „dringende Aufgaben in Santiago" beschäftigten.

Aylwin spricht auch im Namen Freis vor dem Parteitag der CDU. Er rühmt sich der Tatsache, daß seine Partei „in den letzten Jahren" einen erbitterten Kampf gegen die Unidad Popular geführt hat.

Demonstrativ erhält er dafür den Beifall des höchsten Führungsgremiums der CDU.

Kredite für die Mörder

Die imperialistischen Regierungen und internationalen Monopole belassen es nicht bei der politischen und moralischen Unterstützung für die mordende Soldateska. Schon bald nach dem Putsch läuft ein umfangreiches materielles Hilfsprogramm für die Junta an.

Die USA, die jede finanzielle Hilfe für die Regierung der UP eingestellt hatten, wandeln ihre Haltung schlagartig nach dem Sieg der Konterrevolution.

Bereits am 13. September 1973, zwei Tage nach dem Putsch, meldet der „Deutschlandfunk":

„Jetzt kann Chile wieder mit größeren Krediten aus den USA rechnen, Kredite, die Allende wegen seiner Wirtschafts- und Enteignungspolitik versagt blieben."

Die Dollars rollen

● Die Interamerikanische Bank stellt dem Militärregime in Chile am 19. September 1973 einen Kredit in Höhe von 65 Millionen Dollar zur Verfügung.[73]

● Die US-Bank „Bankers Trust", New York, beschließt, den der Junta angebotenen Kredit in Höhe von 2,5 Millionen Dollar auf 5 Millionen Dollar zu erhöhen. Telegramm der Bankdirektion von „Bankers Trust" an den Präsidenten der chilenischen Staatsbank:

„Wir sind überzeugt, daß Sie eine beträchtliche Erhöhung des Betrages benötigen... Wir sind bereit, Ihrem Bedarf zu entsprechen."[74]

● Das US-Landwirtschaftsministerium gewährt dem chilenischen Putschistenregime Ende September 1973 einen Kredit in Höhe von 24 Millionen Dollar.[75]

● Die „Manufacturers Hanover-Bank", New York, bewilligt der Junta Anfang November 1973 einen Kredit in Höhe von 45 Millionen Dollar. James R. Greene, Vizepräsident der US-Bank vor Journalisten in Santiago:

„Die Finanzwelt meines Landes hat vollkommenes Vertrauen zu dem, was die chilenische Regierung macht."[76]

● Am 17. November 1973 meldet die „Business Week", New York:

„Die internationalen Bankiers haben bereits das Kreditgeschäft entdeckt. Ein Bankkonsortium, zu dem Bankers Trust, Irving Trust, Citybank und mehrere kanadische Mitglieder gehören, hat der Junta bereits eine Kreditzusage in Höhe von 170 Millionen Dollar gegeben. Ein zweites Konsortium prüft gegenwärtig ein Abkommen über eine weitere Kreditzusage in Höhe von 60 bis 70 Millionen Dollar."

● Anfang Dezember 1973 besuchen führende Vertreter des „Internationalen Währungsfonds" und der „Interamerikanischen Bank für Entwicklungshilfe" Chile, um die „Kreditwünsche" der Militärjunta zu überprüfen.[77]

Resümee des Magazins „Der Spiegel" am 19. November 1973, zwei Monate nach dem Putsch:

DIE RETTER DER DEMOKRATIE IN CHILE

Diktator Pinochet:
Die Demokratie muß gelegentlich in Blut gebadet werden, damit die Demokratie fortbestehen kann."

Die Strauß-Zeitung "Bayernkurier":
....Angesichts des Chaos, das in Chile geherrscht hat, erhalt das Wort "Ordnung" für die Chilenen plötzlich wieder einen süßen Klang.....

Fotomontage   *Franz Weich*

„Unter Juntachef Pinochet sprudeln für Chile wieder die ausländischen – vor allem amerikanischen – Geldquellen. Allein acht US-Banken und zwei kanadische Geldinstitute gewährten den Putsch-Generalen bislang Kredite in Höhe von 300 Millionen Dollar mit einer Laufzeit zwischen 18 Monaten und drei Jahren."

Noch ist nicht zu errechnen, welche Dollarprämie die USA-Gewaltigen der Militärjunta für jeden erschlagenen, erschossenen, ertränkten Chilenen zahlen werden. Fest steht: Sie werden sich nicht lumpen lassen. Wie sie sich nicht lumpen ließen in Vietnam, in Kambodscha, im Nahen Osten und wo immer es um die Unterjochung anderer Völker geht.

Die Junta ist begeistert

„El Mercurio", Santiago, am 23. November 1973:
„Die USA-Kreditquellen, wichtigste Stützen der chilenischen Regierungen vor Allende, haben ihre traditionelle Funktion wieder aufgenommen…"

Entwicklungshilfe aus der BRD

Unmittelbar nach dem Militärputsch entscheidet die Bonner Regierung: „Fortsetzung der Beziehungen". Das heißt aber, der Militärjunta in Chile wird materielle und finanzielle Hilfestellung gegeben – als „Entwicklungshilfe".
● Bereits 3 Tage nach dem Putsch, am 14. September 1973, bestätigt Bundesminister Eppler diese Absicht der Bundesregierung gegenüber der „Schwäbischen Rundschau":
„Die Bundesregierung hat bisher in keinem Fall die Gewährung von Entwicklungshilfe von politischen Umstürzen abhängig gemacht."
● Staatssekretär Moersch am 5. Oktober 1973 gegenüber dem „Norddeutschen Rundfunk":
„Dort, wo die Durchführung von Projekten möglich ist und weiterhin auch von der anderen Seite gewünscht wird, haben wir keinen Grund, von uns aus einseitig die ‚Entwicklungshilfe' einzustellen."
● Der frühere Bundesgeschäftsführer der SPD, Hans Jürgen Wischnewski, in einem Interview mit dem „RIAS" am 1. Oktober 1973:
„Sie wissen, wir gewähren an viele Länder dieser Welt Entwicklungshilfe, die keine Demokratien sind."
● SPD und CDU/CSU entsenden mehrfach Delegationen unter Führung prominenter Politiker zum faschistischen Militärregime nach Chile und verhelfen ihm so zu internationaler Aufwertung. Dazu die „Süddeutsche Zeitung" vom 29./30. September 1973:
„Besondere Sorge haben die Generale mit der Reaktion, die ihr blutiger Putsch im Ausland weckte. Mit vollendeter Zuvorkommenheit werden deshalb die SPD-Abgeordneten Hans-Jürgen Wischnewski und Alwin Brück herumgereicht. Die beiden sind die ersten ausländischen Parlamentarier, die nach dem Putsch in Santiago eingetroffen sind."

● Am 29. Oktober 1973 überreicht der Botschafter Lüdde-Neurat der chilenischen Armee eine als „Spende von Medikamenten und medizinischen Geräten" deklarierte Schenkung im Werte von 30 000 DM. Laut Bericht der Zeitung „La Patria", Santiago, vom 30. Oktober 1973 bezeichnet er das als „Beitrag", der die „freundschaftlichen Beziehungen" zwischen der Bundesrepublik und den Machthabern in Santiago bekräftigen soll.

Man besucht sich, man umarmt sich, man liefert…

Zur Bonner Position gegenüber der Junta schreibt „Der Spiegel" am 8. Oktober 1973:
„… auf Hilfe aus Bonn müssen die chilenischen Generale gleichwohl nicht verzichten. Zwar verurteilten Bundesregierung und Koalitionsparteien mit scharfen Worten den blutigen Umsturz und forderten die Militärs auf, zur Demokratie zurückzukehren. Doch dann suchten Sozial- wie Freidemokraten Umgang mit den Diktatoren.
FDP-Chef Walter Scheels Außenamt nahm nach anderthalbwöchiger ‚Denkpause' diplomatische Beziehungen zum neuen Regime auf. SPD-Vorstandsmitglied Hans-Jürgen Wischnewski, vorletzte Woche auf Informationsreise durch Chile, umarmte beim Abschied seinen von der Junta gestellten offiziellen Begleiter.

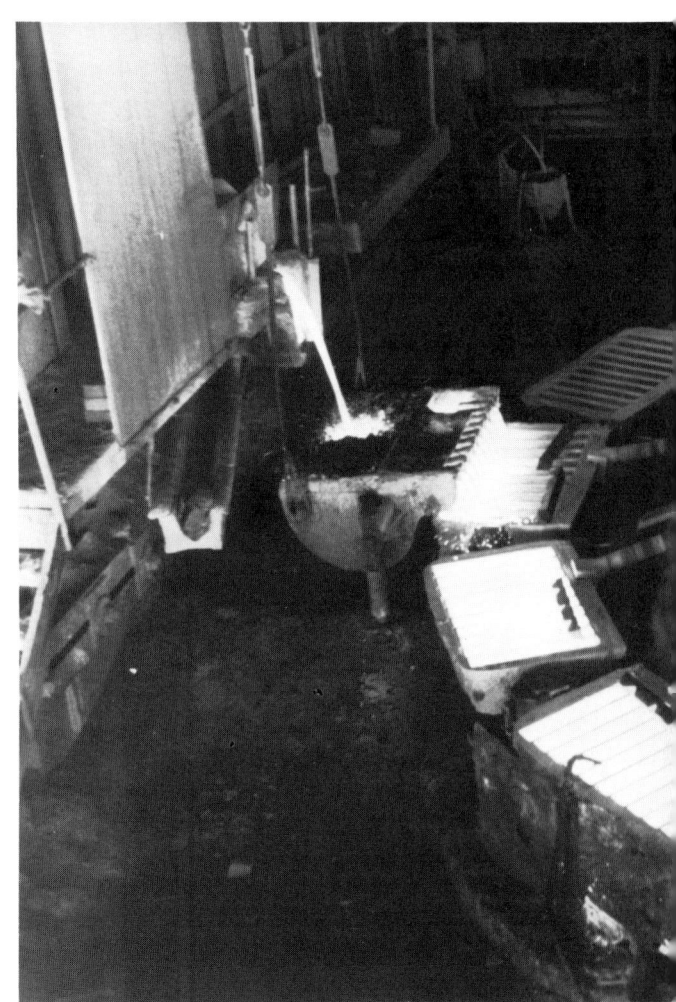

Und bei schönen Gesten allein wird es nicht bleiben. Noch im November sollen 15 000 Tonnen Weizen im Wert von elf Millionen Mark geliefert werden. Außerdem liegt den Chilenen ein unterschriftsreifer Vertrag über einen Warenkredit von rund 21 Millionen Mark vor."

Waffen aus Großbritannien

Auch die herrschenden Kreise in Großbritannien begnügen sich nicht mit politischen und moralischen Hilfen für das faschistische Militärregime. Sie liefern den Schlächtern modernste Waffen.

● Mehrere Düsenjäger des Typs „Hawker Hunters" seien als erster Teil einer umfangreichen Lieferung bereits auf dem Wege nach Chile, berichtet am 1. November 1973 die „Times", London. Es handelt sich um Flugzeuge desselben Typs, der von den Militärs zur Bombardierung des Präsidentenpalastes, der Arbeitervororte und der Technischen Universität von Santiago benutzt wurde.

● Auf britischen Werften liegen zwei U-Boote und zwei Fregatten zur Übergabe an das Militärregime bereit. Ihre sofortige Auslieferung kann nur durch energische Protestaktionen von Gewerkschaften verhindert werden, berichtet „Labour Weekly", London, am 2. November 1973.

Leichenfledderer unterwegs

Der grausame Militärputsch der faschistischen Militärjunta hat unter den Vertretern des Großkapitals einen Run nach Extraprofiten ausgelöst. Wie die Aasgeier stürzen sie sich auf das blutende chilenische Volk.

Kupferpreise steigen an

„Die Welt" am 15. September 1973:
„Der Umsturz in Chile hat die Weltmetallmärkte in erhebliche Aufregung versetzt und vor allem die Kupferpreise hochschießen lassen... Mit leichter Verzögerung reagierten die Märkte in London und New York. Die Kassanotiz für Kupferdrahtbarren stieg am Donnerstag in London um 45 auf 837 Pfund je Tonne."

Auf der Suche nach dem Geschäft

„The Financial Times", 15. November 1973:
„Viele Regierungs- und internationale Finanzierungsorgane warten jetzt eindeutig verschiedene Berichte ab, die gegenwärtig über die Wirtschaftsmaßnahmen der neuen Regierung angefertigt wer-

den. Vertreter des Internationalen Währungsfonds, der Weltbank, der Interamerikanischen Entwicklungsbank und des Interamerikanischen Komitees der Allianz für den Fortschritt drängen sich jetzt in den Foyers der Hotels von Santiago und geben sich in den Ministerien die Klinken in die Hand."

USA-Monopole hoffen auf Rückkehr

„Extra-Dienst" am 26. Oktober 1973:
„Banken und Unternehmen der USA planen in Chile jetzt wieder den ‚großen Einstieg', wie der ‚Wirtschaftsrat' des chilenischen Außenministeriums, Orlando Saenz, mitteilte. Er war als Leiter einer Wirtschaftsdelegation zwei Wochen lang in den USA, um Gespräche mit ‚maßgeblichen Wirtschaftsführern' zu führen. Erstes wesentliches Ergebnis: Delegationen aus den USA werden bereits im November die spezifischen Investitionsmöglichkeiten vor Ort prüfen."

„Die Welt" am 22. September 1973:
„Die Anaconda-Company, deren ertragreiche Kupfermine in El Teniente enteignet wurde, prüft die nach dem Putsch entstandene Situation. ‚Wir waren 56 Jahre lang in Chile tätig und würden gern wieder dorthin zurückkehren', meinte ein Vorstandsmitglied."

Es ist soweit

„Business Week" am 17. November 1973:
„Ermutigt von den Anstrengungen der Militärjunta in Chile… kehren die ausländischen Geschäftsleute jetzt allmählich nach Santiago zurück… An der Spitze der Veteranen stehen Vertreter der amerikanischen Crown Cork a. Seal Co. … und die Dow Chemical Co. … Mehrere andere amerikanische Gesellschaften ziehen die Rückkehr und vielleicht auch die Erweiterung ihrer Operationen gegenwärtig in Erwägung. Dazu gehören Ford, PPG Industries, Phelps Dodge und General Tire a. Rubber."

„Jetzt investieren!"

In der „Frankfurter Allgemeinen Zeitung" erscheint bereits am 21. September 1973 die Anzeige: „Chile: Jetzt investieren!"
Über den Inserenten schreibt die „Wirtschaftswoche" am 2. November 1973:
„Auf die Vorliebe deutscher Kapitalherren für autoritär regierte Plätze setzte jüngst mit Erfolg auch der Münchner Makler Peter Rückert. Rückert ('In Chile herrschen Ruhe und Ordnung') erhielt , eine ganze Anzahl Anfragen', darunter auch solche von Bauträgergesellschaften…
Ein angeheirateter Verwandter der hamburgischen Werft-Familie Blohm war noch schneller gewesen: Er hatte in richtiger Spekulation auf Allendes Sturz in den letzten Monaten des Regimes köstliche Grundstücke in und um Santiago für Spottpreise erstanden. Sie sind heute schon ein Vielfaches wert."

Dresdner Bank: „Seit langer Zeit erhofft"

Der Chile-Repräsentant der Dresdner Bank sowie der Deutsch-Südamerikanischen Bank AG, Gerhard Liedtke, erklärt am 28. September 1973 bei einem Aufenthalt in Mannheim, daß die Machtübernahme durch das Militär „bereits seit langer Zeit erhofft worden" sei. Laut „Nachrichten für den Außenhandel", Frankfurt, vom 1. Oktober 1973 setzt er sich für wirksame Kredite zugunsten des Militärregimes ein und erklärt, „vordringliche Aufgabe sollte der Ausbau des großen Kupferbergbaus" sein.

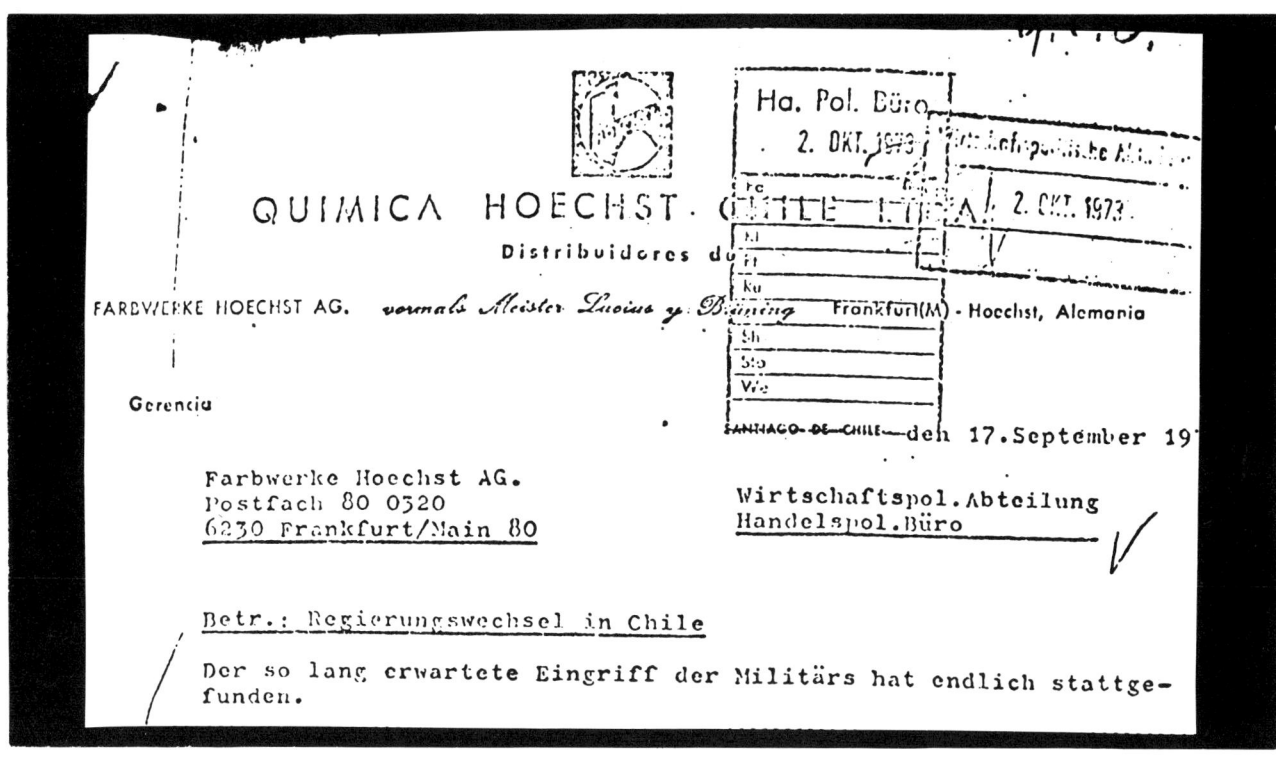

Vor ostwestfälisch-lippischen Unternehmern wirbt Liedtke am 8. Oktober 1973 im Blauen Saal der Sparrenburg in Bielefeld für Investitionen in Chile. Dazu die Schlagzeile der „Neuen Westfälischen Zeitung", Bielefeld:
„Putsch in Chile ist für Banken positiv – In Südamerika kann wieder investiert werden."
Der Chef der chilenischen Rodenstock-Filiale, Hans Baumann, in der Zeitung „Die Welt" am 29./30. September 1973:
„Jetzt geht es wieder aufwärts."

Farbwerke Hoechst: „Glänzend ausgeführt"

Der Leiter der chilenischen Niederlassung der Farbwerke Hoechst schreibt in einer vom „Vorwärts", Bonn, am 6. Dezember 1973 veröffentlichten Lagebeurteilung an seine Zentrale in Frankfurt:
„Wir sind der Ansicht, daß das Vorgehen des Militärs und der Polizei nicht intelligenter geplant und koordiniert werden konnte und daß es sich um eine Aktion handelte, die bis ins letzte Detail vorbereitet war und glänzend ausgeführt wurde… Die Regierung Allende hat das Ende gefunden, das sie verdiente… Chile wird in Zukunft ein für Hoechster Produkte zunehmend interessanter Markt sein."

Appell an „deutsche Geschäftsfreunde"

„Frankfurter Rundschau", 15. November 1973:
„Deutschsprachige Zeitungen in Chile, die chilenischen Wirtschaftsverbände und einzelne chilenische Firmen werben in Briefen an Partner in der Bundesrepublik für die Militärjunta und stellen den Putsch als Rettung vor der Katastrophe dar."

Aus einem von der gleichen Zeitung abgedruckten Schreiben der chilenischen Firma Mex y CIA S.A.C. aus Santiago an eine Gesellschaft in Offenbach:
„Der 11. September hat nun diesen Druck von uns genommen, und jetzt können wir wieder mit neuem Mut an unsere Aufwärtsentwicklung denken… Jetzt herrschen wieder Ordnung und Sauberkeit… Selbstverständlich werden wir alles tun, um mit unseren deutschen Geschäftsfreunden wieder rege Verbindung zu haben, und wir sind sicher, daß Sie uns bei diesem Vorhaben unterstützen werden… Wir wollten Ihnen heute jedenfalls die Gewißheit geben, daß wir jetzt wieder mit neuem Mut darangehen werden, die ganz besonders zu Ihnen so freundschaftlichen Beziehungen zum belderseitigen Nutzen auszubauen und zu vertiefen."

Wurden im klassischen Rom die Urheber eines Verbrechens gesucht, so stellte man die Frage: Cui bono? – Wem nutzt es? Sie führte mit Sicherheit auf die Fährte.
Im Fall Chile braucht man nicht lange zu suchen, wenn man die Frage stellt: Wem nutzt das Verbrechen? Der Beifall und die Zustimmung aus den Kreisen der Hochfinanz in den USA, Großbritanniens und der BRD zeigen anschaulich, wo die Interessenten und Drahtzieher des Völkermords sitzen.

José Venturelli

Kapitel III

Das Mittelalter im 20. Jahrhundert

Am 11. September 1973 senkt sich die Nacht faschistischer Barbarei
über das Andenland. Jeder Tag seit diesem Tag kennt neue
Verfolgungen und Verhaftungen, neue Folterungen und
Vergewaltigungen, neue Verbrechen gegen die Menschlichkeit.
Und immer mehr Tote – auf den Straßen, in den Flüssen, auf den
KZ-Inseln, in den Gefängnissen. Und die lapidare, faschistische Formel:
„Auf der Flucht erschossen".

Jeder Tag seit diesem 11. September entzieht weiteren Menschen
die Lebensmöglichkeiten: bringt Entlassungen; nimmt Familien
den Ernährer; vernichtet in drei Jahren UP-Regierung erzielte
Errungenschaften für den schaffenden Menschen; tötet freien Geist;
diffamiert Menschen als „Extremisten". Weil sie gegen den
faschistischen Terror und für die Demokratie des Volkes, für die
Würde des Menschen sind. Weil sie gegen die Unterdrückung und für
die Freiheit ihres Landes eintreten.

Die Verfolgten beugen sich nicht. Sie sammeln ihre Kräfte.
Die Unidad Popular lebt.

Doris Cordes-Vollert

120 Tage Mord und Willkür

120 Tage – das sind 120 mal 24 Stunden. Sie können dem, der in Freiheit ist, wie im Fluge vergehen. Sie erscheinen dem Gefolterten, dem Gepeinigten, dem Gejagten wie eine Ewigkeit.

Was geschah in diesen tragischen Tagen?

Nachrichtenagenturen berichten:

11. September
AP: Um 1.00 Uhr läuft der Verband von chilenischen Kriegsschiffen wieder in den Hafen von Valparaiso ein, der erst am Vortage ausgelaufen war, um sich, wie amtlich mitgeteilt worden war, gemeinsam mit US-Einheiten am Flottenmanöver „Operation Unitas" zu beteiligen. Der Putsch hatte begonnen. Um 4.00 Uhr erhalten die Regimenter in der Provinz vom Verteidigungsministerium die Anweisung, alle Rundfunkstationen und Regierungsgebäude zu besetzen. Um 6.00 Uhr wird die 2. Panzerdivision in Santiago alarmiert. Um 8.30 Uhr läßt die Militärführung Truppen um die Hauptstadt aufmarschieren.

Prensa Latina: Um 8.45 Uhr wird der UP-Sender „Radio Corporacion" bombardiert. Um 9.00 Uhr schießen „Hawker-Hunter"-Flugzeuge die ersten Raketen auf die Moneda ab.
Es setzt ein allgemeines Gefecht ein. Um 11.00 Uhr verbreiten die Putschisten ihr Ultimatum. Doch Allende bekräftigt, daß er sich nicht ergeben wird.
Alle Waffengattungen beginnen, den Palast zu beschießen. Allende verteidigt sich mit einer Maschinenpistole. Er stirbt zwischen 13.50 und 14.15 Uhr.

AFP: Nach einem Militärkommuniqué ist es zu besonders schweren Gefechten im Palacio de la Moneda und in Allendes Residenz, Tomas Moro, in verschiedenen Fabriken, in der Zentralbank, in der Technischen Universität und im Sitz der Zeitung „Clarin" gekommen. In der staatlichen Technischen Universität wurden laut Kommunique 600 Personen von der Armee gefangengenommen.

AP: Eine Liste mit den Namen von 68 prominenten Führern der UP-Parteien wird verbreitet. Sie werden aufgefordert, sich im Verteidigungsministerium zu melden. Die Militärführung konstituiert sich als Militärjunta und verhängt den Belagerungszustand über das ganze Land.

AFP: Kolumbianische Studenten erklären, „US-Marines" hätten zum Sturz der Volksregierung beigetragen. Amerikanische Marine-Infanterie habe an den Massakern in Valparaiso teilgenommen.

AP/Prensa Latina: Gegen die kubanische Botschaft wird Militär eingesetzt. Ein kubanischer Frachter wird in internationalen Gewässern angegriffen.
TASS: Die Besatzung des sowjetischen Schiffes „Ekliptika" wird verhaftet und gefoltert.

12. September
AP: Der bewaffnete Widerstand gegen die neuen Machthaber dauert an. In mehreren Gebieten der Stadt sind Schüsse und Explosionen zu hören. Über Santiago wird ein um 18.00 Uhr beginnendes Ausgehverbot verhängt.
Die Militärbehörden haben die noch Widerstand leistenden Anhänger der Volksfrontregierung aufgefordert, sich bis 15.00 Uhr zu ergeben. „Alle diejenigen, die auf ihrer Haltung beharren, setzen sich dem direkten Angriff aus. Wer gefangengenommen wird, wird auf der Stelle erschossen.

UPI: Arbeiter, die sich der Machtübernahme durch das Militär widersetzen, haben sich in Vororten Santiagos Waffengefechte mit Soldaten geliefert.

AFP: Die Junta hat beschlossen, die beiden Kammern des Parlaments aufzulösen.
In Chillam werden, „El Mercurio" zufolge, etwa 130 Personen verhaftet. Zahlreiche Festnahmen werden auch aus Concepcion gemeldet. Verlautbarungen zufolge sind die Festgenommenen bereits auf die Insel Quiriquina gebracht worden. Achtzig Personen sollen in Punta Arenas verhaftet und auf die Insel Dawson gebracht worden sein.
In allen Provinzen werden die von der gestürzten Regierung eingesetzten Gouverneure eingekerkert. Wie „El Mercurio" schreibt, wird die Zahl der Toten und Verletzten über 1 000 liegen.

13. September
AFP: Der Militärrundfunk meldet, daß sich Luft- und Bodentruppen südlich von Santiago Gefechte mit Widerstandskämpfern liefern.

14. September
AP: Aus Santiago werden neue heftige Schießereien gemeldet. Die Stadt bietet ein trauriges Bild: In Wohnhäusern und Bürogebäuden klaffen Löcher vom Einschlag von Panzergranaten. Tausende von Fenstern sind von Kugeleinschlägen zerstört. Eingetrocknete Blutflecken sind sichtbar.
AFP: Polizisten sind mit Gewalt in die mexikanische Botschaft in Santiago eingedrungen, wo dreihundert Personen Zuflucht gefunden haben.
ADN: Bisher hat die Militärjunta 29 Befehle erlassen, um „Ruhe und Ordnung" im Lande wiederherzustellen. Mit dem jüngsten dieser Befehle wird der Nationalkongreß geschlossen und allen Parlamentariern ihr Mandat aberkannt.

15. September
DPA: In den Außenbezirken Santiagos hat die Armee einige Siedlungen abgeriegelt und Wider-

stand-Leistende festgenommen. Wie in Santiago bekannt wird, sind Verhaftete von Valparaiso auf den Juan-Fernandez-Archipel übergesetzt worden.

Prensa Latina: Die bisherige Zahl der Todesopfer beim faschistischen Putsch soll sich auf mindestens 4 000 belaufen.

16. September

AFP: Die Militärjunta hat mehrere Kommuniqués veröffentlicht, in denen die Chilenen zur Wiederaufnahme der Arbeit aufgefordert werden. Diese Arbeitsappelle betreffen noch nicht die großen verstaatlichten Industrieunternehmen, Bastionen der Linken, in denen sich nach dem Putsch zum Teil mehr als 24 Stunden lang bewaffneter Widerstand organisiert hatte.

AP: 3 000 Beschuldigte werden in zwei Sportstadien in Santiago gefangengehalten. Den Gewährsleuten zufolge seien viele Menschen, darunter auch Ausländer, im Nationalstadion zum Tode verurteilt und hingerichtet worden.

DPA: Junta-Innenminister General Bonilla gibt bekannt, daß sich in der Hauptstadt zur Zeit 4 000 Personen in Untersuchungshaft befinden.

17. September

ADN: Über den Junta-Rundfunk wird mitgeteilt, daß die Werktätigen, die heute nicht in ihrer Dienststelle erscheinen, ihren Arbeitsplatz verlieren.

18. September

AFP: Victor Jaras Leiche wird im Krematorium von Santiago von seiner Ehefrau identifiziert. Der beliebte Volkssänger war sofort nach dem Putsch in einem Stadion eingekerkert worden. Entmenschte Militärs hatten ihm erst die Hände zerschlagen und ihn dann ermordet.

DPA: Der Oberbefehlshaber des Heeres, General Rigoberto Rubio, bestätigt den anhaltenden Widerstand in den Städten und meint, es werde wahrscheinlich „ein langer Prozeß" sein, bis die Widerstandsnester ausgehoben seien.

Junta-Innenminister General Bonilla erklärt im Fernsehen, daß im Zuge von Massenverhaftungen seit dem Umsturz vom 11. September 5 200 Chilenen festgesetzt worden sind. Die hohe Zahl der Inhaftierten begründet er mit den Worten: „Wir können uns den Luxus nicht leisten, irgendwelche Fehler zu machen bei der Zerschlagung der Anhängerschaft des ehemaligen Präsidenten Allende."

19. September

Reuter: Chilenische Truppen verhaften im Süden des Landes Jose Gregorio Liendo mit 17 seiner Kameraden.

20. September

DPA/Reuter: In der Hauptstadt, wo Polizei- und Armee-Einheiten zahlreiche Verhaftungen vornahmen, kommt es in der Nacht wieder zu Schießereien zwischen Anhängern Allendes und Truppen. Ein hoher Offizier des Heeres bestätigt Meldungen, daß auch zahlreiche Ausländer verhaftet oder getötet worden seien.

ADN: Der Generalsekretär der Regierung, Oberst Ewing, erläutert auf einer Pressekonferenz im Zusammenhang mit der Zahl der Toten, die offiziell bekanntgegeben wurde, daß es sich dabei nur um die gehandelt habe, für die Totenscheine vorhanden sind.

21. September

AFP: Die Militärjunta verbietet ab sofort „alle marxistischen Parteien" des Landes. Davon sind betroffen: Kommunisten, Sozialisten, Radikale, die Bewegung der Vereinigten Volksaktion (MAPU) und die Christliche Linke. Aufgelöst wird auch die Bewegung der Revolutionären Linken (MIR).

DPA: Der chilenische Lyriker und Nobelpreisträger Pablo Neruda ist von der Militärjunta wegen seiner Freundschaft zu dem ermordeten Präsidenten Allende sowie zur Kommunistischen Partei unter Residenzzwang gestellt und gänzlich von der Außenwelt abgeschirmt worden, versichert die mexikanische Zeitung „Ultimas Noticias".

22. September

AP: Die Militärbehörden in Antofagasta teilen mit, daß Carlos Desiderio Quiroga und der Arzt Jorge Antonio Cerda von einem Militärtribunal zum Tode verurteilt und anschließend exekutiert worden sind.

23. September

AP: General Gustavo Leigh, Luftwaffenchef und Junta-Mitglied, teilt mit, daß im Fußballstadion von Santiago rund 7 000 Menschen zur Vernehmung inhaftiert sind.

DPA: Armeeeinheiten haben bei einer Haus-um-Haus-Durchsuchung in der Innenstadt von Santiago 50 Menschen festgenommen. Nach Angaben eines Militärsprechers werden Hunderte von Büchern und Schriften marxistischen Inhalts verbrannt.

Reuter: Das Militärkommando der Hafenstadt Antofagasta teilt mit, drei Männer seien standrechtlich erschossen worden.

DPA: Der Literatur-Nobelpreisträger und ehemalige Botschafter Chiles in Paris, Pablo Neruda, verstarb.

24. September

ADN: 500 Festgenommene werden auf dem Frachtschiff „Lebu" untersucht und 230 Verhaftete auf dem Frachter „Maipo" „unter Kontrolle der Armee zu einem sicheren Ort" gebracht, teilt die Presse in Santiago mit. Gegen 40 ehemaligen Leiter und Funktionäre wird in Valparaiso ein Prozeß geführt.

AP: Die Armee hat im Zuge der Fahndung nach prominenten Vertretern des durch den Putsch gestürzten sozialistischen Regimes zehn Wohnblocks der

Von der Militärjunta eingekerkerte Führer der Volksregierung und des chilenischen Volkes

Clodomiro Almeyda	Ehemaliger Außenminister, Sozialistische Partei	Insel Dawson
Sergio Anfossi	Abgeordneter, Sozialistische Partei	Rancagua
Jaime Barrios	Leiter der Zentralbank	unbekannt
Sergio Bitar	Ehemaliger Bergbauminister	Insel Dawson
Manuel Cabieses	Direktor der Zeitschrift „Punto Final"	Chacabuco
Jose Cademartori	Ehemaliger Wirtschaftsminister, Kommunistische Partei	Insel Dawson
Luis Corvalán	Generalsekretär der Kommunistischen Partei Chiles, Senator	Militärschule Santiago; später Insel Dawson
Edgardo Enriquez	Ehemaliger Erziehungsminister	Insel Dawson
Luis Espinosa	Abgeordneter, Sozialistische Partei	unbekannt
Fernando Flores	Ehemaliger Wirtschaftsminister, MAPU	Insel Dawson
Luis Fuentealba	Abgeordneter, Sozialistische Partei	Concepcion
Oscar Gonzalez	Abgeordneter, Sozialistische Partei	Concepcion
Alfredo Joignant	Ehemaliger Gouverneur der Provinz Santiago	Insel Dawson
Anrique Kirberg	Rektor der Technischen Staatsuniversität	Insel Dawson
Antonio Leal	Generalsekretär der Studentenvereinigung in Concepcion	Insel Quiriquina
Orlando Letelier	Ehemaliger Verteidigungsminister	Insel Dawson
Jose Gomez Lopez	Direktor der Zeitung „Puro Chile"	Santiago
Carlos Matus	Ehemaliger Wirtschaftsminister, MAPU	Insel Dawson
Hugo Miranda	Senator, Radikale Partei	Insel Dawson
Carlos Morales	Abgeordneter, Mitglied des Exekutivkomitees der Radikalen Partei	Insel Dawson
Mario Navarro	Führer der Gewerkschaft (CUT)	Nationalstadion Santiago; später Gefängnis
Osciel Nunez	Präsident der Studentenorganisation der Technischen Staatsuniversität	Nationalstadion Santiago; später Gefängnis

Hauptstadt abgeriegelt. An der Spitze der Fahndungsliste stehen die Generalsekretäre der Sozialistischen und der Kommunistischen Partei, Carlos Altamirano und Luis Corvalán.

DPA: Auf einer kleinen Insel in der Nähe der Magallan-Straße hält die Militärjunta 27 Minister und Funktionäre der gestürzten Regierung Allende fest.

AFP/ddp: Im Haus Pablo Nerudas sind die Fensterscheiben zerschossen, das Mobiliar zertrümmert und Bücher verbrannt worden. Inmitten seines verwüsteten Hauses steht der Sarg mit dem toten chilenischen Nationaldichter. Rund um den Katafalk wehen in der Zugluft zerrissene Fotos.

DPA: Wie die Oberste Militärbehörde bekanntgibt, sind in San Antonio sechs Festgenommene „bei einem Fluchtversuch getötet" worden.

25. September

Reuter: Eine große Menschenmenge begleitet Pablo Neruda auf seinem letzten Weg. Die Menschen bringen Hochrufe auf Salvador Allende aus und singen die Internationale.

DPA: Nach dem Verbot der marxistischen Parteien Chiles wird jetzt auch die Tätigkeit der restlichen politischen Parteien auf unbestimmte Zeit von der Junta suspendiert. Die Militärregierung verbietet durch Dekret den Gewerkschaftsbund „CUT".

DPA/Reuter: In den 2 Wochen seit dem Militärputsch sind allein ins Leichenschauhaus von Santiago 2 796 Tote mit Schußverletzungen – meist unmittelbar unter dem Kinn – eingeliefert worden, berichtet das US-Nachrichtenmagazin „Newsweek".

26. September

Reuter: Der Generalsekretär der Bewegung „Patria y Libertad", Roberto Thieme, und vier seiner führenden Mitarbeiter werden auf freien Fuß gesetzt.

27. September

DPA: Schwer bewaffnete Soldaten setzen in verschiedenen Bezirken der Hauptstadt die Durchsuchungen fort. In Vina del Mar kommt es zwischen Marineangehörigen und Slum-Bewohnern zu einem Feuergefecht.

Reuter: Exekutionskommandos richten den ehemaligen Gouverneur von Talca und einen weiteren Chilenen hin.

28. September

AP/UPI: Der Generalsekretär der KP Chiles, Luis Corvalán, wurde in der vergangenen Nacht in Santiago festgenommen.

DPA: Die Militär-Junta setzt für die Ergreifung von 17 ehemaligen prominenten Führern der Volksfrontparteien und der „MIR" Kopfprämien aus. Wer Hinweise liefert, die zur Ergreifung der Gesuchten führen, erhält – so wird versprochen – zusätzlich zur Kopfprämie noch alles Geld, das die Gesuchten bei sich führen.

29. September

ADN: Der Leiter der faschistischen „Patria y Libertad", Pablo Rodriguez, betont auf einer Pressekonferenz in Santiago seine „vollständige Zuneigung zur Militärjunta".

30. September

DPA: Im Stadtteil Las Barrancas von Santiago sind 6 Menschen „auf der Flucht erschossen" worden.

1. Oktober

DPA: Ein Militärgericht hat den Generaldirektor der verstaatlichten Kupferzeche in Chuquicamata, David Silbermann, zu dreizehn und den Chef der Finanzabteilung des gleichen Unternehmens, Haroldo Cabrera, zu 17 Jahren Gefängnis verurteilt. Beide waren wegen „Vergehen am 11. September", dem Tag des Militärputsches, angeklagt worden.

2. Oktober

AFP: In Temuco werden nach Angaben der Polizei zwei politische Häftlinge erschossen, als sie „aus dem Gefängnis flüchten" wollten.

Reuter/DPA: Der Generalsekretär der Militärjunta gibt bekannt, daß sich Luis Corvalán vor einem Militärgericht wegen „Hochverrats" verantworten müsse. Ihm drohe die Todesstrafe.

3. Oktober

AFP: Für alle „Verstöße gegen die öffentliche Ordnung" sind ab sofort allein die Kriegsgerichte zuständig, die ihre Prozesse nicht öffentlich führen und gegen deren Urteile es keine Berufung gibt.

Sechshundert Chilenen und Ausländer sind in diesen Tagen in Concepcion verhaftet und den Streitkräften übergeben worden.

4. Oktober

Reuter: Die Einwohner eines Bezirks in Santiago haben erklärt, bei Nachtrazzien durch das Militär seien 13 Personen ums Leben gekommen.

DPA: In Antofagasta sind zehn Professoren der „Universidad del Norte" festgenommen worden. In der Provinz Coquimbo wurden 35 Funktionäre der Kommunistischen und anderer linksgerichteter Parteien verhaftet.

Reuter: Chilenische Soldaten verwehren einer Delegation der Sozialistischen Internationale eine Kranzniederlegung am Grab des Präsidenten Salvador Allende. Die sechsköpfige Gruppe wird mit schußbereiten Waffen bedroht und anschließend festgenommen.

5. Oktober

Reuter: In der Hauptstadt führen Soldaten umfangreiche Hausdurchsuchungen durch, um Carlos Al-

Von der Militärjunta eingekerkerte Führer der Volksregierung und des chilenischen Volkes

Tito Palestro	Bürgermeister der Gemeinde San Miguel	Insel Dawson
Anibal Palma	Ehemaliger Minister, Generalsekretär der Regierung, Radikale Partei	Insel Dawson
Pedro Felipe Ramirez	Ehemaliger Minister für Bergbau	Militärschule Santiago; später Insel Dawson
Samuel Riquelme	Mitglied des ZK der Kommunistischen Partei	Militärschule Santiago
Rodrigo Rojas	Journalist, Mitglied der Politischen Kommission der Kommunistischen Partei	Nationalstadion Santiago; später Gefängnis
Polo Salinas	Führer der Gewerkschaft (CUT), Radikale Partei	Nationalstadion Santiago; später Gefängnis
Erich Schnake	Abgeordneter, Mitglied der Politischen Kommission der Sozialistischen Partei	Insel Dawson
Andres Sepulveda	Abgeordneter, Sozialistische Partei	Insel Dawson
David Silbermann	Ehemaliger Leiter der Kupfermine Chuquicamata	unbekannt
Julio Silva Solar	Abgeordneter, Mitglied der Politischen Kommission der Christlichen Linken	Insel Dawson
Julio Stuarto	Gouverneur der Provinz Santiago	Insel Dawson
Waldo Suarez	Ehemaliger Unterstaatssekretär für Erziehung	Nationalstadion Santiago; später unbekannt
Anselmo Sule	Vorsitzender der Radikalen Partei	Militärschule Santiago; später Insel Dawson
Jorge Tapia	Ehemaliger Erziehungsminister, Radikale Partei	Insel Dawson
Jaime Toha	Ehemaliger Landwirtschaftsminister Sozialistische Partei	Insel Dawson
Jose Toha	Ehemaliger Verteidigungsminister, Innenminister, Sozialistische Partei	Insel Dawson
Luis Matte Valdes	Ehemaliger Wohnungsbauminister	Insel Dawson
Sergio Vuskovic	Bürgermeister von Valparaiso, Sozialistische Partei	Insel Dawson

tamirano (Generalsekretär der Sozialistischen Partei Chiles) zu finden.

AFP: Sechzehn weitere „Extremistenhinrichtungen" werden offiziell bekanntgegeben. Elf Urteile sind in Valdivia vollstreckt worden. In Temuco wurden 4 Häftlinge auf der Stelle erschossen, als sie versucht haben sollen, ihren Wächtern die Waffen zu entreißen. In Arica wird ein Mann hingerichtet, der sich der Durchsuchung durch eine Militärstreife widersetzt.

6. Oktober

AFP: In einem Kommuniqué der Streitkräfte werden sechs weitere Hinrichtungen bekanntgegeben. Dem Text zufolge wurden vier „Extremisten" in Linares erschossen. Die beiden anderen wurden in der Kaserne von Punta Arenas hingerichtet. Darüber hinaus sind acht junge „Extremisten" bei Zusammenstößen mit den Streitkräften erschossen worden. Ferner wurden im Verlauf von Armee-Einsätzen in verschiedenen Landesteilen 60 Personen verhaftet. Die Luftwaffe hat Reservisten einberufen. Der Großteil der Soldaten wird zur Überwachung strategisch wichtiger Punkte und zu Hausdurchsuchungen eingesetzt.

7. Oktober

AFP: Sechs Männer sind „bei einem Fluchtversuch" aus dem Militärlager in Rio Bueno von Soldaten erschossen worden, geben Funk und Fernsehen der Armee bekannt. Im gleichen Ort sind 13 „Marxisten" festgenommen worden. Rund 50 Personen sind von den Streitkräften beim Versuch, die argentinische Grenze zu überschreiten, verhaftet worden. In diesem Gebiet wurden in letzter Zeit 400 „Marxisten" verhaftet. In Iquique werden vierzehn „Linksextremisten" vor ein Kriegsgericht gestellt.

ddp: Nach Angaben des Innenministeriums sind in den letzten Tagen insgesamt etwa 50 Personen in allen Teilen des Landes erschossen worden.

8. Oktober

AFP: In einem Interview räumt Oberst Ewing, Generalsekretär der Junta, ein, daß sich in ganz Chile 10 000 Personen in Haft befinden.

AFP/AP: Bei verschiedenen Zusammenstößen mit Junta-Truppen an der Peripherie von Santiago werden, offiziellen Berichten zufolge, acht Menschen getötet.

9. Oktober

AFP/DPA/ddp: Täglich fallen etwa 40 bis 50 Menschen den Verfolgungen zum Opfer.
Yvonne Delien, eine gerade aus Chile zurückgekehrte Belgierin, berichtet im belgischen Rundfunk, daß nach Auskunft von Mitarbeitern des gerichtsmedizinischen Instituts von Santiago Anfang Oktober „bereits zehntausend Leichen das Institut passiert hatten". Nahezu überall würden Leichen in Massengräbern verscharrt.

10. Oktober

Reuter/DPA/AFP: „Sechs linksgerichtete Extremisten" sind bei einem Fluchtversuch erschossen worden, erklärt ein Armeesprecher. Darunter befinden sich drei Anhänger der MIR, die zuvor vom Militärgericht Talcahuano zu Haftstrafen von 20 bis 45 Jahren verurteilt worden waren.

11. Oktober

AFP: Die Polizei meldet, daß von ihr vier Personen erschossen wurden. Weiterhin wurde ein Mitglied der „Front der revolutionären Arbeiter" von einer Militärpatrouille getötet. Wie aus einem Militärkommuniqué hervorgeht, wurden zwei weitere „Extremisten" in Ango erschossen und ein anderer in Puerto Cisne hingerichtet.

12. Oktober

DPA/UPI: Drei Juristen – zwei Franzosen und ein Spanier – beschuldigen vor Journalisten in Santiago die Militärjunta öffentlich, politische Häftlinge zu foltern oder zu erschießen. „Wir haben alle Arten von Mißhandlungen gefunden", erklärt der Spanier Leopoldo Torres Boursault, Generalsekretär der internationalen Bewegung katholischer Juristen.

13. Oktober

AFP: Die Militärbehörden haben erneut zwei „Extremisten" standrechtlich erschossen. In der offiziellen Version heißt es, zwei verhaftete Männer haben in Concepcion versucht, bei einem Verhör zu entkommen.

14. Oktober

ADN: Durch ein Dekret der Regierungsjunta wird die wöchentliche Arbeitszeit „als Beitrag für den nationalen Aufbau" um 4 Stunden pro Woche verlängert.

15. Oktober

AFP: Ein Dekret tritt in Kraft, wonach die „mündliche, schriftliche oder anderweitige Verbreitung von marxistischer Propaganda" mit Gefängnis-, Deportations- oder Ausweisungsstrafen geahndet wird.

16. Oktober

UPI: 15 Militärtribunale beginnen mit Prozessen gegen 1 200 Personen, die bisher in einem provisorischen Gefangenenlager im chilenischen Nationalstadion lebten.

AP/TASS: In La Serena werden 15 Gefangene auf Befehl von General Arellano Stark erschossen und in einem Massengrab verscharrt. Alle Erschossenen wurden vor der Hinrichtung mißhandelt, ihre Körper weisen Verbrennungen auf. Ermordet wurde unter anderem Jorge Panaen, Direktor einer Musikschule, Gründer und Dirigent eines Jugendsinfonieorchesters, mit dem er in Europa und auf Kuba gastiert hatte. Von den 15 Erschossenen waren 8 Sozialisten, 5 Kommunisten und zwei Mitglieder der MAPU.

„Auf der Flucht erschossen…"

In den ersten Tagen nach dem faschistischen Putsch ermordete UP-Anhänger

Mario Alvaredo Araya Frank Aguard Pérez	Ermordet in Cabildo bei der Verlegung aus dem Gefängnis von San Felipe nach Putaende
Wilfredo Sánchez Silva José Fierro Fierro Artenio Pizarro Aranda	
Miguel Angel Catalan Héctor Manuel Lepe Carmen Cabrera	Ermordet zwischen Talcahuano und Tomé
Ramon González Ortega German Carcamo Carrasco Cálos Baigorri	Erschossen vom Regiment Canpolican
Eliseo Segundo Haro Pedro Munoz Apablaza	Ermordet im Gefängnis in Victoria
David Miranda, Mitglied des ZK der KP, Bergarbeiterführer Carlos Berger, Journalist, Direktor der Radiostation „El Loa" Dagoberto Lobos	Erschossen in Calama
Marcelo Guzman Fuentes Jesus Nolberto Canas Juan Jimenez Vidal Michel Selin Noch	Erschossen in Pisagua

EL MERCURIO

Alfonso Cortés Soto, militante socialista desde que era estudiante liceano, observó allí cosas que no correspondian a la realidad. **Que eran contrapuestas a los** principios politicos que profesaba. Por lo mismo, elevó un informe a los dirigentes de su colectividad, con copia al GAP. Esto le significó su separación del "aparato de seguridad de Salvador Allende" y una marginación de hecho de su partido.

Carlos Cortés Soto, que esta dispuesto a colaborar con las autoridades de la Junta Militar de Gobierno, entregando todos los antecedentes que permitan descubrir las actuaciones de individuos de la Unidad Popular que pretendian llevar al pais al caos y al derramamiento de sangre, sostuvo a los periodistas que desde que permanece en la Segunda Base Naval ha recibido buen trato y que no tiene nada en contra de las autoridades navales. La reunion con los periodistas se prolongó por casi dos horas, la tarde del martes, y en ella Cortés Soto se vió absolutamente tranquilo y muy dueño de sus actos y de sus declaraciones.

Ejecutados Tres Extremistas Cuando Intentaban Escapar

ANTOFAGASTA.— Tres extremistas fueron **ultimados** por militares cuando intentaron huir mientras eran transportados a Cerro Moreno para su reclusión. Gran cantidad de dinamita se encontró en una población periférica por denuncia de los propios vecinos. Bando militar publicará nomina de periodistas que pueden ejercer en la provincia para eliminar a los que ejercen la profesion en forma ilegal, especialmente en el cobre y el salitre. Con una misa en la iglesia Catedral y el embanderamiento de la ciudad, se celebró la Independencia Nacional en este puerto. Reina la tranquilidad en la zona y ayer se reiniciaron las actividades normales de servicios publicos y la educacion.

Esa es la sintesis del acontecer de las ultimas horas en Antofagasta que normaliza su vida luego de una semana de nerviosismo con la aparicion de focos rebeldes especialmente de integrantes del MIR y el Frente Estudiantil Revolucionario.

EXTREMISTAS ULTIMADOS

Tres extremistas del MIR y del FTR, de la Universidad del Norte, intentaron huir cuando eran conducidos a la base aérea de Cerro Moreno. Fueron ultimados por personal militar que los resguardaba, segun bando militar.

Se trata de Nehad Theodorovic Sertic, Luis Alberto Muñoz Bravo y Elizabeth del Carmen Balarriz.

El hecho se produjo a las 20.30 horas del sábado cuando eran conducidos en un vehiculo que sufrió un desperfecto electrico. El vehiculo se detuvo, lo que aprovechó el trio para intentar la fuga en medio de la obscuridad.

El bando al informar del hecho concluye señalando: "Considerando estos lamentables hechos y la gravedad que ello implica, se conmina a todos los extremistas que a estas alturas aun creen poder destruir a Chile, deponer su actitud, en beneficio de la patria que desea un regimen de paz, amistad y de trabajo".

MAS DINAMITA

En la Población Miramar, por denuncia de sus vecinos, personal militar descubrio gran cantidad de dinamita y cartuchos preparados con fulminantes y guias, enterrados junto a un cierro.

Un grupo de niños había estado jugando en el sector y descubrieron un hoyo donde se encontraban algunos bultos. El hecho fue denunciado. Personal militar descubrió que se trataba de 150 "velas" de dinamita, dos paquetes de cartuchos preparados y otros elementos explosivos.

Die tägliche „Erfolgsmeldung" der Junta: Wieder Mord an Demokraten

17. Oktober

Reuter: Das Militärregime verbietet jegliche politische Aktivität. Die Androhung bezieht sich auch auf frühere Oppositionsparteien.

TASS: In Copiapo läßt General Stark 13 Personen „auf der Flucht" erschießen.

18. Oktober

TASS: In Calama wurden in Anwesenheit von General Stark 26 Personen „auf der Flucht" erschossen.

19. Oktober

AP: In Puerto Montt werden von den Militärs sechs Männer exekutiert.

20. Oktober

DPA: Zwei ausländische Korrespondenten, Bobi Sourander von „Dagens Nyheter" und Guido Vicario von „Unita", werden von der Junta ausgewiesen. Sie waren mehrere Tage inhaftiert worden.

21. Oktober

AFP: Ein Sprecher der Junta teilt mit, mehrere Personen seien in Valparaiso verhaftet worden und würden vor ein Kriegsgericht kommen. Er erklärte, diese Gruppe sei bei Säuberungsaktionen entdeckt worden, die Armee und Polizei seit mehreren Tagen im Lande durchführten. Wie die Junta weiter mitteilte, wurden in den vergangenen 24 Stunden weitere 100 Personen verhaftet.

22. Oktober

AFP: Die Armee der Junta ist verstärkt dazu übergegangen, speziell abgerichtete Spürhunde gegen fliehende Gegner einzusetzen.

23. Oktober

AFP: Die Armee hat eine ausgedehnte Suchoperation im Gebiet von Osorno aufgenommen, die sich auch gegen Aktionen der Bauern richten soll.

24. Oktober

Tanjug: Vier Mitglieder der Chilenischen Kommunistischen Partei werden in Concepcion hingerichtet. Das Urteil war in einem Prozeß gegen 19 Chilenen verkündet worden. Zwei Angeklagte werden zu lebenslangem Zuchthaus verurteilt und die anderen erhalten Zwangsarbeit bis zu 20 Jahren. In Los Angeles (Südchile) beginnt ein Prozeß gegen mehr als 70 Chilenen wegen Hochverrats.

Prensa Latina: Der apostolische Nuntius, Monsignore Sotaro Sans de Villalba, gibt bekannt, daß dreißig ausländische Geistliche Chile verlassen haben, nachdem viele von ihnen auf Befehl der Junta verhaftet worden waren.

25. Oktober

AFP: Drei junge Anhänger der Sozialistischen Partei Chiles werden in Antofagasta erschossen.

26. Oktober

DPA/ADN: Die Juntapresse berichtet von einer großangelegten Kampagne an der Universität Concepcion, um die Bildungsstätte von – wie es heißt – „unerwünschten Elementen zu säubern". 7 000 Studenten wurden von der Universität verwiesen.

27. Oktober

ADN: Eine Verlängerung des Ausnahmezustandes um möglicherweise weitere acht Monate hat Junta-Präsident Pinochet angekündigt. Er erklärte, daß der Kriegszustand jedoch noch über diesen Zeitraum hinaus erhalten bleiben werde.

28. Oktober

AFP: Zwei Gegner der Junta sind in Victoria erschossen worden, als sie während eines Verhörs „zu fliehen versuchten". Die Streitkräfte haben in diesem Gebiet in den letzten Tagen zahlreiche Suchaktionen veranstaltet.

29. Oktober

Tanjug/ADN: Die faschistischen Machthaber in Chile wollen unter dem Vorwand eines „Attentats" gegen einen ihrer Generale und mit Hilfe von fingierten Appellen eines „illegalen Rundfunksenders", der zum Sturz der Junta aufrufen soll, ein neues Blutbad provozieren, berichten chilenische Antifaschisten.

Die Suche nach Führern der Unidad Popular, besonders nach dem Generalsekretär der Sozialistischen Partei Chiles, Carlos Altamirano, geht unvermindert weiter. Die Junta hat Haftbefehle für die Festnahme dieser Personen erlassen und Belohnungen in Höhe von mehr als einer halben Million Escudos ausgesetzt.

30. Oktober

ADN: Der 29jährige Volksschullehrer Clavarino Araya aus Arica ist, nach Informationen eines Korrespondenten der „Unita", unter dem Vorwand, er habe seine Schüler „politisch beeinflußt", zu 30 Jahren Kerker verurteilt worden.

31. Oktober

AFP: Drei politische und Gewerkschaftsführer aus der Gegend von Concepcion, die auf der Insel Quiriquina gefangen waren, wurden hingerichtet.

MTJ/ddp: Bisher mußten rund 50 Priester Chile verlassen, berichtet ein Wiener Kaplan. Die Militärbehörden hätten auch Wohnungen von Geistlichen durchsuchen lassen.

AFP/ddp: Eine chilenische Militärstreife erschießt drei politische Häftlinge, die aus einem Gefangenenlager in der Nähe von Punta Arenas geflohen sein sollen.

1. November

AP: In Iquique und Pisagua werden „zahlreiche Extremisten", darunter der Kommunist Santiago Cautin, zu Gefängnisstrafen zwischen 10 und 30 Jahren verurteilt.

Von der Junta verfolgte, verhaftete oder ermordete Ärzte und andere Angehörige des chilenischen Gesundheitswesens

Diese Liste enthält nur die Namen solcher Mitarbeiter, von denen mit Sicherheit Informationen über ihr Schicksal vorliegen

Dr. Alfonso Quintana	Leitender Zahnarzt des Gebietes Arica	verhaftet
Dr. Hernán León	Arzt im Krankenhaus Noé Arica	verhaftet
Murcia Mellado	Sozialhelfer, Krankenhaus Noé Arica	verhaftet
Angélica Olate	Sozialhelfer, Krankenhaus Noé Arica	verhaftet
Dr. Hernán Rivera	Arzt, Kreiskrankenhaus Antofagasta	verhaftet
Dr. Jaime Reyes	Chefarzt des Hospitals Calama	erschossen
Orlando Gallardo	Sanitätsausbilder eines Gebietes in Antofagasta	furchtbar gefoltert und erschossen
Dr. Jorge Cerda	Direktor des Gesundheitsgebietes Pedro de Valdivia	erschossen
Dr. Ana Alday	Chefzahnarzt, Krankenhaus Freirina	erschossen
Dr. Eduardo Ilabaca	Direktor des 2. Gebietes, Gesundheitsgebiet La Serena	eingekerkert
Dr. Jorge Ananias	Chefarzt des Kinderkonsultationspunktes im Krankenhaus von Coquimbo	eingekerkert
Dr. Mario Contreras	Professor der Ärzteschule Valparaiso, hervorragender Neurochirurg	eingekerkert und furchtbar gefoltert
Silvia Morris	Krankenschwester, Gesundheitswesen Valparaiso	gefoltert im Schulschiff „Esmeralda'';
Dr. Enrique Paris	Ehemaliges Ratsmitglied des Medizinerkollegiums und der Universität von Chile, Professor der Ärzteschule	furchtbar gefoltert und im Stadion Chile ermordet

2. November

TASS: Alle Schulen für die Ausbildung von Volksschullehrern sind geschlossen worden, gab Erziehungsminister Konteradmiral Casiro bekannt.

3. November

ADN: Die Ausgangssperre für die gesamte Provinz Santiago ist auf Befehl von General Brady verlängert worden. Für Sonnabend und Sonntag werde der Beginn der nächtlichen Ausgangssperre von 22 auf 20 Uhr vorverlegt.

4. November

Reuter: Angehörige der Infanterieschule in Santiago befinden sich „ohne Pause" im Einsatz gegen Linkskräfte in San Bernardo.

5. November

DPA/UPI: In den letzten drei Tagen wurden insgesamt 10 Personen von Exekutionskommandos hingerichtet, davon 6 in Puerto Montt.

6. November

Reuter/DPA/AFP: Nach Angaben von Innenminister Bonilla wird zur Zeit das Nationalstadion von Santiago geräumt. Die Gefangenen werden an andere Orte gebracht. Ursprünglich hatte die Junta das Stadion als Gefängnis für 7 000 chilenische und ausländische Häftlinge benutzt.

7. November

ADN: 736 Festgenommene aus dem Nationalstadion werden in das Lager Chacabuco in der Salpeterwüste der Provinz Antofagasta deportiert, stellt Innenminister General Bonilla fest.

8. November

TASS: In der Wüste, unweit des Bergbaugebietes von Antofagasta, wird die Leiche des Leiters der Monatszeitschrift „Andino"', Dewet Bascunan, gefunden, berichten Zeitungen in Santiago.

9. November

AFP: Der Armee-Geheimdienst der Provinz Valparaiso hat eine neue Liste „von marxistischen Personen" herausgegeben, nach denen gefahndet wird.

10. November

Reuter/DPA: Chiles Militärregierung löst das Verfassungsgericht, die oberste demokratische Institution des Landes auf. In einer offiziellen Erklärung heißt es, das Gericht sei überflüssig geworden.

11. November

DPA: Junta-General Pinochet gibt bekannt, daß in Temuco sechs Gegner der Militärregierung getötet worden sind.

12. November

EPD: Der Bischof der Evangelisch-Lutherischen Kirche in Chile, Frenz, spricht von einer Verhaftungswelle, „die sich blind gegen alle linksgerichteten Geister richtet".

13. November

AFP: Die Wiedereinrichtung einer politischen Regierung in Chile bezeichnet der Führer der Militärjunta, General Augusto Pinochet, als „unmöglich".

14. November

AP: Die Militärgerichte, die Todesstrafen verhängen können und oft den Charakter von Standgerichten haben, werden zur ersten und letzten Instanz erklärt.

15. November

AP: Die Junta hat die Häuser der Parteien der gestürzten Volksfrontregierung beschlagnahmt.

16. November

TASS: Der ehemalige stellvertretende Innenminister der UP-Regierung, der Kommunist Daniel Vergara, ist durch schwere Folterungen und Zwangsarbeit auf der Insel Dawson ernsthaft erkrankt. Die Junta verweigert ihm medizinische Hilfe.

AP: Der Kommandeur einer Sondereinheit der Junta, General Nilo Flooty Buxton, erklärt vor Journalisten, jede von seinen Soldaten aufgespürte Gruppe von Gegnern des Militärregimes werde „augenblicklich von den bewaffneten Streitkräften vernichtet".

17. November

ADN: In Santiago finden weiterhin nächtliche Durchsuchungen der Armee statt. Acht „Extremisten" werden verhaftet, vorwiegend Mitglieder der Kommunistischen Partei, wie die Junta-Presse berichtet.

18. November

AP: Über tausend Soldaten durchkämmen die Anden zwischen Concepcion und Osorno auf der Suche nach Anhängern der gestürzten Regierung von Präsident Allende.

19. November

AP: Bei Militäroperationen in der chilenischen Hauptstadt sind erneut zahlreiche Personen festgenommen worden, so in der Wohnsiedlung Jaime Eyzaguirre. In Temuco sind 10 Personen verhaftet worden.

20. November

Tanjug: Das Mitglied der Junta, Admiral Merino, teilt mit, daß bei dem Putsch zum Sturz der verfassungsmäßigen Regierung Präsident Allendes etwa 3 500 Menschen ums Leben gekommen sind.

21. November

AFP/DPA: Auf einer U-Bahn-Baustelle in Santiago treten fast alle Arbeiter in einen Streik, um eine Lohnerhöhung und eine Verkürzung der Arbeitszeit zu fordern. Die Arbeiter begründen ihre Forderungen mit dem starken Ansteigen der Preise. Die Regierung läßt Armee-Einheiten aufmarschieren, verhaftet 14 Arbeiter und droht mit Entlassungen bei Fortsetzung des Streiks.

Von der Junta verfolgte, verhaftete oder ermordete Ärzte und andere Angehörige des chilenischen Gesundheitswesens

Dr. Jaque	Arzt, Unfallbereitschaft, Krankenhaus Barros Luco	erschossen
Dr. Mariano Requena	2. Generaldirektor des Gesundheitswesens, Universitätsprofessor, Funktionär des lateinamerikanischen Zentrums für Bevölkerungspolitik	furchtbar gefoltert, anschließend im Nationalstadion eingekerkert
Dr. Arturo Jirón	Ehemaliger Gesundheitsminister, Universitätsprofessor	eingekerkert auf der Insel Dawson
Dr. Jorge Morales	Chefarzt in der staatlichen Gesundheitsverwaltung	eingekerkert
Dr. Patricio Arroyo	Leiter Internationale Verbindungen im Gesundheitsministerium	eingekerkert
Dr. Danilo Bartulin	Chefarzt im Präsidentenpalast	furchtbar gefoltert, gepeitscht
Dr. Omar Carrillo		Selbstmord bei der Verhaftung durch die Junta
Dr. Florenzio Baeza	Chefarzt und Direktor des Krankenhauses Barros Luco	eingekerkert, gefoltert
Dr. Claudio Weber	Professor an der Ärzteschule	gefoltert im Regiment Tacna Santiago
Dr. Manuel Ipinza	Direktor des Rates für Kindergärten	eingekerkert im Nationalstadion; jetziger Aufenthalt unbekannt
Dr. Jorge Avila	Arzt, Krankenhaus für Psychiatrie	erschossen
Dr. Hernán Torres	Arzt, Krankenhaus für Psychiatrie	eingekerkert
Dr. Moisés Brodsky	Professor der Ärzteschule	eingekerkert, furchtbar gefoltert
Dr. Pedro Solis	Zahnarzt	eingekerkert und gepeitscht
Dr. Carlos Saa	Zahnarzt	erschossen
Dr. Hugo Rebolledo	Ehemaliges Ratsmitglied im Medizinerkollegium und Chef des Krankenhauses Mineral de Swell (Rancagua)	eingekerkert
Dr. Raffael Darricarrore	Ehemaliger Direktor der Ärzteschule der Universität von Concepcion, Chef des Bereiches Gesundheitswesen der Universität Concepcion	eingekerkert und gefoltert; anschließend in seinem Haus unter Arrest und Militärbewachung

Reuter: Chiles Militärjunta läßt die Wahlregister des Landes löschen.

22. November

ADN: Eine ausgedehnte Militäroperation in der südchilenischen Provinz Concepcion hat zu zahlreichen Verhaftungen geführt, wird aus Santiago gemeldet.

23. November

TASS: Der Generalsekretär der KP Chiles, Luis Corvalán, befindet sich in ernster Gefahr. Die Putschisten führen ihren Gefangenen nachts bei niedrigen Temperaturen unbekleidet auf den Gefängnishof, um seine Gesundheit zu ruinieren.

24. November

Tanjug: Ein Sonderkommando der Armee umstellt den Park „Santa Lucia", ein beliebtes Ausflugszentrum Santiagos, und unterzieht ihn einer gründlichen Untersuchungsaktion.

25. November

AFP: Etwa hundert Verhaftungen hat die chilenische Armee in den letzten 24 Stunden vorgenommen, verlautet von gutunterrichteter Seite in Santiago.

ddp/DPA: Der schwedische Botschafter in Chile, Harald Edelstam, vier weitere schwedische Diplomaten sowie der französische Botschafter werden von Polizisten mehrmals niedergeschlagen, als sie eine 31jährige uruguayische Bürgerin, die als politischer Flüchtling unter schwedischem Botschaftsschutz steht, in ein Krankenhaus bringen. Die Frau, die wegen starker innerer Blutungen operiert worden war, wird von den Militärs brutal verschleppt.

26. November

EPD: In einem Appell an die Weltöffentlichkeit heißt es, in chilenischen Lagern befänden sich gegenwärtig rund 13 000 Ausländer, die nicht in ihre Heimat zurückkehren könnten.

27. November

AFP: Der Chefkommandant der 2. Marinezone in Talcahuano (Provinz Concepcion) befiehlt die Bildung eines Kriegsgerichts, von dem 49 Gegner des Militärregimes abgeurteilt werden sollen.

28. November

DPA/UPI: Trotz internationaler Proteste halten die Militärbehörden in Santiago die uruguayische Bürgerin, die mit Gewalt aus der Obhut des schwedischen Botschafters entführt wurde, weiter fest.

29. November

Reuter: Der Generalsekretär der Kommunistischen Partei Chiles, Luis Corvalán, ist auf die Insel Dawson transportiert worden. Auf dieser Insel befinden sich seit Mitte September etwa 30 ehemalige Minister. Zusammen mit Luis Corvalán wurde auch der frühere Bergbauminister Pedro Felipe Ramirez sowie der Senator der Radikalen Partei Anselmo Sule und der Abgeordnete dieser Partei Camilo Salvo auf die Insel Dawson transportiert.

30. November

ADN: Im KZ auf der Insel Dawson sind 240 politische Häftlinge eingekerkert und nicht 74, wie die Junta behauptet. Das erklärt das Informationszentrum chilenischer Patrioten in Rom, „Chile democratico".

ADN: Juntapräsident Pinochet erklärte vor 800 Vertretern von Armee und Carabineros in Punta Arenas: „Der Krieg ist noch nicht zu Ende, weil noch Verräter innerhalb und außerhalb des Vaterlandes existieren."

1. Dezember

AFP: Der sozialistische Abgeordnete Luis Espinosa ist bei Puerto Montt erschossen worden. Der Mord geschah auf dem Transport von einem Verhör zur Chin-Dhin-Kaserne.

2. Dezember

AFP: Am Abend werden 208 Personen mit der Begründung verhaftet, sie hätten die Bestimmungen der Ausgangssperre nicht beachtet. Im Verlaufe des Tages durchsucht die Polizei erneut systematisch ganze Häuser.

3. Dezember

ADN: General Brady untersagt mit einem Befehl strengstens „Versammlungen, Feste und Feiern in Privathäusern, Hotels, Restaurants und Klubs in den Stunden der Ausgangssperre".

4. Dezember

AP: Das chilenische Regime hat den schwedischen Botschafter in Santiago zur unerwünschten Person erklärt. Die Ausweisung Edelstams wird als Reaktion des chilenischen Regimes auf den persönlichen Einsatz des Botschafters für politische Flüchtlinge gesehen.

5. Dezember

ADN: Der Komponist Luis Abvis wird in Iquique zum Tode verurteilt. Abvis ist der Komponist der „Kantate der Santa Maria von Iquique". Vor dem Militärputsch war er Professor für Ästhetik.

6. Dezember

Prensa Latina: Der ehemalige Oberbürgermeister von Valparaiso, Sergio Vuscovic, ist den Folterungen auf der Todesinsel Dawson erlegen.

7. Dezember

Reuter: Ein Todesurteil und 24 Haftstrafen von drei Jahren Verbannung bis 15 Jahre Kerker hat das Kriegsgericht der nordchilenischen Stadt Antofagasta zwischen dem 28. und 30. November gegen politische Häftlinge verhängt.

Das Todesurteil ist am 1. Dezember vollstreckt worden.

Von der Junta verfolgte, verhaftete oder ermordete Ärzte und andere Angehörige des chilenischen Gesundheitswesens

Dr. Rolando Merino	Arzt, Direktor des Kreiskrankenhauses von Concepcion	Insel Quiriquina (Marinestützpunkt)
Dr. Jorge Pena Dolgado	Professor für Geburtshilfe an der Universität von Concepcion, Chefarzt des 9. Gebietes des Gesundheitswesens	eingekerkert und gefoltert
Dr. Nazih Pualman	Professor für Zahnmedizin, Soziale Vorbeugung, Universität von Concepcion, Inspektor für Zahnmedizin des 9. Gebietes des Gesundheitswesens	Insel Quiriquina
Dr. Luna	Chefarzt des Krankenhauses La Union (Provinz Valdivia)	eingekerkert und gefoltert
Dr. Edgardo Enriquez F.	Ehemaliger Rektor der Universität von Concepcion, ehemaliger Minister für Bildung, Professor für Anatomie in Concepcion	Insel Dawson
Dr. Miguel Angel Solar	Chefarzt des Krankenhauses Nueva Imperial (Provinz Cautín)	eingekerkert

Venezolanisches Komitee der Solidarität mit Chile, Caracas, November 1973

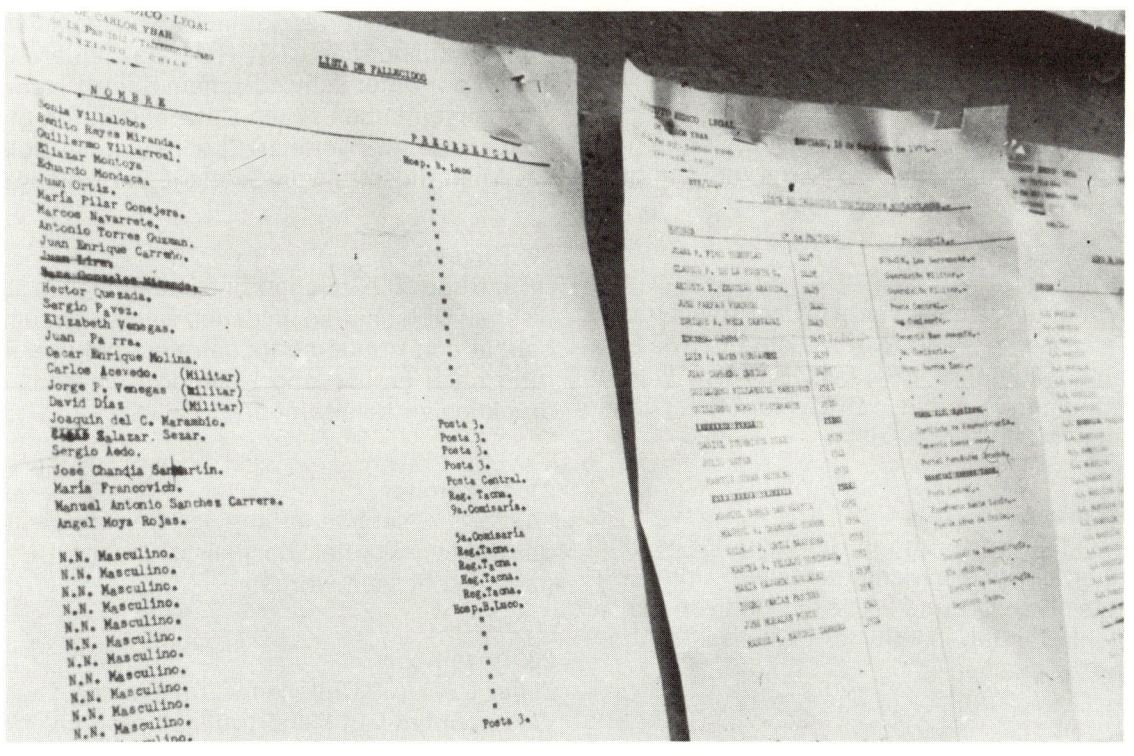

Tote, Tote und nochmals Tote… (Öffentliche Totenlisten)

Latin: Der ehemalige Sekretär der Sozialistischen Partei und stellvertretende Rektor der Universität in Osorno, Nicolas Vega, wird von einem Kriegsgericht zu 15 Jahren Gefängnis verurteilt.

8. Dezember
Latin: Der ehemalige Sekretär der Provinzverwaltung von Osorno, Rechtsanwalt Victor Rosas, wird „wegen Beleidigung der Armee und der Polizei" mit mehrjähriger Kerkerhaft bestraft.

9. Dezember
AFP: Ab 11. Dezember will die Militärregierung keine Anträge auf freies Geleit der in jene Botschaften geflüchteten Personen mehr annehmen, die kein Abkommen über die Gewährung von Asyl unterzeichnet haben.
Die Zahl der um Asyl bittenden Personen hat sich, diplomatischen Kreisen zufolge, in den letzten Wochen nicht verringert.

10. Dezember
AFP: 19 Personen wurden in den vergangenen Tagen von Armee- und Polizeikommandos der Militärjunta aus politischen Gründen festgenommen.

11. Dezember
DPA/AP: Der zur persona non grata erklärte schwedische Botschafter in Santiago, Harald Edelstam, betont vor Journalisten in Stockholm, daß in Chile bisher über 15 000 Menschen gewaltsam ums Leben gekommen und 7 000 andere inhaftiert sind. 30 000 Kinder haben durch die Gemetzel der Junta ihre Eltern und 100 000 Allende-Anhänger ihre Arbeit verloren.

12. Dezember
ADN: Ein Kriegsgericht in der Provinz Curico hat 8 Mitglieder der Sozialistischen Partei zu Gefängnisstrafen bis zu 14 Jahren verurteilt.

13. Dezember
Latin: Vor einem Kriegsgericht in der Provinzhauptstadt Talca werden weitere Prozesse gegen 35 Festgenommene geführt. Ebenfalls in Talca wurden zwei Studenten verhaftet, weil sie Flugblätter gegen die Junta verfaßt haben sollen.

14. Dezember
ddp: Die Militärregierung in Santiago hat es einer Delegation der Interparlamentarischen Union verweigert, sich an Ort und Stelle ein Bild von der Situation inhaftierter ehemaliger chilenischer Abgeordneter zu machen.

15. Dezember
ddp/AFP: Zwei Kommunisten, die verantwortliche Stellungen in der Allende-Regierung innehatten, Dr. Absalon Werber und Rigoberto Achu Liendo,

sind „bei einem Fluchtversuch" während der Verlegung in ein anderes Gefängnis im Norden Chiles getötet worden.

16. Dezember
Prensa Latina: Zwei weitere Mitglieder der UP-Regierung – Bergbauminister Orlando Canturias und Gesundheitsminister Jaime Concho – sind auf die KZ-Insel Dawson verschleppt worden.

17. Dezember
ADN: Die Militärjunta verfolgt über 400 patriotische chilenische Journalisten und hat über 50 Journalisten eingekerkert, wie Mario Diaz, ehemaliger Direktor des Fernsehkanals 9 des chilenischen Fernsehens in der kubanischen Zeitung „Granma" berichtet.

18. Dezember
Prensa Latina: Zehn Werktätige der größten Kupfermine in Chuquicamata müssen auf Befehl der Militärjunta den Bezirk El Lota, in dem die Kupfermine liegt, verlassen. Bei Nichtausführung des Befehls wurde ein Schnellverfahren der Militärjustiz angedroht.

19. Dezember
Latin/ADN/AFP: Der Kriegsrat von Talcahuano verhängt gegen Mitglieder der UP zwei Todesurteile sowie 41 Kerkerstrafen bis zu 22 Jahren. In Santiago werden in der Nacht 212 Personen festgenommen. Der Landwirtschaftsminister der UP-Regierung und frühere Generalsekretär des chilenischen Gewerkschaftsbundes CUT, Rolando Calderon, wird im Hof der unter schwedischem Schutz stehenden ehemaligen kubanischen Botschaft durch gezielte Schüsse schwer verletzt. Er wird von der Polizei in das Militärhospital von Santiago verschleppt.

20. Dezember
DPA: Rund 300 Chilenen sind in Santiago in ausländischen Botschaften, in denen sie Asyl gesucht haben, in den Hungerstreik getreten, um ihre Forderung nach Freilassung Rolando Calderons nachdrücklich zu bekräftigen.

21. Dezember
TASS: 11 Eisenbahner aus San Bernardo sind von der Junta verhaftet, bestialisch gefoltert und danach erschossen worden.

22. Dezember
Latin: Über 160 Chilenen werden in den Tagen vor Weihnachten laut Militärtribunalbeschluß erschossen, 49 UP-Anhänger werden zu „Arbeitslager" verurteilt. Täglich werden über 100 Menschen verhaftet und zu „Kriegsgefangenen" erklärt.

23. Dezember
AFP: Im Nordsektor Santiagos werden fünf „Extremisten" von einer Militärpatrouille erschossen.

24. Dezember
AFP: Der schwedische Arzt Dr. Erik Kagstrom, der den durch einen Kopfschuß schwer verletzten ehemaligen Generalsekretär des CUT, Rolando Calderon, behandeln will, wird von der Junta des Landes verwiesen.

25. Dezember
AFP: 209 Personen werden in den Straßen von Santiago während des nächtlichen Ausgehverbots festgenommen.

26. Dezember
Prensa Latina: Auf 150 000 ist die Zahl der Familien angewachsen, die von Erschießungen, Gefängnis und Exil betroffen sind, erklärt Beatriz Allende gegenüber der argentinischen Zeitung „La Opinion".

27. Dezember
AFP/Latin: Noch immer werden 302 UP-Anhänger im Stadion von Concepcion festgehalten, geht aus einer offiziellen Verlautbarung hervor.

28. Dezember
AP: Das Militärregime gibt bekannt, daß in Pisagua 12 Frauen wegen politischer Betätigung zu Gefängnisstrafen und Verbannung verurteilt worden sind.

29. Dezember
Latin: Zehntausende Menschen sind in Gefängnisse und KZ verschleppt worden, erklären argentinische Juristen, die kürzlich in Chile weilten, auf einer Pressekonferenz. „Die Festgenommenen haben kein Recht, Verteidiger zu benennen; Besuche von Verwandten werden nicht erlaubt."

30. Dezember
AP/dpa: Die Schwester des ehemaligen chilenischen Präsidenten Salvador Allende, Laura Allende de Pascal, sowie ihre Tochter Miriam, die seit dem Militärputsch vom 11. September unter Hausarrest gestellt sind, werden verhaftet.

31. Dezember
AFP: In Santiago werden die Militärpatrouillen verstärkt. Einheiten der Streitkräfte bilden in gewissen Wohnvierteln Straßensperren. In mehreren Avenuen im Osten der Stadt sind Militärs in Stellung gegangen.

1. Januar 1974
ddp: Oppositionelle Studenten an der Medizinischen Fakultät der Universität von Santiago und der Direktor der psychiatrischen Universitätsklinik, Andreas Varela, werden verhaftet. In der Neujahrsnacht werden allein in Santiago 252 Personen verhaftet.

2. Januar
ADN: Im Gefängnis von Santiago werden 90 Frauen festgehalten, denen von der Militärclique „Terrorakte" vorgeworfen werden.

3. Januar
ddp: Ein Gericht in Santiago verurteilt den Mexikaner Jorge Albino Sosa Gil und den Chilenen David Quintanilla zum Tode.

4. Januar
TASS: 18 Mitglieder des kommunistischen Jugendverbandes wurden in Santiago hingerichtet.
Bei mehreren Überfällen von Soldaten und Carabineros auf Schulen sind Dutzende von Schülern festgenommen und im Vorort San Bernardo drei von ihnen erschossen worden.

5. Januar
Latin: Auf dem Territorium der argentinischen Botschaft in Santiago wird der 28jährige Chilene Sergio Leira Molina, der in der Botschaft Zuflucht gesucht hatte, durch Schüsse eines Polizisten niedergestreckt.

6. Januar
Latin: Die Zahl des Personals der Militärgerichte werde erhöht, um die anstehenden Prozesse gegen Inhaftierte zu bewältigen, berichtet das Junta-Blatt „La Segunda".

7. Januar
Reuter/AFP/ADN: Allein während der Weihnachtsfeiertage ließ die Junta 80 politische Häftlinge erschießen, wie der Londoner „Guardian" berichtet.

8. Januar
AFP: Argentinien ist in Santiago offiziell wegen der Erschießung des politischen Flüchtlings Sergio Molina vorstellig geworden. Molina war von einem Polizisten innerhalb der argentinischen Botschaft in Santiago angeschossen worden und später in einem Krankenhaus verstorben.

9. Januar
AFP: 35 Arbeiter der Textilfabrik „Sumar" in einem Vorort Santiagos sind verhaftet und ins Polizeipräsidium verschleppt worden.

10. Januar
AFP: Die Militärjunta hat ihre Entschlossenheit unterstrichen, die Presse des Landes zum gehorsamen Sprachrohr der Regierungsansichten zu machen. Die Veröffentlichung von Agenturmeldungen, die von Auslandsinformationsorganen stammen und die Themen Chile und Regierung betreffen, ist verboten.

José Venturelli

Augenzeugen klagen an

Was am 11. September in Chile geschah, war nicht nur ein Staatsstreich, nicht nur ein Militärputsch, nicht nur die Ablösung einer demokratisch gewählten Regierung durch eine Diktatur. Am 11. September 1973 begann in Chile der unbarmherzige grausame Vernichtungsfeldzug einer von den USA gedrillten und gekauften faschistischen Mörderbande in Uniform gegen das chilenische Volk. Ein Ausrottungsfeldzug gegen alles, was in diesem Lande demokratisch, freiheitlich gesonnen war. Gegen Arbeiter und Bauern, gegen Anhänger der Unidad Popular und linke Christen, gegen Geist und Kultur, gegen Lehrer, Ärzte, Studenten, gegen Frauen und gegen Kinder.

Viele tausend Augenzeugen klagen an: Chilenen und ausländische Besucher des Landes, Journalisten und Politiker. Menschen, die selbst Opfer des Terrors wurden, und Menschen, die ihre Angehörigen verloren.

Nur einige von ihnen können hier zu Wort kommen. Was sie berichten, krampft einem das Herz zusammen. Ein Regime der Angst und des Schreckens, der Massenverfolgung und der totalen Willkür, der Erschießungskommandos und der Folterknechte herrscht im einst freien Chile. Ein Regime des Faschismus – nur vergleichbar mit der Hitlerbarbarei, die aber dieses Ausmaß des organisierten Terrors noch nicht in ihren ersten drei Monaten erreichte.

Augenzeugen klagen an: In Chile herrscht das Verbrechen gegen die Menschlichkeit!

Mit Bomben und Panzern gegen das Volk und seine gewählte Regierung

Sie schießen auf alles

Steve Yolen, Korrespondent der amerikanischen Nachrichtenagentur UPI, am 11. September 1973 aus Santiago:

„Die längsten sechs Stunden meines Lebens habe ich eben hinter mich gebracht. Manchmal dachte ich, es würden meine letzten sein. Diesen Bericht schreibe ich auf meinem Bauch, unter einem Tisch liegend.

Manchmal war der Kugelhagel so dicht, daß das Büro von einer dichten Staubwolke erfüllt war und wir nicht von einer Seite zur anderen sehen konnten. Doch das war noch gar nichts im Vergleich zu dem Bombardement des Präsidentenpalastes, der nur ein paar hundert Meter von unserem Büro entfernt liegt. Düsenjäger der Luftwaffe rasten unmittelbar über die Dächer hinweg und warfen mindestens 24 schwere Sprengbomben ab.

Jedesmal, wenn einer von uns versuchte, einen Blick nach draußen zu werfen, wurde er von den Soldaten unter Feuer genommen… Der Boden des Büros ist übersät mit Glassplittern, Mauerbrocken und Hunderten von Geschossen."

Krieg gegen Arbeiterviertel

Bericht der amerikanischen Nachrichtenagentur AP vom 12. September 1973 aus Santiago:

„Einen Tag nach dem blutigen Staatsstreich der Streitkräfte in Chile, der unbestätigten Angaben zufolge zahlreiche Todesopfer gefordert haben soll, dauerte am Mittwoch der bewaffnete Widerstand gegen die neuen Machthaber zumindest in Santiago offenbar noch immer an. In mehreren Gebieten der Stadt waren Schüsse und Explosionen zu hören. Die aus den Oberbefehlshabern der drei Waffengattungen und der Polizei gebildete Militärjunta, die die Regierungsgewalt übernommen hat, drohte in einem Kommuniqué die Sprengung von Häusern an. In der Innenstadt von Santiago wurden am Mittwoch weitere Truppen zusammengezogen.

Aus dem Industriegebiet von Santiago waren fast gleichzeitig schwere Explosionen zu vernehmen.

Unbestätigten Meldungen zufolge soll es dort zu erbitterten Gefechten zwischen bewaffneten Arbeitern in Fabriken und Soldaten gekommen sein, die versuchten, die Werkhallen zu räumen. Als Sprecher der Junta erklärte Armeechef General Augusto Pinochet, die Streitkräfte seien entschlossen, ‚den Marxismus im Land zu vernichten‘.“

Bomben auf die Universität

Die französische Nachrichtenagentur AFP am 13. September unter Berufung auf den mexikanischen Journalisten Manuel Mejido:

„Auf den Dächern von Gebäuden im Zentrum der chilenischen Hauptstadt leisten Gruppen von Heckenschützen Widerstand gegen die Streitkräfte. Dies geht aus einem Bericht des mexikanischen Journalisten Manuel Mejido an die offizielle argentinische Presseagentur ‚Telam‘ hervor. Dem gleichen Bericht zufolge soll die chilenische Armee eine Liste von 26 Gebäuden veröffentlicht haben, die unter Anwendung von Gewalt gestürmt werden mußten.

Der mexikanische Journalist, der in der Botschaft seines Landes Zuflucht gefunden hat, gab weiter bekannt, daß die staatliche Technische Hochschule, in der sich ein Widerstandsnest befand, am Mittwoch mehrere Stunden lang bombardiert worden sei.“

Regierungsmitglieder gefoltert und ermordet

Augenzeugenbericht des peruanischen Journalisten Jorge Luna vom 15. September:

„Viele jener Männer und Frauen der Regierung der Unidad Popular, die in die Hände des militärischen Sicherheitsdienstes (SIM) fielen, wurden auf die grausamste Weise ermordet. Sie wurden auch aus Hubschraubern herausgestürzt. Durch besondere Grausamkeit zeichnet sich das in der ‚Tasna'-Kaserne stationierte Regiment aus. Hier wurden Angehörige der Leibwache des ermordeten Präsidenten Dr. Salvador Allende gegen Wände und Pfeiler geschleudert, mit eiskaltem Wasser nach stundenlangen Foltern übergossen, zertreten, erschlagen und erdrosselt."

Mordkommandos wüten

Aus einem Bericht der lateinamerikanischen Nachrichtenagentur Prensa Latina vom 15. September:

„Der anhaltenden Hexenjagd gegen alle progressiven Kräfte in Chile sind bereits Tausende zum Opfer gefallen. Die faschistischen Truppen der Militärjunta unter General Augusto Pinochet Ugarte haben in dem Andenland ein Blutbad unvorstellbaren Ausmaßes angerichtet. Die Zahl der Todesopfer soll sich mindestens auf 4 000 belaufen.

In Santiago wurden Redaktionen und Druckereien der UP-Zeitungen ‚Puro Chile' und ‚El Clarin' in Brand gesteckt. Eine noch unbekannte Zahl von Journalisten und Druckern wurde ermordet. In der Hafenstadt Talcahuano brachten Mordkommandos faschistischer Truppenteile mehrere Arbeiter um. Der Terrorwelle zum Trotz leisten die Studenten der staatlichen Technischen Universität UTE an der Ausfallstraße zum Flugplatz ‚Pudahuel' von Santiago, des Pädagogischen Instituts in der Evenida Macul und die Arbeiter der Industrievororte im Südosten der chilenischen Hauptstadt den Truppen weiterhin bewaffneten Widerstand."

Gemetzel an Tausenden Arbeitern

Carlos Cerda, Stadtrat für Kultur in Santiago:

„Schon in den ersten Stunden des Nachmittags richtete sich der Operationsplan gegen die Industriebetriebe, vornehmlich die im Industriegürtel. In einigen Fällen wurden die Arbeiter unter Drohungen veranlaßt, sich zu ergeben, um sie dann unter Schlägen ins ‚Estadio Chile' (Fassungsvermögen 7 000 Zuschauer) und ins Nationalstadion (80 000 Zuschauer) zu überführen. In anderen Betrieben wurde einfach Befehl gegeben, die noch im Inneren befindlichen Arbeiter sofort zu erschießen. Das geschah nicht nur an den Stellen, wo die Arbeiter mutigen Widerstand leisteten, sondern auch dort, wo man auf Grund früherer Durchsuchungen wußte, daß eine Möglichkeit bewaffneten Widerstandes nicht vorlag. In der Fabrik „Cobre Cerrillos" mußten 200 Arbeiter die ganze Nacht des Dienstag mit dem Gesicht nach unten liegen, und im Morgengrauen des Mittwoch (13. September) wurden sie ermordet. Die Textilfabrik Sumar, mit 1 500 Beschäftigten ein starkes Bollwerk der Linken, wurde am 11. September aus der Luft und vom Boden mit Bomben und Granaten angegriffen. Eine der Straßen im Inneren des Betriebes war mit den übereinanderliegenden Leichen von Arbeitern bedeckt. Die Mauern der Fabrikhallen waren zu Erschießungswänden geworden.
In den Salpetergruben Pedro de Valdivia und Maria Elena, im Norden des Landes gelegen, wurden dreitausend Bergleute ermordet und an Ort und Stelle in riesigen Massengräbern verscharrt. Die mutigen Bergleute der Kohlengruben von Lota und Coronel waren ebenso brutalen Überfällen ausgesetzt. Hunderte wurden erschossen und fünfhundert auf die Insel Quiriquina verschleppt, wo am 11. ein Konzentrationslager eingerichtet wurde."[78]

Die Geschichte gehört uns,
es sind die Völker, die sie machen!

**Präsident Allende
am 11. September 1973**

Bestialischer Mord am gewählten Präsidenten

Authentischer Bericht über Kampf und Tod des Präsidenten

Authentische Augenzeugen des Geschehens am 11. September in Santiago berichteten – Hortensia Bussi de Allende, die Töchter Beatriz und Isabel sowie getreue Mitstreiter von Salvador Allende im Regierungspalast, die überlebten und in Freiheit sind. Ihre Berichte und Beobachtungen faßte der kubanische Ministerpräsident Castro am 28. September zu dieser Darstellung über den Kampf und den Tod von Dr. Allende zusammen:

„Am Morgen jenes Tages, um 6.20 Uhr, erhielt der Präsident in seiner Residenz einen Telefonanruf, in dem er über den Militärputsch unterrichtet wurde. Er versetzte seinen Persönlichen Schutz unverzüglich in Alarmbereitschaft und faßt den Entschluß, sich in den Regierungspalast „La Moneda" zu begeben, um die Regierung der Unidad Popular von seinem Posten als Präsident der Republik zu verteidigen. Ihn begleitet eine Eskorte von 23 Männern, die mit 23 Maschinenpistolen, 2 MG's mit 30er Kaliber und 3 Panzerbüchsen bewaffnet sind. In 4 Pkw's und einem kleinen Lkw fahren sie mit dem Präsidenten zum Präsidentenpalast, wo sie um 7.30 Uhr ankommen.

Mit seiner Maschinenpistole bewaffnet und in Begleitung seiner Eskorte betritt der Präsident die Moneda durch das Haupttor. Zu dieser Stunde verhält sich die Garde der Carabineros im Palast normal. Im Palast informiert er über den Ernst der Lage und über seine Entschlossenheit, bis zum Tode zur Verteidigung der verfassungsmäßigen und legitimen Regierung des Volkes Chile vor dem faschistischen Putsch zu kämpfen. Er analysiert die zur Verfügung stehenden Mittel und erteilt die ersten Befehle zur Verteidigung des Regierungspalastes.

Innerhalb einer Stunde wendet sich der Präsident dreimal über den Rundfunk an das Volk.

Um 8.15 Uhr fordert die faschistische Junta den Präsidenten auf, sich zu ergeben. Sie bietet ihm an, in Begleitung seiner Familienangehörigen und seiner Mitarbeiter auf dem Luftweg das Land zu verlassen. Der Präsident antwortet ihnen, daß ‚sie als Verrätergeneräle nicht wissen, was Ehrenmänner sind', und weist das Ultimatum empört zurück.

Der Präsident hält in seinem Büro eine kurze Zusammenkunft mit mehreren hohen Offizieren des Korps der Carabineros ab, die sich zu diesem Zeitpunkt in feiger Weise weigern, die Regierung zu verteidigen. Der Präsident macht ihnen schwere Vorwürfe und entläßt sie mit Verachtung. Er fordert sie auf, den Ort unverzüglich zu verlassen. Während diese Zusammenkunft mit den Chefs der Carabineros stattfindet, treffen die drei Militäradjutanten ein; der Präsident bringt zum Ausdruck, daß es nicht an der Zeit sei, Uniformierten Vertrauen zu schenken, und bittet sie, die Moneda zu verlassen. Dennoch verabschiedet sich der Präsident herzlich von Commandante Sánchez, der jahrelang sein tüchtiger Adjutant für die Luftwaffe gewesen ist.

Während dieser Ereignisse treffen zahlreiche Minister, Staatssekretäre, Assessoren, die Töchter des Präsidenten, Beatriz und Isabel, sowie weitere Genossen der Unidad Popular im Regierungspalast ein, um in diesen kritischen Stunden in der Nähe des Präsidenten zu sein.

Gegen 9.15 Uhr werden die ersten Geschützsalven gegen den Palast abgefeuert. Über zweihundert Infanteriesoldaten rücken durch die Teatinos- und die Morandé-Straße zu beiden Seiten des Platzes der Verfassung gegen den Präsidentenpalast vor und geben Schüsse auf das Arbeitszimmer des Präsidenten ab. Die Kräfte, die den Palast verteidigen, zählen nicht mehr als vierzig Personen. Der Präsident befiehlt, gegen die Angreifer das Feuer zu eröffnen, und schießt selbst auf die Faschisten, die sich unter zahlreichen Verlusten ungeordnet zurückziehen.

Daraufhin lassen die Faschisten Panzer in den Kampf eingreifen. Direkt vom Arbeitszimmer des Präsidenten aus wird eine Panzerfaust auf den dem Haupttor am nächsten befindlichen Panzer abgefeuert, die diesen völlig zerstört. Zwei weitere Panzer konzentrieren ihr Feuer auf das Arbeitszimmer des Präsidenten, und ein Schützenpanzerwagen entlädt seine Maschinengewehre gegen das Privatsekretariat und das Büro des Persönlichen Schutzes. Mehrere Artilleriegeschütze eröffnen von der anderen Seite des Platzes der Verfassung ebenfalls ihr Feuer auf den Palast.

Der Präsident eilt von Kampfposten zu Kampfposten und ermutigt die Verteidiger. Der heftige Kampf dauert über eine Stunde, ohne daß die Faschisten einen einzigen Zoll Boden gewinnen.

Um 10.45 Uhr versammelt der Präsident die zu seiner Hilfe in den Palast geeilten Minister, Staatssekretäre und Adjutanten im Toesca-Salon. Er sagt, daß auch der zukünftige Kampf Führer und Kader erfordere, daß alle Unbewaffneten bei der erstbesten Gelegenheit die Moneda verlassen, und alle diejenigen, die im Besitz von Waffen seien, auf ihrem Kampfposten ausharren sollten. Natürlich ist keiner der Mitarbeiter des Präsidenten, die keine Waffe haben, mit dessen Vorschlag einverstanden; auch nicht die Töchter des Präsidenten und die anderen Frauen, die sich in der Moneda befinden. Sie alle weigern sich, den Palast zu verlassen.

Der Kampf wird immer heftiger. Die Faschisten stellen wütend neue Ultimaten und kündigen den unverzüglichen Einsatz der Luftwaffe an, sollten sich die Verteidiger nicht ergeben.

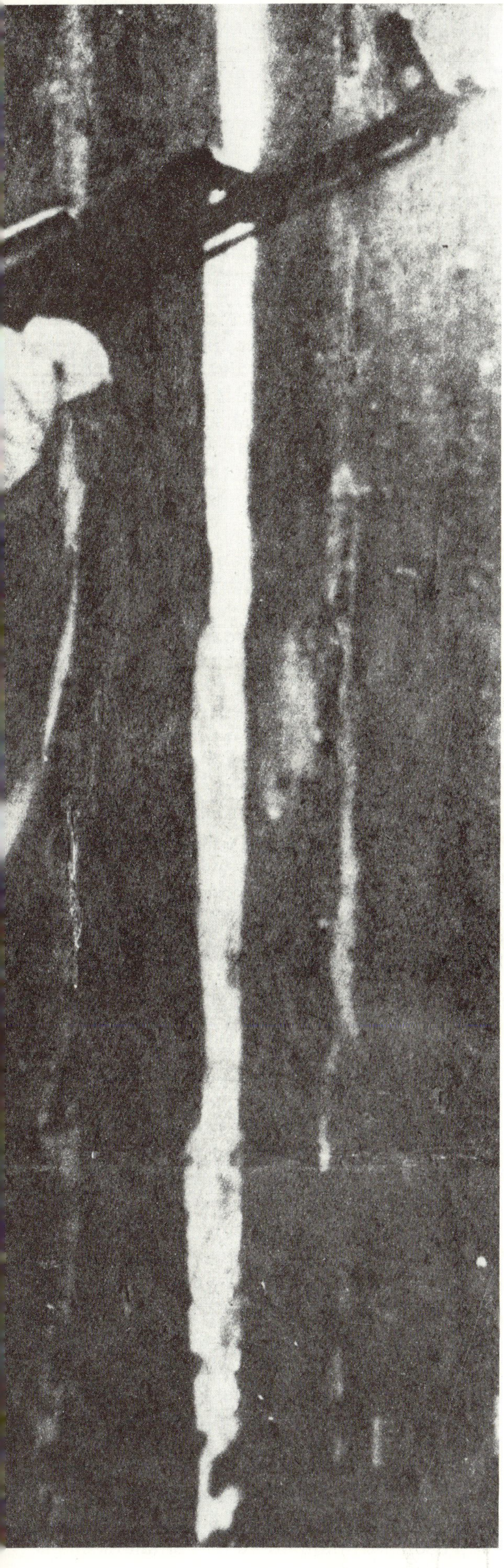

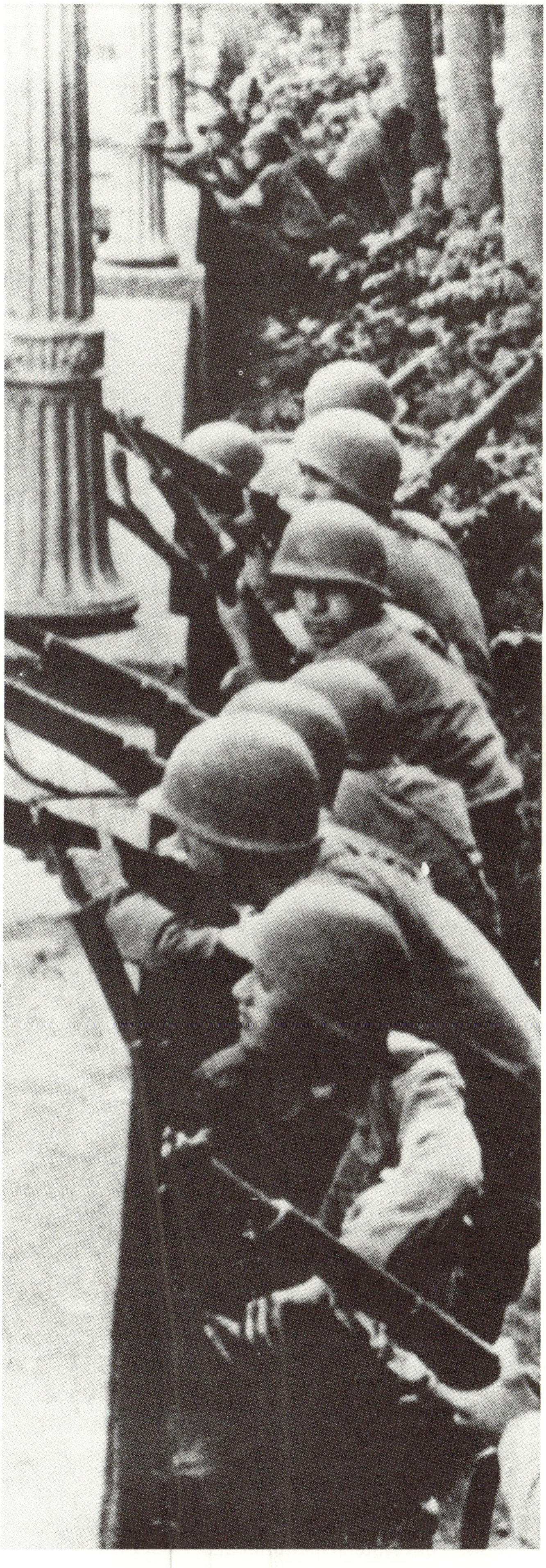

Um 11.45 Uhr versammelt der Präsident seine Töchter und die Frauen um sich und befiehlt ihnen mit aller Entschlossenheit, die Moneda zu verlassen, denn er hält es für sinnlos, wenn sie dort ohne jede Verteidigung sterben sollten. Und er erbittet von den Belagerern unverzüglich eine Feuerpause von drei Minuten, um das weibliche Personal zu evakuieren. Die Faschisten gestehen die Feuerpause nicht zu, aber in diesem Augenblick beginnen sich ihre Truppen aus der Umgebung des Palastes zurückzuziehen, um den Luftangriff vortragen zu können. Der Kampf wird dadurch unterbrochen, und die Frauen können den Palast verlassen.

Gegen 12.00 Uhr beginnt der Luftangriff. Die ersten Raketen fallen auf den Wintergarten der Moneda, durchlöchern das Dach und explodieren. Neue Geschwader jagen heran, und ein Angriff folgt dem anderen. Das ganze Gebäude ist von Rauch und giftiger Luft verpestet.

Der Munitionsvorrat für die Maschinengewehre des Persönlichen Schutzes des Präsidenten ist nach nunmehr drei Kampfstunden aufgebraucht. Der Präsident ordnet deshalb an, unverzüglich die Tür zur Waffenkammer der Carabinero-Garnison des Palastes zu sprengen, wo sich ein Teil ihrer Bewaffnung befinden könnte. Aus der Kammer entnimmt man vier MG's mit 30er Kaliber und zahlreiche SiK-Gewehre, eine große Menge Munition, Schutzmasken und Schutzhelme. Der Präsident ordnet an, alles unverzüglich auf die Kampfposten zu bringen, und er läuft selbst durch die Schlafsäle der Carabineros, um SiK-Gewehre und andere Waffen, die dort zurückgeblieben sind, zusammenzutragen.

Er trägt auf seinen Schultern zahlreiche Waffen zur Verstärkung der Kampfposten herbei und ruft: ,So wird die erste Seite dieser Geschichte geschrieben. Mein Volk und Amerika werden den Rest schreiben.' Diese Worte machen auf alle seine Mitstreiter einen tiefen Eindruck.

Während der Präsident aus der Waffenkammer Ausrüstungen herbeiträgt, wird der Luftangriff mit aller Heftigkeit wieder aufgenommen. Eine Explosion zerschlägt in der Nähe des Präsidenten Fensterscheiben, und Glassplitter verwunden ihn an der Schulter. Es ist dies seine erste Verletzung. Während er ärztlich behandelt wird, befiehlt er, den Waffentransport fortzuführen, und er wird nicht müde, sich um das Schicksal eines jeden einzelnen Genossen zu sorgen.

Minuten später greifen die Faschisten erneut heftig an und kombinieren den Einsatz der Luftwaffe mit der Artillerie, den Panzern und der Infanterie. Nach Augenzeugenberichten machen der Lärm, das Maschinengewehrfeuer, die Explosionen und der Qualm den Palast zur Hölle. Obwohl der Präsident den Befehl gegeben hat, alle Wasserhähne zu öffnen, um einen Brand im Erdgeschoß zu vermeiden, beginnt der Palast vom linken Flügel aus zu brennen, und die Flammen breiten sich zum Adjutanten-Saal und zum Roten Salon hin aus. Aber der Präsident, der keinen Augenblick aufgibt, befiehlt, dem massiven Angriff mit allen zur Verfügung stehenden Mitteln zu begegnen.

Nun kriecht er unter dem Maschinengewehrfeuer hindurch zu seinem Arbeitszimmer, dessen Fenster auf den Platz der Verfassung hinausgeht, nimmt selbst eine Panzerbüchse, richtet sie auf einen Panzer in der Morandé-Straße – der wild auf den Palast losfeuert – und setzt diesen schlagartig außer Gefecht. Wenige Augenblicke später vernichtet ein anderer Kämpfer einen weiteren Panzer.

Die Faschisten führen durch die Morandé-Straße weitere Schützenpanzerwagen, Soldaten und Panzer heran und intensivieren das Feuer durch das Eingangstor der Moneda. Der Präsident steigt mit mehreren Mitstreitern ins Erdgeschoß hinunter, um die Faschisten daran zu hindern, von der Morandé-Straße aus in den Palast einzudringen. Sein Vorhaben gelingt.

Daraufhin stellen die Faschisten das Feuer in diesem Bereich ein und verlangen nach zwei parlamentärischen Vertretern der Regierung. Der Präsident entsendet Fernando Flores, Generalsekretär der Regierung, und Daniel Vergara, Staatssekretär im Innenministerium, die das Gebäude durch die Tür zur Morandé-Straße verlassen und auf einen Jeep zugehen, der sich auf der gegenüberliegenden Seite befindet. Das ereignet sich gegen ein Uhr mittags. Flores und Vergara sprechen mit einem hohen Offizier. Als sie zum Palast zurückkehren und bereits nahe dem Eingang sind, werden sie aus diesem Jeep in verräterischer Weise beschossen, wobei Flores einen Schuß ins rechte Bein und Daniel Vergara mehrere Schüsse in die Schulter erhält. Beide sinken zu Boden und werden von ihren Genossen unter dem Feuerschutz der anderen Verteidiger ins Gebäude gezogen.

Gegen 13.30 Uhr begibt sich der Präsident in das Obergeschoß, um die dortigen Positionen zu kontrollieren. Zu diesem Zeitpunkt sind bereits zahlreiche Verteidiger durch das Maschinengewehrfeuer, die Explosionen oder die Flammen umgekommen. Der Journalist Augusto Olivares beeindruckte alle durch seine außergewöhnlich heldenhafte Haltung. Nach einer schweren Verwundung wird er im Arztzimmer des Palastes gepflegt und operiert, und als alle ihn im Krankenbett glauben, nimmt er mit der Waffe in der Hand erneut seinen Kampfposten im Obergeschoß neben dem Präsidenten ein.

Nach 13.30 Uhr bemächtigen sich die Faschisten des Erdgeschosses des Palastes; die Verteidigung organisiert sich im Obergeschoß, und der Kampf geht weiter. Die Faschisten versuchen, über die Haupttreppe nach oben zu gelangen. Gegen 14.00 Uhr gelingt ihnen die Besetzung eines Teiles des Obergeschosses. Der Präsident hat sich mit mehreren seiner Genossen in einer Ecke des Roten Salons verschanzt. Als er bis zu der Stelle vordringt, an der die Faschisten hereinbrechen, erhält er einen

Bauchschuß, der ihn vor Schmerz vornüber sinken läßt, aber er hört nicht auf zu kämpfen. Auf einen Sessel gestützt, schießt er weiter auf die nur wenige Meter entfernten Faschisten, bis ihn ein zweiter Schuß in die Brust niederreißt, und bereits im Sterben wird er von Kugeln durchlöchert.

Als sie den Präsidenten fallen sehen, gehen die Angehörigen seines Persönlichen Schutzes energisch zum Gegenangriff über und treiben die Faschisten erneut bis zur Haupttreppe zurück.

Inmitten des Kampfes vollbringt man nun einen Akt außergewöhnlicher Würde: Man hebt den leblosen Körper des Präsidenten auf, trägt ihn in sein Arbeitszimmer, setzt ihn in den Präsidentensessel, legt ihm seine Schärpe um und hüllt ihn in eine chilenische Fahne ein.

Selbst nach dem Tode ihres heroischen Präsidenten leisten die Verteidiger des Palastes noch zwei Stunden lang Widerstand gegenüber den angreifenden faschistischen Barbaren. Erst um 16 Uhr, nachdem der Präsidentenpalast bereits mehrere Stunden gebrannt hat, wird der letzte Widerstand gebrochen.''[80]

„Ich durfte meinen Mann nicht mehr sehen"

Hortensia Bussi de Allende über die Versuche der Junta, ihr Verbrechen zu verschleiern:

„Ich stieg in das Flugzeug. Ich sah den Sarg, über den eine Feldbettdecke lag.
Das Flugzeug landete auf der Luftwaffenbasis von Quinteros. Auf der Basis wurde der Sarg ausgeladen. Ich bat, meinen Mann sehen und berühren zu dürfen, aber man verwehrte es mir. In zwei Autos folgten wir dem Leichenwagen zum Friedhof von Santa Ines. Die Leute sahen uns verwundert an. Erneut bat ich dringlichst, meinen Mann zu sehen. Wieder verweigerten sie es mir, öffneten aber den Sarg, und ich konnte das Leichentuch erkennen, das ihn bedeckte. Ich weinte. Ein Offizier, der mich begleitete, sagte mit lauter Stimme: ‚Salvador Allende kann doch nicht so anonym begraben werden, man sollte zumindest den Namen der Person nennen, die bestattet wird.' Daraufhin nahm ich einige Blumen und warf sie auf den Sarg, der schon mit Erde bedeckt war und sagte: ‚Wir lassen Dich hier, Salvador Allende, Präsident der Republik'."

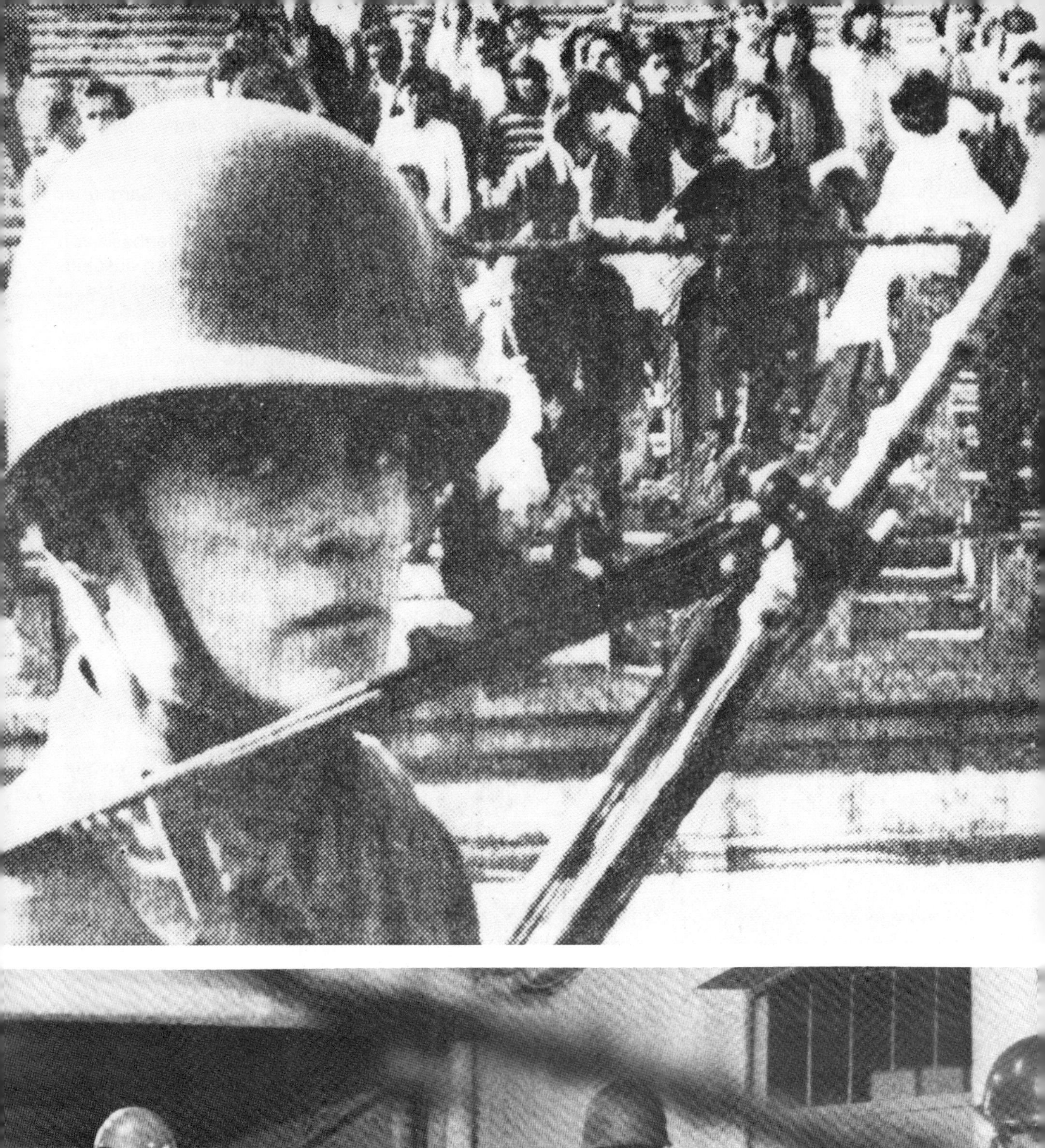

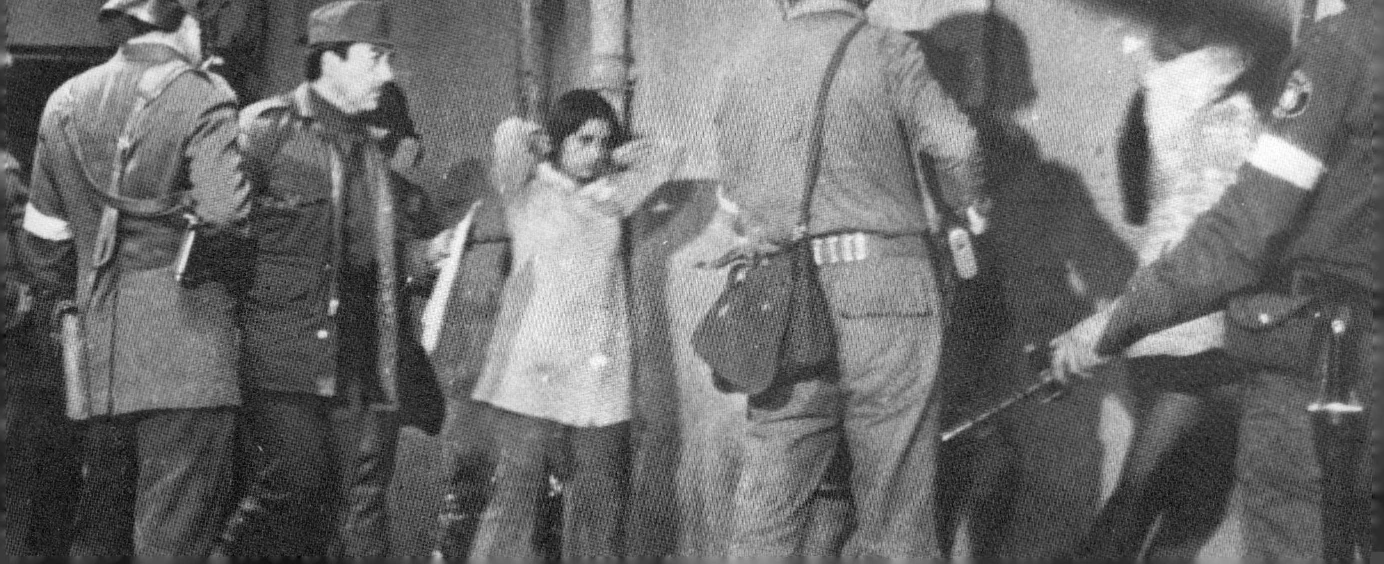

Die Verbrechen im Nationalstadion...

Mit der „Internationale" in den Tod

Adam und Patricia Garret-Schesch, ein amerikanisches Studenten-Ehepaar, das eine Woche lang im Nationalstadion festgehalten worden war, am 23. September 1973 in New York:

„Die Polizeibüttel stellten systematisch Gruppen von 20 bis 25 Mann zusammen und führten diese auf das Stadionfeld. Fast immer erklang danach der Gesang der ‚Internationale', dann hörte man Schüsse, der Gesang wurde schwächer und schließlich verstummte er völlig."[81]

Hunger, Angst und Erschießungen

Wolf Grabendorff, Südamerika-Korrespondent des ARD-Fernsehprogramms am 25. September 1973 über eine von der Junta organisierte „Besichtigung" des Nationalstadions:

„Mehr als 10 000 Gefangene sollen in diesem Stadion gefangengehalten werden. 80 Journalistenkollegen werden genauso von den Militärs bewacht wie alle anderen. Ihr Verbrechen war kein anderes, als an die Regierung zu glauben. Niemand weiß genau, wie viele von ihnen verwundet, wie viele von ihnen erschossen worden sind. Es ist den ausländischen Journalisten verboten, mit den Gefangenen zu sprechen. Doch sind die Rufe von Hunger, Angst und Erschießung nicht zu überhören."

Fünf Stunden nach der Verhaftung tot

Hugo Cams, Journalist der belgischen Zeitung „Het Belang van Limburg", im belgischen Fernsehen am 28. September 1973:

„Als wir Journalisten in das Stadion kamen, riefen die Gefangenen: ‚Zigaretten, Zigaretten'. Die Militärs waren sofort da mit ihren Maschinenpistolen. Die Journalisten zögerten. Einer hatte den Mut, sein Paket Zigaretten hinzuwerfen und alle anderen folgten. Andere Gefangene begannen zu weinen. Sie riefen ihre Adressen. Einige Journalisten, die spanisch verstanden, schrieben ihre Adressen auf, eine Botschaft für die Familie, denn die Familien wissen nichts. Es gibt Fälle, daß die Militärs in ein Haus eindringen. Sie nehmen den Mann mit, und fünf Stunden später ist er tot. Solche Sachen geschehen dort, und niemand wird informiert, schon gar nicht die Familien."

Blutlachen weggespült

Pablo Antillano, venezolanischer Journalist, im „Morning Star" vom 28. September 1973:

„Jede Nacht hörten wir die Schreie der Arbeiter, die an der Osttribüne des Nationalstadions von Santiago erschossen wurden. Die Blutlachen wurden am folgenden Tag mit einem Schlauch weggespült. Jeden Tag sahen die Beobachter einen Haufen von Schuhen, die den Opfern der vorhergehenden Nacht gehörten."

Den Schädel zertrümmert

Luis Sanchez, ein peruanischer Student, 15 Tage im Nationalstadion von Santiago inhaftiert, am 29. September 1973 im Limaer „Expresso":

„Der Hausarzt Dr. Allendes stürzte sich verzweifelt von der Tribüne des Stadions. Die wütende Soldateska zertrümmerte ihm mit Gewehrkolben den Schädel, weil er nicht gleich tot war."

Nächtliche Hinrichtungen

Claes Croner, schwedischer Diplom-Volkswirt, im „Spiegel" vom 1. Oktober 1973:

„Vor allem in der dritten Nacht im Stadion konnten wir in unserer Zelle die Exekutionen hören. Es begann mit furchtbaren Schreien und Schlägen, dabei hörte man Schritte und Keuchen, als würde jemand geschleppt. Kurz darauf fielen aus dem unteren Teil der Stadion-Kabinen Schüsse, zehn bis zwanzig. Schüsse hörte man Tag und Nacht.
In der ersten Nacht schleiften Polizisten, vorbei an unserer langen Reihe von Verhafteten, eine Frau aus der Verhörzelle, die schrie wie ein Tier."

Barbarische Mißhandlungen

Patricia Bastida, Journalistin aus Mexiko, am 3. Oktober 1973:

„Dann schleppten sie eine argentinische Genossin herein. Sie schlugen sie mit Stöcken und Gewehrkolben. Sie wurde mehrere Male ohnmächtig. Sie selbst wußte nicht mehr, wie oft. Schultern, Bauch, Füße, Brüste und der Rücken wiesen Quetschungen auf...
Nachts, als es still war, griffen die Soldaten zu den Waffen und riefen Panik unter den Gefangenen hervor, die im Nationalstadion zusammengepfercht waren. Dort war ein Mann, der die physischen Belastungen nicht mehr ertrug und sich vom oberen Rand des Stadions auf den Vorplatz stürzte. Er fiel auf eine Mauer. Er schien tot zu sein. Doch nach einer Viertelstunde bewegten ihn zwei Soldaten und man vernahm einen Schrei. Sie zogen ihn an Händen und Füßen weg. Ich glaube, er hatte sich die Wirbelsäule gebrochen."[82]

Überall sterben Menschen

Henrik Janbell und Claes Croner, schwedische Diplom-Volkswirte, in der „Deutschen Volkszeitung" vom 4. Oktober 1973:

„Überall um uns herum starben Menschen. Lastwagen überfuhren Arbeiter, die mit Stacheldraht aneinander gefesselt waren. Andere führte man weg, um sie aufzuhängen. Frauen wurden von den Wachen vor den Mitgefangenen vergewaltigt."

Nachts schreckliche Schreie

Yvonne Delieu am 9. Oktober 1973 im belgischen Rundfunk:

„Man folterte die Menschen im Nationalstadion maßlos. Nachts hört man schreckliche Schreie. Später kommen Lastwagen, und man hört, wie Leichen verladen werden."

Über 400 Menschen auf einmal erschossen

Wolf Bringmann und Rolf Grabendorff am 15. Oktober 1973 im ARD-Fernsehen:

„Zu der Zeit, als wir in Chile waren, wurden in unserer Gegenwart 400 bis 500 Menschen erschossen. Es war die größte Gruppe, die zur Erschießung innerhalb des Stadions hinausgeführt wurde, aufs Spielfeld selbst. Das zweite, was wir sagen können ist, daß wir hörten, wie Menschen zu Tode geschlagen wurden, buchstäblich grausam zu Tode. Man quälte die Menschen nicht, man erschlug sie."

Gequält wie Tausende: der Sohn Corváláns

Luis Alberto Corvalán, Sohn des Generalsekretärs der Kommunistischen Partei Chiles, in einem aus dem Nationalstadion geschmuggelten Brief vom 16. Oktober 1973:

„Wie Tausende andere Gefangene wurde ich durch Hunger, Kälte, Foltern und die unaufhörlichen Erniedrigungen, denen die Gefangenen im Nationalstadion ausgesetzt sind, gequält.
Der brutale Empfang ließ nicht auf sich warten — Tritte und Schläge mit Gewehrkolben regneten unterschiedslos auf uns nieder. Mit verbundenen Augen mußte ich in den Raum treten, in dem die Verhöre durchgeführt wurden. Als ich hineinging, erhielt ich zuerst einen Schlag auf das Zwerchfell, dann schlugen sie meinen Kopf gegen die Wand und stießen mich mehrere Male in den Magen. Sie befahlen mir, mich nackt auszuziehen. Ich wurde an Händen und Füßen gefesselt, erhielt wieder Schläge, Fragen, Drohungen, und danach wurde ich elektrischen Stößen an den Genitalien, im Gesäß, an Füßen und Achselhöhlen, Bauch und Ohren ausgesetzt. Ich erhielt mehr als 70 elektrische Stöße. Zum Schluß gaben sie mir drei starke und lange Elektroschocks in den Kopf.
Nach dem ersten Verhör wurde ich in eine Zelle geworfen, in der es Gefangene gab, die drei Tage lang nichts zu essen erhalten hatten. Ihr einziger Komfort beschränkte sich auf eine Decke für jeden fünften Gefangenen. Die meisten von ihnen waren nur deshalb eingekerkert worden, weil sie Ausländer waren. Sie wurden bis zur Bewußtlosigkeit mißhandelt, sie haben Geständnisse unterschrieben, die sie nicht einmal zu lesen bekamen.
Der bestialische Haß meiner Büttel gegen mich beruht nicht auf meiner politischen Zugehörigkeit, sondern hauptsächlich darauf, daß ich der Sohn des Generalsekretärs der KP Chiles bin."

Sadistische Orgien

Bobi Sourander, schwedischer Journalist, zwölf Tage im Nationalstadion von Santiago inhaftiert, in „Dagens Nyheter" vom 27. Oktober 1973:

„Die Soldateska der faschistischen Militärjunta erschlug wahllos Opfer auf den Tribünen des Stadions vor den Augen von viertausend Gefangenen, so den chilenischen Volkssänger Victor Jara. Der Kommandant des KZ knallte eigenhändig einen wehrlosen Gefangenen ab und schoß mit seiner Pistole auch andere Opfer nieder. Einer chilenischen Frau trat er mit dem Stiefel ins Gesicht, bevor sie zu einem der Folterverhöre abgeführt wurde. Ununterbrochen wurden Menschen in der Arena gefoltert, hallten tödliche Schüsse auf den Tribünen, in den Korridoren und in den Gängen der Galerien.
In einer ‚sadistischen Demonstration‘ wurden drei Gefangene ermordet, ein Gefangener, der sich mit einem Sprung von der Galerie das Leben nehmen wollte, wurde auf den Fußballrasen gezerrt und viehisch totgeschlagen. Ebenso wurde mit einem jungen Chilenen verfahren, der auf den Tribünen brutal geschlagen worden war, die Treppe hinunterstürzte und im Geländer hängen blieb: er wurde an

den Beinen auf den Rasen geschleift, mit Gewehrkolben totgeschlagen, danach von Kugeln durch-
siebt und liegen gelassen.

Es gibt lebende Zeugen dafür, daß auf einer der Toi-
letten Gefangene von entmenschter Soldateska die
Schädel derart zertrümmert wurden, daß Blut und
Hirn an den Wänden klebten.

In einem der dunklen Korridore haben Zeugen ge-
stapelte, nackte Leichen unmittelbar neben den
Räumen gesehen, in denen Verhöre abgehalten
wurden."

Stundenlang geschlagen

*Rodolfo Reyes, mexikanischer Choreograph, in
„Morning Star", London, vom 2. November 1973:*
„Ich sah Hunderte von Arbeiterinnen und Arbeitern
auf den Gängen liegen. Eine große Zahl Soldaten
hatte ihre Waffen auf sie gerichtet und schlug sie
ununterbrochen, sobald sich jemand rührte. Große
Blutflecken bewiesen, daß die Drohung zu schießen, in vielen Fällen ausgeführt worden war ... Zahlreiche junge Leute, vorwiegend Studenten, füllten
die Ränge des Stadions. Sie wurden gezwungen zu
knien."

Am 16. September, dem mexikanischen Unabhän-
gigkeitstag, hörten wir die Ankunft einer großen
Gruppe von Einwohnern aus Elendsvierteln, etwa
300 Menschen. Stundenlang wurden sie bestialisch
geschlagen und geprügelt. Dann hörten wir MG-
Feuer, und eine unheilkündende Stille trat ein."

Wie Dantes Inferno

*Ariel Caggiani aus Uruguay im „Guardian", Lon-
don, am 15. November 1973:*

„Ich lag auf dem Boden, unfähig, mich zu bewegen.
Sie nahmen meine Papiere und stahlen mir 18
Pfund Sterling, meine Uhr, meinen Gürtel und
meine Schuhe. Dann kam die erste simulierte Exekution. Zwei Chilenen und ein Italiener lagen auf
dem Boden in der Polizeistation unter ähnlichen
Bedingungen wie ich. Von dort aus brachten sie
mich barfuß zu einem Polizeibus und befahlen mir,
mich mit anderen Gefangenen auf den Boden zu legen. Sie schlugen uns weiter und unternahmen die
zweite simulierte Exekution. Schließlich kamen wir
im Nationalstadion an ...

Die Verhöre fanden im Velodrom statt. Im Verhörzentrum angekommen, begannen die Schläge und die Fragen... All das geschah inmitten der Schreie anderer, die elektrische Schocks erhielten. Es war wie Dantes Inferno. Man konnte Menschen in den Korridoren wie Känguruhs springen sehen unter den Tritten der Soldaten. Ich sprach mit einigen, unter ihnen Luis Corваláns Sohn, der zwei oder dreimal in stundenlangen Verhören mit dem Elektrostab gequält wurde."

Schläge, immer wieder Schläge

Ein kolumbianischer Student, der 20 Tage im Nationalstadion inhaftiert war, über seine Erlebnisse in der im Oktober 1973 in Bogota erschienenen Schrift „Chile: Testimonio de un Genocidio":

„Der Sohn von Radomiro Tomic wurde geschlagen und über die Beziehungen seines Vaters zur Unidad Popular verhört. Antonio José de Barros López, ein Brasilianer, verlor durch die Folter den Verstand. Vom dritten Verhör kam er sehr mißhandelt zurück. Er hatte hysterische Anfälle und bat, daß man ihn töten solle.

In der Zelle waren auch holländische Pfarrer: Alejandro van der Velt und Julian Brown Kaiser. Sie wurden in ihrer Kirche verhaftet und geschlagen. Walter Fritz, ein Tierarzt, wurde an den Händen und Füßen 40 Zentimeter über dem Boden aufgehängt und mit dem Kugelschlagstock geschlagen. Er wurde zweimal auf diese Weise verhört, vom dritten Verhör kehrte er nicht zurück.

Im Stadion hielt man mehr als 200 Arbeiter aus dem Comandri-Betrieb gefangen. Einer von ihnen war in unserer Zelle. Er mußte auf dem Boden ausgestreckt liegen, während zwei Soldaten auf ihm herumtrampelten. Gleichzeitig schlugen sie ihn auf die Schädelbasis und die Hoden. Sie befahlen ihm aufzustehen, doch er konnte nicht. Dann wurde er mit Gewalt hochgezogen, gegen die Mauer gestoßen und dabei geschlagen. Der bolivianische Arzt in unserer Zelle stellte einen Schädelbasisbruch fest."

Neun Menschen getötet

Ein 19jähriger chilenischer Soldat, der zur Wachmannschaft des KZ-Stadions in Santiago beordert wurde, vertraute der französischen Korrespondentin Jacqueline Sorret folgenden am 9. November 1973 in „L'Unité" veröffentlichten Bericht an:

„Ich bin aus dem Süden Chiles herbeordert worden, um die Gefangenen des Stadions zu bewachen. Es sind Ärzte, Universitätsprofessoren, Ingenieure, Schriftsteller, auch sehr viele Journalisten. Gegenüber der Tribüne sind die Arbeiter zusammengepfercht, die Pobbladores. Sie werden am schlechtesten behandelt. Madame, ich kann nachts nicht mehr schlafen, wir werden von Alpträumen gequält. Ich habe neun Menschen getötet. Ich kannte sie nicht. Ich weiß nicht, wer sie waren. Ich

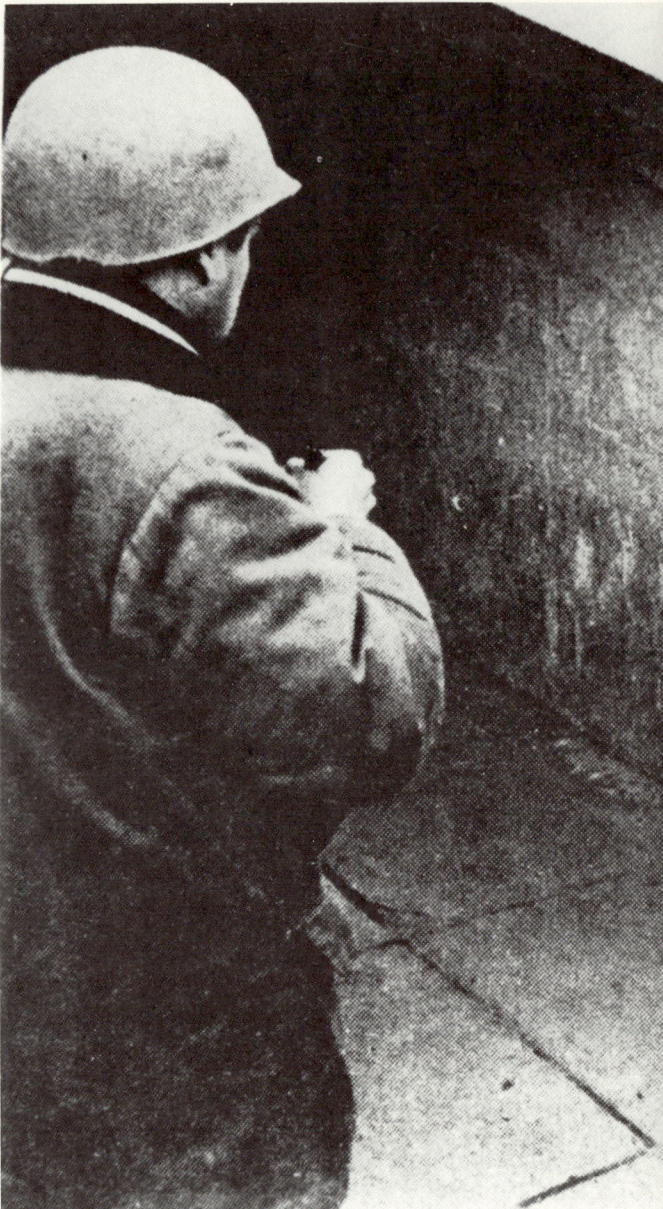

wollte in die Luft schießen, aber mein Vorgesetzter hat mich unter Strafandrohungen gezwungen, auf ihre Körper zu zielen. Man hat uns gesagt, wir müssen sie töten, sonst würden sie uns angreifen. Man hat uns gesagt, wenn wir uns in den Arbeitervierteln zeigen, würde man uns hochgehen lassen. Das Stadion ist den ganzen Tag von Menschen umlagert, aber man darf mit keinem sprechen.

Ich habe bemerkt, daß die Gefangenen gute Menschen sind. Dort, wo ich heute Wache stehe, habe ich zwei Journalisten beobachtet, die überall helfen, die Decken verteilen und die Kranken pflegen und allen Mut zusprechen. Es sind auch viele schwangere Frauen im Stadion, vierzig, glaube ich. Fehlgeburten sind an der Tagesordnung. Zu ihrem Glück gehören auch viele Ärzte zu den Gefangenen. Es gibt viele Fälle von Nierenentzündungen, wegen der Kälte, außerdem sehr schwere Fälle von Magenkrankheiten mit Geschwüren. Brillenträgern hat man die Brillen fortgenommen.

Ich bin nicht mehr der Mensch, der ich vorher war, seit man mich gezwungen hat, Menschen zu töten, die mir nichts angetan haben."

Leid und Qual der Angehörigen

Ein mexikanischer Rundfunkreporter nahm vor dem Nationalstadion mit verdecktem Mikrofon dieses erschütternde Tonbanddokument auf, das unter Lebensgefahr ins Ausland gebracht wurde:
„*Reporter:* Hat es so etwas hier schon gegeben?
Mann: Nein niemals!
Reporter: Und politische Gefangene unter der vorangegangenen Regierung?
Mann: Nein, niemals... und auch nicht solche Mordbrennerei.
Reporter: Und auf wen wartest Du?
Kind: Auf Papa...
Reporter: Wie alt ist er?
Kind: 55 Jahre.
Reporter: War er Mitglied einer Partei?
Kind: Nein
Reporter: Und warum wurde er dann verhaftet?
Kind: Weil er nicht am Boykott teilgenommen hat.
Reporter: Wann haben sie ihn verhaftet?
Kind: Früh...
Reporter: Und wann hat man Ihren Mann verhaftet?
Frau: Am 11. nachmittags um zwei. Also unmittelbar nachdem der Staatsstreich stattgefunden hat... Ja, er kam von der Schicht zurück, und unterwegs haben sie ihn gleich mitgenommen.
Reporter: Wissen Sie etwas über die Gründe?
Frau: Nein, nichts... Es gibt ja keine Information... Er hat zwölf Söhne. Davon sind sechs noch klein...
Reporter: Und wer ist von Ihnen verhaftet worden?
Mann: Vier bis fünf Familienangehörige. Schwager, Bruder, Vetter.
Reporter: Waren sie Mitglieder einer Partei?
Mann: Ja, Kommunisten.
Reporter: Ihnen hat man auch den Mann verhaftet?
Frau: Ja! Ich warte, ich warte!
2. Frau: Hier sehen Sie, ich gebe Ihnen die Adresse, damit Sie sich umschauen können, damit Sie sehen, was geschieht.
Reporter: Adresse, wovon?
2. Frau: Von der Universität. Dort sind die Jungs noch immer eingekerkert. Unten in den Kellern. Dabei sind das nicht mal Söhne und Töchter von Arbeitern. Es sind Kinder von Reichen.
Reporter: Wen suchen Sie?
3. Frau: Ich bin die Mutter von einem, den sie hier im Stadion festhalten.
Reporter: Und was hat er getan?
3. Frau: Er hat studiert, nichts weiter...
Reporter: Und warum haben sie ihn dann verhaftet?
3. Frau: Ich sagte schon, weil er studiert hat. Alle Studenten sind für sie Delinquenten. Sie haben die Universität sogar bombardiert...
4. Frau: Ich wohne der Technischen Universität gegenüber. Sie haben ganze Lastwagen voller Toter

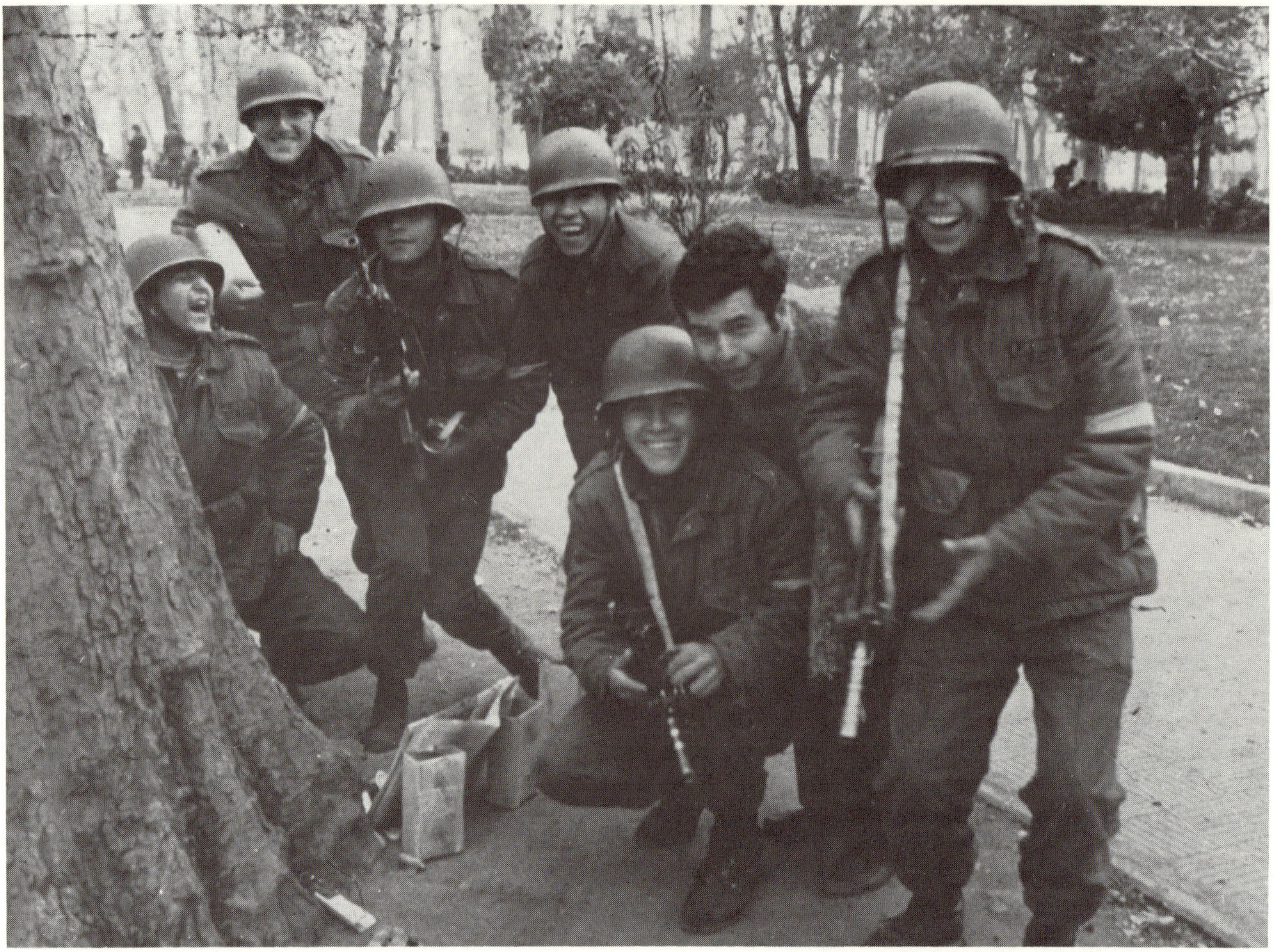

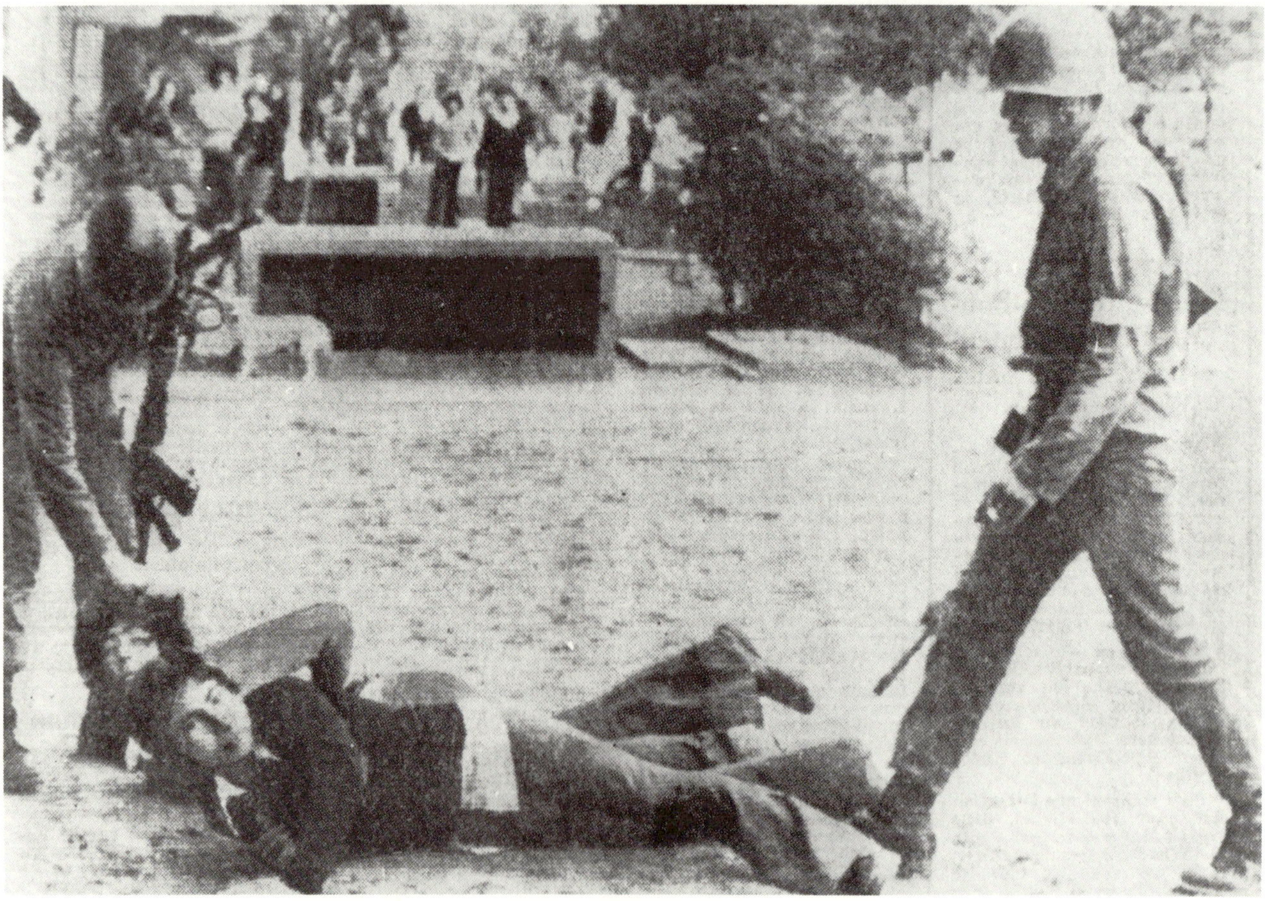

herausgefahren. Sie haben sie alle unten im Casino erschossen. Sie haben die Kinder gezwungen, den ganzen Tag mit den Händen im Nacken in der Sonne im Hof zu liegen. Um 18.30 Uhr begannen sie zu selektieren. Sie brachten 380 andere. 1 500 befanden sich in der Universität. Von ihnen sonderten sie 400 Frauen aus. Es überlebten etwa nur 700. Ich habe alles genau gesehen…

5. Frau: Sie können sich die unglaublichen Verfolgungen in den Fabriken nicht vorstellen. Sie warten den Schichtwechsel ab, dann verhaften sie die Arbeiter. Sie nennen sie „Extremisten".

6. Frau: Tausende Tote, vor allem in den Fabriken. Erst heute Morgen haben sie wieder fünf Arbeiter massakriert. Überall Tote, überall Tote…

7. Frau: Sie bombardieren, sie töten.

8. Frau: Auch Hinrichtungen. Da unten in der Kirche haben sie sogar den Priester erschossen. Vor der Tür der Kirche. Auch die Mutter, die mit dem Priester in der Kirche war.

9. Frau: Bei uns dort in der Nähe haben sie einen Mann erschossen, der im nächsten Jahr sein Examen als Arzt machen wollte. Sie haben ihn erschossen unter dem Vorwand, er stehe links. Ich kenne die Mutter. Sie hat Tag und Nacht für ihn gearbeitet. Nun haben sie ihn erschossen… Und sie morden weiter. Jede Nacht hört man Schüsse.

Frau: Sie sind Verbrecher. Mein Gott, ich kann nicht mehr… Mein Sohn – 8 Uhr morgens ist er zur Schule gegangen… Er kehrte nicht zurück…

Mann: Sie kamen im Morgengrauen. Ich habe ein kleines Kind. Hier sehen Sie, wie sie mich geprügelt haben, das ganze Gesicht. Warum nur? Warum?

Frau: Ich weiß nicht, ob mein Mann hier ist. In der Liste der Toten steht er nicht. Was soll ich bloß machen… Ich habe zwei Kinder… Ich war gestern schon im Leichenschauhaus und habe ihn gesucht. Ich suche weiter…

Mann: Wir werden weiterkämpfen. Wir werden uns nicht beugen. Wir werden kämpfen. Selbst mit den nackten Händen. Mein Bruder wird hier im Stadion festgehalten. Ich gehöre keiner Partei an. Aber er ist Sozialist. Aber auch ich bin immer ein Anhänger Allendes gewesen, ich bin ein Anhänger Allendes. Und selbst, obwohl er tot ist; für mich lebt er weiter. Ich habe einen kleinen Sohn. Ich werde ihn in diesem Sinne erziehen.

2. Mann: Es sind ganze Dörfer ausgerottet worden, ganze Stadtteile dezimiert…

3. Mann: Das Volk wird wieder an die Macht kommen. In uns brennt Haß. Oh, was sie alles mit uns gemacht haben! Niemand kann sich das vorstellen."[83]

Ich sollte zum Verräter werden

Juan René Munoz Halcón, Mitglied des Zentralkomitees der Sozialistischen Partei und Gewerkschaftsführer, im schwedischen Dokumentarfilm „Santiago de Chile – Vergewaltigte Stadt":

„Die Militärjunta wollte mich als Verräter meiner ehemaligen Kameraden verwenden. Ich wurde vom Sicherheitsdienst der Armee verhaftet und von Major Ramirez ins Stadion gebracht. Um mich weich zu machen, ließen sie 30 Gefangene aus der Zelle 1 unter die Präsidententribüne kommen, darunter einige Parteikameraden und Freunde von mir: Camilo, Gato, Carlos, Cherra, Huevito. Der Major befahl ihnen zu laufen. Da waren zwei 6,5 mm Maschinengewehre. Als einige der Kameraden anfingen zu laufen, wurden sie von MG-Salven zerrissen, und die, die nicht sofort losliefen, wurden gleich von dem starken Kontingent Soldaten erschossen, das sich dort befand… Dann setzten sie mir eine Haube auf, so wie man es mit den Feigen macht, und alle Gefangenen mußten ihre Zellen verlassen, damit ich diejenigen verraten konnte, die eine führende Rolle gespielt hatten, dazu meine Kameraden vom Sicherheitsdienst der Partei.

Ich habe sie hinters Licht geführt. Ich wäre nicht viel wert, wenn ich meine Kameraden verriete. Dann führte man mich ins Bad, wo die Spieler nach dem Spiel baden. Dort wurden die Kameraden schrecklichen Folterungen unterworfen. Man band ihre Hände auf den Rücken und hielt ihre Köpfe unter das Wasser. Man kniff sie an den Hoden mit Zangen, man schlug sie und mißhandelte sie wie im Mittelalter."

Der Mord an Victor Jara

Viele Einschüsse in der Brust

Joan de Jara, die Frau des populären chilenischen Folkloresängers Victor Jara, berichtet:

„Victor hatte auf der Brust viele Wunden. Es waren Einschüsse. Seine rechte Hüfte war zerschmettert, es war ein ganz tiefes Loch. Ich glaube, von einer Maschinenpistole. Seine Kleidung war zerrissen, das Gesicht blutig. Er lag in einem langen Gang, neben ihm Tote über Tote. Es wurden immer mehr."[84]

Ermordet, weil er sang

Wladimir Tschernyschew, langjähriger Prawda-Korrespondent, am 13. Oktober 1973:

„Victor Jara starb mit einem Lied auf den Lippen. Man brachte ihn ins Stadion. Mit ihm war sein ständiger Begleiter – die Gitarre. Und er begann zu singen. Die Verhafteten nahmen die Melodie auf, obwohl die Wächter drohten, das Feuer zu eröffnen. Dann zerschlugen Soldaten auf Befehl eines Offiziers Victor die Hände. Er konnte sich nicht mehr begleiten, aber setzte mit schwächer werdender Stimme das Lied fort. Mit dem Kolben zerschmetterten sie seinen Kopf, und hingen Victor zur Abschreckung der Verhafteten vor der Tribüne auf."

Unter Hunderten von Leichen...

Joan de Jara am 9. November 1973 vor Journalisten in Paris:

„Ich sprach Victor zum letztenmal telefonisch am 11. September, dem Tag des Militärputsches. Er war mit 600 Studenten und Professoren in der Technischen Universität, die schon von Truppen umstellt war und beschossen wurde. Am 13. September erfuhr ich, daß er im Stadion von Santiago gefangengehalten wurde. Dann kamen Tage der Ungewißheit und der Angst. Am 18. September klopfte nachts ein junger Angestellter des Leichenhauses an meine Tür und sagte, er hätte Victor unter Hunderten von Leichen von Studenten und Arbeitern erkannt. So war es mir möglich, ihn abzuholen und zu begraben. Ohne diese Nachricht hätte ich nie erfahren, daß er tot ist und unter welchen Umständen er gestorben ist. Er war ein anonymer Toter, eine Nummer unter anderen anonymen Toten."[85]

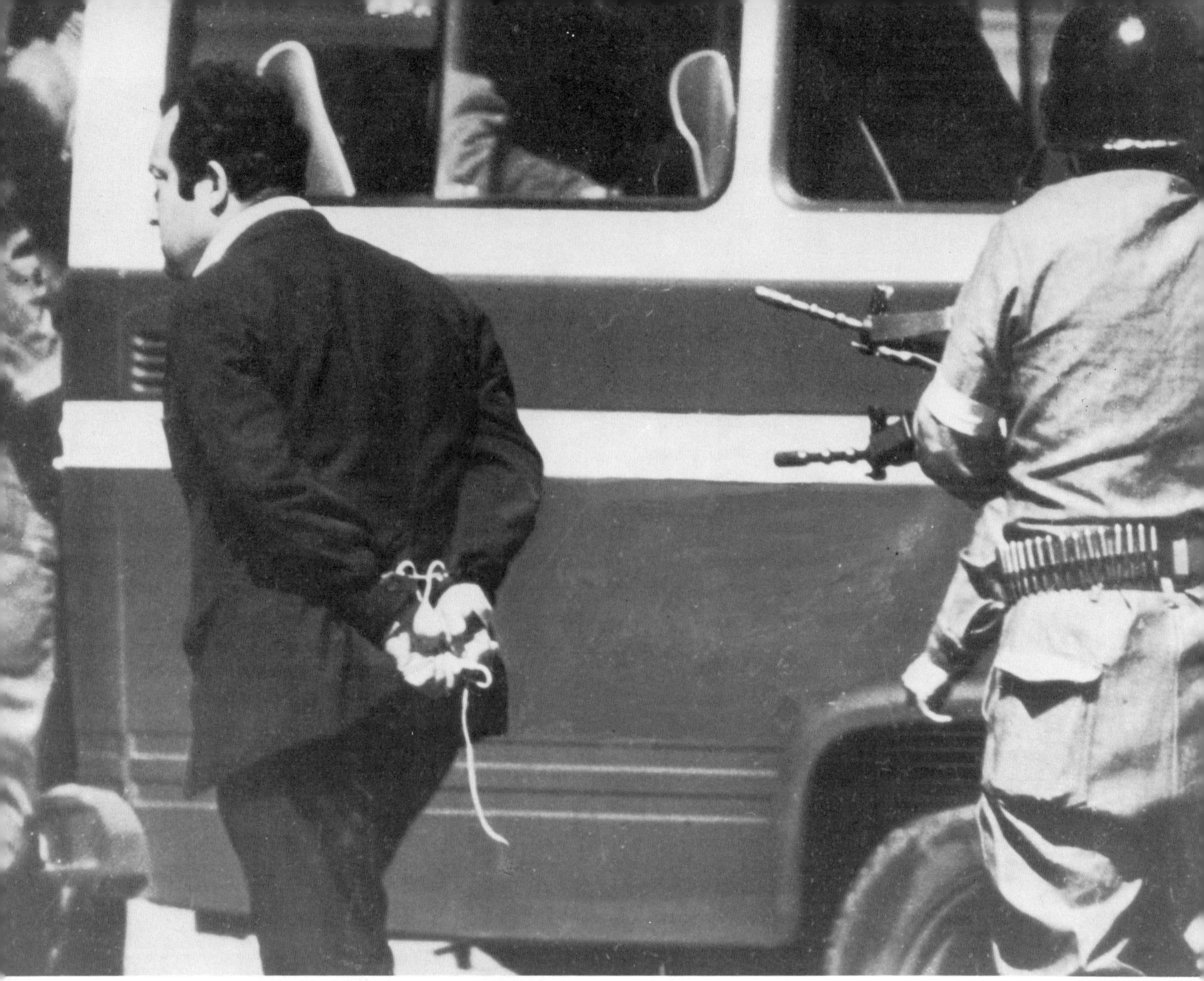

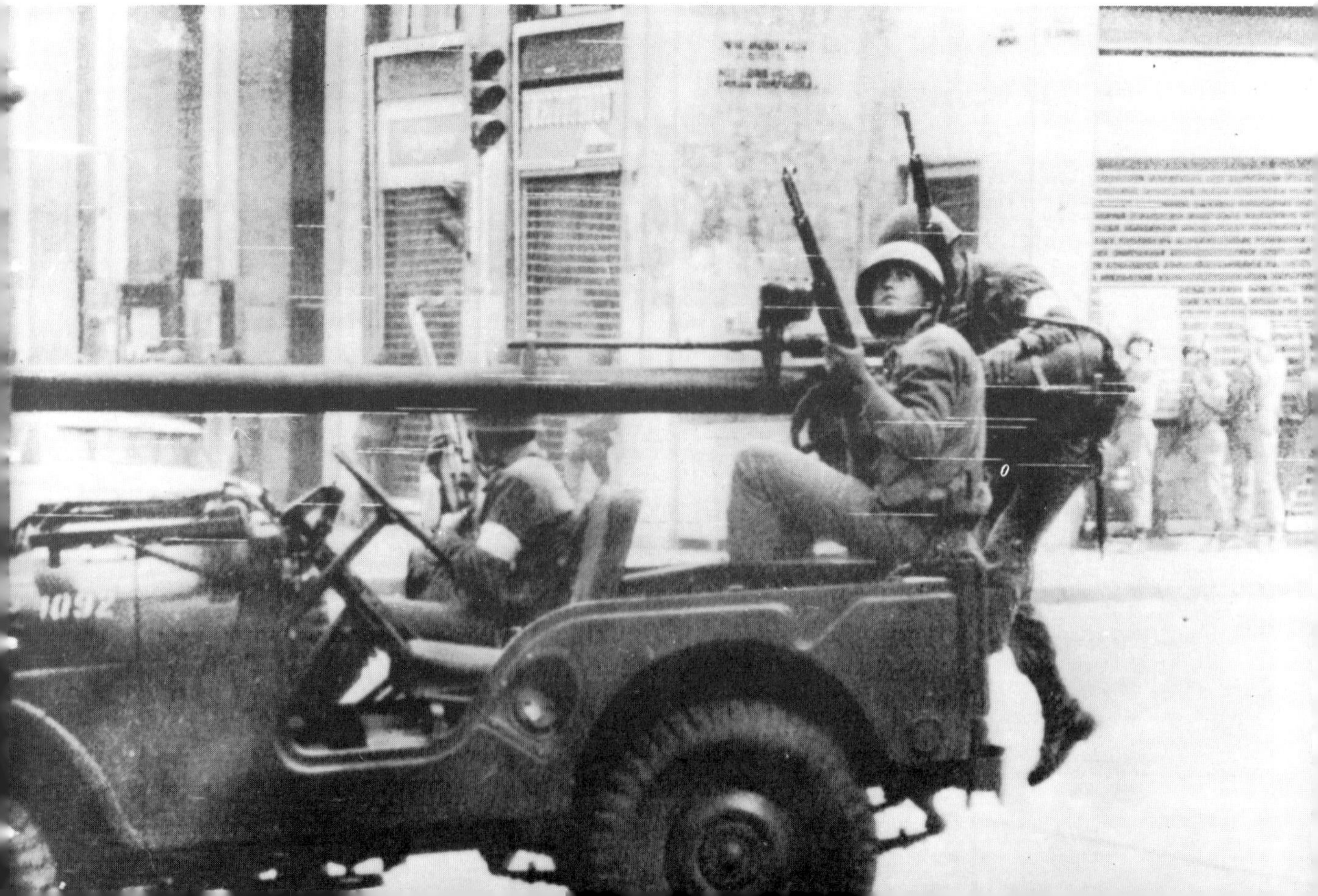
1092

Menschenjagd ohne Ende

Vorm Wohnhaus erschossen

Patricia Morena, Hausangestellte in San Miguel bei Santiago, laut ,,Stern'' vom 27. September 1973:

,,Es war am Samstag kurz nach acht. Draußen war Ausgangssperre. Meine beiden Vettern hatten es nicht mehr geschafft, rechtzeitig nach Hause zu kommen. Als sie kurz vor unserem Haus waren, stießen sie auf eine Gruppe Soldaten. Meine Vettern wollten schnell die letzten Meter bis zum Haus laufen. Da wurden sie von den Soldaten erschossen. Ich fand am nächsten Tag in der Leichenhalle, nahe beim Krankenhaus, José Joaquin Aguirre. Dort waren die Leichen in einem großen breiten Saal übereinandergestapelt.''

Nach vorbereiteten Mordlisten

B. Hullmann, Sonderkorrespondent der AFP, am 28. September 1973:

,,Die sorgfältig vorbereiteten ,schwarzen Listen' des Nachrichtendienstes der Armee erlaubten es den Putschisten, innerhalb von wenigen Stunden die hauptsächlichsten Verantwortlichen der Volksunion zu verhaften und auszuschalten.''

Man füsiliert und vergewaltigt

Der Korrespondent des Schweizer ,,Tagesanzeiger'' am 29. September 1973:

,,Nicht nur aktive Widerstandskämpfer, sondern auch gewöhnliche Bewohner der traditionell linksgerichteten Arbeiterviertel, die den Truppen in die Hände gefallen sind, werden ebenso systematisch gefoltert. Man füsiliert den Gegner einzeln oder scharenweise, man vergewaltigt Frauen, Gefangene werden ,auf der Flucht erschossen'.''

Die Stadt gehört den Soldaten

Dieter Kroner, Korrespondent der ,,Neuen Zürcher Zeitung'', am 3. Oktober 1973:

,,Der Passant erschrickt, wenn aus einer Luxuslimousine plötzlich mehrere Maschinengewehrläufe herausschießen. Hin und wieder sausen Lastwagen durch die Innenstadt, beladen mit Gefangenen, die ihre Arme hinter dem Kopf verschränkt halten. Es sind dies Gefangene, die in das nationale Fußballstadion gefahren werden...
Bald drei Wochen nach Allendes Sturz herrscht noch immer Ausgangssperre, zwischen 22 Uhr und 6 Uhr morgens gehört die Stadt den Soldaten. Die Stille der Nacht wird lediglich von Maschinengewehrsalven durchbrochen... Chile ist seit drei Wochen eine Kaserne. Die Stadt ist trist geworden. Die Spuren des Kampfes sind noch deutlich zu sehen. Abgebrannte und zerstörte Parteilokale der früheren Regierungsparteien...''

Vollständiger Polizeistaat

Andre van der Louw, Vorsitzender der Partei der Arbeit der Niederlande und Leiter einer fünf Mitglieder zählenden Delegation der Sozialistischen Internationale, nach der Rückkehr aus dem Chile der Junta am 6. Oktober 1973:

„Chile ist jetzt ein vollständiger Polizeistaat – mit Folterungen, Morden, Terror und einem Polizeiapparat, der den Ehefrauen keine Auskunft darüber gibt, wo sich ihre Männer befinden."[86]

Furcht, überall Furcht

John Barnes, in „Newsweek", New York, vom 8. Oktober 1973:

„Orlando Contreras, der mit seiner Frau und sieben Kindern in dem Elendsviertel Jose Maria Caro wohnt, fürchtet jeden Tag, daß ein Vertreter der Staatsmacht an seine Tür pocht. Er ist Arbeiter und war in dem Büro für soziale Entwicklung in Santiago tätig, das eine besondere Zielscheibe des neuen Regimes ist. Er ist sich über die Gefahr, vor der er steht, wenn die Soldaten auf seine Spur kommen, genau im klaren.

An dem Tag, als der Putsch stattfand, so berichtete er mir, sahen er und einer seiner Söhne, wie zehn Oberschüler aus ihrer Schule – mit den Händen über dem Kopf – abgeführt wurden, nachdem es eine kurze Auseinandersetzung mit Carabineros gegeben hatte. Sie wurden gezwungen, sich mit dem Gesicht nach unten auf den Boden zu legen, und dann ging ein Polizist an den hingestreckten Jugendlichen vorbei und feuerte mit seiner Maschinenpistole auf sie... Die Berichte über Greueltaten sind endlos, und die Bewohner der Elendsviertel leben in Angst und Schrecken. ‚Ich habe zuviel Angst, um nach ihm zu suchen', sagte eine Frau aus dem Elendsviertel Ultima Hora, die ihren Mann schon Tage nicht gesehen hatte. ‚Ich fürchte, daß sie mich auch festnehmen, und was wird dann aus meinen vier Kindern?'.

Viele fürchten sich jetzt sogar, zu Familien Kontakt zu haben, die in irgendeiner Weise mit dem Regime Allende Verbindung hatten – ob nun als Parteimitglieder, Gewerkschaftsführer oder Angestellte von Lebensmittelverteilungsstellen. ‚Sie können jeden töten, den sie töten wollen', sagte Contreras bitter."

Auch Kinder erschossen

Ein chilenischer Bürger, dessen Name verschwiegen werden muß, in einem Brief, der vom französischen Komitee zur Unterstützung des chilenischen Volkes am 20. Oktober 1973 der Öffentlichkeit übergeben wurde:

„Nachts drangen Militärs in ein Haus ein, um einen Mann zu verhaften. Er flehte sie an, ihn nicht abzuführen, da er vier Kinder habe. Sie zerrten ihn und seine Frau vor das Haus und erschossen beide. Später besannen sich die Soldaten, daß die Kinder

allein zurückgeblieben waren. Sie werden ihre Eltern rächen, wenn sie groß sind, sagten die Soldaten. Sie kehrten zurück und töteten die vier schlafenden Kinder, von denen das älteste 12 Jahre alt war. Während die Junta in den Arbeitervierteln erschießt, foltert und plündert, promenieren in den bürgerlichen Stadtvierteln die Reichen mit ihren fähnchengeschmückten Autos durch die Straßen, als sei nichts passiert."

Jeden Morgen Tote am Straßenrand

Bobi Sourander, schwedischer Journalist, in „Dagens Nyheter" vom 28. Oktober 1973:

„Selbst sah ich einen Mann in einem Graben, durch Genickschuß derart umgebracht, daß sein Gesicht unkenntlich war. Fast an jedem Morgen liegen Tote entlang der Avenida Departamental am Rande Santiagos, die mehrere Industriegebiete der Stadt durchzieht und dazwischen Arbeiterviertel streift. Die Toten liegen nahe der Bushaltestellen, um die

beginnt, verschanzt sich die Stadt. Hubschrauber der Armee überfliegen sie, Militärkonvois durchkämmen sie. Jede Nacht hört man Schüsse. An einem Sonnabend hat das frühmorgens eine Stunde gedauert: Maschinengewehr-Salven, Schüsse, Maschinengewehr-Salven, Massenexekutionen? Zusammenstöße der Armee mit Widerstandskämpfern? Schwierig zu erfahren. In den ,Poblaciones', diesen Elendsvierteln, die Santiago umgeben, ist das Schweigen der Nacht schrecklich. Die kleinen Leute bleiben zu Hause und warten. Wenn die Hunde bellen, dann nähert sich ein Todeskommando. Die Türen werden mit Gewehrschlägen geöffnet. Verdächtige werden abgeführt.
Leopoldo Torre aus Madrid, der Generalsekretär der Internationalen Bewegung katholischer Juristen, der mit zwei Kollegen in diesem Monat an Ort und Stelle Untersuchungen durchführte, ist kategorisch. ,,Die Exzesse der Junta', sagt er, ,sind so systematisch, daß sie dem Völkermord gleichkommen.'"

Wie unter Hitler: ,,Auf der Flucht erschossen"

Aus dem Brief eines Chilenen, der von der algerischen Nachrichtenagentur APS am 2. November 1973 veröffentlicht wurde:
,,Es regiert die Denunziation. Die Junta veröffentlicht zur Rechtfertigung ihrer Greueltaten ähnliche Berichte wie den folgenden: Drei gefährliche Extremisten sind getötet worden, als sie versuchten, von einem Militärfahrzeug zu flüchten. Die Wahrheit ist: Es handelt sich um drei Ärzte, den Gebietschef des Nationalen Gesundheitswesens, einen Krankenhausdirektor und einen seiner Mitarbeiter, die am 11. September festgenommen worden waren. Wenige Tage später hat ein anderer Arzt, der mit ihnen im Gefängnis war und freigelassen wurde, ausgesagt, daß die Mißhandelten gar nicht in der Lage gewesen wären, zu fliehen, da sie nicht mehr laufen konnten. Sie sind also kaltblütig ermordet worden."

Auch Defätisten werden verfolgt

Manfred von Conta, Lateinamerika-Korrespondent der ,,Süddeutschen Zeitung", am 2. November 1973:
,,Neben die unvermindert fortdauernde Jagd auf ,Marxisten' ist nun die Verfolgung von ,Defätisten' getreten, von Leuten, die in der Öffentlichkeit abfällige Bemerkungen über die Politik der Junta machen. Die Angst vor einem Wiederaufleben bewaffneten Widerstands, vor allem aber die Sorge, neuerdings durch Kaufkraftschwund und Massenentlassungen betroffene Bevölkerungsschichten könnten Zeichen ihrer Unzufriedenheit äußern, zwingen die Junta, die militärisch-polizeiliche Repression zu verstärken: Während die nächtliche Ausgangssperre weiter besteht, wurden die letzten drei Reservistenjahrgänge der Armee und auch der Marine in die Kasernen zurückgerufen.

Menschen einzuschüchtern. Ihre Gesichter sind mit Gewehrkolben eingeschlagen, damit man sie nicht erkennen kann.
Für einen chilenischen Arbeiter im Estado Nacional gibt es keinen Unterschied zwischen ,Kriegsgericht' oder Freilassung. Er kann nur mit ,bedingter Freiheit' rechnen, muß jede Nacht in seiner Wohnung schlafen und muß sich, wenn er gesucht wird, sofort bei den Behörden einstellen. ,Daheim' zu schlafen, wo Denunzianten einen Mann anzeigen, weil er verdächtig ist, im Estadio Nacional verhaftet gewesen zu sein, kann das Ende der Avenida Departamental bedeuten."

Das ist Völkermord

Edouard Bailby, französischer Journalist, von der Junta-Polizei mehrere Stunden verhört, in ,,L'Express" vom 29. Oktober 1973:
,,Das ist Santiago heute: Willkür, Gewalt, Furcht, an jedem Abend, wenn um 22.00 Uhr die Sperrstunde

Die Kriegsgerichte, die in geheimen Schnellverfahren Todesurteile verhängen, tagen . . . weiter. Ebenso ist die Zahl der täglich ‚auf der Flucht' Erschossenen nicht geringer geworden."

Willkür und Gewalt

Guido Vicario, italienischer Journalist, in der „Unita" vom 5. November 1973:

„Santiago ist heute eine Stadt, in der Willkür und Gewalt herrschen. Wenn das Ausgehverbot beginnt, herrscht absolute Unterdrückung. Die Nacht ist dann die Zeit für Hausdurchsuchungen, die Verhaftungen und für den Transport der Häftlinge von einem Gefängnis in das andere."

Von Verhafteten nie mehr etwas gehört

Ein Flüchtling aus Chile berichtet am 26. November 1973 im ARD-Fernsehen:

„Ich habe Glück gehabt, ich wurde nicht verhaftet wie die meisten Gewerkschaftsfunktionäre und Vertrauensleute meiner Fabrik, von denen wir nie mehr was gehört haben. Nur einen haben wir wiedergesehen auf der Straße, er lag da und war tot."

Massendeportation Unschuldiger

Jede Nacht ein Schiff Gefangene

Der Hafenarbeiter Manuel Figuero aus Valparaiso im „Stern" vom 27. September 1973:
„Ich wohne in der Vorstadt Nueva Aurora, von der man den ganzen Tag den Hafen übersehen kann. Während überall noch gekämpft wurde, lag an der Reede, an der normalerweise die Kriegsschiffe liegen, das Frachtschiff ‚Maipu'. Der Marinekommandant von Valparaiso, Adolfo Walbaum Wieber, hatte bekanntgegeben, daß alle Gefangenen auf Inseln im Pazifik gebracht werden sollten. Er sagte, das seien etwa tausend.
Abends, wenn es dunkel wurde, sahen wir immer eine Reihe von Omnibussen der staatlichen Busgesellschaft ETC an den Kai fahren, wo die ‚Maipu' lag. Wieviel Leute jeweils auf das Schiff gingen, konnte ich wegen der Entfernung nicht erkennen. Dann fuhr das Schiff raus. Morgens kam es vor Sonnenaufgang wieder. Leer. Die Zeit hätte nicht gereicht, um bei einer der Inseln vor der Küste gewesen zu sein."

Pazifik-Insel als KZ

Der Westberliner Soziologe Klaus Meschkat, seit März 1973 ordentlicher Professor der Universität Concepcion, im „Stern" vom 4. Oktober 1973:
„Auf der Insel (Quiriquina, d. Hrsg.) wurden wir ausgeladen und in die Turnhalle der Kadettenschule gebracht. Dort waren schon rund 200 Gefangene, fast alles Leute, die sich kannten. Professoren, Studenten und Leute aus Betrieben, die ich zum Teil bei meinen wissenschaftlichen Untersuchungen kennengelernt hatte. Einer meiner Studenten erzählte mir, er sei von Carabineros vier Stunden lang derart geschlagen worden, daß er überlegt habe, Selbstmord zu begehen.
Viele von den Leuten, die aus der Umgebung von Concepcion stammten, hatten gebrochene Rippen. Wenn sie ihren Streckverband abnahmen, konnte man sehen, daß ihr ganzer Körper blau unterlaufen war. Sie seien mit Gewehrkolben, Stöcken und auch mit nassen Handtüchern geschlagen worden, sagten sie uns. Sie waren nicht in einem systematischen Verhör geschlagen worden, sondern bei der Aufnahmeprozedur.

Kurz nach dem Besuch einer Juristenkommission wurde die Lagerdisziplin plötzlich verschärft. Es wurde jetzt Stacheldraht gezogen. In der folgenden Woche wurden sehr viele Leute eingeliefert – nicht nur aus der Provinz von Concepcion, sondern auch aus den Provinzen Bio-Bio und Nuble, darunter der frühere Landwirtschaftsminister Hidalgo. Aus der Stadt Los Angeles, der Hauptstadt der Provinz Bio-Bio, kamen Leute, die sich in einem sehr schlechten

Zustand befanden. Sie mußten nach ihrer Verhaftung 40 Stunden in Hockstellung verharren, die Hände im Genick verschränkt, ohne Essen. Zwischendurch wurden sie geschlagen.
Die Insel wurde während meines Aufenthaltes nun wirklich in ein Konzentrationslager umgeformt."

Viele verschwanden spurlos

Jaques Zylberberg, belgischer Soziologieprofessor, der an der chilenischen Universität Concepcion unterrichtete und auf einer Insel vor der Hafenstadt inhaftiert war, in „Journal d'Europe", Belgien, vom 25. Oktober 1973:
„Es wurde blindlings verhaftet. Vom höchsten Verantwortlichen in der Allende-Regierung bis zu den einfachen Menschen, den Tausenden kleinen Leuten, die nur die Schuld hatten, zum Volk zu gehören.
Von Anfang an begannen Menschen nach ihrer Verhaftung zu verschwinden, ohne daß man genau weiß, unter welchen Umständen. Einige Exekutionen wurden bekanntgegeben, aber von anderen weiß man nichts. Soviel ist sicher, die Zahl der Verhaftungen ist sehr hoch.

1 ANTOFAGASTA
2 LA SERENA
3 SANTIAGO MILITARY ACADEMY
4 NATIONAL STADIUM
5 SANTIAGO PRISON
6 RANCAGUA
7 QUIRIQUINA ISLAND
8 CONCEPCION
9 DAWSON ISLAND

Auf der Insel, wo ich war, gab es ständig ungefähr 600 Personen, aber das wechselte sehr schnell. Die ganze Zeit kamen neue an, andere verschwanden. Wohin? Wurden sie freigelassen, woanders hingebracht oder noch schlimmer?"

Ständig Schmerzensschreie

Julio Duran, venezolanischer Student, informierte in Caracas über furchtbare Folterungen auf der KZ-Insel Dawson. Prensa Latina berichtete am 25. November 1973 über seine Erlebnisse:
„Duran wurde mit elektrischem Strom gefoltert und häufig geschlagen. Man preßte ihm Wasser in die Nase und schob zugleich glühende Zigaretten in den zum Atmen geöffneten Mund. Einer der Soldaten fragte den Gefangenen: ‚Du willst Dich doch selber umbringen, nicht wahr?', drückte ihm ein Gewehr in die Hand, legte den Finger des Studenten auf den Abzug und seinen Finger auf den Durans. Dabei schrie er ihn an, er solle sich töten.
Am fünften Tag seines Aufenthalts auf der Insel bemerkte Duran unter einer neu angekommenen Gruppe von gefangenen Senatoren und Abgeordneten der Unidad Popular den früheren Minister für Inneres und für Verteidigung, Jose Toha. Von der Ankunft dieser Gefangenen an wurden die Wachen auf der Insel verdoppelt.
Julio Duran berichtete weiter, daß aus den Barakken, in denen die Minister und Abgeordneten untergebracht waren, ständig Schmerzensschreie und Schläge zu hören waren. Nur wenige von ihnen waren manchmal zu sehen, aber man konnte erkennen, daß sie sich in einem kritischen Zustand befanden.
Duran berichtete auch über die Folterung anderer Häftlinge, so eines Lehrers, der bis zur Bewußtlosigkeit geprügelt und in den Fluß geworfen wurde. Ein führender kommunistischer Funktionär von Punta Arenas, Francisco Alarcon, wurde mit Hilfe von Injektionen und giftigen Tabletten umgebracht."

Die größten Todeslager im Chile der Generalsjunta

Auf der KZ-Insel Dawson: Daniel Vergara, stellvertretender Innenminister der UP-Regierung

Junta-Chile 1973

Nazi-Deutschland 1933

Tag und Nacht Exekutionen

Gefangene erschossen

Sam Russel, Journalist der britischen Zeitung „Morning Star", am 25. September 1973:

„Bekannte Zentren der Arbeiterklasse, wie die Fabriken in Sumar und Yarur wurden heftig angegriffen. Gefangene wurden in vielen Fällen sofort erschossen, als sie mit hinter dem Genick verschränkten Armen heraustraten…

Beim Überfall der Putschisten auf die Staatliche Technische Universität mußten sich die Studenten und Mitglieder des Lehrkörpers unter Androhung, wer sich bewege, werde erschossen, mit dem Gesicht nach unten auf den Boden legen. Als nach Stunden die Frauen unter den Verhafteten vom Gelände getrieben wurden, erhoben einige Männer ihre Köpfe, um den Frauen auf Wiedersehen zu sagen. Ohne Warnung eröffneten die Putschisten Maschinengewehrfeuer. Eine Überlebende sagte, sie wisse nicht, wie viele starben."

Massenerschießung am Mapocho

Gonzalo Martinez, Lebensmittelhändler in Santiago, laut „Stern" vom 27. September 1973:

„Es war am Tage des Putsches. Eine Einheit Soldaten stürmte die Armensiedlungen im Vorort Barrancas. Sie traten die Türen der Holzhäuser ein, trieben die Bewohner mit Kolbenhieben auf die Straße und durchwühlten die Häuser. Bei 16 Männern fanden sie Waffen. Soldaten führten die Männer zum nahe-gelegenen Mapocho-Fluß, stellten sie auf die Böschung und eröffneten das Feuer. Einige sprangen in das reißende Wasser und ließen sich treiben, als ob sie tot wären. Doch die Soldaten ließen sich nicht täuschen. Sie schossen mit ihren Maschinenpistolen hinterher. Niemand kam davon."

Einschüsse im Rücken

Raul Rodriguez, Feuerwehrmann in Santiago, laut „Stern" vom 27. September 1973:

„Wir wurden zum Mapocho-Fluß abkommandiert. Wir sollten auf der Strecke zwischen den Brücken bei der Juristen-Hochschule und dem Bahnhof Mapocho die Leichen aus dem Fluß fischen. Ich weiß nicht, wieviel wir rausgeholt haben.

Die meisten Toten, glaube ich, waren Studenten. Sie waren zwischen 16 und 30 Jahre alt. Allein am achten Tag nach dem Putsch haben wir ein halbes Dutzend gefunden. Am Sonntag davor habe ich selbst fünf Leichen herausgezogen. Sie hatten alle Einschüsse im Rücken. Die Leichen, die wir fanden, hatten noch keinen Tag im Wasser gelegen."

„Vor unseren Augen erschossen"

Isabel Herreras, Hausfrau in Copiapo im Norden Chiles, laut „Stern" vom 27. September 1973:

„Vor dem Kasernentor wartete eine Schlange von Männern und Frauen auf Passierscheine. Ein Lastwagen fuhr vor, vollbeladen mit Männern, die von Soldaten mit schußbereiten Gewehren bewacht wurden. Die Männer wurden auf den Kasernenhof getrieben. Sie mußten sich an eine Wand stellen. Dann wurden sie vor unseren Augen erschossen."

Arbeiter abgeknallt

Petro Córdoba, Arbeiter in der Baufertigteil-Fabrik „Pizzarreno" am Westrand von Santiago, laut „Stern" vom 27. September 1973:
„Zwei Stunden nach dem Putsch machten wir uns bereit, die Fabrik zu verteidigen...
Am Nachmittag kamen Lastwagen mit Soldaten. Die Soldaten bauten einen Mörser auf, sprengten das verrammelte Werkstor und stürmten in den Hof. Wir schossen zurück. Als sie in das Gebäude eindrangen, zogen wir uns in das dritte Stockwerk zurück. Einige von uns wollten aufgeben. Mit weißen Taschentüchern liefen sie winkend auf die Soldaten zu. Sie wurden einfach abgeknallt.
Gegen vier Uhr, zweieinhalb Stunden nach Beginn des Gefechtes, ging uns schließlich die Munition aus. Wir versuchten unsere Waffen zu verstecken, was nicht allen gelang. Die Soldaten nahmen uns gefangen. Wir mußten uns auf den Boden legen, dann wurde aussortiert. Die mit Waffen auf die eine, die ohne auf die andere Seite. Die mit den Waffen wurden an Ort und Stelle umgelegt.
Die Soldaten hatten eine Liste bei sich, auf der die meisten unserer Funktionäre standen. Sie erschossen alle, die sie kriegen konnten. Als sie uns am Abend auf Lastwagen aus der Fabrik brachten, waren wir ungefähr 85 Leute. Am Mittag waren wir noch 250 gewesen."

Immer mehr Leichen

Der Chile-Korrespondent der britischen Agentur Reuter nach einem Besuch des allgemeinen Friedhofs in Santiago am 29. September 1973:
„Ein Friedhofsangestellter sagte, die Zahl der Toten ist in der Woche nach dem Putsch um 30 Prozent angestiegen. Außerhalb der eisernen Tore des allgemeinen Friedhofs befindet sich das Leichenschauhaus der Stadt. Es wird von paramilitärischer Carabinero-Polizei bewacht. Die Menge drängt sich auf dem Pflaster und wartet auf die neue Liste der Toten, die auf dem gerahmten Anschlagbrett angezweckt wird. Hunderte warten jeden Tag auf die Liste. ‚Es gibt immer mehr Leichen. Wir verbrennen sie im Krematorium, wenn sie nicht abgeholt werden', flüstert ein Totengräber. Ich habe gesehen, wie die Deckel von zwei Särgen angehoben wurden. Es war Blut darin, und eine Leiche hatte keinen Kopf."
Allein in einer Abteilung des Friedhofs gebe es 226 neue Kreuze, heißt es in dem Bericht.

Auch Polizisten und Soldaten exekutiert

Vittorio Lonso, italienischer Wissenschaftler, der beim UNO-Institut für Bevölkerungsstatistik in Santiago tätig war, laut ADN vom 1. Oktober 1973:
„Viele Menschen sind ermordet worden. Ich selbst war Augenzeuge der grausamen Ermordung eines bolivianischen Studenten, der Stipendiat an einer Universität in Chile war. Er wurde mit zahlreichen Gewehrschüssen umgebracht...
Ich selbst habe einen Fallschirmjäger getroffen, der mir erregt erzählte, daß er gezwungen wurde, Soldaten zu erschießen. Ich habe gehört, es sollen über 2 000 Carabineros erschossen worden sein, weil sie sich weigerten, die Befehle auszuführen."

Organisierter Massenmord an Arbeitern

Wladimir Tschernyschew, langjähriger Korrespondent der „Prawda" in Santiago, über die ersten Tage des Putsches in seinem Erlebnisbericht vom 9. Oktober 1973:

„In einem kleineren Reparaturbetrieb auf dem Boulevard Vicuna Macken hielten die Arbeiter rund zwei Stunden lang den Attacken einer Infanterieabteilung stand. Als die Putschisten sahen, daß den Verteidigern die Munition ausging, befahlen sie ihnen, sich zu ergeben, und versprachen ihnen dabei, ihnen das Leben zu lassen. Doch sobald die Soldaten in die Betriebe eindrangen, hißten die Arbeiter die dreifarbige Nationalflagge Chiles, und den Putschisten schlug plötzlich ein Feuerstoß entgegen. Auf Befehl des Offiziers wurde ein Geschütz in Stellung gebracht, das den Betrieb unter direkten Beschuß nahm. Geschoß auf Geschoß feuerte es durch die offene Betriebspforte. Als die Putschisten in den Betrieb stürmten, wurde über die Hälfte der Arbeiter ermordet. Die Verwundeten erschoß der Offizier an Ort und Stelle.

In der mechanischen Werkstatt im Bezirk Serrillos hielten 30 Arbeiter mehr als drei Stunden den Betrieb. Den Kampf stellten sie erst dann ein, als sie keine Patronen mehr hatten. Die Arbeiter, die noch lebten, wurden von den Putschisten auf dem Werkhof erschossen.

Sobald die Soldaten einen Betrieb besetzt hatten, begannen die Erschießungen. In erster Linie ermordeten sie die Kommunisten, Sozialisten und Gewerkschaftsfunktionäre. Einer der unversehrt gebliebenen Arbeiter erzählte später, daß in seinem Betrieb gleich hinter den Soldaten der frühere Verwalter, ein Prominenter der faschistischen Organisation ,Patria y Libertad', erschien und daß die Meuterer auf seinen Wink hin 20 Arbeiter erschossen.

Zu bewaffneten Zusammenstößen kam es auch in einer Reihe von Arbeitersiedlungen in Santiagos Umgebung. Alle diese Siedlungen – ,Poblaciones' – bestehen aus einigen Hundert winzigen Häuschen und armseligen Hütten. Sie sind aus Sperrholz, Hartplatten und Bohlen gebaut. Nicht etwa mit den Kugeln, mit der Faust kann man ihre Wände durchschlagen. Und dennoch fürchteten die Putschisten, in die ,Poblaciones' einzudringen: Hinter jedem Zaun, hinter jeder Ecke erwarteten sie die Vergeltung. Da fanden die Henker den überraschend grausamen Ausweg: Sie setzten Artillerie in die Umgebung der Siedlungen ein und eröffneten das Feuer. Die Putschisten griffen andere Siedlungen aus der Luft an. Flugzeuge feuerten aus ihren Maschinengewehren, warfen Bomben.

Noch immer: Leichen im Mapocho

Hildegard Moral, Mitarbeiterin des „Tagesspiegel" am 13. Oktober 1973:

„Aus dem Mapocho, der durch Santiago fließt, werden immer noch Leichen gefischt, es sind nicht Leichen aus den ersten Tagen nach dem Putsch, sondern mit frischen Schußwunden. Ein ,Erschossener' lebt, er konnte verwundet entkommen. Er war der letzte in der Reihe derjenigen gewesen, die erschossen werden sollten. Er floh, wurde angeschossen, fiel in den Mapocho und wurde für tot gehalten. Er fand Hilfe und konnte sich retten."

Jeden Tag Tote

Joe Nordmann, Generalsekretär des Internationalen Bundes Demokratischer Juristen, nach seinem Aufenthalt in Chile am 20. Oktober 1973 gegenüber Radio Wien:

„Man findet täglich noch im Fluß Mapocho Leichen, die am Rande des Flusses in der Nacht hingerichtet wurden. In den Poblaciones heißt es, jeden Tag werden Leichen gefunden. Das sind die Arbeiterviertel von Santiago, und an einem Tag hat ein Augenzeuge im Leichenhaus von Santiago 190 Leichen gefunden, darunter auch sehr junge Knaben, und alle waren durch Schüsse hingerichtet, auch mit Zeichen von Folterungen."

Die blutige Spur des Generals Arellano Stark

„L'Humanité" veröffentlichte am 21. November 1973 folgenden Augenzeugenbericht:

„In Serena, 400 Kilometer von Santiago entfernt, herrscht heute der Terror. In der Garnison sind 619 politische Gefangene eingekerkert. Am 16. Oktober traf hier General Arellano Stark ein. Er ließ sich um 13 Uhr fünfzehn Gefangene vorführen. Eine Stunde später wurden sie ohne Urteilsverkündung hingerichtet und ihre Leichen in ein Massengrab geworfen. Man hatte sie vorher gefoltert. Drei von ihnen waren schon früher verurteilt worden und hatten Berufung eingelegt. Die anderen 12 hatten den sozialistischen Rechtsanwalt Gustavo Rojas zu ihrem Verteidiger bestimmt, der jedoch ebenfalls ins Gefängnis geworfen wurde. Nach dem Massaker in Serena zog General Stark weiter nach Copiapo und nach Arica, einer Stadt an der peruanischen Grenze, und dann nach Antofagosta, überall auf seinem Weg hinterließ er eine blutige Spur."

Santiago, 16. September 1973
Leiche im Mapocho

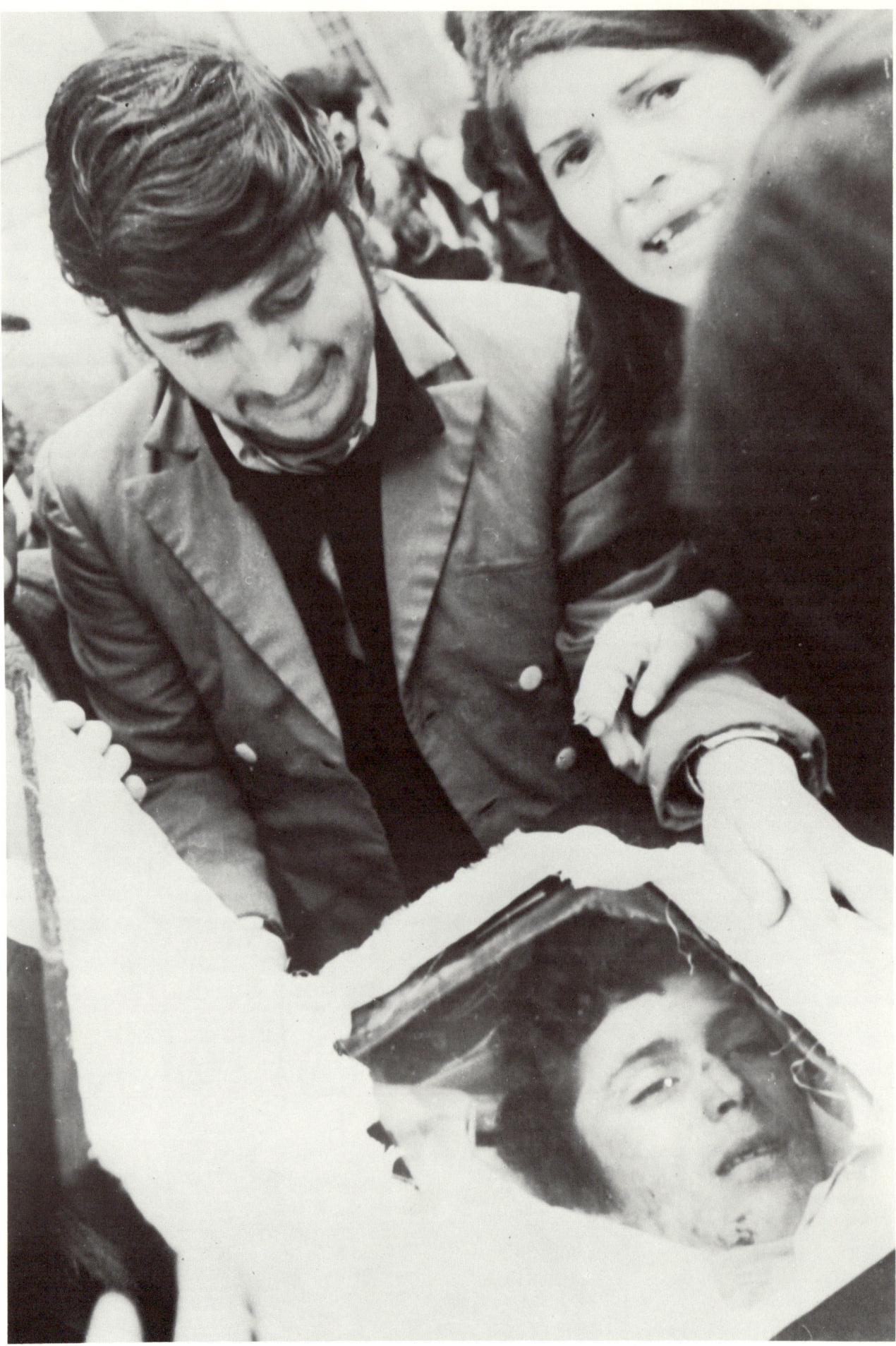

Im Leichenschauhaus von Santiago

Schüsse unters Kinn, eingeschlagene Schädel

John Barnes in „Newsweek" vom 8. Oktober 1973:
„In der vergangenen Woche gelangte ich durch eine Seitentür in das Leichenschauhaus von Santiago, indem ich den von der Junta ausgestellten Presseausweis mit der Ungeduld und Autorität eines hohen Beamten zückte. 150 Leichen lagen auf dem Boden... Ich ging die Treppe hinauf und gelangte durch eine Flügeltür auf einen schwach erleuchteten Korridor, wo mindestens fünfzig weitere Leichen dicht nebeneinander mit den Köpfen an die Wand gelehnt lagen. Sie waren alle nackt.

Die meisten waren durch einen Schuß unter das Kinn aus kurzer Entfernung getötet worden. Einige wiesen Einschüsse aus Maschinengewehren am Körper auf. Ihre Brüste waren aufgeschlitzt und in grotesker Weise wieder zusammengenäht worden. Das sollte wahrscheinlich eine Proforma-Autopsie sein. Sie waren alle jung und stammten – nach ihren rauhen Händen zu urteilen – alle aus der Arbeiterklasse. Einige von ihnen waren Mädchen, die unter den Leichenmassen nur am Busen zu erkennen waren. Den meisten war der Schädel eingeschlagen... Ich konnte von der Tochter eines Angestellten des Leichenschauhauses eine offizielle Ziffer über die Leichen dort erfahren: Bis zum 14. Tag nach dem Putsch waren – ihr zufolge – in dem Leichenschauhaus 2 796 Leichen eingegangen und dort abgefertigt worden.

Ein Totengräber berichtete mir, daß in einem Notzentrum für erste Hilfe in Santiago die Leichen mit Hubschraubern zusammengetragen werden. Von dort aus befördert man sie dann ans Meer, wo man sie versenkt. Ein Priester erzählte mir, daß es ihm am Sonnabend nach dem Putsch gelungen war, in die Technische Hochschule von Santiago zu gelangen, wo heftige Kämpfe stattgefunden hatten. Er gebrauchte den Vorwand, daß er die Toten segnen wollte. Er sagte, er hätte gesehen, daß dort 200 Leichen gestapelt waren. ‚Es waren alles Studenten', erklärte er. ‚Zwei waren Mädchen in blauer Schuluniform.'

Ich sprach mit drei Frauen aus dem Elendsviertel Pincoya. Eine von ihnen, eine Mutter von zwei Kindern, hatte gerade erfahren, daß sie Witwe geworden war. Sie erzählte mir folgende traurige Geschichte: ‚Am letzten Sonnabend um acht Uhr morgens drangen Soldaten in unser Viertel ein. In dem Teil, wo wir wohnen, trieben sie ungefähr 50 Männer zusammen und hielten sie solange fest, bis ein Polizeileutnant kam, um seine Auswahl zu treffen. Als der Leutnant meinen Mann sah, ließ er ihn vortreten und sagte zu ihm: ‚Jetzt wirst du für alles zah-

len, was ihr getan habt.' Die Carabineros brachten ihn und ein paar andere zur Polizeistation, die übrigen wurden von den Soldaten festgenommen.'
Drei Tage lang suchten sie und die anderen Frauen von Pincoya auf Polizeistationen und in den beiden Fußballstadien nach ihren Männern. Erst nachdem sie erfahren hatten, daß ein 17jähriger Junge aus ihrem Block im Leichenschauhaus gefunden worden war, mit Einschüssen in Kopf und Brust, machten sie sich auf, um in die Totenlisten Einblick zu nehmen. Dort fanden sie die Namen von ihrem Mann Gabriel und von allen männlichen Erwachsenen aus einem Block ihres Viertels."

Der Aufschrei der Witwen und Waisen

Ein mexikanischer Rundfunkreporter nahm im Leichenschauhaus von Santiago unter schwierigsten Bedingungen folgendes Tonbanddokument auf:
„Frauenstimme: Ich warte darauf, daß sie meinen Mann herbringen. Sie holten ihn aus dem Bett und brachten ihn um. Auch meinen Sohn, ... auch meinen Bruder. Ich warte auf sie, auf diese drei...
Reporter: Und man hat Ihnen gesagt, daß sie hier im Leichenschauhaus sind?
Frau: Ja. 13 Söhne habe ich gehabt... Nun haben sie auch die letzten beiden. Einer ist schon umgebracht...
Reporter: Haben Sie einer politischen Partei angehört?
Frau: Nein, Senor...
Reporter: Gab es unter der vorangegangenen Regierung Tote?
Frau: Nein, Senor, niemals.
Mädchen: Ich warte auf Freunde, die sie getötet haben.
Reporter: Wie alt bist Du?
Mädchen: 16 Jahre.
Reporter: Und warum haben sie die Freunde umgebracht?
Mädchen: Sie haben die Regierung verteidigt.
Reporter: Und wie alt waren sie?
Mädchen: Einer war 15, acht waren 17 Jahre alt. Mich haben sie auch gequält. Auch mich haben sie zusammengeschlagen, als sie meinen Vater holten. Mich und meine 16jährige Schwester. Sie wurde noch in der Wohnung fertiggemacht.
2. Frau: Mir haben sie den Mann getötet.
3. Frau: Auch mir haben sie den Mann getötet.
Reporter: Wie alt bist Du?
4. Mädchen: 17.
Reporter: Und er?
4. Mädchen: Auch 17.
Reporter: Und wen suchen Sie?
Mann: Familienangehörige, ermordet. Einer war 16, der andere 25, der andere 45.
5. Frau: Ich suche meine Schwester, die sie am Sonntag abholten.
Reporter: Und man hat Ihnen gesagt, daß sie hier im Leichenschauhaus wären?

5. Frau: Ja, man hat mir gesagt, das wäre am sichersten.

6. Frau: Ich habe hier meinen Schwager, den Sohn und den Bruder gefunden.

7. Frau: Mein Bruder, mein Mann, mein Sohn, alle tot, … alle tot … Sie liegen hier … in diesem Schubfach. Zwei, … ich suche noch weiter.

8. Frau: Sprich, sprich, erzähle wie sie Dich geprügelt und geschändet haben …

7. Frau: Alle drei haben sie ermordet in meiner Wohnung, alles haben sie mitgenommen, Geld, andere Dinge, alles. Sie haben mich allein gelassen. Mit nichts stehe ich da, allein … O, da seid Ihr ja, o Unglück, da seid Ihr ja … diese Furchtbaren, o dieses gemeine Pack … Diese Furchtbaren.

9. Frau: Zwei Freunde haben sie umgebracht, der eine 16, der andere 17 Jahre alt.

Reporter: Was haben sie getan?

9. Frau: Nichts, nichts. Sie waren so jung, so schön …

Reporter: Waren sie Mitglied einer Partei?

9. Frau: Nein, nein.

Reporter: Wie alt bist Du?

2. Junge: 16 Jahre.

Reporter: Und Du?

3. Junge: 17.

Reporter: Und auf wen wartest Du?

3. Junge: Auf meinen Vater, meinen Onkel, meinen Bruder …

10. Frau: Mein Kind haben sie auch getötet …

Reporter: Wie alt war es?

10. Frau: Drei Jahre alt …

11. Frau: Fünf von mir haben sie umgebracht. Sie morden aus Freude. Sie holen sie aus den Häusern … Und werfen sie in den Fluß. Diese Scheusale …

Reporter: Ein neuer Transport wird gebracht.

12. Frau: Mein Kindchen, mein Kindchen. Aus Freude morden sie, sie sind Verbrecher. Sie machen ihre Runden und morden, was für eine Demokratie … Diese Bestien!

Reporter: Wie alt bist Du?

13. Mädchen: 15.

14. Mädchen: Ich suche meinen Freund, meinen Bräutigam.

Reporter: Wie alt bist Du?

15. Mädchen: 16.

Reporter: Viele Freunde?

15. Mädchen: Viele.

Reporter: Warum sind sie getötet worden?

15. Mädchen: Ich weiß nicht, sie morden einfach.

Mann: Sie kommen in die Wohnung und töten. Mit den Gewehrkolben zerschlagen sie die Köpfe. Ich habe keine Furcht, man muß das alles sagen, man muß anklagen, damit die Welt erfährt, was hier für Scheußlichkeiten geschehen. Das hat es nie in Chile gegeben, sehen Sie sich um, hundert, Tausende Tote. Sie sterben zu Hunderten, im Fluß werden täglich zwanzig und mehr Leichen angeschwemmt.''[87]

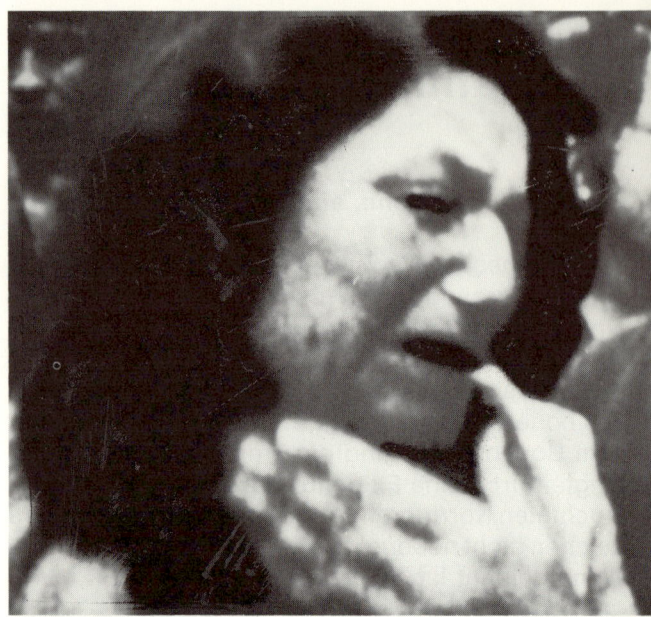

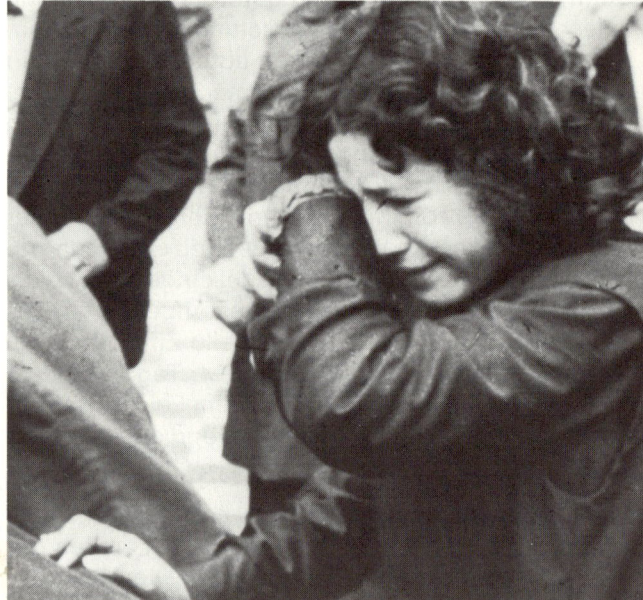

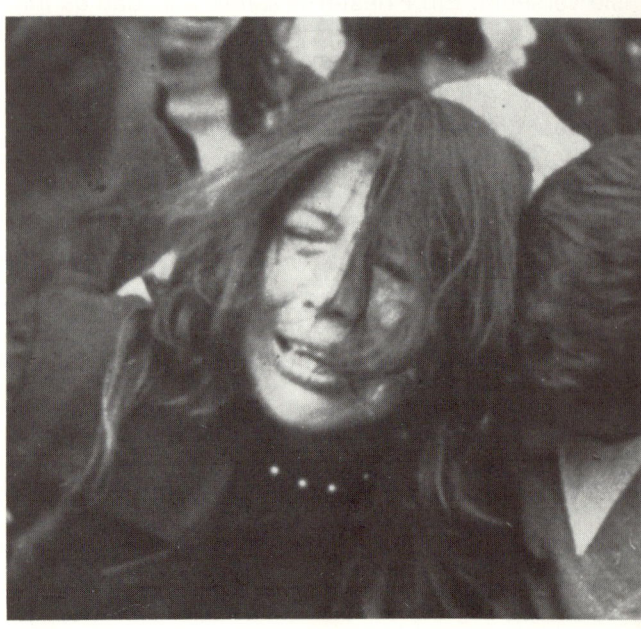

Barbarische Folterungen

Mit Schubkarren über Menschen

Henrik Janbell, schwedischer Entwicklungshelfer, laut „Spiegel" vom 1. Oktober 1973:

„Während meines Verhöres wurde ich durch Schläge mit Gewehrkolben, mit Fußtritten in die Nieren, Rippen und Genitalien traktiert.

Eine besonders ausgeklügelte Folter war das Liegen auf dem kalten Beton bis zu 40 Stunden. Mit Schubkarren, die mit Pflastersteinen gefüllt waren, fuhren Soldaten über die Gefangenen hinweg.

Ein junger Mann in meiner Zelle kam aus der Folterzelle der Militärhochschule. Er hatte mitangesehen, wie eine Kadettengruppe, von Offizieren kommandiert, fast eine Stunde lang auf den Körpern der im Hof liegenden Gefangenen wie auf einem Trampolin auf und nieder sprangen.

Ein Argentinier, der neben mir in der Zelle lag, wurde zum Verhör gerufen. Nach einer Stunde kam er blutverschmiert zurück, sein Gesicht war eine einzige Wunde. Kaum war er in der Zelle, schleiften sie ihn schon wieder aus der Tür; kurz danach hörten wir Schüsse. Er kam nicht wieder.

Zu den schlimmsten Bestien bei den Folterungen gehörten Zivilisten. Mitgefangene beschworen, daß es sich um Mitglieder von ‚Patria y Libertad' handelte. Auch Offiziere waren sehr fanatisch…"

Mit spitzen Geräten gequält

Die Angestellte der staatlichen Planungsbehörde CORFO, Luisa Gazmuri (28 Jahre), die nach Mißhandlungen totgeglaubt und auf der Straße liegen gelassen wurde, laut „Spiegel" vom 8. Oktober 1973:

„Sie haben mir mit glühenden Eisendrähten die Brust verbrannt und mich mit spitzen Geräten dort gequält, wo eine Frau am empfindlichsten ist. Ein Arbeiterarzt hat mir das Schlimmste vor zwei Tagen gesagt: Ich werde nie Kinder bekommen können."

Laufen auf Glasscherben

Kristian Lund, ein schwedischer Entwicklungshelfer, der in der Provinz Valdivia verhaftet worden war, in „Arbetet" vom 9. Oktober 1973:

„Ich habe grausame Mißhandlungen erlebt und den Gefangenen von Valdivia versprochen, die Wahrheit vor der Welt zu sagen. Die Polizisten verbrennen Bücher und lassen die Gefangenen durch das Feuer springen. Sie stopfen Glasscherben in die Schuhe der Gefangenen und lassen sie stundenlang darin gehen. Sie wenden Elektro-Folterungen an, sie drücken brennende Zigaretten in den Ohren der Gefangenen aus, sie reißen ihren Opfern Fingernägel aus."

Hölle Quiriquina

Aus der Aussage eines chilenischen Bürgers, den die Junta auf die KZ-Insel Quiriquina verschleppt hatte, gegenüber „Le Monde" vom 13. November 1973:

„Die Wachhabenden zwangen uns, von morgens 6 bis abends 21 Uhr aufrecht zu stehen mit den Händen im Nacken. Wenn unsere schmerzenden Hände und Arme herunterfielen, zwang man uns durch Schläge mit dem Bajonett, sie wieder zu erheben. Um alle, die nicht mehr konnten, einzuschüchtern, legten die Soldaten 15 der Gefangenen vor eine Mauer und schlugen mit den Gewehrkolben auf sie ein. Dann gab ein Offizier den Befehl, die Gewehre zu laden, und vor unseren Augen ermordeten sie 15 unserer Kameraden.

Doch das alles war nur die Vorbereitung. Schlimmer waren die Verhöre, die von so unmenschlichen Foltern begleitet waren, wie man sich das kaum vorstellen kann, und kein Journalist, dem man sie erzählte, wäre in der Lage, sie wiederzugeben: Elektrischer Strom an den Geschlechtsteilen, Schläge mit nassen Säcken, man stieß die Gefangenen in Eimer, die mit Exkrementen gefüllt waren, riß ihnen die Nägel aus, brannte ihnen die Haare ab. Denjenigen, die Widerstand gegen die Junta geleistet hatten, brach man Finger, Hände und Arme, schnitt ihnen die Ohren oder Geschlechtsteile ab, oder man stach ihnen die Augen aus. Wenn sie schon fast verblutet waren, stach man noch mit dem Bajonett auf sie ein, bis sie tot waren. Das alles taten sie vor unseren Augen, um uns einzuschüchtern. Ich schwöre: Das alles ist wahr. Ich habe es mit eigenen Augen gesehen, und die Wunden und Male an meinem Körper bezeugen es ebenfalls."

Mit Gewehrkolben geschlagen

Hernan Dabner Molina, Mitglied des ZK der Sozialistischen Partei Chiles und Sekretär der Gewerkschaft der Freiberuflichen, berichtete in der „Nationalzeitung", Schweiz, vom 14. November 1973 nach seiner Flucht ins Ausland, ihm seien das linke Auge und ein Bein verletzt, zwei Rippen gebrochen und die Nase zerschlagen worden:

„Noch bevor ich mein Haus verlassen konnte, erschienen dort Militärs. Sie verhörten und folterten mich. Sie schlugen mit Gewehrkolben auf mich ein...

Halb zu Tode gefoltert warf man mich auf die Straße. Da ich das Bewußtsein verloren hatte und man mich für tot hielt, landete auch ich auf dem Pflaster, wo mich zufällig ein Freund fand."

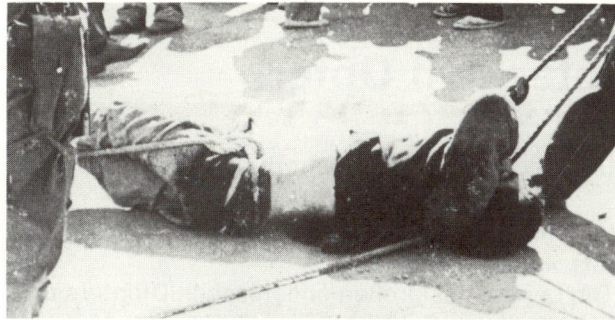

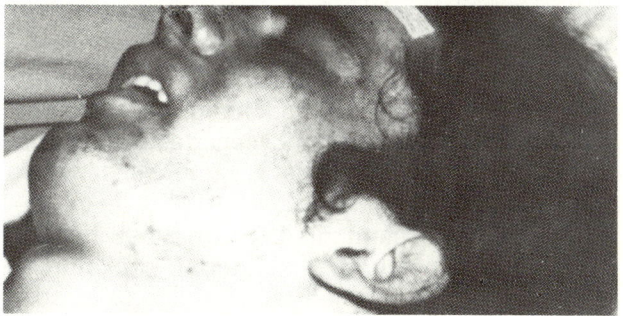

Mit Glasscherben rasiert

Flüchtlinge aus Chile, deren Namen aus Sicherheitsgründen verschwiegen werden, berichteten am 26. November im ARD Fernsehen:
„In Valparaiso, wo ich herkomme, waren die Folterungen wohl am schlimmsten. Den Festgenommenen wurden mit Glasscherben die Haare abrasiert. Mit Kneifzangen wurden ihnen die Zähne herausgezogen. Sie wurden gequält mit Elektroschocks an den Geschlechtsteilen, an den Lippen, an der Zunge und bei Frauen an den Brüsten."

Schwangere Frau gefoltert

Ein kolumbianischer Arbeiter, der im „Stadion Chile" gefangengehalten wurde, über seine Erlebnisse in der im Oktober 1973 in Bogota erschienen Schrift „Chile: Testimonio de un Genocidio":
„Da war auch eine schwangere Frau, im siebenten Monat. Sie lag auf dem Steinfußboden. Sie war ebenfalls gefoltert worden. Ihre Brust war schwarzblau. Schließlich hatte sie eine Fehlgeburt. Jede Nacht, zu jeder Zeit wurden Leute abgeholt, und es waren Schreie und Schüsse zu hören. Ich schätze, daß an vier Tagen etwa dreihundert Menschen erschossen wurden."

Pablo Neruda unter den Opfern

Katafalk inmitten von Scherben

Veronique Decoudu, Sonderkorrespondentin der AFP, am 24. September 1973:

„Die Leiche des großen chilenischen Dichters und Kommunisten Pablo Neruda ruhte am Montagnachmittag in seinem von den Militärs verwüsteten Haus hoch über Santiago. Wie seine Freunde gegenüber AFP erklärten, nahmen die Militärs im Morgengrauen eine Hausdurchsuchung vor, bei der sie die Fensterscheiben zerschossen, das Bett zerstachen, Schränke zertrümmerten und Zeitschriften und Bücher verbrannten.

Nerudas Katafalk steht inmitten von Glasscherben, zerrissenen Fotos und zersplitterten präkolumbischen Tonkrügen. Seine Frau Mathilde saß neben dem mit Blumen bedeckten Katafalk, bei dem hinter einem Glasfenster nur das Gesicht des Toten zu sehen ist. ,Wir wollten heute nach Mexiko abreisen', sagte sie. ,Alles war vorbereitet. Pablo war über die Ereignisse der letzten Zeit sehr betroffen, und es ist sicher, daß die gegenwärtige Situation sein Ende beschleunigt hat. Bisher war seine Widerstandsfähigkeit gegen die Krankheit erstaunlich groß gewesen, doch seit dem 11. September ließen seine Kräfte nach, und gestern erreichte ihn das Koma.'

In der Nähe des Katafalks stehen mehrere chilenische Dichter, alte Freunde des Toten. Sie sprechen leise miteinander, aus Respekt vor dem Toten, aber auch aus Furcht um ihre persönliche Sicherheit. ,Wir sind alle im Untergrund', sagt einer.

Rund 25 chilenische Schriftsteller wurden nach den Angaben unseres Gesprächspartners bereits verhaftet. Keiner weiß bisher, was aus ihnen geworden ist. Zahlreiche andere tauchen unter. Der Sitz des Schriftstellerverbandes sowie zahlreiche Privatwohnungen wurden durchsucht.''

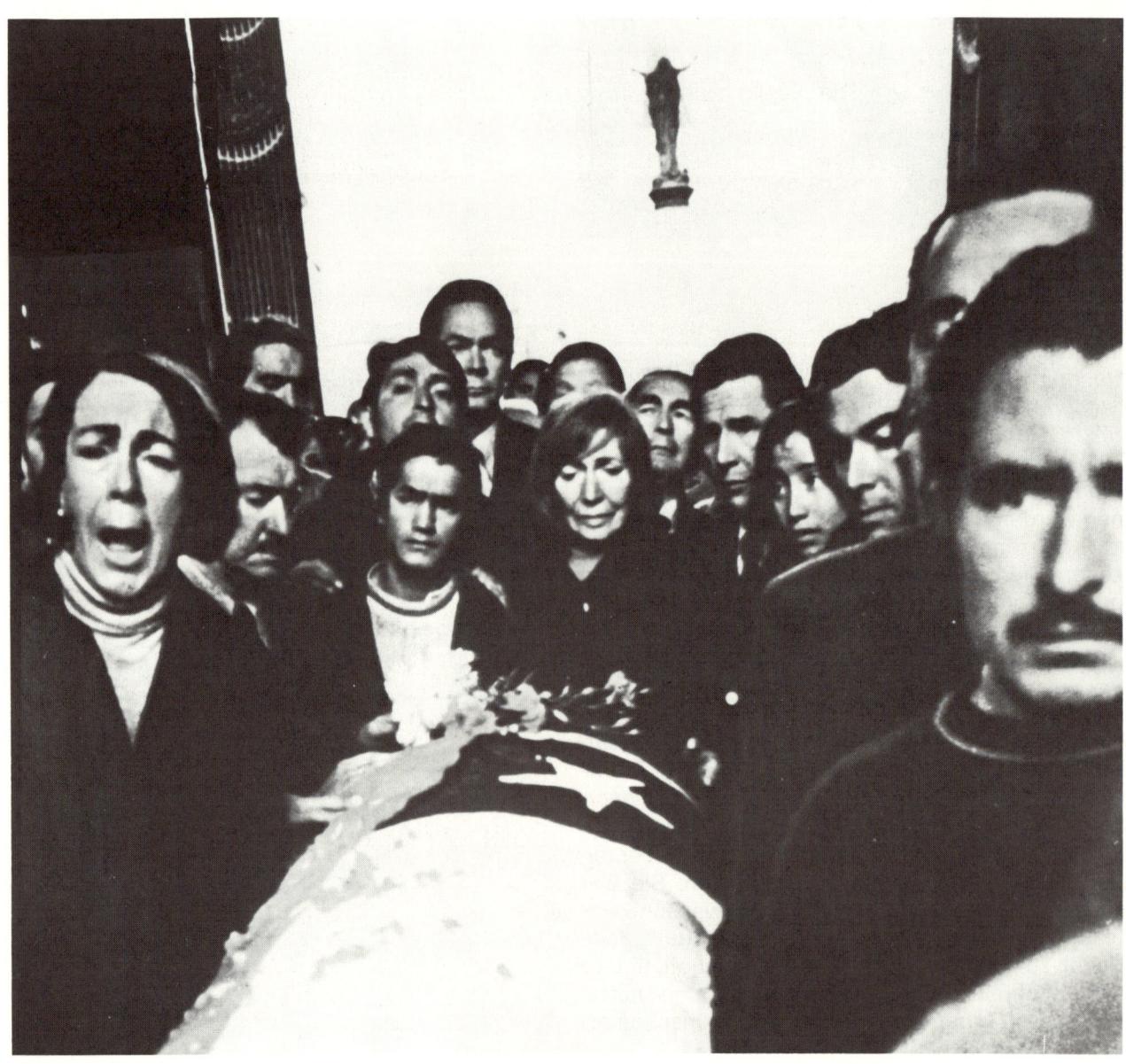

Das Haus ausgeplündert und zerstört

Klaus Eckstein, Korrespondent des Zweiten Deutschen Fernsehens (ZDF), am 27. September 1973:
,,Pablo Neruda, Nobelpreisträger für Literatur 1971, liegt aufgebahrt zwischen den Scherben seines Hauses. Angehörige und Mitglieder der französischen Botschaft sind gekommen und einige wenige Freunde, die Nerudas Haus erst vorsichtig umkreisen, um sich zu vergewissern, daß keine Gefahr einer Gefangennahme besteht. Das Haus der Nerudas wurde aufgebrochen und ausgeplündert. Was nicht mitnehmenswert erschien, zerstört. Das ist die Visitenkarte des neuen Chile. Der Ausdruck der faschistischen Reaktion, die im Namen des nationalen Wiederaufbaus Bücher verbrennt, mordet.''

Nach dem Junta-Überfall: der Wohnsitz Pablo Nerudas

Bücherverbrennungen wie bei den Nazis

Auf dem Scheiterhaufen

Der Chile-Korrespondent des „SFB" am 25. September 1973:

„Über 3000 Soldaten wurden zu der Durchsuchungsaktion abkommandiert, die sich über ein etwa zwei Quadratkilometer großes Wohngebiet westlich des Stadtzentrums von Santiago erstreckte. Der Vorort hat mehrere Hochhäuser, in denen ein Teil der Intellektuellen der Hauptstadt lebt. Die Gegend wurde ohne Vorwarnung abgeriegelt. Niemand durfte heraus, und dann durchkämmte das Militär 7 Stunden lang Wohnung für Wohnung. Keiner durfte sich dabei von der Stelle rühren. Ganze Bücherladungen sogenannter linker Literatur wurden fortgeschleppt und auf den Straßen verbrannt. Darunter die Werke von Marx und Lenin und die Biographien kommunistischer Führer. Dutzende von Bewohnern wurden während der Razzia verhaftet und in Militärbussen abtransportiert. Obwohl die Aktion darauf abgerichtet schien, Bücher zu konfiszieren, zu verbrennen und ihre Besitzer festzunehmen, erklärte ein Militärsprecher, man habe nach Waffen gesucht."

Bibliotheken verwüstet

Antoine Blanca, Mitglied des Vorstandes der Sozialistischen Partei Frankreichs, nach seiner Rückkehr aus dem Chile der Junta am 10. Oktober 1972:

„Die Bücherverbrennungen betreffen nicht nur marxistische Werke. Ganze Bibliotheken wurden verwüstet und verbrannt. Goebbels hat Schule gemacht."[88]

Auf dem Index: London, Puschkin, Mann

Michal Blum, Leopold Torres Boursault und Joe Nordmann, Generalsekretär der Internationalen Föderation für Menschenrechte, der Internationalen Bewegung katholischer Juristen und der Internationalen Vereinigung Demokratischer Juristen, die vom 6. bis 13. Oktober 1973 in Chile Beweise für den Juntaterror zusammengetragen haben, am 18. Oktober 1973:

„Die Plünderung des Hauses von Pablo Neruda ist kennzeichnend für eine allgemeine Praxis. Außerdem wurden die Laboratorien der Technischen Universität von Santiago und wissenschaftlicher Institute in Valparaiso völlig zerstört. Den Verbrennungen von Bibliotheken und von Büchern, die als obrigkeitswidrig betrachtet wurden, folgte die offizielle Indexierung der Werke solcher Autoren wie Jack London, Thackeray, Wells, Cortazar, Puschkin, Dostojewski, Mac Orlan, Thomas Mann. Der Unterricht in gesellschaftswissenschaftlichen Fächern wurde aufgehoben."

Junta-Chile 1973

Nazi-Deutschland 1933

Verfolgung von Priestern

Schon in den ersten Stunden verhaftet

Philippe Labreveux, Korrespondent von „Le Monde", am 27. September 1973:

„Mehrere Priester wurden verhaftet, darunter einige in den ersten Stunden nach dem Putsch. Fünf holländische und fünf französische Priester suchten in ihren jeweiligen Botschaften Zuflucht. Andere sind noch im Gefängnis. Am Dienstag teilte man uns mit, daß drei Geistliche in Talca, südlich von Santiago, verhaftet wurden. Es ist der Geistlichkeit untersagt, sich mit etwas anderem als mit religiösen Fragen zu befassen, sie darf sich vor allem nicht mit sozialen Angelegenheiten beschäftigen."

Mit Draht gefesselt

Willi Köhlings, katholischer Priester aus der BRD, in der Zeitung „Die Tat" vom 27. Oktober 1973:

„Zusammen mit drei anderen Personen, die in meinem Hause waren, mußten wir uns mit den Händen im Nacken an die Wand stellen, wurden nach Waffen durchsucht und zu einem Lastwagen gebracht. Dort mußten wir uns mit dem Gesicht auf den Boden legen, Hände auf dem Rücken verschränkt. So wurden wir in das Marinestadion nach Valparaiso abtransportiert und in die Duschzellen eingesperrt. Die Wachleute hatten sich die Gesichter schwarz gefärbt, Mützen mit Augenschlitzen übergezogen, damit wir sie nicht erkennen konnten. In der Zelle glaubte ich, jetzt sei alles aus. Ich mußte mich wieder auf den Bauch legen, die Hände wurden auf dem Rücken mit einem feinen Draht gefesselt, der mit einer Zange noch besonders zugezogen wurde."

Schüsse in der Kirche

John Barnes, in „Newsweek" vom 8. Oktober 1973:

„In dem nahegelegenen Elendsviertel Victoria suchten die Soldaten nach Pater Santiago Thyssen, einem Holländer. Doch die Bewohner des Viertels hatten den Priester einen Tag zuvor dazu überredet, ins Asyl zu fliehen. Die enttäuschten Soldaten schossen mit dem Maschinengewehr in die Kirche, zertrümmerten den Altar und zerstörten das gesamte Inventar in der nahegelegenen kleinen Wohnung des Priesters. Es schien wenig Zweifel daran zu bestehen, daß Pater Santiago den Tod gefunden hätte, wenn er nicht geflohen wäre."

Von Soldaten mißhandelt

Luis Sanchez, ein peruanischer Student, der 15 Tage lang im Nationalstadion in Santiago inhaftiert war, laut ADN vom 13. Oktober 1973:

„Ich sah sieben Priester auf den Knien und mit den Händen im Nacken, denen die Soldaten Fußtritte gaben."

Nach Hausdurchsuchung erschossen

Albert Miquez, spanischer Journalist, berichtet laut „Stern" vom 11. Oktober 1973:

„Vom Fenster seiner Wohnung könne er jeden Morgen beobachten, wie die Leichen Füsilierter aus dem Mapocho-Fluß gezogen werden. Der spanische Priester Juan Alsina sei wie andere nach seiner Hausdurchsuchung erschossen worden."

Christenfeindliche Junta

Luis Badilla, Exekutivsekretär der Linken Christdemokraten Chiles, am 29. Oktober in „Unita", Italien:

„Dutzende Priester und Geistliche sind in Chile eingekerkert, sind auch gefoltert, gemartert und ermordet worden. Niemand ist christenfeindlicher, antidemokratischer und antiliberaler als die faschistischen Militärs."

Internationale Juristenkommission: Regelrechter Völkermord

Die Verbrechen der Junta wurden Anfang Oktober 1973 von einer internationalen Juristenkommission untersucht, die sich wie folgt zusammensetzte: Michel Blum, Generalsekretär der Internationalen Föderation für Menschenrechte; Joë Nordmann, Generalsekretär der Internationalen Vereinigung demokratischer Juristen; Leopoldo Torres Boursault, Generalsekretär der Internationalen Bewegung katholischer Juristen. Sie bezeugen:
„Wir haben die Opfer der Folterungen gesehen. Einen jungen Mann mit tiefen Brandwunden, die durch Zigaretten verursacht wurden, eine junge Frau, die vergewaltigt und gefoltert wurde.
Direkte Augenzeugen haben uns bestätigt, daß sie an einigen Tagen im Leichenschauhaus von Santiago 190 Leichen mit Schüssen in der Stirn und im Nacken gesehen haben.
Die standrechtlichen Erschießungen sind zur täglichen Praxis geworden. Die Hinrichtung und das Erschießen ‚auf der Flucht' finden besonders in den Arbeitervierteln statt.
Jeden Tag werden Verhaftungen vorgenommen, und die Verhafteten werden am nächsten Tag im Mapocho-Fluß aufgefunden oder ihre Leichen werden in den Arbeitersiedlungen ausgestellt.
In der Siedlung Nueva Matucana wurden am 23. September 20 Personen verhaftet, von denen 7 im

Fluß ermordet aufgefunden wurden. Von den übrigen hat man noch keine Nachrichten.
Am 26. September wurden in der Avenida Bernard O'Higgins vier Leichen ausgestellt, darunter die eines 15jährigen Jungen."
Herr Leopoldo Torres Boursault hat erklärt, daß die Situation in Chile und die Akte der Junta das Verbrechen eines Völkermordes darstellen, wie es in der Konvention der Vereinten Nationen definiert ist.

Terror gegen Ausländer

Verhaftet und verhört

Steward Russell, Korrespondent der britischen Nachrichtenagentur Reuter am 14. September 1973:

„Nervöse chilenische Soldaten hielten das Geklapper unserer Schreibmaschinen für Gewehrschüsse und eröffneten das Feuer auf die Fassade des Crillon-Hotels in Santiago, wo einige Kollegen und ich am Dienstag erste Berichte über den Putsch des Militärs gegen Staatspräsident Salvador Allende tippen wollten.

Behelmte Infanteristen und Polizisten in grünen Uniformen und roten Halstüchern stürmten den Speisesaal, wo zahlreiche Menschen Zuflucht vor den Schießereien auf der Straße gesucht hatten, und nahmen Hugo Infatino, den Korrespondenten unserer lateinamerikanischen Schwester-Agentur, und mich unter dem Verdacht fest, gewaltsamen Widerstand geleistet zu haben.

Die Soldaten brachten uns zu einer nahegelegenen Geschäftspassage, die in einen Armeeposten umfunktioniert worden war. Dort mußten wir zwei Stunden stehen, Gesicht zur Wand und die Hände im Nacken verschränkt, ehe man uns befahl, einen offenen Heereslastwagen zu besteigen. Vorbei am rauchenden Präsidentenpalast Moneda wurden wir zum Verteidigungsministerium transportiert, wo uns Offiziere vier Stunden lang verhörten."

Hinter jedem ein MPi-Schütze

Die Besatzung einer sowjetischen Aeroflot-Maschine, die am 10. September 1973 in Santiago gelandet war, in „Trud" vom 18. September 1973:

„Am 12. September wurde die sowjetische Besatzung mit einem Militärautobus aus dem Hotel abgeholt, wobei hinter jedem ihrer Mitglieder ein MPi-Schütze mit dem Finger am Abzug stand. Das Fahrzeug fuhr durch Straßen, in denen noch geschossen wurde.

,Im Flughafen wurde uns dann mitgeteilt, daß wir die Mitarbeiter der kubanischen Botschaft nach Havanna bringen sollen', erzählte der Chefpilot Alexander Lebedew. ,Es waren insgesamt 147 Menschen, im Flugzeug gab es jedoch nur 138 Plätze. Ich sagte, daß ich alle mitnehmen werde. Es waren vor allem Kinder und Frauen sowie die Tochter Allendes Beatrice mit ihren Kindern, der verwundete Mitarbeiter der kubanischen Botschaft Luis Farias und der ebenfalls verwundete Botschafter Mario Carcia Inchaustegui.' In der ganzen Zeit bis zum Abflug war die Besatzung von chilenischen MPi-Schützen umgeben."

Aus sechs Meter Höhe in den Laderaum geworfen

Die Besatzung des sowjetischen Forschungsschiffes „Ekliptika", die für die chilenischen Fischer
Fischschwärme in den Küstengewässern aufgespürt hatte, in „Iswestija" vom 22. September 1973:

„Plötzlich peitschten MPi-Garben durch die Straßen der Stadt, auf den Plätzen tauchten Panzer auf, Valparaiso, einer der größten Stützpunkte der Seestreitkräfte Chiles, war Zentrum des faschistischen Putsches geworden.

Die Junta organisierte in großer Eile schwimmende Gefängnisse, indem sie Handelsschiffe für diese Zwecke einrichtete. Danach sah die Besatzung der ,Ekliptika', wie eine große Abteilung Soldaten, bewaffnet mit Maschinenpistolen und Karabinern, mit aufgepflanzten Bajonetten, in Jeeps vor dem Hotel vorfuhr. Die Soldaten drangen in die Zimmer der Sowjetbürger ein.

,Sie sind festgenommen', schrie ein Offizier.

,Zeigen Sie, wo die Waffen versteckt sind!'

Kapitän W. Afinogenow legte Protest ein, dieser wurde jedoch nicht angenommen. Die Putschisten-söldner durchsuchten die Zimmer und nahmen die Wertsachen mit. Die Seeleute wurden zur Landestelle gebracht, wo sie noch einmal auf Banditenart durchsucht wurden. Von Waffen war natürlich keine Spur vorhanden, aber wieder wurden einigen der Besatzungsmitglieder verschiedene Sachen gestohlen.

Während der Festnahme wurden die Seeleute beleidigt, geschlagen, mit Waffen bedroht und durch Bajonette verletzt. Die Fischer wurden in den Laderaum des schwimmenden Gefängnisses getrieben. Der Bootsmann W. Medwedik wurde aus sechs Meter Höhe hineingeworfen.

Keiner der Betroffenen erhielt medizinische Hilfe. W. Medwedik war schwer verletzt, er wurde jedoch erst viel später in ein Hospital gebracht.

Erst nach großen Bemühungen wurde erreicht, daß die Seeleute aus dem Gefängnis freikamen."

Mit Gewehrkolben mißhandelt

Barber Might, britischer Journalist, auf offener Straße in Santiago festgenommen und ins Nationalstadion verschleppt, laut ADN vom 22. September 1973:

„Wir sagten, daß wir Briten sind und forderten, mit unserer Botschaft sprechen zu können. Aber die Polizei hörte nicht hin. Wir mußten eine strenge Leibesvisitation über uns ergehen lassen. Die Polizisten rissen uns buchstäblich die Hosen herunter. Wir sahen bei der Rückkehr in unsere Zelle viele, die mit Gewehrkolben mißhandelt wurden."

Bolivianer und Brasilianer im KZ

Veronique Decoudu, AFP-Sonderkorrespondentin, am 28. September 1973:

„Der von den Presseorganen unter Regierungskontrolle geschürte Haß gegen die ,Politischen' aus dem Ausland führt oft zu Gewalttätigkeiten, an denen sowohl Militär- und Polizeieinheiten als auch

zivile Kommandos teilhaben. Viele wurden in den ersten Stunden des Militärputsches oder später im Verlauf von Razzien und Haussuchungen festgenommen. Glaubwürdige Zeugen berichten über Gewaltanwendung gegenüber brasilianischen Frauen in einem Polizeikommissariat der chilenischen Hauptstadt. Von offizieller Seite verlautet, daß der Gründer der christlich-demokratischen Jugendorganisation in Bolivien, Jorge Rios Dalenz, kurz nach dem Putsch hingerichtet worden ist. Annähernd hundert Bolivianer und mindestens fünfzig Brasilianer sollen sich zur Zeit im Stadion von Santiago in Haft befinden. Wie es heißt, sind unter ihnen der bolivianische KP-Chef, Simon Reyes, sowie zwei Mitglieder des ZK der bolivianischen KP, der frühere Rektor der Beni-Universität, Melgar, und der ehemalige Rektor der Universität von Orruro, Felipe Inignez. Auch der Chef der Kommunistischen Arbeiterzentrale Uruguays und Funktionär des Weltgewerkschaftsbundes, Roberto Prieto, wurde im Stadion von Santiago gesehen."

Die Beine gefesselt

W. I. Woronez, Leiter einer Gruppe sowjetischer Baufacharbeiter in der Provinz Valparaiso, in „Sozialistitscheskaja Industrija" vom 29. September 1973:

„In der Nacht zum 11. September besetzten Infanteristen das Werk. Als die Arbeiter der ersten Schicht kamen, wurden sie von den Militärs verhaftet. Die Verhafteten wurden aus den Fabrikhallen geführt und mußten sich, das Gesicht nach unten, auf den Boden legen. Dann wurden sie alle auf Schiffe gebracht, die in schwimmende Gefängnisse verwandelt worden waren.

Wir 32 Sowjetbürger, darunter sieben Frauen und fünf kleine Kinder, waren ohne jede Verbindung mit der Außenwelt. In dem Raum, in den man uns brachte, richtete eine große Gruppe Soldaten, die sich ihre Gesichter mit Ruß eingeschmiert hatten, um nicht erkannt zu werden, Maschinenpistolen auf uns. Wir wurden durchsucht, man nahm uns die Dokumente und sämtliche Wertsachen sowie das Geld ab.

‚Ich verlange, den Konsul zu sprechen', sagte ich. ‚Verlangen Sie nur', lachte einer der Soldaten und schlug mit dem Lauf der Maschinenpistole auf mich ein. Dann warf man uns in eine enge Kammer mit Zementfußboden, der von Exkrementen beschmutzt war, und ließ uns dort einige Stunden. Unseren Protest beantworteten die Militärs mit unflätigen Witzen.

Dann wurden wir in ein anderes Gebäude gebracht. In der Vorhalle und den Korridoren standen, das Gesicht zur Wand, Verhaftete. Soldaten mit Maschinenpistolen schlugen bei der geringsten Kopfbewegung auf die Menschen ein. Schließlich brachte man uns auf das Militärsportschiff ‚Maina'. Man durchsuchte uns und fesselte uns die Beine.

Ich habe den letzten Krieg miterlebt und kenne das Gesicht des Faschismus. Jetzt begegnete ich dem Faschismus 1973 wieder."

Jagd auf alle Fremden

Claes Croner, schwedischer Diplom-Volkswirt, laut „Spiegel" vom 1. Oktober 1973:
„Polizeioffiziere holten mich aus meiner Wohnung, brachten mich im Jeep in das Estadio Nacional – die Carabineros machten Jagd auf alle Fremden.
Die erste Nacht mußte ich bei Temperaturen um null Grad im Gang stehen; die zweite und dritte Nacht war ich in einer Zelle mit ehemaligen Regierungsmitgliedern, Beamten aus den Ministerien und Journalisten zusammen. Da war der Chef des Landwirtschafts-Instituts ‚Indap', Adrián Vásquez, der Vize-Direktor der staatlichen Entwicklungsgesellschaft ‚Corfo', Dario Páez, aber auch der Chefredakteur der Zeitschrift ‚Punto Final', Manuel Cabieses, gleichzeitig stellvertretender Vorsitzender des chilenischen Journalistenverbandes.
In der vierten Nacht kam ich in eine Ausländer-Zelle, nur wenige Quadratmeter für 153 Personen. Hier wurden zwei holländische Pfarrer festgehalten, zwei deutsche Austausch-Studenten aus Berlin, ein argentinischer Fabrikarbeiter, ein kolumbianischer Harmonika-Spieler auf Tournee und ein kubanischer Asthma-Patient, der zur Behandlung nach Chile gekommen war."

Zwei Stunden lang geschlagen

Kristian Lund, schwedischer Entwicklungshelfer, in der Provinz Valdivia verhaftet, laut Nachrichtenagentur TT, Schweden, vom 2. Oktober 1973:
„Nach meiner Festnahme wurde ich von Polizisten verhört und anschließend in ein Militärlager überführt, wo man mich folterte. Ich wurde mit erhobenen Armen, einen Sack über dem Kopf und gespreizten Beinen an eine Wand gestellt. Über zwei Stunden lang schlugen sie heftig auf mich ein."

Schüsse auf polnische Bergleute

24 polnische Bergleute, die seit August 1972 beim Bau eines Eisenbergwerkes geholfen hatten, laut PAP vom 7. Oktober 1973:
„Wir durchlebten schreckliche, dramatische Tage. Zum Beispiel eröffnete ein Militärflugzeug beim Überfliegen des Bergwerkes das Feuer aus Maschinengewehren. Als sich die gesamte Gruppe der polnischen Spezialisten in die Stadt Vallenar begab, weil die Weiterarbeit in der Grube unmöglich war, wurde sie auf dem Wege von drei Militärfahrzeugen angehalten. Bergarbeiter Jakub Dwornikiewicz berichtete: ‚Die Läufe der Maschinenpistolen richteten sich auf uns, und wir wurden gezwungen, uns mit erhobenen Händen auf die Chaussee zu stellen. Wir wurden scharf durchsucht.'

Der Bergmann Wendelin Nic erklärte: ,Wir wurden brutal behandelt. Doch am gefährlichsten war der Besuch, den uns das Militär in unseren Wohnungen ,abstattete'. Während dieses ,Besuches' durfte nur der Leiter der Gruppe anwesend sein. Wir fürchteten Provokationen, das Unterschieben von Waffen. Man beschlagnahmte unsere Bücher. Bis zum Schluß waren wir nicht sicher, ob man uns nicht in eines der Konzentrationslager bringen würde.'"

Von Junta-Knechten vergewaltigt

Eine brasilianische Frau, die in Chile politisches Asyl gefunden hatte, in dem französischen Dokumentarfilm „Chilenischer September":
„Sie nahmen die Männer mit und folterten sie. Wir konnten beobachten, wie sie sie vom 4. Stock mit Schlägen auf den Kopf und gegen die Beine die Treppen hinunter trieben. Sie machten, was sie wollten. Wir in der Wohnung litten Todesangst. Anschließend kamen sie zu dritt wieder hoch, ein älterer Hauptmann und zwei junge Soldaten. Sie sperrten jede von uns in ein anderes Zimmer, zogen uns aus und vergewaltigten uns. Mit der Maschinenpistole zwangen sie uns, ihnen zu Willen zu sein…"

Kein Respekt vor Diplomaten

Edouard Bailby, französischer Journalist, in „L'Express" vom 29. Oktober 1973:
„Die Ausländer werden auch zur Zielscheibe, vor allem die Lateinamerikaner. Die Militärs respektieren die diplomatischen Privilegien nicht. Dreimal haben sie den Wagen des Botschafters von Venezuela durchwühlt. Sie haben auch nicht gezögert, die Räume mehrerer Botschaften, wie der Mexikos, zu verletzen. Verletzung der Exterritorialität, Verletzung der Menschenrechte und internationaler Konventionen, die Junta kennt keine Skrupel."

Botschafter mißhandelt

Peter Thorbioernsson, Korrespondent der schwedischen Zeitung „Aftonbladet", am 26. November 1973 über einen Überfall der Juntapolizei auf Angehörige der schwedischen und französischen Botschaft, als sie eine schwererkrankte, politisch verfolgte 31jährige Bürgerin Uruguays in ein Krankenhaus begleiteten:
„Bei dem Versuch, eine krebskranke Frau aus Uruguay vor Gefängnis und Folterungen zu retten, wurden sechs schwedische Diplomaten zusammen mit dem französischen Botschafter in Santiago und dem Chef der UNO-Flüchtlingskommission wiederholt in Schlägereien mit bewaffneten Vertretern der chilenischen Militärjunta verwickelt. Die Frau schrie herzzerreißend. Viele, die im Krankenhaus arbeiteten und die Vorgänge sahen, standen in den Korridoren und weinten."

Harald Edelstam, schwedischer Botschafter in Santiago am 26. November 1973 in der Zeitung „Express" über denselben Vorfall:
„Alles war ein einziger Tumult. Ich wurde zu Boden geschlagen, und fünf Polizisten warfen sich über mich. Sie wandten verschiedene Gewaltgriffe und -schläge an."

„General des Todes"

Wortlaut eines illegalen Flugblatts aus der nordchilenischen Stadt La Serena:

„Im Gefängnis der Stadt La Serena befinden sich zur Zeit 619 politische Häftlinge. Die Repressalien sind grausam und unverhüllt. Militärstreifen durchsuchen in Begleitung von zwei Zivilpersonen, David Jakob und Findel aus der Organisation Patria y Libertad, die ganze Gegend. Die Zivilisten zeigen den Streifen die festzunehmenden Personen an.

16. Oktober 1973

Eine Kommission aus Santiago traf in dem Städtchen ein, geleitet von General Arellano Stark, der in diesem Gebiet unter dem Namen General des Todes bekannt ist. Unter Verletzung der Gesetze stellte er ein Tribunal zusammen und verwehrte dem Militärstaatsanwalt Florencio Bonilla und dem Rechtsanwalt Francisco Alvarez, einem weiteren Mitglied des Distriktkriegsrates, den Zutritt zum Gerichtsraum. Auf Befehl von Arellano Stark wurden die Arica-Kasernen für alle gesperrt. Um 13.00 Uhr ließ er 15 Gefangene vorführen. Um 16.00 Uhr desselben Tages wurden sie alle erschossen und eine Stunde später in einem Massengrab verscharrt.
Von den 15 Erschossenen waren drei (vor der Ankunft Starks) verhört und zu verschiedenen Freiheitsstrafen (Carlos Alcayago zu 20 Jahren, Carlos Gusman, ein Rechtsanwalt, zu 5 Jahren und Ipolito Cortez zu 5 Jahren Gefängnis) verurteilt worden. Alle drei hatten Berufung gegen das Urteil eingelegt, aber dann kam Stark und sie wurden liquidiert. Die übrigen 12 waren nicht einmal vernommen oder überhaupt vor Gericht gestellt worden. Einer von ihnen, der Arzt Jorgan (Kommunist), hatte eine Vorladung für den 18. Oktober erhalten. Der Rechtsanwalt Jorgan Salamanca (Mitglied der Christlich-Demokratischen Partei) wollte ihn verteidigen. Aber sein Mandant konnte seine Hilfe nicht in Anspruch nehmen. Ein anderer der Erschossenen, Vizeabgeordneter von Los Vilos Aedo, wurde einen Tag vor der Hinrichtung verhaftet. Er wurde ohne vorherige Vernehmung erschossen.
Alle Erschossenen wurden vor der Hinrichtung mißhandelt, ihre Körper wiesen Verbrennungen auf. Einer der Hingerichteten (Ipolito Cortez) hinterließ 9 Kinder (der Älteste ist 17 Jahre und der Jüngste 3 Monate alt).
Erschossen wurde Jorge Panaen, Direktor einer Musikschule, Gründer und Dirigent des Kindersinfonieorchesters, mit dem er in Europa und auf Kuba gastiert hatte.
Carlos Alcayaga (Mitglied der MAPU), ein Bergmann, wurde erschossen, weil er beruflich mit Dynamit zu tun gehabt hatte.

Durch einen Zufall konnte Dr. Munos (Sozialist) der Erschießung entgehen. Er war gefoltert worden, und als man ihn abholen wollte, war sein Körper dermaßen mit Messern zerstochen, daß sich der Gefängnisvorsteher weigerte, ihn hinauszuschleppen, weil er ihn für tot hielt.
Von den 15 Erschossenen waren 8 Sozialisten, 5 Kommunisten und 2 Mitglieder der MAPU.
Einige Einzelheiten über die Taten General Starks in anderen Städten:

17. Oktober 1973

General Arellano Stark begab sich zum Städtchen Copiapo. Das Ergebnis: 13 Mann auf der Flucht erschossen. Von dort führte ihn sein Weg nach Calama: Wieder 26 Mann auf der Flucht erschossen, unter ihnen Carlos Berger, Rechtsanwalt und Journalist.
Bei uns in La Serena gehen die Haussuchungen und Verhaftungen weiter und werden Bücher verbrannt. Mit einem Wort, in der Stadt herrscht blutiger Terror."

Erste Opfer

Von etwa 30 000 Toten seit dem faschistischen Militärputsch sprechen eingeweihte Kreise in Santiago. Und Tag für Tag neue Hinrichtungen, neue Morde, neue Verbrechen…

Zu den ersten Opfern am 11. September und in den Tagen danach zählen:

Victor Jara, Folkloresänger, Mitglied des ZK des Kommunistischen Jugendverbandes
Enrique Paris, Arzt, Universitätsprofessor, Mitglied des ZK der Kommunistischen Partei und des Obersten Rats der Unidad Popular
Arnoldo Camus, Mitglied der Politischen Kommission der Sozialistischen Partei
Ricardo Pereira, Mitglied der Politischen Kommission der Sozialistischen Partei
Eugenio Ruis Tagle, Ingenieur, Mitglied der Christlichen Linken
Alberto Molina, Mitglied des ZK der Kommunistischen Partei
José Eusebio Rodriguez Hernández, Leiter der Arbeitersiedlung „Neu-Havanna"
Isidoro Carillo, Leiter der nationalen Kohle-Gesellschaft, Mitglied des ZK der Kommunistischen Partei
Vladimir Araneda, Bergarbeiterführer
Augusto Olivares, Pressesekretär Allendes
Arsenio Poupin, Sekretär Allendes
Fredy Taverne, Professor der Universität von Chile in Iquique

---

Teil-geständnisse der Junta

Militärjunta, Pinochet, Leigh, Merino, Mendoza, – das sind Synonyme für reaktionäre Gewaltanwendung und unmenschlichen Krieg gegen das eigene Volk. Synonyme für die faschistische Barbarei, die in Chile wütet. Die von allen friedliebenden Völkern verdammt, verflucht und verurteilt wird.

Die Junta fühlt die Isolierung. Sie versucht das Ausmaß ihrer Verbrechen zu verschleiern. Sie lügt, wie alle überführten Verbrecher sich durch Lügen herauszuwinden versuchen. Aber so oft einer der Generale den Mund aufmacht , um zu lügen, so oft kommem Teilgeständnisse heraus, entlarvt die Junta sich selbst. Bei aller Tarnung — die Junta kann den Schoß nicht leugnen, aus dem sie kroch.

„Im Blut baden"

„Unbarmherzig", mit „eiserner Hand" drohten die braunen Barden in Deutschland vor 40 Jahren gegen Demokraten und Humanisten, gegen Andersdenkende vorzugehen. „Köpfe sollen rollen", verkündeten sie. Sie handelten entsprechend, mit makabrer Perfektion.
Und die Junta-Generale in Chile?
Grausame Gewaltanwendung seit der ersten Stunde ihrer Machtergreifung am 11. September bestimmt das Geschehen. Und zwar unvergleich-

lich grausamer als bei allen Militärputschen vergangener Jahrzehnte. Die Militärjunta will nicht nur einschüchtern, wenn sie vom Mord spricht. Sie will morden, und sie mordet zehntausendfach!
Am 17. September 1973 heißt es in einem Telefon-Interview der „Welt" mit dem juntahörigen Marineoffizier Ladislao Beno:
„Bei ihrem Vorgehen will die Junta ein ‚Maximum an Gewalt' anwenden…"

Luftwaffenchef General Gustavo Leigh, Mitglied der Junta, am 17. September 1973 in einem Interview mit der Tageszeitung „La Tercera", Chile:
„Wir handeln so, weil hunderttausend Tote in drei Tagen einer Million Toten in drei Jahren, wie es in Spanien geschah, vorzuziehen sind."

Junta-Chef General Augusto Pinochet in einem Interview mit „Time"-Korrespondent Charles Eisendraht in der letzten September-Woche 1973:
„Man sagt, daß Demokratie hin und wieder in Blut gebadet werden muß, damit sie weiterhin eine Demokratie sein kann!"

Das alles ist faschistische Philosophie! Das ist das Geständnis, daß Zehntausende Tote „eingeplant" waren. Jeder einzelne Tote war gewollt!

Totenzahlen auf Raten

Die Hitlerfaschisten versuchten, über Jahre hinweg die Zahl ihrer Opfer zu verschleiern. Die Militärjunta operiert in gleicher Weise. Aber auch dabei entschlüpfen ihren Exponenten immer neue Teilgeständnisse.
Am 17. September, am gleichen Tage, an dem General Leigh die oben zitierte blutrünstige Äußerung tut, lügt Oberst Rigoberto Rubio, Generalsekretär der Armee, in einem Telefoninterview mit AP, die Zahl der „gewaltsam ums Leben Gekommenen" betrage *„weniger als 200"*.
Und General Pinochet am 21. September:
„223 Tote, 412 Verletzte."

Als sich zeigt, daß niemand in der Welt diesen verlogenen Zahlenangaben Glauben schenkt, und Korrespondenten aus Santiago bereits von vielen Tausenden Toten berichten, geht die Junta mit ihren gefälschten Totenzahlen „schrittweise" herauf.
General Pinochet am 8. Oktober 1973 in einem Fernsehinterview laut AP: *„Bis zum Freitag seien 476 Zivilisten ums Leben gekommen."*

Vier Tage später, am 12. Oktober 1973, Oberst Pedro Ewing, Generalsekretär der Militärjunta, in einem Interview mit AFP:
„Die Zahl der Toten belief sich am 8. Oktober in Chile auf 551. Darunter befanden sich zwölf Personen, die zum Tode verurteilt und hingerichtet wurden."
Aber am 20. November 1973 gibt Juntamitglied Admiral José Merino laut Tanjug in Santiago bekannt, *„daß etwa 3 500 Menschen ums Leben gekommen sind."*

Nazi-Deutschland 1933

Junta-Chile 1973

Wie das, wenn angeblich „Ruhe und Ordnung" herrschen? Wenn die standrechtlichen Erschießungen angeblich „eingestellt" sind? Warum wächst die Zahl der zugegebenen Opfer innerhalb von zwei Monaten auf das Zwanzigfache? Wer lügt hier, Rubio oder Merino?

Es gibt nur eine Erklärung: alle beide. Wie jedem Kapitalverbrecher muß man den Vertretern der Junta die Teilgeständnisse stückweise aus den Zähnen ziehen. Sie geben gerade immer soviel zu, wie sie absolut nicht mehr leugnen können. Das Leichenschauhaus in Santiago hat sie überführt...

„Auf der Flucht erschossen"

Hitlers Mordbrenner prägten die Alibi-Formel: „Auf der Flucht erschossen..." Und Pinochets Mordbrenner?

Sie wenden diese Formel massenhaft an. Wer von ihrer Soldateska niedergemacht wird, wollte angeblich „fliehen" – ob Häftling oder Passant.

AFP und AP am 25. September 1973:
„Wie die Oberste Militärbehörde bekanntgab, sind in San Antonio sechs festgenommene Extremisten bei einem Fluchtversuch getötet worden."

Am 30. September:
„Im Stadtteil Las Barrancas von Santiago sind sechs Menschen auf der Flucht erschossen worden."

Funk und Fernsehen der Armee am 7. Oktober.
„Sechs Männer sind bei einem Fluchtversuch aus dem Militärlager in Rio Beno von Soldaten erschossen worden."

Andere werden erschossen, weil sie „bei einem Verhör zu entkommen" suchten, andere, weil sie nach ihrer Verurteilung aus dem Gericht „zu fliehen versuchten".

Der stereotype Gebrauch dieser Formel überführt die Junta als faschistische Mordspezialisten. Die Welt weiß spätestens seit 1933, wie diese Art von „Flucht" inszeniert wird, wie Menschen gezwungen werden, einige Schritte zu tun, damit man sie von hinten „auf der Flucht" erschießen kann. Jede derartige Meldung ist eine Anklage gegen das Terrorregime der Junta.

„Den Marxismus ausrotten"

Hitlers und Goebbels' Hetztiraden gegen alles Fortschrittliche gipfelten in der „Drohung", sie würden „den Marxismus mit der Wurzel ausrotten", dabei bezeichneten sie sogar die Zeit der bürgerlichen Weimarer Republik als „14 Jahre Marxismus" und verfolgten dementsprechend alle Demokraten. Und die chilenische Militärjunta?

Am 21. September 1973 erklärt Pinochet, daß die Junta erst dann ihre Aufgabe als erfüllt betrachtet, *„...wenn wir das bösartige Krebsgeschwür des Marxismus ausgemerzt haben".*

Genau einen Monat nach dem blutigen Putsch äußert Pinochet laut „El Mercurio", Chile, vom 12. Oktober 1973:
„Wir wollen den Marxismus im Bewußtsein der Chilenen ausrotten."

Alle ihre blutigen Verfolgungen, ihre Mordtaten richten sich also nicht gegen irgendwelche Straftaten oder Straftäter, sondern gegen eine Weltanschauung, gegen Überzeugungen, gegen Ideen, gegen das Bewußtsein der Chilenen! Ein interessantes Geständnis!

Das Denken wird im Chile der Junta so unnachgiebig verfolgt, wie es im Chile Allendes frei und durch die Verfassung geschützt war. Und „Marxist" ist bei Pinochet wie bei Hitler jeder, der nicht für die Faschisten ist, jeder Anhänger der Unidad Popular, jeder linke Christ, jeder aufrechte Demokrat.

„Nur noch eine Partei..."

Die Nazis erklärten Deutschland zur „Volksgemeinschaft". Hitler schrieb: „Der nationalsozialistische Staat kennt keine Klassen". Unter diesem Motto wurden alle demokratischen Parteien verboten und das gesamte öffentliche Leben „gleichgeschaltet". Welche Begriffe hat die Junta parat?

Am 18. September 1973 gab sie, die den abscheulichen Brudermord betrieb, diese Erklärung ab:
„Wir wollen kein in Gruppen geteiltes Vaterland, sondern ein Vaterland, das eine Familie von geeinten Brüdern ist."[89]

Pinochet, einen Monat nach dem faschistischen Putsch, während seine Soldaten auf gnadenloser Menschenjagd sind:
„Wir haben erklärt, daß es für diese Regierung weder Sieger noch Besiegte gibt, weil wir Chile als eine Schicksalsgemeinschaft betrachten."[90]

Und in einem Interview mit der „Time", USA, vom 1. Oktober 1973:
„Die einzige Partei ist augenblicklich die chilenische Partei und ihre Mitglieder sind alle Chilenen."

Ebenso der Führer der faschistischen „Patria y Libertad", Rodriguez, in einem Interview mit dem „Spiegel", vom 15. Oktober 1973:
„Es gibt jetzt nur noch eine Partei: die Partei aller Chilenen..."

Was für eine Partei das ist, sieht man an ihren Sprechern: Pinochet in völliger Einmütigkeit mit Rodriguez – es spricht und herrscht die Partei der Faschisten.

últimas noticias

Año LXXI — N.o 22.630   Miércoles 26 de septiembre de 1973
PRECIO: Eº 20.00   PRECIO Aéreo: Eº 25.00

HOY: Santa Justina

REPUBLICA DE CHILE
Direccion General de Investigaciones

La Junta Militar de Gobierno Ordena:

UBICAR Y DETENER

A las Siguientes Personas

3ra de la hora

SANTIAGO DE CHILE
VIERNES
28 de septiembre de 1973
Nº 8.556   AÑO XXIV
PRECIO Eº 20
AEREO DESDE
ANTOFAGASTA-ARICA Y
COYHAIQUE-PTA. ARENAS
PRECIO Eº 25
EL DIARIO DE LA MAÑANA
QUE LLEGA A TODOS LOS
HOGARES
EDICION DE 32 PAGINAS

500 MIL ESCUDOS OFRECEN POR ALTAMIRANO Y CIA.

PONEN PRECIO A LA CABEZA DE PROFUGOS

Juntatreue Zeitungen mit Steckbriefen: Denunzianten werden Kopfprämien versprochen

177

Liquidierung der Verfassung

Angeblich zum „Schutz der Verfassung" angetreten, setzte die Junta sie sofort außer Kraft, löste das Parlament auf, verbot die Parteien und kündigte eine „neue Verfassung" an.
Wenige Tage nach dem Putsch erklärt General Leigh im Fernsehen:
„Die Junta werde eine neue Verfassung ausarbeiten lassen."[91]

Die neu zu schaffende Junta-Verfassung soll eine Verfassung der „Schicksalsgemeinschaft" sein.
Die „Wirtschaftswoche" vom 26. Oktober 1973:
„Die Junta hat offenbar einen Ständestaat im Visier. Die Idee des Stände- oder Korporationsstaates ist heute am weitestgehenden im Portugal Caetanos verwirklicht."

Und noch deutlicher „Die Weltwoche", Schweiz, am 3. Oktober 1973:
„Faschistisches Gedankengut steckt auch im neuen Verfassungsprojekt, mit dem die Junta den ‚marxistischen Krebs' für immer aus dem chilenischen Staatskörper herausoperieren will."

Der erste Schritt wurde bereits getan. Laut „Frankfurter Allgemeine Zeitung" vom 13. November 1973 hat

„...die Militärjunta in Chile den Verfassungsgerichtshof aufgelöst. Damit wurde die letzte demokratische Kontrollinstanz abgeschafft, die nach dem Putsch des Militärs am 11. September noch weiterbestanden hatte."

Konnten sich die Verfassungsfeinde deutlicher entlarven?
Das „Recht" auf totale Willkür soll „im Namen des Volkes" von einigen Militärs in Verfassungsparagraphen gesetzt werden.

Kriminalisierung Andersdenkender

Für Hitler und seine Komplicen waren alle politischen Gegner der faschistischen Tyrannei „gemeine Verbrecher" – der Literaturnobelpreisträger, der Führer der KPD, der Funktionär der SPD, der Gewerkschafter, der Pfarrer...
Wie manövrieren die heutigen Machthaber in Santiago?

Für sie sind alle Andersdenkenden Verbrecher, auf deren Ergreifung sie Kopfgelder aussetzen. Die juntatreue chilenische Zeitung „Tribuna" veröffentlichte am 4. November 1973 eine Erklärung der Junta, derzufolge *„in Chile jetzt keine politischen Häftlinge mehr existieren"*.

Der gleiche abgrundtiefe Zynismus, der aus politischen Häftlingen Verbrecher macht, offenbart sich auch in einem Telegramm, das Pinochet an den peruanischen Präsidenten, Juan Velasco Alvarado, als Antwort auf dessen Bitte nach „Respektierung"

des Lebens von Luis Corvalán und der anderen Verhafteten" sandte:

„In Beantwortung Ihres Telegramms vom 8. Oktober bekunde ich Ihrer Exzellenz, daß weder Herr Corvalán noch andere Verhaftete in Chile für ihre politischen Ideen verurteilt werden, sondern wegen Verbrechen, die als solche in Gesetzen angesehen werden, die seit vielen Jahren in Chile rechtskräftig sind."[92]

In Wirklichkeit war in Chile „seit vielen Jahren" die Demokratie zu Hause, während jetzt die Willkür herrscht und Verfassungstreue als Verbrechen gilt.

„Gebt mir fünf Jahre Zeit"

Als Hitler seine Diktatur errichtete, kündigte er an, man solle ihm „vier Jahre Zeit" geben und man werde Deutschland nicht wiedererkennen.
Was daraus wurde, weiß die Welt.

Der Sicherheitschef der Junta, General Ernesto Baeza, laut „Welt" vom 19. Oktober 1973:
„Die Junta wird so lange regieren, bis Chile wirtschaftlich, sozial, moralisch wiederhergestellt ist... Dieser Umwandlungsprozeß wird mindestens fünf Jahre dauern."

Also: Gebt mir fünf Jahre Zeit – und ihr werdet Chile nicht wiedererkennen. Fünf Jahre mindestens, rechnet die Junta, werde sie selbst bei ihrem extremen Terror brauchen, um das chilenische Volk und seine Errungenschaften „umzuwandeln".
Auch ein wichtiges Geständnis dessen, daß sie gegen den Volkswillen regieren.

„Den Gürtel enger schnallen"

Angeblich traten sie an, um die wirtschaftlichen Schwierigkeiten zu überwinden, den „Mangel", der unter der Regierung der Unidad Popular geherrscht habe. Ihre Taten – enorme Preissteigerungen – und ihre Worte strafen sie Lügen. Die Junta-Herrschaft macht die Werktätigen von Tag zu Tag ärmer.

General Pinochet am 27. Oktober 1973 laut AFP:
„Die Chilenen müssen zumindest ein Jahr lang den Gürtel enger schnallen."

Das zeigt die wirklichen Ziele der Junta. Sie handelt im Auftrag der großen Konzerne, deren Profite zu Lasten des Volkes wieder ins Unermeßliche steigen sollen.

Alle ihre Lügen und ihre Teilgeständnisse, ihre offenen und versteckten faschistischen Zielsetzungen, ihre Gedanken und Praktiken entlarven die Junta. Sie erweist sich als Nachfahre der faschistischen Diktatoren, als Geist von ihrem Geist und Fleisch von ihrem Fleisch.

SANTIAGO DE CHILE
SABADO
22 de septiembre de 1973
N° 8.550   AÑO XXIV
PRECIO E° 20
AEREO DESDE
ANTOFAGASTA-ARICA Y
COYHAIQUE-PTA. ARENAS
PRECIO E° 25
EL DIARIO DE LA MAÑANA
QUE LLEGA A TODOS LOS
HOGARES
EDICION DE 32 PAGINAS

GENERAL AUGUSTO PINOCHET, Presidente de la Junta de Gobierno.

LO DECLARO EL PRESIDENTE DE LA JUNTA
FUERA DE LA LEY LOS PARTIDOS MARXISTAS

JM COMENTA EL TRIUNFO
Brillante la victoria en México   CARLOS CASZELY

últimas noticias

Año LXXI - N.o 22.627   Sábado 22 de Septiembre de 1973
PRECIO: E° 20,00   PRECIO (Aéreo) E° 25,00
HOY: San Tomás.

Anuncia Ministro del Interior
MARXISMO QUEDA FUERA DE LA LEY

LA PRENSA
DE SANTIAGO

POR TRATARSE DE ORGANISMO CON CARACTER POLITICO
Cancelada la Personalidad Jurídica de la Central Unica de Trabajadores

Por haberse transformado en un organismo de carácter político, bajo la influencia de tendencias foráneas y ajenas al sentir nacional, fue cancelada la personalidad jurídica a la Central Unica de Trabajadores (CUT).

Así lo dispone el decreto ley N.o 12, de fecha 17 de septiembre publicado en el Diario Oficial.

El decreto indica que se prohíbe, en consecuencia, su existencia y toda organización y acción, propaganda de palabra, por escrito o por cualquier otro medio, que revelen, directa o indirectamente el funcionamiento de la referida central gremial.

Agrega el cuerpo legal que la infracción a esta norma será penada con presidio, relegación o extrañamiento mayores, en cualquiera de sus grados.

EL MERCURIO

Lo Anuncio el General Pinochet

Partidos Marxistas al Margen de la Ley

DECRETAN RECESO DE PARTIDOS POLITICOS

La Secretaría General de Gobierno informó que "mientras se regula su funcionamiento mediante un estatuto que garantice el mejor desarrollo civico de la ciudadanía, la Junta de Gobierno, decretará el receso de los partidos políticos".

Luego de informarse que por "proteger los intereses de la Patria se ha marginado a los grupos políticos marxistas, se decreta el receso de los partidos políticos como una forma de producir la unidad entre todos los chilenos por el período que esto sea necesario y mientras se regula su funcionamiento mediante un estatuto que garantice el mejor desarrollo civico de la ciudanía".

Schlagzeilen juntatreuer Zeitungen: Erst marxistische Parteien verboten, dann Gewerkschaften verboten, schließlich die Tätigkeit aller Parteien verboten

Moneda 1973

Reichstag 1933

120 Tage Abbau des Fortschritts

Nachdem die Schergen der Junta den Präsidenten Chiles ermordet, Zehntausende von Anhängern der Unidad Popular verhaftet, deportiert oder erschossen hatten, begannen sie Schritt für Schritt mit der Verwirklichung ihres eigentlichen Zieles: mit der Demontage jener Errungenschaften, die sich die Werktätigen unter der Führung der Parteien der Volkseinheit erkämpft und erarbeitet hatten. Die Schranken, die die Regierung der Unidad Popular der Ausplünderung und Unterdrückung durch Großkapital und Latifundistas entgegengesetzt hatte, werden vom faschistischen Militärregime niedergerissen.

Demagogische Erklärungen

Wie einst die Hitlerfaschisten, verbindet auch die Junta Terror mit Demagogie. So berichtet die Nachrichtenagentur DPA am 17. September 1973 unter Berufung auf die Militärregierung aus Santiago:
„Das neue chilenische Militärkabinett beabsichtigt nicht, Nationalisierungen und Verstaatlichungen sowie die Bodenreform generell rückgängig zu machen."
Und General Pinochet erklärt in einer am 12. Oktober 1973 im „El Mercurio", Santiago, veröffentlichten Rede:

„Vom ersten Augenblick an hat die Regierung erklärt, daß sie nie daran gedacht hat, die Errungenschaften rückgängig zu machen."
Jedes Wort – Demagogie. Jedes einzelne Wort – Lüge. Die Tatsachen beweisen es.

● *Was geschah und geschieht tatsächlich mit den Betrieben, die die UP auf der Grundlage gültiger Gesetze nationalisiert bzw. wegen Sabotage der Wirtschaft in Treuhandverwaltung genommen hatte?*

Betriebe wieder in Kapitalistenhand

Zuerst wurden die von der Volkseinheit eingesetzten Wirtschaftsleiter aus dem Weg geräumt. DPA vom 1. Oktober 1973:
„Ein chilenisches Militärgericht hat den Generaldirektor der verstaatlichten Kupferzeche von Chuquicamata, David Silbermann, zu 13 Jahren Haft verurteilt... dieses Gericht verurteilte ebenfalls den Chef der Finanzabteilung der Kupferzeche zu 17 Jahren Gefängnis."
Dann wurde die Übergabe der Betriebe an die Kapitalisten in die Wege geleitet. AP, USA, vom 22. Oktober 1973 über eine Erklärung des Wirtschaftsministers der Junta, Leniz:
„Die Rückführung der überwiegenden Mehrheit der privaten Unternehmen, die in den vergangenen drei Jahren in staatliche Regie übernommen worden waren, sei ein bedeutender Teil der Wirtschaftspolitik der neuen Regierung."
Die „Frankfurter Rundschau" bereits am 20. Oktober 1973:
„Der Minister kündigte an, daß die Militärregierung über 1 000 von der Regierung des gestürzten Präsidenten Allende verstaatlichte Fabriken ihren ehemaligen Eigentümern zurückgeben werde."
Folgerichtig offerierte am 12. November 1973 „US News & World Report" folgende Botschaft aus Santiago:
„Einige der größten Namen der US-Industrie werden wahrscheinlich von der Entscheidung der Militärjunta Chiles profitieren, die den illegal enteigneten Gesellschaften ihren Besitz zurückgeben will. Unter anderem sind da folgende Firmen zu finden:
● General Electric...
● International Telephone & Telegraph...
● Dow Chemical...
● Corning Glass Works...
● PPG Industries...
● Ford Motor Company..."
Außerdem wird die Bereitschaft der Junta bekannt, mit den ehemaligen Eigentümern der Kupferbergwerke – insbesondere mit den USA-Gesellschaften Anaconda, Kennecott und Cerro – Verhandlungen über horrende Entschädigungssummen zu führen.
Am 6. Januar 1974 berichtet DPA aus Santiago:
„Der chilenische Wirtschaftsminister Fernando Leniz hat umfangreiche Reprivatisierungen von verstaatlichten Betrieben und Banken angekündigt."

Zu den Betrieben, die an ihre früheren Besitzer zurückgegeben werden, gehören: „Yarur", „Tejiclos Caupolican", „Hirmas", „Manufacturas Sumar" und „Textil Progreso". Als USA-Banken, die reprivatisiert werden sollen, nannte Leniz die „First National City Bank" und die „Bank of America". Außerdem soll die Verstaatlichung folgender Banken rückgängig gemacht werden: „Banco Chile", „Osorno", „Union", „Südamericano", „Expanol-Chile", „Edwards", „Credito e Inversiones", „National de Trabajo" und „Continental".

Die Junta zeigt ihr wahres Gesicht: Sie restauriert Schritt für Schritt jene überlebten gesellschaftlichen Verhältnisse, die in Chiles Vergangenheit die Mehrheit des Volkes in bitterster Armut hielten und einer kleinen Minderheit ein Prasserleben garantierten.

● *Was geschieht mit dem Land, das die Bauern auf der Grundlage der rechtmäßig beschlossenen und von der Unidad Popular konsequent verwirklichten Agrarreform erhielten?*

Bauern beraubt

Die „Frankfurter Allgemeine Zeitung" vom 17. Oktober 1973:

„Die Militärjunta in Chile will die von dem gestürzten Präsidenten Allende vorangetriebene Agrarreform teilweise rückgängig machen. Wie in einem Regierungskommunique angekündigt wurde, sollen alle von der früheren Volksfrontregierung enteigneten landwirtschaftlichen Unternehmen mit einer Betriebsfläche von weniger als 40 Hektar Land an ihre einstigen Besitzer zurückerstattet werden…"

Das war das Signal für die Latifundistas. AFP aus Santiago am 16. November 1973 über eine offizielle Beschwerde von Bauernführern:

„Die früheren Großgrundbesitzer versuchten, Profit aus dem Regierungswechsel zu schlagen und den Bauern den Boden wieder abzunehmen, der ihnen dem Gesetz über die Agrarreform zufolge rechtmäßig gehöre."

Der „Tagesspiegel" unter Berufung auf die Militärjunta am 25. November 1973:

„In der südchilenischen Provinz Cautin sind 19 Landgüter ihren Besitzern zurückgegeben worden."

Am 10. November 1973 berichtet die amerikanische Nachrichtenagentur AP unter Berufung auf einen chilenischen Bauernführer:

„Tausende von chilenischen ‚Campesinos' sind von den ehemaligen Großgrundbesitzern und von den Funktionären der Junta von ihren Besitzungen vertrieben worden. Die Situation auf dem Lande müsse beinahe als schrecklich bezeichnet werden. Nicht nur die Bauern sind von den Höfen vertrieben worden, die sie durch die Agrarreform legal erhalten hatten. Gleichzeitig hätten willkürliche Massenentlassungen von landwirtschaftlichen Arbeitern stattgefunden. Die Arbeitslosigkeit auf dem Lande sei erschreckend."

● *Was wurde aus den demokratischen Rechten, die unter der Regierung von Dr. Allende Schritt für Schritt ausgebaut wurden?*

Parlament aufgelöst

Als erstes wurde das Parlament aufgelöst und allen Parlamentariern ihr Mandat aberkannt. In dem entsprechenden Dekret vom 21. September 1973 wird betont, es sei gegenwärtig unmöglich, die gewöhnlichen Wege für die Erlassung von Gesetzen zu gehen, weil „die Vorhaben der Regierungsjunta größte Beschleunigung erfahren müssen".

Parteien verboten

Als zweites wurden die Parteien verboten. AFP am 21. September 1973:
„Die Militärjunta verbot ab sofort alle marxistischen Parteien des Landes. Von der sofortigen Auflösung sind folgende fünf Parteien betroffen: Kommunisten, Sozialisten, Radikale, Bewegung der Vereinigten Volksaktion (MAPU) und die christliche Linke. Aufgelöst wird auch die Bewegung der Revolutionären Linken (MIR)."
Mit dem gleichen Dekret wurde der „Frankfurter Allgemeinen Zeitung" vom 16. Oktober 1973 zufolge, „die mündliche, schriftliche oder anderweitige Verbreitung von marxistischer Propaganda… mit Gefängnis oder Ausweisung bestraft."
Das Verbot der Parteien der UP wird wenige Tage später ausgedehnt. DPA, am 26. September 1973:
„Nach dem Verbot der marxistischen Parteien Chiles wurde jetzt auch die Tätigkeit der restlichen politischen Parteien auf unbestimmte Zeit von der Militärjunta suspendiert. Die Anordnung der Junta trifft die Christdemokratische, die Nationale und die Sozialdemokratische Partei von der früheren Opposition, die Radikale Partei, die ‚Izquierda Christiana' und die ‚Accion Popular de Independiente' von den früheren Volksfront-Parteien."

CUT verboten

Als drittes wird der einheitliche chilenische Gewerkschaftsverband CUT aufgelöst. DPA am 26. September 1973:
„Die chilenische Militärregierung hat per Dekret den Gewerkschaftsbund des Landes ‚CUT' verboten. Die Maßnahme wurde damit begründet, der ‚CUT' habe sich ‚in eine Organisation mit politischem Charakter verwandelt'."

Kommunalwahlen für ungültig erklärt

Als viertes werden die Kommunalwahlen von 1971 für ungültig erklärt. Die „Süddeutsche Zeitung" vom 26. September 1973:

„Die Militärregierung hat alle bei den letzten Kommunalwahlen im April 1971 gewählten Bürgermeister und Gemeinderäte abgesetzt. Die neuen Bürgermeister werden von der Regierung aus einem Kreis von Personen ihres Vertrauens ernannt…"

Wahlrecht abschaffen

Als fünftes wird das Wahlrecht für abgeschafft erklärt. Die „Süddeutsche Zeitung" am 29./30. September 1973:

„Fliegergeneral Leigh, dessen politische Ordnungsvorstellungen sich an der Verfassungswirklichkeit Spaniens und Portugals orientieren… möchte das ‚Laster der Politik' und die Wahlen abschaffen, die nur Zeit, Energie und Geld kosten."

Pressefreiheit liquidiert

Die wenigen Zeitungen, die erscheinen, sind zensiert, und was frei verkauft werden darf, sind zum großen Teil amerikanische Witz-, Kriegs- und Horrorcomics. Die Rundfunkstationen, die in Santiago wieder in Funktion sind, dürfen nur Musik senden. Nachrichtensendungen erfolgen zentral vom Verteidigungsministerium aus.

Selbst Vertreter ausländischer großbürgerlicher Zeitungen sind Repressalien ausgesetzt. „Financial Times", Großbritannien, vom 19. Oktober 1973:

„Die Liste bedrohter, eingekerkerter und ausgewiesener Journalisten reicht vom Vertreter der ‚Financial Times' bis zu denen der ‚Washington Post' und von ‚Le Monde'."

Es gibt im Chile der Junta weder Rede- und Pressefreiheit noch Streikrecht. Alle früheren demokratischen Gesetze sind außer Kraft gesetzt. In Kraft ist nur, was den Interessen und Absichten der Militärjunta entspricht. Sie regiert das Land wie im Krieg mit Befehlen, mit Kriegsrecht und Militärjustiz.

● *Was wurde aus den Errungenschaften der UP-Regierung im Feldzug gegen Armut und Hunger?*

Komitees gegen Spekulanten aufgelöst

Als erstes werden die gegen die Spekulanten geschaffenen Volkskomitees für Versorgung und Preiskontrolle (JAP) aufgelöst.
Dazu der „Vorwärts" am 27. September 1973:
„Die von der Allende-Regierung geschaffenen JAP-Komitees für Versorgung und Preiskontrolle wurden offiziell aufgelöst. Der soziale Wirtschaftsbereich existiert nicht mehr. Damit ist der Weg frei, Angebot und Nachfrage auf dem Markt wieder ins Gleichgewicht zu bringen – auf Kosten der ärmeren Bevölkerungsschichten."

Preise steigen

Als zweites wird am 15. Oktober 1973 das Dekret 522 erlassen, mit dem eine Welle von Preissteigerungen ausgelöst und auch die Schwarzmarktpreise legalisiert werden:
So stiegen die Preise innerhalb weniger Wochen:

Brot	um 400 Prozent
Makkaroni	um 300 Prozent
Zucker	um 500 Prozent
Öl	um 700 Prozent
Tee	um 300 Prozent
Elektrischer Strom	um 600 Prozent
Textilien	um 400 Prozent
Schuhe	um 300 Prozent
Arztbesuche	um 300 Prozent
Medikamente	um 300 bis 700 Prozent
Nahverkehrstarife	um 400 Prozent
Eisenbahntarife	um 200 Prozent
Benzin	um 800 Prozent

Am 13. Dezember 1973 meldet die „Frankfurter Rundschau":
„Seit dem Sturz Präsident Allendes stieg die Inflationsrate auf über 500 Prozent."
Am 26. Dezember 1973 heißt es in einem Korrespondentenbericht, den die ARD ausstrahlt:
„Die wirtschaftliche Lage Chiles hat sich 100 Tage nach dem Militärputsch weiter verschlechtert… Es mangelt an Grundnahrungsmitteln, an Weizen, Milch und Mais. Ein Kilo Fleisch kostet inzwischen den Wochenlohn eines Arbeiters."

Zum Hunger der Hohn

Den Raubzug auf die Geldbörsen der arbeitenden Menschen verteidigen Vertreter der Junta mit zynischen Worten. Wirtschaftsminister Leniz in „La Prensa", Santiago, vom 28. September 1973:
„Und im übrigen ist das Brot viel zu billig. Stellen Sie sich vor, ein Brotlaib kostet nur 12 Ecudos."

Lohnerhöhungen verboten

Aber das ist noch nicht die Endstation der Rückführung der Bevölkerung in Not und Hunger. Die „Süddeutsche Zeitung" teilt am 2. November 1973 mit:
„Da die Junta Lohnerhöhungen künftig verboten hat, wird das Lebensniveau der Arbeiter weiter sinken – eine Realität, die in krassem Gegensatz zu den wortreichen Erklärungen der Junta steht, die sozialen Errungenschaften der arbeitenden Bevölkerung sollten nicht angetastet werden."

Konsumieren ist wieder wie früher in Chile ein Privileg einer Minderheit von Reichen. Für die, die den Reichtum schaffen, hat General Leigh – nach „US News & World Report" vom 12. November 1973 – „als einziges Arbeit, Arbeit, Arbeit" anzubieten…

Ohne Geld länger arbeiten

Durch Dekret wird die wöchentliche Arbeitszeit im staatlichen und privaten Sektor um vier Stunden erhöht. Die „Deutsche Volkszeitung" vom 18. Oktober 1973:
„Nachdem die Militärjunta die von der Regierung Allende für den 1. Oktober vorgesehenen Lohnerhöhungen rückgängig gemacht und das Streikrecht abgeschafft hat, ordnete sie die Erhöhung der Arbeitszeit von 44 auf 48 Stunden an. Die zusätzlichen vier Stunden müssen ohne Entgelt geleistet werden."

Arbeitslosenzahl steigt

Wie vor der UP-Regierung werden Arbeiter wieder massenweise auf die Straße gesetzt. Die ersten, die arbeitslos wurden, waren jene, die aktiv für die Politik der UP eintraten oder sich in anderer Weise demokratisch betätigten. Der Journalist Edouard Bailby am 29. Oktober 1973 in „L'Express":
„800 000 Arbeitslose, die aus politischen Gründen auf die Straße geworfen wurden, irren in Städten und Dörfern umher."
Laut AFP veröffentlichte der chilenische Staatsanzeiger am 12. Oktober 1973 eine Gesetzesverordnung, die unter anderem folgendes bestimmt:
„Wer ‚Arbeitsunterbrechungen oder völlige oder teilweise Lähmung in Unternehmen oder öffentlichen Dienststellen anführe oder angeführt habe', müsse mit Kündigung seines Arbeitsverhältnisses rechnen. Weitere rückwirkende Kündigungsgründe sind ‚illegale Handlungen, die Arbeiter an der Erfüllung ihrer Pflichten oder an ihrer Anwesenheit am Arbeitsplatz hindern…'"

Todesstrafe
für Vertretung von Arbeiterinteressen

Unter der Herrschaft des Offiziersklüngels, dessen Ideal in einer „Arbeitsfront" nach dem Vorbild des faschistischen Deutschland besteht, ist Interessenvertretung der Arbeiter mit dem Tode bedroht. Der Vizepräsident des Christlichen Weltbundes der Arbeit (CMT), Maspero, gab in Brüssel bekannt:
„Im Hafen von San Antonio sind sechs Docker, die im Namen ihrer Kameraden soziale Forderungen erhoben hatten, auf der Stelle exekutiert worden."

● *Was geschah mit dem halben Liter Milch, den alle Kinder unter Allende täglich kostenlos erhielten? Was wurde mit den vielen anderen Vergünstigungen, die die Unidad Popular für die heranwachsende Generation durchsetzte?*

Kindern die Milch entzogen

Nur ein Monat faschistischer Militärdiktatur war vergangen, und die Machthaber beseitigten mit einem Federstrich eine der populärsten Maßnahmen der Regierung der Unidad Popular. Die „Frankfurter Rundschau" vom 18. Oktober 1973 teilt mit:

„Die Militärjunta strich auch eine Verfügung des gestürzten Präsidenten Allende, die dieser während des Wahlkampfes 1970 versprochen und die wegen ihrer Symbolhaftigkeit weltweite Aufmerksamkeit erregt hatte: Ab sofort erhalten die Kinder aus armen Familien nicht mehr den kostenlosen täglichen halben Liter Milch."

Milchpreise vervierfacht

Schlimmer noch: Die Mütter müssen für den Liter Milch statt bisher 8 jetzt 30 Escudos bezahlen; der Preis für Säuglingsnahrung, deren Herstellung und Preis unter der UP-Regierung besonders scharf überwacht wurde, schnellt auf das Zehnfache.

● *Was ist unter der Juntaherrschaft aus den Fortschritten bei der gesundheitlichen Betreuung geworden? Wie werden heute die Bewohner in den Stadtrandsiedlungen medizinisch versorgt, denen die Unidad Popular Polikliniken und Ambulanzen zur Verfügung gestellt hatte?*

Gesundheit nur noch für die Reichen

Der von der Junta betriebene rigorose Sozialabbau trifft mit aller Härte gerade diesen Bereich. Julia Barnes in „Daily World" am 13. November 1973:
„Eine der ersten Aktionen der Junta nach dem Putsch bestand darin, die Wohngebietskliniken zu räumen. In den Stadtvierteln arbeiten keine Ambulanzen mehr. Vorbeugende Gesundheitskampagnen unter der armen Bevölkerung wurden abgeschafft. Die Ärzte gehen nicht mehr in die Stadtviertel, um sich die Wohnbedingungen in den Häusern anzusehen. Die Medizin ist in die eleganten Privatbüros zurückgekehrt, und die großen, zentralen Kliniken sind nicht mehr erreichbar, vor allem nicht für die Landbevölkerung."
Gesundheitliche Betreuung haben die Militärs für die arbeitenden Menschen in einen unerschwinglichen Luxusartikel verwandelt. Mitte Oktober wurden die Gebühren für Arztbesuche rückwirkend vom 1. Oktober um 200 Prozent erhöht. Eine Arztkonsultation kostet jetzt 600, ein Hausbesuch sogar 1 000 Escudos.
Für die Militärbehörden ist es sogar ein Verbrechen, wenn sich Ärzte, Medizinstudenten und Krankenschwestern aufopferungsvoll eingesetzt haben, um die sogenannten „Armutskrankheiten" wie Diarrhoe, Bronchialpneumonie und Unterernährung aus dem Leben des Volkes zu verbannen. Julia Barnes in ihrem Bericht:
„Die Organisation der Wohngebietskliniken, die die Leitung der Kliniken plante und unterstützte, wurde aufgehoben, ihre Führer wurden getötet, eingekerkert oder in den Untergrund getrieben, und ihre Stellen wurden von ‚Nicht-Marxisten', die die Regierung ernannt hat, usurpiert."
Der Gipfelpunkt des Verbrechens einer vertierten Bande von Mördern gegen das Gesundheitswesen:

Weltbekannte Chirurgen, Chefärzte von Kranken-häusern, Lehrkräfte medizinischer Fakultäten, Krankenschwestern und Sozialhelfer wurden ausgewiesen, verschleppt, gefoltert, geschändet, zum Krüppel geschlagen, getötet...

● *Und was wurde aus Kultur und Bildung, die unter der Regierung Allende einen so bedeutenden Aufschwung genommen hatten?*

Feldzug gegen die Kultur

Die faschistische Militärjunta in Santiago versucht den freien Geist zu töten. Sie betrachtet die Äußerungen der schöpferischen Intelligenz als eine Gefahr für ihre tyrannischen Ziele. Carlos Cerda, Professor für Philosophie und bis zum Putsch Stadtrat für Kultur in Santiago, über die Verbrechen der Junta-Generale:

„Sie quälten nicht nur den größten Dichter unserer Zeit, sondern ihre Dummheit brachte sie auch soweit, daß sie während der ersten Tage nach dem Putsch den Namen des Gebäudes ‚Gabriela Mistral‘ änderten. Bekanntlich erhielt auch diese berühmte Dichterin unseres Landes den Nobelpreis für Literatur, und zwar im Jahre 1945. Gabriela Mistral, die eine lebhafte demokratische Gesinnung auszeichnete und die eine tiefe Zuneigung zu ihrem Volke empfand, war – im Gegensatz zu Neruda – niemals eine revolutionäre Kämpferin.“
Und Carlos Cerda weiter:

„Die Träger des Nobelpreises für Literatur, der kulturelle Stolz unseres Landes, wurden gequält. Victor Jara ermordet, Angel Parra eingekerkert... Die Gesangsgruppen Quilapayún und Inti-Illimani, die sich zum Zeitpunkt des Putsches auf einer Europareise befanden, in erzwungenem Exil. Der Schriftstellerverband aufgelöst, die besten Theater geschlossen, die Universitäten unter der Knute, Tausende und aber Tausende Bücher vernichtet – das ist das Bild der Verwüstung, das die Faschisten innerhalb weniger Tage ihres mörderischen Wütens – auch gegen die Kultur – hinterlassen haben.“[93]

Militärs als Rektoren

Brutal geht die Junta gegen Hochschulangehörige und Studenten vor. Auf die Ermordung und Einkerkerung Tausender Universitätsangehöriger folgt die Militarisierung der Hochschulen. Dazu die „Süddeutsche Zeitung“ vom 2. November 1973:
„Die Junta... hat nach dem Parlament und den Parteien auch die Universitäten mundtot gemacht. Die Rektoren wurden entlassen und an ihre Stelle Offiziere gesetzt.“

30 000 Studenten relegiert

Hunderte Professoren wurden aus dem Lehramt getrieben, über 30 000 Studenren relegiert. Jonathan Kandell in der „Times“ vom 15. November 1973:

„An der Universität von Concepcion, dem wichtigsten akademischen Zentrum südlich von Santiago, sind etwa 6 000 der 16 000 Studenten und Hunderte von Professoren suspendiert worden.

Der östliche Teil der ‚Universität Chile‘ in Santiago, der größten Universität des Landes, ist geschlossen worden, weil Marxisten angeblich die Fakultäten der Gesellschafts- und politischen Wissenschaften beherrscht hätten. So war für etwa 8 000 Studenten – die meisten davon linksgerichtete Vertreter – zumindest vorübergehend die Karriere kurzerhand zu Ende.

An der hochangesehenen chilenischen Hochschule für Rechtswissenschaften wurden 44 von 360 Professoren und ungefähr 70 Studenten suspendiert.

Nahezu 1 500 Studenten der Fakultäten der schönen Künste, Musikwissenschaft und Architektur der Universität sind ebenso wie annähernd 100 Professoren suspendiert worden.“
General Castro, Erziehungsminister der Junta, gab am 2. November 1973 in einer Rundfunk- und Fernsehansprache bekannt: Alle chilenischen Schulen für die Ausbildung von Volksschullehrern sind bis März nächsten Jahres außer Tätigkeit gesetzt worden.
An der Technischen Staatsuniversität wurden die Abteilungen aufgelöst, die von der UP-Regierung gegründet worden waren, um Arbeiter aufs Studium vorzubereiten.
Die Zahl der Studienplätze wurde so drastisch eingeschränkt, daß 1974 rund 5 000 Studenten weniger immatrikuliert werden als 1973.

Von langer Hand vorbereitet

Das Konzept für die Demontage der Errungenschaften des Volkes ist kaltblütig und von langer Hand vorbereitet worden.
Typisch dafür ist die Ernennung von Fernando Leniz zum Wirtschaftsminister der Junta, dessen Werdegang von der „Süddeutschen Zeitung“ am 2. November 1973 kurz so charakterisiert wird:
„Bisher Präsident des Zeitungskonzerns Mercurio, der die Vorbereitung des Putsches journalistisch angeführt hatte.“
„In dem lärmenden Chor der käuflichen Hetzer spielten die Zeitungen ‚El Mercurio‘, ‚La Tercera de la Hora‘ und andere, die zum größten chilenischen Finanz- und Industrieclan der Edwards gehören, die führende Rolle. Der Leiter dieses Clans, Augustin Edwards, war 1970 in die USA geflüchtet, von wo aus er weiter die regierungsfeindlichen Wühlkampagnen in dem ihm untertanen System von Zeitungen (ihre Gesamtauflage macht die Hälfte der gesamten Zeitungsauflagen des Landes aus) leitete.“[94]
Aus diesem erzreaktionären Industrie-, Finanz- und Presseimperium kommt der Mann, der im Namen der Junta die Weichen der Wirtschaftspolitik stellt.

Kapitel IV

Ein Proteststurm geht um die Welt

Protest! Ein Sturm der Empörung wie noch nie geht um den Erdball. Protest! Das ist das Wort der Vereinten Nationen so wie großer internationaler und nationaler Organisationen und Verbände. Die Demonstration von Millionen und aber Millionen. Die Position von Staatsoberhäuptern, Regierungschefs, Politikern, von Künstlern, Wissenschaftlern, Geistlichen, von Massenmedien.

Protest! Das ist die Sorge der humanistisch empfindenden, denkenden und handelnden Menschen der verschiedensten politischen, weltanschaulichen und religiösen Richtungen aller Kontinente. Seit diesem 11. September.

Schluß mit dem Terror gegen die UP! Schluß mit Verfolgung, Menschenjagd, Mord! Freiheit für alle Eingekerkerten, für den freien, fortschrittlichen Geist! Für Demokraten! Für die Menschlichkeit!
Und der Protest verbindet sich vielmillionenfach mit tätiger Solidarität.
Als Antwort auf den Ruf, der aus Chile selbst kommt.

Stimme des kämpfenden Chile

Die Geschichte gehört uns

Letzte Rede des gewählten Präsidenten Dr. Salvador Allende vom 11. September 1973, vormittags. Gehalten im Präsidentenpalais „La Moneda". Zeitweilig noch übertragen von Radio Magallanes.

„Landsleute!
Es ist sicherlich das letztemal, daß ich mich an Sie wende. Die Luftstreitkräfte haben die Sendeanlagen von Radio Portales und Radio Corporación bombardiert. Meine Worte sind nicht von Bitternis geprägt, sondern von Enttäuschung; sie sind auch die moralische Züchtigung derjenigen, die den Eid, den sie geleistet haben, gebrochen haben: Soldaten Chiles, amtierende Oberbefehlshaber und Admiral Merino, der sich selbst ernannt hat, der verachtungswürdige General Mendoza, der noch gestern der Regierung seine Treue und Loyalität bezeugte und sich ebenfalls selbst zum Generaldirektor der Carabineros ernannt hat. Angesichts solcher Tatsachen kann ich den Werktätigen nur eines sagen: Ich werde nicht zurücktreten. In eine historische Situation gestellt, werde ich meine Loyalität gegenüber dem Volk mit meinem Leben bezahlen. Und ich kann Sie versichern, daß ich die Gewißheit habe, daß nichts verhindern kann, daß die von uns in das edle Gewissen von Tausenden und aber Tausenden Chilenen ausgebrachte Saat aufgehen wird. Sie haben die Gewalt, sie können zur Sklaverei zurückkehren, aber man kann weder durch Verbrechen noch durch Gewalt die gesellschaftlichen Prozesse aufhalten. Die Geschichte gehört uns, es sind die Völker, die sie machen.*

*Werktätige meines Vaterlandes!
Ich möchte Euch danken für die Loyalität, die Ihr immer bewiesen habt, für das Vertrauen, das Ihr in einen Mann gesetzt habt, der nur der Dolmetscher der großen Bestrebungen nach Gerechtigkeit war, der sich in seinen Erklärungen verpflichtet hat, die Verfassung und das Gesetz zu respektieren und der seiner Verpflichtung treu war. Dies sind die letzten Augenblicke, in denen ich mich an Sie wenden kann, damit Sie die Lehren aus den Ereignissen ziehen können. Das Auslandskapital, der mit der Reaktion verbündete Imperialismus haben ein solches Klima geschaffen, daß die Streitkräfte mit ihren Traditionen brechen, mit den Traditionen, die ihnen von General Schneider gelehrt und von Komman-*

dant Araya bekräftigt wurden. Beide wurden Opfer derselben Gesellschaftsschicht, der gleichen Leute, die heute zu Hause sitzen in Erwartung, durch Mittelsmänner die Macht zurückzuerobern, um weiterhin ihre Profite und ihre Privilegien zu verteidigen. Ich wende mich vor allem an die bescheidene Frau unserer Erde, an die Bäuerin, die an uns glaubte, an die Arbeiterin, die mehr arbeitete, an die Mutter, die unsere Fürsorge für die Kinder kannte. Ich wende mich an die Angehörigen der freien Berufe, die eine patriotische Verhaltensweise zeigten, an diejenigen, die vor einigen Tagen gegen den Aufstand kämpften, der von den Berufsvereinigungen, den Klassenvereinigungen angeführt wurde. Auch hierbei ging es darum, die Vorteile zu verteidigen, die die kapitalistische Gesellschaft einer kleinen Anzahl der Ihrigen bietet. Ich wende mich an die Jugend, an diejenigen, die gesungen haben, die ihre Freude und ihren Kampfgeist zum Ausdruck brachten. Ich wende mich an den chilenischen Mann, an den Arbeiter, an den Bauern, an den Intellektuellen, an diejenigen, die verfolgt werden, denn der Faschismus zeigt sich bereits seit vielen Stunden in unserem Land: in den Terrorattentaten, in den Sprengungen von Brücken und Eisenbahnen, in der Zerstörung von Öl- und Gasleitungen. Angesichts des Schweigens... (mittlerer

Satzteil wurde von Bombendetonationen über-
tönt)... dem sie unterworfen waren. Die Geschichte
wird über sie richten. Radio Magallens wird sicherlich zum Schweigen gebracht werden, und der ru-
hige Ton meiner Stimme wird Sie nicht mehr erreichen. Das macht nichts, Sie werden sie weiterhö-
ren, ich werde immer mit Ihnen sein, und ich werde
zumindest die Erinnerung an einen würdigen Menschen hinterlassen, der loyal war hinsichtlich der
Loyalität zu den Werktätigen. Das Volk muß sich
verteidigen, aber nicht opfern. Das Volk darf sich
nicht unterkriegen oder vernichten lassen, es darf
sich nicht demütigen lassen.

Werktätige meines Vaterlandes!

Ich glaube an Chile und sein Schicksal. Es werden
andere Chilenen kommen. In diesen düsteren und
bitteren Augenblicken, in denen sich der Verrat
durchsetzt, sollen Sie wissen, daß sich früher oder
später, sehr bald, erneut die großen Straßen auftun
werden, auf denen der würdige Mensch dem Aufbau einer besseren Gesellschaft entgegengeht. Es
lebe Chile! Es lebe das Volk! Es leben die Werktätigen! Das sind meine letzten Worte, und ich habe die
Gewißheit, daß mein Opfer nicht vergeblich sein
wird. Ich habe die Gewißheit, daß es zumindest eine
moralische Lektion sein wird, die den Treuebruch,
die Feigheit und den Verrat verurteilt.''[95]

Die Kerker öffnen, die KZ schließen

Aufruf leitender Persönlichkeiten der Unidad Popular aus Rom

„Heute, am 18. September 1973, dem chilenischen Nationalfeiertag, dem Tag der Erinnerung an die Befreiung Chiles vor mehr als 150 Jahren, haben wir, die politischen Führer der Unidad Popular, uns in Rom versammelt. Der faschistische Militärputsch vom 11. September überraschte uns außerhalb des Landes. Wo immer wir uns befinden, müssen wir unsere Pflicht erfüllen…

Ein Schauder des Entsetzens und der einhelligen Verurteilung ergreift in diesem Moment die Welt, Empörung über die Massaker, in denen bereits Tausende Bürger fielen.

Niemals wurde in Chile ein Präsident ermordet. Niemals gab es ein derart schreckliches und hinterhältiges Verbrechen.

Die Aufständischen erhoben sich mit Waffen, setzten auf brutale Weise Bombardements aus der Luft sowie Artillerie gegen eine legale, demokratische und pluralistische Mehrparteienregierung ein, die von einem breiten Bündnis der verschiedenartigsten Kräfte, von Marxisten, Christen, Rationalisten und Unabhängigen getragen wurde.

Während ihrer dreijährigen Regierungszeit garantierte sie in vollem Umfang die bürgerlichen Freiheiten und die Menschenrechte. In zahlreichen Wahlen sprach das Volk der Regierung das Vertrauen aus.

Nach der Meinung ihrer erbittertsten Gegner war es die Schuld dieser Regierung, den Weg geöffnet zu haben für eine tiefgreifende Umgestaltung der Wirtschaft und der Gesellschaft; eine Regierung des Volkes, durch das Volk und für das Volk errichtet zu haben.

Ihr Verbrechen war, Chile für die Chilenen zurückerobert zu haben, als selbständiges Land und nicht als Handelsniederlassung der internationalen Konzerne. Ihr Verbrechen bestand in der Nationalisierung des Salpeters, des Kupfers und des Eisens. Deshalb schwor ihr der nordamerikanische Imperialismus Rache, plante er kaltblütig den Tod Allendes und den Ruin des Landes. Die Verschwörung begann mit dem Tag des Sieges des Volkes. Das beweisen Dokumente aus offiziellen nordamerikanischen Quellen. Sie waren es, die hinter der Bühne des Putsches an den Fäden zogen, denn dieser Putsch war konzipiert nach Vorbildern, die Chile fremd sind.

Die chilenische Reaktion haßte Allende, weil er an der Spitze einer Bewegung zur Befreiung der Landarbeiter stand. Sie wollten ihn weiter deshalb liquidieren, weil er den Umtrieben der gefräßigen Monopole ein Ende bereitete. Sie verurteilten ihn zum Tode, weil er mit allen Mitteln versuchte, den Bürgerkrieg zu verhindern, weil er die Tür zum Dialog mit allen Kräften bis zuletzt offenhielt.

Deshalb verletzten die Reaktionäre im Lande selbst, zusammen mit dem Imperialismus, alle Gesetze, deshalb entfesselten sie Spekulation, Wirtschaftssabotage, täglichen Terror, deshalb suchten sie Zuflucht zur Zerstörung und zum systematischen Verbrechen.

Sie haßten ihn, weil er sich an der Spitze der Volksbewegung der ewig Vergessenen annahm, der Erniedrigten und Verachteten, der Armen, der Mütter, der Kinder. Und sie verziehen ihm nie, daß er den Kindern Chiles jeden Tag einen halben Liter Milch zu trinken gab…

Von Rom aus möchten wir alle Menschen, die guten Willens sind und den Wert des menschlichen Lebens hochachten, bitten, mit höchster Eile alles in ihrer Macht stehende zu tun, um den Schlächtern in Chile in den Arm zu fallen und das Blutbad zu beenden.

Daß sich die Kerker, die wieder mit politischen Gefangenen gefüllt sind, öffnen und die Konzentrationslager schließen.

Alle Welt möge wissen, daß das Volk Chiles am Jahrestag seiner Befreiung, trotz aller Bedrängnis, seiner Zuversicht in den schließlichen Ausgang seines Kampfes Ausdruck gibt und voller Hoffnung den Kampfruf erhebt:
VENCEREMOS!“

Julio Benitez	Politbüro des Zentralkomitees der Sozialistischen Partei Chiles
Homero Julio	Zentralkomitee der Sozialistischen Partei
Eduardo Salum	Zentralkomitee der Sozialistischen Partei
Volodia Teitelboim	Politbüro des Zentralkomitees der Kommunistischen Partei Chiles
Carlos Contreras Labarca	Zentralkomitee der Kommunistischen Partei
Oscar Jimenez	Radikale Partei
Armando Uribe	Linke Christen
Sergio Sanchez	MAPU
Carlos Vassallo	Linksunabhängiger
Gustavo Becerra	Nationalpreisträger für Kunst 1971
Alejandro Yanez	Studentenführer

Ich liebe die Freiheit

Luis Corvalán, Generalsekretär der Kommunistischen Partei Chiles

Von der faschistischen Junta verhaftet, eingekerkert. Bis Ende November 1973 in der Militärakademie „Bernardo O'Higgins". Danach auf die KZ-Insel Dawson verschleppt.

Äußerungen aus dem Oktober 1973 gegenüber einem AP-Korrespondenten, der nach Überwindung vieler Schwierigkeiten die Möglichkeit erhält, Luis Corvalán kurz zu sprechen.

„Ich habe ein sehr ruhiges Gewissen, weil – wie die ganze Welt weiß – wir eine Revolution ohne Gewalt organisierten, ohne Waffen einzusetzen. Wir glaubten, daß ein Wahlsieg 1970 möglich sei. Viele Menschen glaubten uns nicht, aber wir hatten recht. Später haben wir alles uns Mögliche versucht, in diesem Land Veränderungen herbeizuführen."

Luis Corvalán abschließend:
„Ich bin sehr ruhig. Ich liebe die Freiheit sehr, und ich liebe das Leben sehr. Aber ich fürchte den Tod nicht, wenn ich für eine gerechte Sache sterbe."

Chile wird siegen

Hortensia Bussi de Allende

Aus der Ansprache vor dem Weltkongreß der Friedenskräfte in Moskau am 26. Oktober 1973:

„Unser Volk ist nicht bestrebt, Rache zu üben, aber es weiß bereits, daß ihm der Sieg mit Hilfe von Wahlurnen nicht genügt. Es weiß, daß die Oligarchie, die den Großkonzernen einen Dienst erweist, die in ihren Händen den Reichtum der Welt konzentrieren, wahre Demokraten nicht duldet, da sie Privilegien und Unwissenheit beseitigen, die einen Mißbrauch möglich machen. Werden die Interessen des Kapitalismus berührt und steht er vor der Wahl ‚Demokratie oder Faschismus‘, neigt er immer zu dieser letzten Bastion von Höhlenmenschen.

Wir kennen alle die Wahrheit. Aber nicht alle dienen der Wahrheit. Wer die Möglichkeit hat, der Wahrheit zu dienen, sie aber verheimlicht, entstellt oder einfach verschweigt, unterstützt diese Verbrechen gegen die Menschheit.

Deshalb, werte Teilnehmer des Weltkongresses, appelliere ich an Ihr Gewissen: Setzen Sie die Weltmeinung mit Hilfe Ihrer Organisationen darüber in Kenntnis, daß ‚in meiner Heimat gegenwärtig die Niedertracht herrscht‘ (Neruda), daß die Menschenrechte mit Füßen getreten werden, daß Standgerichte die herkömmlichen Gerichte ersetzen. Kalte und ungastliche Inseln wurden zu Konzentrationslagern. Heute ist es verboten, die großen Vertreter des modernen Denkens zu lesen, als könnte man die intellektuellen Ansprüche der Menschen, die für die Freiheit ihrer Brüder denken und kämpfen, mit Bajonetten niederhalten.

Pablo Neruda, der geliebte Sohn unserer Erde, unserer Wälder und Berge, der Dichter der ganzen Welt, wurde zweimal beigesetzt. Menschen, die nicht nur Freiheit und Demokratie, sondern auch Kultur, Kunst, Schönheit und Poesie hassen, die unter der Volkseinheitsregierung dem ganzen Volk zugänglich wurden, plünderten seine Bibliothek, zerstörten sein Haus, beschleunigten seinen Tod durch ihre Gewaltakte.

Berichten Sie allen, daß die Junta hinter den Kulissen, hinter dem Rücken des Volkes das faschistische Grundgesetz vorbereitet, daß das Asylrecht, das in den Ländern Amerikas anerkannt ist, nicht geachtet wird, daß die diplomatischen Missionen – die kubanische, sowjetische, die mexikanische und die DDR-Mission – überfallen und Repressalien ausgesetzt wurden, daß das Gesetz der Gewalt herrscht, daß das Eigentum des Volkes wieder in die Hände der Usurpatoren übergeht, daß die sozialen Errungenschaften beseitigt werden.

Überall ertönen Appelle zur Solidarität und zum Schutz unserer Heimat. Die Wiederherstellung der demokratischen Freiheiten in Chile ist Aufgabe der Chilenen, aber ich bitte Sie, unsere Bemühungen in der ganzen Welt zu unterstützen. Ich bitte Sie zu helfen, den ungerechten und grausamen Verfolgungen Einhalt zu gebieten, unter denen gegenwärtig unsere Landsleute leiden…

Neruda sagte: Die Heimat ist verwundet, doch nicht besiegt. Unser Volk ist mutig und kühn; es kämpft gegen die Unterdrückung durch die Henker. Seine Möglichkeiten sind heute gering. Doch sein Kampf verstärkt sich von Tag zu Tag immer mehr.

Salvador Allende ist nicht tot. Wer in der Schlacht für die Freiheit fiel, stirbt nicht, wie der große bulgarische Dichter Christo Botev sagte. Wir sind fest davon überzeugt, daß das chilenische Volk mit der solidarischen und kämpferischen Unterstützung aller Völker siegen kann."

Wir fordern
Euer Wort, Eure Tat!

Gladys Marin, Mitglied der Politischen Kommission der Kommunistischen Partei Chiles und Generalsekretär des Kommunistischen Jugendverbandes

Aus dem blutenden Land übermittelter Appell im Oktober 1973:

„Wie groß die Leiden dieses Volkes heute auch sein mögen, es wird sich niemals beugen. Eine neue Phase im Kampf um unsere Freiheit beginnt. Nieder mit der faschistischen Diktatur! Eine weltumspannende patriotische Einheit gegen die Diktatur. Die Organisierung der Massen! Der Widerstand der Massen! Der Kampf der Massen! Das ist unsere Losung, die von Entschlossenheit, Mut, Schmerz und von ruhiger Verantwortung geprägt ist.

Ein Blutbad überschwemmt meine Heimat. Tausende und aber Tausende Patrioten wurden feige und barbarisch ermordet. Zehntausende sind in Gefängnissen oder in Konzentrationslagern. Auf die Führer der Linken wird eine Menschenjagd veranstaltet. Kopfprämien sind auf ihre Ergreifung ausgesetzt, die festgelegt sind, je nach dem, ob sie ,lebendig' oder ,tot' gefangen werden.

Die Menschheit hat schon die Tragödie des deutschen Faschismus erlebt. Und war voller Abscheu vor seinen Verbrechen. Diejenigen, die ihn nicht gleich verurteilten, haben gesagt, sie hätten nichts gewußt. Deshalb fordern wir Euch auf, zu wissen, mit Chile zu fühlen, meiner teuren Erde, sanft, stolz, fruchtbar, grün und voller Einöden…

Die Junta spürt den Einfluß der internationalen Ablehnung. Delegationen der UNO und des Roten Kreuzes, die zwar nur sehen konnten, was die Junta ihnen gestattete, haben geholfen, das Schicksal einiger Gefangener etwas und auch nur zeitweise zu erleichtern.

Die Junta ist beunruhigt. Sie will dieser Verachtung entgegenwirken, indem sie Emissäre in zahlreiche Länder entsendet.

Wir, die wir leiden und gegen die Diktatur kämpfen, wir rufen Euch auf, die Bemühungen der internationalen Solidarität noch zu verstärken. Jetzt, jetzt!... Keine Aktion und keine Maßnahme erscheint dem Menschen guten Willens und ehrlicher Gefühle ausreichend. Ihr, Jugend der Welt, Ihr, internationale Jugendorganisationen, entsendet Delegationen zur UNO, wendet Euch an ihre wichtigsten Vertreter, sprecht mit den Abgeordneten des nordamerikanischen Senats! Eine Kampagne von Stellungnahmen von Persönlichkeiten und Parlamentariern der verschiedenen Länder muß beginnen.

Die Jugend und Studenten Lateinamerikas fordern Eure Tat, Euer Wort. Das Echo des X. Festivals der Jugend und Studenten tönt noch in unseren Herzen. Möge dieses Gelöbnis, das wir uns dort gaben, heute, da Chile es nötig hat, in seinem vollen Sinne verwirklicht werden. Wir sind mit einer Botschaft Pablo Nerudas nach Berlin gekommen, Neruda ist tot. Aber seine Worte mahnen stärker als zuvor: Jugend der Welt, Eure Solidarität ist das Brot und das Wasser, das mein Land braucht. Der Kampf meines Volkes und Eure Hilfe werden das Ziel erreichen, von dem so viele gute und einfache Menschen meiner Heimat träumen: Freiheit, Unabhängigkeit, Gerechtigkeit und Gleichheit."

Christliche Linke an der Seite der Unidad Popular

Luis Badilla, Funktionär der UP-Partei „Christliche Linke", in einem Interview mit dem Extra-Dienst vom 2. November 1973:
„...unmittelbar nach dem Putsch (praktisch sahen wir die Situation voraus) traf unsere Organisation alle Entscheidungen, und außer einigen Verlusten unter Genossen, die in den ersten Stunden kämpften und Widerstand leisteten, ist unsere Organisation intakt und natürlich im Untergrund und im Widerstand...
Im Hinblick auf die gegenwärtige Führung der Linken in Chile können wir bestätigen, daß ein Einheitskommando (Comando Unido) für den Widerstand existiert, zu dem alle Parteien der UP und der MIR gehören. Es muß einen einheitlichen politisch-militärischen Plan geben, um in einer ersten Phase das Überleben der Chilenischen Volksbewegung zu lösen, in einer zweiten den Kampf und in einer dritten die Phase des Aufstands, um die Militärregierung zu stürzen und eine Arbeiterregierung einzusetzen, die endgültig und irreversibel den Sozialis-

mus aufbauen kann. Unsere Partei fügt sich dort ein wie die übrigen. Als Revolutionäre und Christen sind wir Teil des Widerstands. Wir nehmen Teil am Kampf und werden es weiter tun."

Die christdemokratische Führung trug mit ihren „Erklärungen dazu bei, den Militärs eine gewisse politische Stabilität zu geben. Und der erste Preis, den sie für diesen Verrat am Volk haben zahlen müssen, ist die faktische Spaltung der Partei...
Die Arbeiter- und Landarbeiterbasis der Christdemokraten schlug sich unmittelbar nach dem Putsch ... auf die Seite der Kräfte der UP, und es gab viele Fälle, in denen christdemokratische Arbeiter und Bauern Widerstand leisteten, wie es ebenso in den Konzentrationslagern viele Christdemokraten, vor allem Arbeiter und Bauern...
Das christliche Gewissen verabscheut, was der faschistische Putsch getan hat, und seine Antwort wird der Widerstand und die aktive Teilnahme am Aufstand sein."

Schlacht für die Freiheit

Carlos Altamirano, Generalsekretär der Sozialistischen Partei Chiles
Aus der Botschaft an das chilenische Volk, Mitte Dezember 1973:
„Im gleichen Maße, wie der von der Militärjunta entfesselte Terror wächst, die Junta die großen nationalen Probleme zu lösen außerstande ist und ihre offene Komplizenschaft mit den Monopolkapitalisten und dem Yankee-Imperialismus immer deutlicher zutage tritt, wird auch der Widerstand gegen die Junta wachsen. Die Militärdiktatur hat es nicht geschafft, auch nur auf eines der Probleme eine Antwort zu geben, im Gegenteil, sie verschärften sich... Alle wirtschaftlichen Maßnahmen schädigen hauptsächlich die Arbeiterklasse, die Bauern und überhaupt alle sozialen Schichten mit niedrigem Einkommen. Sie begünstigen nur das monopolkapitalistische Großkapital und die US-Konzerne. Diese sind die einzigen Nutznießer des faschistischen Militärputsches.
Deshalb besteht die große Aufgabe unserer Partei und der Parteien der Unidad Popular darin, sich im Kampf des ganzen chilenischen Volkes, aller wahren Patrioten und echten Demokraten gegen die faschistische Diktatur zu vereinen.

1. Einheit

Die eherne Einheit der Parteien der Vorhut der Arbeiterklasse, der Sozialistischen und der Kommunistischen Partei, ist ein Kernstück des antifaschistischen Kampfes. Die Arbeiterklasse und die Bauern werden der Kern und die Hauptkräfte dieses historischen Kampfes sein. Unbedingt notwendig ist auch die Festigung der Einheit der Kommunistischen und der Sozialistischen Partei mit den übrigen Parteien und Bewegungen der Unidad Popular sowie mit den Kräften, die zwar außerhalb der Unidad Popular stehen, aber in ihren demokratischen und freiheitlichen Überzeugungen konsequent sind. Einheit und Breite dieser Front sind spontan und natürlich aus der zwingenden Notwendigkeit erwachsen, sich der faschistischen Barbarei entgegenzustellen und sie zu vernichten. Wir brauchen die Einheit, um auf dem Wege der großen revolutionären Umwälzungen unserer Gesellschaft vorwärtsschreiten zu können.

2. Wiederherstellung der demokratischen Ordnung

Hauptziel dieser Einheit muß außerdem sein, die demokratische Ordnung und die von der Militärdiktatur systematisch verletzten persönlichen Freiheiten wiederherzustellen.

3. Die Errungenschaften der Werktätigen verteidigen

Diese breite patriotische Front steht ebenso vor der Aufgabe, für die Verteidigung der jetzt liquidierten Rechte zu kämpfen. Die Einheitsgewerkschaft CUT wurde für ungesetzlich erklärt, das Recht auf Vereinigung in Gewerkschaften abgeschafft. Das Recht auf Eingaben und das Streikrecht wurden beseitigt. Die Verteidigung der von der Arbeiterklasse und von den Bauern unter der Unidad Popular erzielten Errungenschaften ist eine vorrangige Aufgabe der Revolutionäre sowie aller wahrhaften Demokraten und Patrioten.

4. Der Kampf wird lange dauern

Wir müssen uns auch auf einen langen, aber unausbleiblich siegreichen Kampf vorbereiten und ihn organisieren. Das Bewußtsein des chilenischen Volkes und Proletariats ist zu hoch, seine Kampftraditionen sind zu reich und sein unbezwingbarer Freiheitswille ist zu tief, als daß sie sich durch eine Militärkamarilla von Verrätern geschlagen gäben.

5. Massenkampf

Dieser Kampf muß ein Kampf der Massen sein, der geeinten Massen, der organisierten Massen, der disziplinierten Massen. In diesem Kampf haben alle Massenorganisationen ihren Platz, und sie müssen sich an ihm beteiligen.

6. Einheitliche Führung

Es wird auch eine grundsätzliche Aufgabe sein, denke ich, eine einheitliche Führung der revolutionären, demokratischen und Volkskräfte zu bilden, die gegen die faschistische Militärtyrannei kämpft.

7. Terrorismus ist fehl am Platz

In diesen Kämpfen sind weder abenteuerliche Aktionen noch Terrorhandlungen am Platze. Sie würden der Militärjunta lediglich als Rechtfertigung dazu dienen, neue Verbrechen und Repressalien zu begehen, und ihr außerdem gestatten, ihre eigenen, schweren inneren Widersprüche zu lösen.

8. Freiheit für die politischen Gefangenen

Es muß Freiheit für Luis Corvalán, Generalsekretär der Kommunistischen Partei, Freiheit für Anselmo Sule, Vorsitzender der Radikalen Partei, Freiheit für Oscar Garreton, Generalsekretär der MAPU, Freiheit für die Führer der christlichen Linken, des MIR und für meine geliebten, jetzt eingekerkerten und gefolterten Genossen der Sozialistischen Partei gefordert werden. Schluß mit den Schnellverfahren und Geheimprozessen, mit den Hinrichtungen unter allen möglichen Vorwänden, mit den lebenslänglichen Zuchthausstrafen ohne jede Rechtsgrundlage! Jedem Angeklagten seinen Rechtsanwalt! Die Gerichtsverfahren müssen öffentlich durchgeführt werden.

9. Respektierung des Asylrechts

Es muß die Einhaltung der von Chile unterzeichneten internationalen Verträge gefordert werden, zu denen der Vertrag über Asylrecht gehört. Dieses Asylrecht ist eine lateinamerikanische Institution, die sogar von den schlimmsten Diktaturen des Kontinents respektiert, der faschistischen Tyrannei jedoch mißachtet wird.

10. Die internationale Solidarität

Die Solidarität der Völker der Welt und aller Länder ist für die Entwicklung des Befreiungskampfes des chilenischen Volkes unentbehrlich und notwendig. Sie muß weiter gefördert werden. Die Junta faschistischer Militärs spürt die weltweite Verachtung wegen der von ihr begangenen Verbrechen und Greueltaten. Sie weiß, daß sie weltweit isoliert ist und nur auf die Hilfe der hohen Finanzkreise, der Imperialisten der USA und anderer kapitalistischer Länder rechnen kann. Dagegen wird ihr von allen freien Männern, Frauen und Jugendlichen der Erde einstimmige Verachtung entgegengebracht.

Mit uns sind die freien Völker der Welt, die sozialistischen Länder, die Sowjetunion, die kubanische Revolution, die revolutionären Volks- und Befreiungsbewegungen Amerikas, Afrikas und Asiens und vieler Regierungen sogar kapitalistischer Staaten. Dazu gehören auch die besten Vertreter der Intelligenz in aller Welt.

Die große Schlacht für die Freiheit hat erst begonnen.''

Breite Volkseinheit gegen Diktatur

Die KP Chiles ruft das chilenische Volk zum Kampf für Freiheit und Demokratie auf

Aus der Erklärung vom 23. Dezember 1973:

„Der Militärputsch hat zur Wiedererrichtung der Herrschaft der typischsten Vertreter des Imperialismus und der Oligarchie geführt.

Die Diktatur ist die Herrschaft der Rechten, ist die Rückkehr zur Vergangenheit, ist die Herrschaft der großen Clans. Die Diktatur wurde mit Gewalt errichtet, nicht auf der Grundlage von Verfassung und Gesetzen, sondern auf der Grundlage der absoluten Machtausübung, die sich auf die brutale Gewalt der Waffen stützt. Entstanden aus dem Blut von Tausenden Chilenen ist sie schlimmer als die schlimmsten reaktionären Regierungen der Vergangenheit: Sie ist ein faschistisches Regime, das jedwede demokratische Regung abwürgt, das alle fortschrittlichen Parteien verbietet, das die besten Söhne der Arbeiterklasse und des Volkes ermordet, foltert und einkerkert, das deren Organisationen beseitigt, das Haß gegen die Werktätigen sät…

Die Politik der faschistischen Junta verstößt gegen die Interessen Chiles als unabhängige Nation. Der Plan des Staatsstreiches, seine Verwirklichung und seine bestialischen Methoden sind ausländischen Ursprungs. Von Tag zu Tag werden sich mehr und mehr Chilenen darüber klar, wer die Diktatoren lenkt, und kommen zu der Schlußfolgerung, daß ihre Brutalität unser Land vor der zivilisierten Welt mit Schande bedeckt.

Der Militärputsch hat Chile in die Abhängigkeit vom nordamerikanischen Imperialismus zurückgetrieben, hat es vom sozialistischen Lager und von den Ländern der Dritten Welt isoliert. Damit wurde Chiles internationale Lage und seine Unabhängigkeit ernsthaft geschwächt.

Auf wirtschaftlichem Gebiet wurde Chile wieder dem Diktat der ausländischen Monopole unterworfen…

Auf Grund all dessen ist offensichtlich, daß der Kampf gegen die Diktatur gleichzusetzen ist mit dem Kampf für die Interessen des Vaterlandes…
Es ist notwendig und möglich, heute Millionen von Chilenen zu vereinen, um den Respekt vor den elementaren Menschenrechten und den demokratischen Grundrechten wiederherzustellen.

Eine Aufgabe von erster Dringlichkeit ist die Forderung nach der Beendigung des ‚Zustandes des inneren Krieges‘, mit welchem die allerbrutalsten Verbrechen bemäntelt werden. Eine Aufgabe von erster Dringlichkeit ist, die Freiheit für Luis Corvalán und die anderen politischen Führer des Volkes zu erkämpfen. Verteidigungskomitees der Men-
schenrechte, die auf breitestmöglicher Basis und so schnell wie möglich geschaffen werden müssen, sollten fordern: die Beendigung der Unterdrükkung, die Freiheit für die politisch Verfolgten, rechtmäßige und öffentliche Gerichtsverfahren für die Angeklagten. Es muß das Recht für alle demokratischen Parteien und Organisationen des Volkes erkämpft werden, normal ihre Tätigkeit ausüben zu können. Die Pressefreiheit und die Freiheit der Meinungsäußerung müssen wiedererkämpft werden. Die Erfahrungen dieser unheilvollen Tage bestätigen, daß der Kampf für die Revolution und den Sozialismus unlöslich verbunden ist mit dem Kampf für die demokratische Entwicklung.

An dem Kampf für die demokratische Erneuerung ist die überwältigende Mehrheit der Chilenen interessiert. Der Staatsstreich hat den Nachweis erbracht, daß Chile einen weiter entwickelten und demokratischeren Rechtsstaat braucht als den, welchen die Junta zerstört hat. Einen Rechtsstaat, der die Fähigkeit besitzt, sich gegen den faschistischen Aufruhr zu verteidigen, der fähig ist, den wirklichen Pluralismus und Humanismus zu garantieren. Dieser neue Staat wird aus dem Kampf gegen die Diktatur erwachsen, und das Volk wird ihm eine solche Form verleihen, die den Kriterien und Interessen seiner absoluten Mehrheit entspricht…

Die Hauptfeinde des chilenischen Volkes, welche den Staatsstreich ausgelöst haben und von der jetzigen Situation profitieren, sind dieselben Feinde der Vergangenheit; der Imperialismus und die monopolistische und Großgrundbesitzer-Oligarchie. Gegen sie muß man die Kräfte vereinen.

Die Arbeiterklasse hat die Fähigkeit, ihre Kraft als Zentrum der Einheit und als Motor revolutionärer Veränderungen zu erneuern, ein Erfordernis der chilenischen Gesellschaft…

Die Arbeiterklasse muß heute mehr denn je ihre Einheit mit den Bauern stärken. Diese leiden und werden noch mehr leiden unter den Folgen der reaktionären Agrarpolitik. Die Entlassungen in der Landwirtschaft berühren Tausende von Familien, und überall sind die alten Latifundistas dabei, mit Hilfe der Diktatur ihre Herrschaft wieder zu errichten.
Breite Sektoren der Mittelschichten, eingeschlossen das gesamte Kleinbürgertum, haben in diesen Wochen das ganze Gewicht der oligarchischen Politik zu spüren bekommen. Tausende von Facharbeitern sind auf die Straße geworfen worden. Ihnen wird die Arbeitsmöglichkeit verweigert, und man zwingt sie zu ihrem eigenen und zum Schaden Chiles, das Land zu verlassen.

Die Intelligenz im breitesten Sinne dieses Wortes leidet unter der Gewaltherrschaft des Faschismus und sieht klarer die Identität ihrer Interessen mit denen des Proletariats und des Volkes. Dasselbe geschieht mit breiten Sektoren der Jugend.

Damit sind objektiv Bedingungen für eine sehr breite Einheitsfront geschaffen worden.‘‘

Der antifaschistische Widerstand

Die Repräsentanten der chilenischen Linken, in Rom versammelt, richten folgenden Appell an die Weltöffentlichkeit:

Wir, die Repräsentanten verschiedener organisierter Kräfte des chilenischen Volkes, sind im Ausland zusammengekommen mit dem Ziel, Maßnahmen zu beschließen, die die Solidarität mit seinem Kampf um Befreiung betreffen. Wir drücken von neuem unsere wachsende Beunruhigung aus, angesichts der Nachrichten, die uns aus unserem Land erreichen, und die eine Zunahme der Bestialität bei der blutigen faschistischen Unterdrückung des Volkes signalisieren.

Diese Nachrichten sprechen von täglichen, fortgesetzten Exekutionen, von denen die verschiedensten Bereiche unter dem Deckmantel des inneren Kriegszustandes betroffen sind. Von dieser brutalen Razzia sind selbst Militärs betroffen, Personen und Gruppen, die noch vor kurzem Teil der Opposition gegen die Volksregierung von Salvador Allende waren. Es ist seitdem an der Tagesordnung, die politischen Gefangenen von einem Gefängnis zum anderen zu transportieren, um auf sie unterwegs „auf der Flucht" zu erschießen.

Neben den Konzentrationslagern auf den Inseln Dawson Santa Maria und Quiriquina, den Stadien in Chacabuco, Pisagua usw. wurden Marineeinheiten in schwimmende Kerker verwandelt.

Ein anders Charakteristikum der aktuellen Situation in Chile ist das Verbot und der Frontalangriff gegen jede progressive Idee. Es wird gefoltert. Mit Blut und Feuer soll alles beseitigt werden, was das chilenische Volk und seine Geistesschaffenden in ihrer hundertjährigen Geschichte erobert haben. Noch immer werden Bücher verbrannt. Die kriminelle Feindschaft gegen alles Fremde wurde weiter verschärft.

Luis Corvalán, Generalsekretär der Kommunistischen Partei, Anselmo Sule, Präsident der Radikalen Partei, Pedro Felipe Ramirez von der Christlichen Linken, wie auch andere Persönlichkeiten wurden in das Konzentrationslager auf der unwirtlichen Insel Dawson, in der Meerenge von Magellan verschleppt; sie werden dort mit über 40 weiteren hohen Persönlichkeiten der legitimen Regierung des ermordeten Präsidenten Allende festgehalten. Unter ihnen befinden sich zwei Vizepräsidenten der Republik, José Toha und Clodomiro Almeyda. Letzterer, ehem. Außen- und Verteidigungsminister und Universitätsprofessor, wurde nach der Parodie eines Prozesses zu 368 Jahren oder zum Tode verurteilt.

Die Junta bedroht jeden Gefangenen ständig mit der Ermordung.

Der Exekution der sozialistischen Führer Arnoldo Camu, Eduardo Paredes, Arsenio Poupin, Hector Martinez, Luis Norambruna, Ricardo Pincheira folgten eine Vielzahl von Morden an verschiedenen Stellen des Landes.

Dem Mord an dem hervorragenden Universitätslehrer und Kommunisten Dr. Enrique Paris, jenem an den Arbeiterführern Isidro Carillo und David Miranda, dem Mord an Victor Hara, dem Sänger, sind noch zahlreiche Morde hinzuzufügen, wie jene an dem Journalisten und Rechtsanwalt Carlos Berger, an Alberto Molina, an dem Ingenieur Eugenio Ruiz Tagle von der Partei MAPU – Arbeiter und Bauer. Die Liste der hingemordeten Patrioten ist außerordentlich lang. Sie gehören verschiedenen Parteien an; sie waren Anhänger verschiedener politischer Ideen; aber ihr Leben und ihr Beispiel wurden Teil des unauslöslichen moralischen Erbes des ganzen Volkes.

In der Tat sind auch Persönlichkeiten und Anhänger von Parteien und Gruppen christlicher Orientierung die Opfer eines Terrors, der mit einer nie dagewesenen Brutalität Marxisten, Rationalisten, Gläubige, Personen der verschiedensten ideologischen Zugehörigkeit trifft, die alle das Regime des Horrors und des Massenmordes verurteilen, das von der Junta errichtet wurde.

Nicht einmal eine schwerkranke Frau ist heute in Chile sicher, noch die Botschafter, die auf der Wahrung des Asylrechtes bestehen. Internationale Verträge werden nicht respektiert. Hab und Gut der Asylierten wird beschlagnahmt. Der Lebensstandard des Volkes wird herabgedrückt. Der Imperialismus errichtet sein Gesetz des Raubes, der Ausbeutung und Plünderung. Die Banken und großen Unternehmen werden erneut den Monopolen, das Land den ehemaligen Ausbeutern der Landarbeiter ausgeliefert. Erpressung und Nötigung werden in großem Umfang betrieben; ungestraft wird gemordet und geraubt. Die Menschenrechte, die politischen, sozialen und wirtschaftlichen Rechte wurden in Chile abgeschafft, einschließlich des Rechts auf Leben. Alles, was das Volk sich unter der Regierung Allende eroberte, wurde ihm entrissen.

Der Faschismus wird von der überwältigenden Mehrheit unserer Landsleute abgelehnt und von der Weltmeinung verurteilt.

Diese fordert die Beendigung der Erschießungen, der Folterungen, die Auflösung aller Konzentrationslager. Sie fordert Respekt vor dem menschlichen Leben und die sofortige Freilassung aller gefangenen Patrioten, ebenso wie die Unverletzlichkeit der Rechte der ausländischen Staatsbürger. Darüber hinaus fordert sie die sofortige Erteilung der Ausreisegenehmigungen für alle Personen, die in den Botschaften Asyl gefunden haben. Schließlich wird die Beendigung der Entlassungen gefordert und die Wiedereinstellung all derer, die von der Junta ihrer Arbeitsstelle und ihres unveräußerlichen Rechtes beraubt wurden, ihr Leben durch rechtmäßige Arbeit zu verdienen.

Chile kämpft, es wird kämpfen, bis daß es seine verlorene Freiheit wiedergewonnen haben wird, verloren durch einen faschistischen Militärputsch, angezettelt in den Büros der CIA in Washington unter Mittäterschaft der inneren Reaktion.

Das chilenische Volk reorganisiert seine Reihen. Es gruppiert sich neu für den Kampf in der äußersten Illegalität. Es wird eine Bewegung der breitesten Einheit aufbauen, die die Aufgabe hat, die große Mehrheit unserer Landsleute zu mobilisieren.

Der antifaschistische Widerstand wird vom chilenischen Volk im Lande selbst bestimmt und geführt. Es ist seine Aufgabe, den Charakter, die Formen, seinen Bereich und seine konstitutiven Elemente festzulegen. Ohne Zweifel wird es den Kampf mit aller Kraft vorantreiben, mit dem entschlossenen Willen zu siegen und im Geist der Einheit, der den großen Strom der antifaschistischen Gefühle zu verbreiten sucht, der unsere ganze Nation heute durchzieht.

Wir, die wir heute außerhalb des Landes sind, verwenden alle Energien zur Unterstützung des gemeinsamen Kampfes, der innerhalb des Landes von den verantwortlichen Organen geführt wird.

Bei der Aufgabe, sich zu befreien, steht Chile nicht allein.

Alle Völker der Erde unterstützen es. Niemals gab es eine so breite, weltweite Solidaritätsbewegung wie die, die heute die Sache unseres Volkes unterstützt. Wir sind sehr bewegt von dieser so umfassenden und großzügigen Brüderlichkeit. Unser tiefempfundener Dank gilt allen Organisationen, Personen, Völkern und Regierungen, die uns die Hand gereicht haben in dieser dramatischsten Periode unserer Geschichte.

Wir appellieren an die nationalen und internationalen Organisationen, an alle Antifaschisten der verschiedensten Richtungen, an diesen Prinzipien festzuhalten. Niemals wird das chilenische Volk diese großzügige Hilfe vergessen. Es weiß, daß sie täglich wachsen wird.

Unser Volk wird seinerseits in jeder Minute seinen schwierigen und heroischen Kampf fortführen, in der Gewißheit seiner gerechten Sache.

Chile wird wieder den Chilenen gehören. Das Vaterland wird dann frei und unabhängig sein, Herr seiner Freiheit und seiner Rechte. Für Chile, für das Volk, für uns bleibt der unsterbliche Kampfruf Salvador Allendes weiterhin gültig: Venceremos – Wir werden siegen!

Sozialistische Partei Chiles
Radikale Partei Chiles
Kommunistische Partei Chiles
Partei MAPU
Christliche Linke
Bewegung der Revolutionären Linken (MIR)
Partei MAPU – Arbeiter und Bauer

Rom, 11. Dezember 1973

Im Namen der Millionen

Internationale Organisationen

Die größten internationalen Organisationen der Welt, gleich welcher Richtung, erheben im Namen ihrer Millionen Mitglieder leidenschaftlichen Protest gegen die faschistische Junta. Sie fordern die Freilassung der chilenischen Patrioten. Sie üben Solidarität, und sie rufen zu neuen Solidaritätsaktionen auf.

Protest in der UNO-Vollversammlung

Während der Generaldebatte der XXVIII. UNO-Vollversammlung wird der Militärputsch immer wieder von Außenministern der Mitgliederstaaten entschieden verurteilt. So erklären unter anderem:

Petyr Mladenow, Bulgarien: „Das bulgarische Volk bekundet seine brüderliche Solidarität mit dem Kampf des chilenischen Volkes, das sein Recht verteidigt, auf dem Wege der nationalen Unabhängigkeit und des gesellschaftlichen Fortschritts voranzuschreiten."

K. B. Andersen, Dänemark: „Die Entwicklung in Chile hat gezeigt, daß das Juntaregime in gröblichster Weise die grundlegenden Menschen- und Freiheitsrechte verletzt. Es soll kein Zweifel darüber herrschen, daß die dänische Regierung von der chilenischen Militärjunta und ihren Gewaltmethoden, die sie anwendet, Abstand nimmt."

Otto Winzer, DDR: „Wir betrachten es als Gebot der Menschlichkeit und der Selbstbestimmung, daß dem chilenischen Volk in seinem tapferen Widerstand allseitige Hilfe und Unterstützung erwiesen werden."

Shridath S. Ramphal, Guayana: „Wir ehren das Andenken von Dr. Salvador Allende, dessen tapferer Kampf der Kampf all jener war, die soziale und ökonomische Gerechtigkeit fordern."

Milos Minic, Jugoslawien: „Wir sind fest überzeugt, daß die demokratischen und friedliebenden Kräfte in der Welt den Verschwörungen zwischen dem internationalen Imperialismus und den inneren Kräften der Reaktion Widerstand leisten werden."

Alfredo Vasquez Carrizosa, Kolumbien: „Voller Trauer muß ich hier über den Tod zweier bedeutender Persönlichkeiten sprechen, des Präsidenten von Chile, Salvador Allende, und des Poeten Amerikas, Pablo Neruda."

Lodongijn Rintschin, Mongolische Volksrepublik: „Das mongolische Volk verurteilt entschieden den Sturz der rechtmäßigen Regierung, die durch freie Willensäußerung des chilenischen Volkes gewählt wurde."

Dagfinn Varrik, Norwegen: „Durch Gewalt sind die Hoffnungen von Millionen Menschen zunichte gemacht worden."

Stefan Olszowski, Polen: „Die Gewaltakte und Schikanen gegen diplomatische Missionen sowie gegen Bürger anderer Staaten, der Massenterror im Lande – das alles bedroht die Atmosphäre des Friedens und der Entspannung in der Welt."

Alijah H. K. Mudenda, Sambia: „Partei, Regierung und Volk Sambias sind durch den Verlust zutiefst getroffen, den die fortschrittliche Menschheit mit dem tragischen Tod Präsident Salvador Allendes erlitten hat."

Andrej Gromyko, Sowjetunion: „Denjenigen, die den Völkern das Atmen der Luft echter Unabhängigkeit zu untersagen, ja, ihr Recht auf nationale Freiheit im Blut zu ertränken suchen, wird die Geschichte noch ihre Rechnung präsentieren. Es besteht kein Zweifel daran, daß die gerechte Sache des chilenischen Volkes ungeachtet seiner heutigen Tragödie letzten Endes triumphieren wird."

John Malecela Tansania: „Die tragischen Ereignisse in Chile sind der Kulminationspunkt der Machenschaften der reaktionären Kräfte gegen das chilenische Volk."

Aktivitäten der UNO

Dr. Kurt Waldheim, Generalsekretär der UNO, und Leopoldo Benites, Präsident der XXVIII. UNO-Vollversammlung, setzen sich für die Rettung des Lebens Luis Corváláns ein. Benites sandte ein entsprechendes Telegramm an die Machthaber in Santiago, während sich Dr. Waldheim mit einer Botschaft an die Militärregierung der Junta wandte.

Der leitende UNO-Beamte James O. C. Jonah berichtet darüber in einem Schreiben an die Internationale Konferenz für Solidarität mit dem chilenischen Volk in Helsinki, die im Namen von politischen Parteien und gesellschaftlichen Organisationen aus 53 Ländern und 16 internationalen Organisationen Dr. Waldheim ersucht hatte, sich für Luis Corvalán einzusetzen. Jonah schreibt:

„Der Generalsekretär hat auf rein humanitärer Grundlage der chilenischen Regierung gegenüber seine tiefe Besorgnis hinsichtlich der Berichte über die bevorstehende Hinrichtung von Senator Luis Corvalán zum Ausdruck gebracht."

UNO-Generalsekretär Dr. Kurt Waldheim äußert darüber hinaus in einem Telegramm an die Militärjunta in Chile seine Besorgnis über das Schicksal der ausländischen Diplomaten im Lande. Er appelliert an die Junta, „im Einklang mit der üblichen

Praxis und dem Völkerrecht" alle erforderlichen Maßnahmen zu treffen, um die Sicherheit der ausländischen Diplomaten zu gewährleisten.
Die UNO hat Maßnahmen ergriffen, um die von der Militärjunta verfolgten politischen Flüchtlinge in Sicherheit zu bringen. Durch die Einrichtung von Aufnahmezentren in Santiago und in den Provinzen soll ihnen ermöglicht werden, Chile zu verlassen. Sie sollen die Exilländer selbst wählen können.

Der Exekutivrat der UNESCO bringt „seine tiefe Besorgnis über die Ereignisse in Chile zum Ausdruck." Er schlägt dem Generaldirektor der Organisation der Vereinten Nationen für Bildung, Wissenschaft und Kultur vor, bei allen Maßnahmen, die eine Untersuchung der Verletzung der Menschenrechte in Chile zum Ziel haben, mit dem Generalsekretär der UNO zusammenzuarbeiten.

Das Sekretariat der Internationalen Arbeitsorganisation (ILO) – eine Spezialorganisation der UNO – verurteilt das brutale Vorgehen der Junta gegen die Gewerkschaften. Es wird darauf verwiesen, daß die Militärs in Santiago Gewerkschafter verhaften, einkerkern und verfolgen sowie Gewerkschaften aufgelöst und alle gewerkschaftlichen Aktivitäten verboten haben.

Das Wort der Katholischen Kirche
Papst Paul VI. verurteilt im Namen der Katholischen Kirche in einer Stellungnahme zur Situation in Chile die „heftigen Repressionen" des chilenischen Volkes durch die Militärjunta. Mit Entschiedenheit wendet er sich gegen den „unmenschlichen, blinden und grausamen Rückgriff" auf tödliche Waffen, um eine Ordnung herzustellen, die nur aus „Unterdrückung" bestehen könne.

Feinde der Sicherheit sind auch Feinde Chiles
Auf dem *Weltkongreß der Friedenskräfte,* an dem 3 200 Delegierte aus 144 Ländern, darunter Vertreter von 1 100 nationalen und 120 internationalen und regionalen Organisationen teilnehmen, ergreifen in einer speziellen Chile-Kommission Sprecher von allen Kontinenten der Erde das Wort. Im Kommuniqué des Kongresses wird festgestellt:
„Die Tragödie Chiles beweist noch einmal überzeugend, daß die Kräfte, die gegen die Minderung der Spannung und gegen die Festigung der internationalen Sicherheit auftreten, die gleichen Kräfte sind, die versuchen, den Vormarsch der Völker auf dem Wege der nationalen Befreiung und des sozialen Fortschritts aufzuhalten.
Die wachsende Solidarität mit dem chilenischen Volk, der Kampf gegen den Terror und die Gewalttaten der Junta, für die Befreiung aller Demokraten und Patrioten, für eine echte Wiedergeburt Chiles verschmelzen mit der Bewegung für die Festigung eines allgemeinen, gerechten und demokratischen Friedens. Sie nehmen wahrhaft weltweites Ausmaß an."

Alle Unterstützung dem chilenischen Volk
Der Präsidialrat des Weltfriedensrates fordert in einer am 25. September 1973 veröffentlichten Erklärung die Einstellung der faschistischen Massaker:
„Die größte Huldigung, die wir dem Andenken an Präsident Allende zollen können, besteht darin:
● sofort dem chilenischen Volk zu Hilfe zu eilen;
● die Forderung nach sofortiger Einstellung der Morde und Blutbäder zu erheben;
● eine breite internationale Solidaritätsbewegung ins Leben zu rufen, die zweifellos die unterschiedlichsten politischen, gewerkschaftlichen und gesellschaftlichen Kräfte, humanitäre, kulturelle und religiöse Organisationen, Frauenorganisationen, Jugendorganisationen und all jene vereinen wird, die für die Menschenrechte, den sozialen Fortschritt, für nationale Unabhängigkeit und Weltfrieden eintreten.
Wir rufen dringend auf zu mehr Demonstrationen dieser Art und zu anderen Initiativen, die die Unterstützung des chilenischen Volkes zum Inhalt haben, zur tätigen Entwicklung der moralischen, politischen und materiellen Solidarität, zur Forderung und Durchsetzung eines Endes der Menschenschlächterei, zu Aktionen für die Befreiung aller Demokraten und Patrioten, die in Kerkern schmachten, für die Sicherheit der politischen Emigranten, die der Gefahr ausgesetzt sind, den Diktatoren im eigenen Land ausgeliefert zu werden.
Wir appellieren an alle Völker und Regierungen, nichts zu tun, um die terroristische militärfaschistische Junta in Chile zu unterstützen, aber alles zu tun, um dem legitimen Kampf des chilenischen Volkes für seine Freiheit und seine legalen Rechte zum Sieg zu verhelfen."

Illegale Militäraktion
Der Internationale Bund Freier Gewerkschaften: „Mit brutaler Härte wurde die chilenische Regierung durch einen militärischen Staatsstreich gestürzt. Diese Regierung, die vor drei Jahren demokratisch gewählt worden war, hätte durch ihre sozialen Reformen für ganz Lateinamerika beispielhaft werden können. Der IBFG verurteilt diese illegale Militäraktion aufs schärfste und versichert die chilenischen Arbeitnehmer seiner Sympathien und seiner Unterstützung in einer Situation, in der sie ohne Zweifel die größten Opfer sind." Auch der IBFG setzt sich für die Freilassung von Luis Corvalán und aller politischen Häftlinge ein.

Recht und Freiheit gefordert
Der *Weltgewerkschaftsbund* (WGB) „appelliert an alle Gewerkschaften und Werktätigen der Welt, mit allen Mitteln ihre Verurteilung dieses schändlichen Attentats auszudrücken, die Wiederherstellung der Gesetzlichkeit und die Achtung für die gewerkschaftlichen und demokratischen Rechte und Freiheit zu verlangen und den Repressalien gegen die demokratischen Kräfte entgegenzutreten."

Als Luis Corvalán auf die KZ-Insel Dawson verschleppt wurde, ruft der WGB die Arbeiter und Gewerkschaftsorganisationen der ganzen Welt auf, all ihre Kraft für die Befreiung des Generalsekretärs des ZK der Kommunistischen Partei Chiles und aller chilenischen Patrioten einzusetzen. „Die Arbeiter und Demokraten der Welt müssen das neue Verbrechen, das von der Junta vorbereitet wird, verhindern."

Schluß mit dem Massenmord!

Der Internationale Bund Christlicher Gewerkschaften in Brüssel fordert die chilenische Junta auf, ihre „blindwütige, grausame Unterdrückung" einzustellen und Luis Corvalán auf freien Fuß zu setzen. Der Gewerkschaftsbund rief UNO-Generalsekretär Waldheim, den Papst und das Internationale Rote Kreuz zur Unterstützung auf und verlangte Maßnahmen „zur sofortigen Beendigung des Massenmordes unter der chilenischen Arbeiterschaft".

Keine Hilfe für die Junta!

Der christliche Weltverband der Arbeitnehmer (WVA) erklärt in einer Botschaft an den Internationalen Währungsfonds und die Weltbank, „daß jeder Beschluß der internationalen offiziellen Einrichtungen, dem gegenwärtigen Regime in Chile zu helfen als ein neuer Beweis der Klassengebundenheit dieser Einrichtungen zu betrachten ist".

Mit vereinten Kräften gegen Militärherrschaft

Der Internationale Metall-Gewerkschaftsbund (IBM) ruft im Namen von elf Millionen Mitgliedern dazu auf, „mit vereinten Kräften der Militärherrschaft ein Ende zu setzen und die sofortige Wiedereinsetzung der verfassungsmäßigen und demokratischen Rechte mit voller Anerkennung der Souveränität des Volkes zu verlangen".

Programm der Solidarität

Der Weltbund der Demokratischen Jugend (WBDJ) verurteilt den Militärputsch und beschließt ein weltweites Programm des Kampfes gegen die Junta und der unverbrüchlichen Solidarität mit den Patrioten Chiles. Auf Anregung des WBDJ findet in Budapest eine Konferenz statt, an der Vertreter internationaler und regionaler Organisationen der christlichdemokratischen, der sozialistischen und der kommunistischen Jugend teilnahmen. In einem Solidaritätsappell an die demokratische Jugend wird zu einer weltweiten Unterschriftensammlung für die fortschrittlichen Kräfte in Chile aufgerufen.

Der Internationale Studentenbund (ISB) brandmarkt den Putsch als Akt der Reaktion gegen die UP. ISB-Präsident Dusan Ulcak betonte, der ISB werde Chile besonders jetzt unterstützen, „da die faschistische Reaktion mit direkter Hilfe des amerikanischen Geheimdienstes die Errungenschaften des Volkes im Blut zu ertränken versucht".

An der Seite der leidgeprüften Chilenen

Die Internationale Demokratische Frauenföderation (IDFF) betont: „In diesen schweren Stunden des Kampfes gegen Reaktion und Faschismus steht die IDFF mit ihren 110 Organisationen in 97 Ländern an der Seite des chilenischen Volkes, seiner Frauen und Kinder."

Ein faschistisches Regime

Die Weltföderation der Wissenschaftler (WFW): „Das faschistische Regime in Chile hat in seinem Wüten als eine ihrer Zielscheiben die Universitäten, wissenschaftliche und kulturelle Einrichtungen auserwählt... Die Junta, wie jedes faschistische Regime, das sein widerwärtiges Haupt erhoben hat, unternimmt Bücherverbrennungen und geht gnadenlos gegen die Menschen, gegen die Ideen und die Kultur des Landes vor."

Ruf an die UNO

Der Präsident des Internationalen PEN-Clubs, Heinrich Böll, wendet sich an UNO-Generalsekretär Waldheim und äußert seine Besorgnis über die Entwicklung in Chile. „Die Brutalität der illegalen Machthaber in Chile scheint für ein weiteres Land eine Periode des Terrors, der Tortur und Zensur einzuleiten". Er bittet Waldheim, alle Möglichkeiten der UN-Organisation wahrzunehmen, „um Information über das Schicksal unserer Kollegen und ihre politischen Freunde zu verschaffen und ihr Schicksal und das ihrer Familien zu erleichtern". Waldheim möge „dem Terrorregime internationale Anerkennung" verweigern.

Freiheit für die Abgeordneten

Die Interparlamentarische Union (IPU) fordert „menschliche Behandlung, ordnungsgemäße Verteidigung und schnelle Freilassung der inhaftierten Abgeordneten Chiles." Auf einer Tagung dieser Union wird die Militärjunta von zahlreichen Rednern scharf verurteilt. In vier Resolutionsentwürfen – einem bulgarischen, einem jugoslawischen, einem US-amerikanischen und einem gemeinsamen Entwurf Venezuelas, Kolumbiens und Mexikos – bedauern die Parlamentarier das Ende der legalen Institutionen in Chile und verlangen die Wiederherstellung demokratischer Verhältnisse.

Keine Beziehungen zur Junta!

Das Büro der Sozialistischen Internationale verurteilt den Sturz Dr. Allendes „aufs schärfste" und fordert alle sozialdemokratischen Regierungen auf, „sich eines jeden diplomatischen Aktes zu enthalten, der von der Militärjunta als Anerkennung sowie als Akzeptierung der gegenwärtigen politischen Bedingungen in Chile ausgenutzt werden könnte".

Von Japan bis Mexiko: Empörung und Zorn der Völker

Überall in der Welt kommt es zu leidenschaftlichen Kundgebungen und Protestveranstaltungen Hunderttausender. In einigen Ländern wird Staatstrauer angeordnet. Auf den Solidaritätskonten für die chilenischen Patrioten sammeln sich beträchtliche Summen. In Städten und Gemeinden verschiedener Staaten werden Straßen und Plätze nach Salvador Allende und Pablo Neruda benannt.

Hier ein Auszug aus den Aktionen:
In Argentinien marschieren in der Hauptstadt des Landes 20 000 Demonstranten vor die Residenz des chilenischen Botschafters und anschließend vor die Kanzlei der USA-Botschaft. In Sprechchören und auf Transparenten klagen sie die chilenische Oligarchie und den USA-Imperialismus an. Sie rufen u.a.: „Yankees, raus aus Lateinamerika!"

In Belgien ruft der Allgemeine Gewerkschaftsbund gemeinsam mit der Sozialistischen und der Kommunistischen Partei zu einem fünfminutigen Proteststreik auf.

Ruf aus Helsinki: Feste Solidarität!

Am 29. und 30. September 1973 findet in Helsinki eine weltumfassende Internationale Solidaritätskonferenz mit Chile statt, auf der 200 Delegierte aus 53 Ländern und von 16 internationalen Organisationen einen „Dringenden Appell zur Weltsolidarität mit dem chilenischen Volk" erlassen:
„Die Konferenz macht sich zum Sprecher der gemeinsamen Bestrebungen und ist der Auffassung, daß es unerläßlich ist, eine breite, internationale Solidaritätsbewegung ins Leben zu rufen, welche die verschiedenen Kräfte sammelt, die dem chilenischen Volk helfen wollen, seine Freiheit zurückzuerobern. Öffnet die Gefängnistore, macht Schluß mit den Folterungen und beseitigt die Konzentrationslager!
Achtung der Menschenwürde, der geistigen und kulturellen Werte!
Freiheit für das chilenische Volk!"

Nationale Solidaritätskonferenz in der BRD

Um die Forderungen der Helsinki-Konferenz für die westdeutsche Solidaritätsbewegung umzusetzen, führt das „Antiimperialistische Solidaritätskomitee" (ASK) am 12. Oktober 1973 in Mainz eine Konferenz „Solidarität mit den verfolgten Demokraten Chiles" durch, auf der Vertreter zahlreicher Organisationen, Parteien und örtlicher Solidaritätskomitees über Hilfsmaßnahmen beraten.

In der BRD finden Protestkundgebungen in Köln, Essen, Hannover, Bremen, München und anderen Städten statt. Sozialdemokraten, Kommunisten und andere Demokraten demonstrieren gemeinsam unter Losungen wie „Keinen Pfennig für die Junta", „Chile zeigt: der Feind steht rechts". Über 70 örtliche Chilekomitees überweisen in kurzer Zeit mehr als 250 000 DM auf das Solidaritätskonto des ASK.
Auf Initiative des ASK, eines Bündnisses zahlreicher demokratischer Jugendorganisationen, Parteien und anderer fortschrittlicher Organisationen, Redaktionen und Einzelpersönlichkeiten, finden sich am 22. September 1973 in Köln zahlreiche Jugend- und Studentenverbände zu einer machtvollen Demonstration und Kundgebung zusammen, an der rund 10 000 Menschen aus allen Teilen der BRD teilnehmen. Gemeinsam fordern sie von der Bundesregierung den Abbruch der diplomatischen Beziehungen zur Militärjunta und die uneingeschränkte politische und materielle Unterstützung der chilenischen Patrioten.

114 Kölner Betriebsräte, gewerkschaftliche Vertrauensleute und Ortsfunktionäre der Ford-Werke, der Kabelwerke Felten & Guilleaume sowie der Idustriegewerkschaft Druck und Papier wenden sich am 8. November 1973 in einem gemeinsamen Appell an die Arbeiterklasse der BRD: „Helft unseren Klassenbrüdern in Chile!"

Die Stadtverordnetenversammlungen von Nürnberg und Offenbach beschließen auf Antrag der DKP- bzw. SPD-Fraktionen, gegen die Stimmen der CDU/CSU, die Umbenennung einer Straße in Allende-Straße. In mehreren Städten entstehen Bürgerinitiativen, werden Unterschriften gesammelt für die Benennung von Straßen, öffentlichen Plätzen, Jugendhäusern und Universitäten nach Salvador Allende und Pablo Neruda.

In Dänemark haben 42 Organisationen und Parteien zu einer großen Demonstration der Solidarität aufgerufen.

In der DDR kommt es in der Hauptstadt des Landes, in den Bezirksstädten und in Großbetrieben zu leidenschaftlichen Protestkundgebungen. In Berlin konstituiert sich in Anwesenheit der Witwe von Dr. Allende ein Solidaritätszentrum. Solidaritätskonzerte im Rundfunk bringen in kurzer Zeit Millionen Mark ein. Für chilenische Studenten, die in der DDR das Studium aufnehmen, wird ein Salvador Allende-Stipendium gestiftet.

In Finnland werden in zahlreichen Orten Chile-Komitees gegründet, die auf breiter gesellschaftlicher Basis den Kampf des chilenischen Volkes gegen die faschistische Militärjunta unterstützen wollen. Umfangreiche Solidaritätsmaßnahmen werden auch von der Gesellschaft Finnland-Chile realisiert, die Ende August gegründet worden war. Der Gesellschaft, deren Vorsitzender der Direktor des finnischen Rundfunks, Eino S. Repo, ist, gehören inzwischen die Sozialistische Arbeiterpartei, die KPFi, die Zentrumspartei, Jugendorganisationen großer Parteien sowie zahlreiche andere Verbände an.

...aucune agonie ne nous fera mourir.
pablo neruda.
.UJCF.

Europas Jugend in Turin: Stoppt den Terror!

Am 17. November 1973 wenden sich 10 000 Teilnehmer an der Konferenz der Jugend und Studenten aller Glaubensrichtungen aus 22 Ländern Europas in Turin mit einem Appell an die Weltöffentlichkeit: „Die Eskalation des blutigen Terrors, den die Junta am 11. September begann, hat nicht aufgehört. Im Gegenteil. Wir bangen um die patriotischen Widerstandskämpfer. Die Junta verstärkt Tag für Tag die Unterdrückung.

Deshalb rufen wir auf, die Terroreskalation in Chile zu stoppen, die Menschenrechte zu respektieren, und fordern die Einstellung der summarischen Erschießungen und der heimtückischen Exekutionen politischer Gefangener...

Wir rufen auch zur Fortsetzung anderer Aktionen auf, wie Solidaritätsbotschaften an das chilenische Volk, insbesondere an die Gefangenen, und Protesterklärungen an die Junta.

Wir rufen auf, die Aktionen fortzusetzen, die von den Regierungen die Nichtanerkennung der Junta und die Beendigung aller ökonomischen, politischen und militärischen Hilfe fordern, alle Maßnahmen zur Isolierung der Junta zu ergreifen."

In Frankreich rufen 18 Organisationen, darunter die größten Gewerkschaftsverbände, alle Linksparteien und Jugendverbände zu einer gemeinsamen Großkundgebung in Paris auf. Die Gewerkschaften organisieren einen Generalstreik als Solidaritätsbeweis für Chiles Volkseinheitsbewegung, an dem sich Millionen Arbeiter und Angestellte beteiligten. Jugendliche besetzen die chilenische Botschaft und fordern die Freilassung von Luis Corvalán. Solidaritätskomitees richten an die Regierung den Appell, alle Beziehungen zur Junta abzubrechen und den Opfern des Terrors jede Hilfe zu erweisen.

In Großbritannien bekunden auf einer der größten Massenkundgebungen, die der Londoner Trafalgar Square seit langem erlebt hat, Tausende ihre Solidarität mit dem chilenischen Volk. Arbeiter, Jugendliche, Studenten, Kulturschaffende, Wissenschaftler hatten in kilometerlangem Marsch von Hyde Park aus gegen die Junta protestiert.

In Italien rufen die drei größten Gewerkschaften des Landes zu einem 15-minütigen Generalstreik auf. Der Sympathiestreik wird von den Werktätigen im ganzen Lande überwiegend befolgt.

In Japan kommt es in vielen Städten zu Massenkundgebungen. Auf einer Versammlung in Tokio erheben Tausende Abgesandte der japanischen Werktätigen und demokratischen Organisationen schärfsten Protest gegen den Mordterror.

In Kanada findet in einer der größten Städte des Landes, in Montreal, ein Solidaritätstreffen statt.

Auf der Kundgebung fordert Frau Allende auf, gegen die faschistische Junta einen „kulturellen, ökonomischen und gesellschaftlichen Boykott" zu verhängen.

In Kuba versammeln sich in der Hauptstadt Havanna über eine Million Werktätige zu einer der größten Kundgebungen in der Geschichte des Landes, auf der Fidel Castro und eine Tochter des ermordeten Präsidenten Salvador Allende flammende Anklage erheben. Fidel Castro äußert die Gewißheit: „Das chilenische Volk wird den Faschismus verdrängen."

In Mexiko kommt es wiederholt zu Massenkundgebungen für die Patrioten Chiles. In der Hauptstadt bekunden unmittelbar nach dem Putsch Tausende Demonstranten ihre Solidarität mit der UP.

In Norwegen findet auf Initiative der zehn größten Gewerkschaften des Landes in der Hauptstadt Oslo eine Massenkundgebung gegen den Militärputsch statt. Die Teilnehmer fordern in einer Resolution die Regierung des Landes auf, dem Militärregime in Chile die Anerkennung zu verweigern und ihm keinerlei Hilfe zu erweisen.

In der Sowjetunion erheben auf Massenkundgebungen – so in Moskau und Leningrad, in Kiew und Taschkent, in Großbetrieben und Kollektivwirtschaften des ganzen Landes – viele Millionen Werktätige leidenschaftlich ihre Stimme des Protestes gegen die faschistischen Putschgenerale und ihre Hintermänner. Deren Untaten werden mit den Bestialitäten der Hitlerhorden verglichen. „Freiheit für Luis Corvalán und alle Patrioten Chiles, stoppt den Terror der faschistischen Junta" – das ist die einstimmige Losung von Millionen Komsomolzen auf Meetings und Protestversammlungen in Betrieben, Schulen und auf Großbaustellen.

Der Erlös aus freiwilligen Arbeitsschichten kommt dem Chile-Solidaritätskonto zugute.

In der Schweiz ist unter dem Namen „Schweiz – Chile – Allende" ein Verband zur Unterstützung des chilenischen Volkes gegründet worden. Der Verband will moralische und materielle Hilfe leisten und Solidaritätsaktionen koordinieren.

Welle von Protestverammlungen in Afrika

Die Panafrikanische Jugendbewegung (MPJ) erklärt: „Mit einer Welle von Protestmeetings gegen den anhaltenden Terror der Militärjunta vereinen sich die Jugendlichen Afrikas mit der fortschrittlichen Weltjugend, die mit den von der MPJ unterstützten machtvollen Manifestationen in Budapest, Paris und jetzt in Turin ihre uneingeschränkte Unterstützung für die chilenische Jugend und das gesamte gegen die Junta kämpfende Volk bekundet."

Staatsoberhäupter, Regierungen und Parlamente

Nicht zu zählen sind die Politiker, die gegen die faschistische Generals-Junta Stellung bezogen haben. Hier eine Auswahl.

Allende lebt weiter

Josip Broz-Tito, Präsident der Sozialistischen Föderativen Republik Jugoslawien: „Nur mit Unterstützung der internationalen Reaktion und des Imperialismus ist die legitime Regierung gestürzt und ein großer Mann, unser teurer Genosse Allende, von bezahlten Generalen heimtückisch ermordet worden. Ruhm jenem Mann, der sein Land einer großen Zukunft und dem Glück entgegenführen wollte... Wir wissen, daß das Bild Allendes und sein Opfer in Südamerika wie ein Banner im andauernden Kampf des südamerikanischen Volkes um ihre Rechte und den Platz, den sie verdienen, sein wird."

Solidarität und Hilfe

Luis Eccheverria, Präsident Mexikos, versichert dem chilenischen Volk die Solidarität der Regierung und des Volkes Mexikos und bietet den Verfolgten der Unidad Popular Hilfe an.

Verlust für Lateinamerika

Juan Velasco Alvarado, Präsident Perus: „Mit Salvador Allende hat Amerika einen hervorragenden Revolutionär verloren. Das ist ein großer Verlust nicht nur für Chile, sondern für ganz Amerika." Der Präsident verweist auf die Aktivierung der Reaktion in Peru nach dem Militärputsch in Chile und appellierte an das Volk, wachsam und bereit zu sein, jeden Anschlag der Rechten abzuwehren.

Putsch verurteilt

Edmond Leburton, Ministerpräsident Belgiens, betont: Tatsache ist, daß eine demokratisch gewählte Regierung gestürzt wurde. Das wird von der belgischen Regierung scharf verurteilt.

Tief bestürzt

Willy Brandt, Kanzler der BRD, erklärte, daß die Bundesregierung „ihre tiefe Bestürzung über den blutigen Putsch und die Beseitigung der verfassungsmäßigen Ordnung" zum Ausdruck bringe. Er spricht die Hoffnung aus, daß Chile möglichst bald den Weg zu friedlichen und demokratischen Verhältnissen zurückfindet.

Ausländische Mächte am Werk

Indira Gandhi, Ministerpräsidentin Indiens: „Allende wurde von Kreisen ermordet, hinter denen ausländische Mächte stehen, die gegen die Unabhängigkeit jedes neuen Staates auftreten."

Verletzung des politischen Lebens

Die italienische Regierung hat ihr Bedauern darüber ausgedrückt, „daß die chilenische Regierung durch einen Staatsstreich gestürzt und im Verlaufe der tragischen Ereignisse Präsident Allende den Tod gefunden hat". Die italienische Regierung ist sicher, damit die Gefühle der großen Mehrheit des italienischen Volkes auszudrücken, das zutiefst die Verletzung des politischen Lebens verurteilt.

Erinnerung an Spanien und Griechenland

Joop den Uyl, Ministerpräsident der Niederlande, erklärte, seine Regierung sei von den Vorgängen in Chile schockiert. Der Putsch erinnere an den Bürgerkrieg Francos in Spanien und den Putsch der Obristen in Griechenland.

Waffengewalt gegen Volkswille

Olof Palme, Ministerpräsident Schwedens: „Mit Bestürzung und Entrüstung haben wir Berichte darüber entgegengenommen, daß die Rechtskräfte in Chile die Macht mit Gewalt übernommen haben." Vor dem Holzarbeiterkongreß in Stockholm unterstreicht er, der bei demokratischen Wahlen geäußerte Wille des Volkes ist mit Waffengewalt unterdrückt worden. Er ruft die Gewerkschaften Schwedens auf, den chilenischen Arbeitern allseitige Hilfe zu erweisen.

Luis Corvalán retten

Die Parlamentspräsidenten von zehn westeuropäischen Staaten setzen sich in einem gemeinsamen und dringenden Appell für die Rettung von Luis Corvalán ein. Der Appell, der auf Initiative des Präsidenten der französischen Nationalversammlung, Edgar Faure, zustande kommt, trägt die Unterschriften der Parlamentspräsidenten von Belgien, Dänemark, der Niederlande, Italiens, Irlands, Luxemburgs, Norwegens, Schwedens und der BRD.

Resolution gegen USA-Unterstützung

Edward Kennedy, amerikanischer Senator, bringt sein Bedauern über den Sturz Allendes zum Ausdruck und fügt hinzu, ungeachtet der persönlichen Meinung über dessen Politik dürfe nicht vergessen werden, daß er durch die Abstimmung des chilenischen Volkes in sein Amt gewählt worden sei. Er bittet den UNO-Hochkommissar für Flüchtlinge, zugunsten der 10 000 politischen Flüchtlinge in Chile zu intervenieren. Zugleich hat er im amerikanischen Senat eine Resolution eingebracht, die die Regierung auffordert, die Junta so lange nicht zu unterstützen, bis die Menschenrechte wiederhergestellt worden sind.

Robert Leggett, Abgeordneter der Demokratischen Partei der USA: „Es gibt keinen Grund dafür, daß diese Diktatur, die durch Gewaltanwendung die rechtmäßig gewählte Regierung stürzte, einen Cent amerikanischer Hilfe, insbesondere Militärhilfe erhält."

USA-Beteiligung untersuchen

Edward Koch, amerikanischer Kongreßabgeordneter, fordert die Einsetzung eines Parlamentsausschusses zur Untersuchung der Beteiligung der USA am Sturz des chilenischen Präsidenten Salvador Allende.

Maßnahmen gegen Vandalismus

Dr. Ahmed Abdul Sattar al Jewari, irakischer Erziehungsminister, fordert in einer Botschaft an den UNESCO-Generalsekretär angemessene Maßnahmen der Weltorganisation zur Verurteilung der vandalischen Akte der chilenischen Putschisten-Clique gegen die Wohnung von Pablo Neruda. Jewari verurteilt, daß dieser Vorfall ebenso wie andere Ausschreitungen zur Zerstörung und Plünderung geführt haben und daß damit auch wertvolles chilenisches Kulturerbe verschwunden ist.

In der langen Liste derjenigen, die ihre Stimme gegen die Junta erhoben haben, stehen auch:

Algeriens Präsident Houari Boumédienne
Argentiniens Präsident Juan Peron
Bangladeshs Ministerpräsident Mujibur Rahman
Finnlands Staatspräsident Dr. Urho Kekkonen
Norwegens Ministerpräsident Korvald
Sambias Präsident Kaunda
Regierung der Arabischen Republik Ägypten
Regierung der Dominikanischen Republik
Regierung der Republik Guinea
Regierung der Volksrepublik Kongo
Regierung Venezuelas
Europäisches Parlament.

Unterbrechung der diplomatischen Beziehungen

Angesichts des Terrors der Militärjunta gegen die Anhänger der Unidad Popular und der schweren Verstöße der Putschisten gegen das Völkerrecht haben eine Reihe von Staaten ihre Beziehungen mit Chile unterbrochen bzw. abgebrochen. Es sind dies die Sowjetunion, die CSSR, Polen, Ungarn, Bulgarien und die DDR sowie die Republik Kuba, die Koreanische Volksdemokratische Republik, die Demokratische Republik Vietnam, die Mongolische Volksrepublik, Jugoslawien und die Volksrepublik Kongo. Schweden, Dänemark, Finnland, Belgien und die Niederlande haben ihre Entwicklungshilfe eingestellt.

Parteien

Unmittelbar nach dem Putsch geben Parteien unterschiedlicher Weltanschauung und politischer Richtungen ihrem Protest Ausdruck.

Verschwörung mit US-Imperialismus

Die Baath-Partei Syriens: „Wir verurteilen die reaktionäre Verschwörung gegen die fortschrittliche Entwicklung in Chile, die mit Unterstützung des amerikanischen Imperialismus und seiner Monopole durchgeführt wurde."

Opfer der Unterdrückung

Die Belgische Sozialistische Partei: „Der rechtmäßig regierende Präsident Allende ist das Opfer derjenigen, die wissen, daß Ausbeutung und Unterdrückung keine gesetzlichen Regeln kennen, wenn es ihr Interesse erfordert."

Verbrecherischer Akt

Der Bund der Kommunisten Jugoslawiens verurteilt „auf das schärfste diesen verbrecherischen Akt der reaktionären, imperialistischen und neokolonialistischen Kräfte".

Putsch verurteilt

Der politische Sekretär der italienischen Demokratia Christiana, Senator Fanfani, verurteilt den Militärputsch und drückt sein aufrichtiges Mitgefühl zum Tode des chilenischen Präsidenten aus, der seine Verbundenheit zur Demokratie bis zum Ende seines Lebens bewahrt habe.

Auch Alarmsignal für uns

Die Deutsche Kommunistische Partei ruft zur aktiven Solidaritätsaktion und zum gemeinsamen Handeln aller Arbeiterorganisationen der BRD auf: „Der Putsch ist das Werk ultrareaktionärer Kreise Chiles. Die Drahtzieher sind amerikanische Monopole, der amerikanische Geheimdienst, die Weltreaktion. Sie wollen den gerechten Kampf des chilenischen Volkes zur Verteidigung der Errungenschaften der Unidad Popular für Fortschritt und Frieden im Blut ersticken... Ihr Vorgehen ist auch für uns ein Alarmsignal."

Luis Corvalán der Junta entreißen

Die Fortschrittliche Volkspartei Guayanas: „Der selbstlose Patriot Luis Corvalán, dem die Hinrichtung droht, muß den Händen der Junta entrissen werden."

Wir mobilisieren unsere Mitglieder

Georges Marchais und Enrico Berlinguer, die Generalsekretäre der Zentralkomitees der Französischen Kommunistischen und der Italienischen Kommunistischen Partei, appellieren: „Es darf nicht zugelassen werden, daß das fürchterliche

Massaker in Chile fortgesetzt wird. Den Mördern muß in den Arm gefallen werden! Wir werden in unseren Ländern unsere Mitglieder mobilisieren und uns an alle Demokraten wenden, denn dringende Maßnahmen sind unerläßlich. Wir fordern alle politischen und moralischen Instanzen in unseren Ländern auf, sich sofort für das chilenische Volk zu verwenden."

Gefahr für Unabhängigkeit

Candradjit Yadar, Generalsekretär des Nationalvorstandes der Indischen Kongreßpartei: „Der Militärputsch in Chile stellt eine neue Gefahr für alle unabhängigen Länder dar, die den Weg grundlegender sozial-ökonomischer Reformen betreten haben."

Gegen Kredite für die Putschisten

Das Nationale Exekutivkomitee der britischen Labourpartei verurteilt den militärischen Putsch in Chile und die voreilige Anerkennung der Junta durch die britische Regierung. Das Exekutivkomitee brandmarkt die internationalen Monopole und imperialistischen Kreise wegen ihrer subversiven Handlungen gegen die Regierung der Volkseinheit Chiles. Es forderte die Regierung auf, ihren Botschafter aus Chile abzuberufen.

„Die Labourbewegung wird sich gegen jeden Versuch wenden, der faschistischen Junta Kredite zu gewähren, die der demokratisch gewählten Regierung Allende verweigert wurden. Sie wird gegen eine britische Hilfe oder Handelsbeziehungen auftreten, die auf die Erhaltung des Militärregimes gerichtet wären."

Schwäche des Kapitalismus

C. H. Hermansson, Vorsitzender der Linkspartei-Kommunisten, Schweden, betont, der faschistische Terror in Chile sei Ausdruck für die Schwäche des Kapitalismus. „Die chilenische Arbeiterklasse wird mit Gewißheit den Sozialismus erringen, auch wenn der Weg lang, hart und opferreich sein wird."

Putsch einmütig verurteilt

Die Kommunistische Partei Ekuadors: „Seit dem faschistischen Putsch in Chile haben unsere Werktätigen unzählige Beispiele ihrer festen Solidarität mit dem chilenischen Brudervolk erbracht. Die Arbeiterklasse, die Bauern, die Handwerker, die Studenten, die Lehrer in Ekuador verurteilen einmütig den verräterischen Putsch und fordern die Rettung des Lebens von Luis Corvalán und aller anderen Opfer des faschistischen Terrors."

Protest gegen Verschleppung Corváláns

Manuel Sepeda Vargas, Mitglied des Exekutivkomitees des ZK der Kommunistischen Partei Kolumbiens, hat entschieden Protest gegen die Verschleppung von Luis Corvalán auf die KZ-Insel Dawson erhoben. „Es ist notwendig, den treuen

Sohn des chilenischen Volkes und unermüdlichen Kämpfer für die Interessen der Werktätigen zu retten."

Solidarität in schwerer Stunde

Das Zentralkomitee der KPdSU: „In dieser für das chilenische Volk schweren Stunde bringt das Zentralkomitee der KPdSU die Gefühle der sowjetischen Kommunisten und aller Sowjetmenschen zum Ausdruck und erklärt seine volle Solidarität mit der brüderlichen Kommunistischen Partei Chiles, mit der Sozialistischen Partei, mit den anderen Parteien der Volkseinheit und mit allen Werktätigen Chiles, die ungeachtet der Schläge der Reaktion der Sache des Kampfes für Unabhängigkeit, Demokratie und sozialen Fortschritt treu sind, jenen edlen Zielen, für die Salvador Allende, die Regierung der Volkseinheit und das werktätige Volk Chiles mannhaft kämpften."

In einer weiteren Erklärung heißt es:
„Das Zentralkomitee der KPdSU protestiert entschieden gegen die Akte der Gesetzlosigkeit und der Willkür, gegen die Verfolgung von Patrioten in Chile und ruft alle demokratischen und fortschrittlichen Kräfte der Welt auf, sich für die Verteidigung aller Demokraten Chiles und dafür einzusetzen, daß die physische Vernichtung Luis Corváláns und alle Gewaltmaßnahmen gegen ihn verhindert werden."

Kampf gegen die Junta

Der Vorsitzende der KP der USA, Henry Winston, und ihr Generalsekretär, Gus Hall, rufen in einer Erklärung „die Mehrheit des Volkes unseres Landes auf, im Kampf für die Vertreibung der Junta und die Wiederherstellung der Demokratie in Chile ihren Platz einzunehmen."

Allendes Einsatz im Blut erstickt

Erling Dinesen, Vorsitzender der Sozialdemokratischen Partei Dänemarks: „Salvador Allendes Arbeit wurde in der ganzen Welt mit Aufmerksamkeit verfolgt. Es wäre von größter Bedeutung für die zukünftige Entwicklung in ganz Lateinamerika gewesen, wenn seine Bestrebungen mit Erfolg gekrönt wären. Nunmehr wurde sein Einsatz in Gewalt und Blut erstickt."

Solidarität mit den Opfern

Der Parteivorstand der Sozialdemokratischen Partei Deutschlands: „Der Parteivorstand der SPD verurteilt den Militärputsch gegen die verfassungsmäßige Regierung in Chile. Der Parteivorstand der SPD betrauert in Salvador Allende einen leidenschaftlichen Kämpfer für einen demokratischen Sozialismus, er bekundet seine Solidarität mit den Opfern des Umsturzes. Der Militärputsch richtet sich gegen die demokratische Ordnung in Chile und zerstört die Ansätze zu einer umfassend angelegten Sozialreform.

Der Parteivorstand fordert die Junta auf, die verfassungsmäßige Ordnung wiederherzustellen, die Verfolgung politisch Andersdenkender einzustellen und insbesondere alle politischen Gefangenen unverzüglich freizulassen."

Gewalt gegen Demokratie

Rafael Paasio, Vorsitzender der Sozialdemokratischen Partei Finnlands, unterstreicht, daß der Militärputsch die friedliche und demokratische Entwicklung in Chile gewaltsam abbricht.

Mit ganzem Herzen bei den Patrioten

Das Zentralkomitee der SED: „Die Sozialistische Einheitspartei Deutschlands, die Kommunisten und alle Werktätigen unserer sozialistischen Deutschen Demokratischen Republik sind mit ganzem Herzen bei dem freiheitsliebenden Volk in Chile. Aufs neue bekunden wir unsere internationalistische Solidarität. Welche Kämpfe auch noch zu bestehen sein werden: Wir sind zutiefst davon überzeugt, daß der Kampf des chilenischen Volkes für Freiheit, Unabhängigkeit und Fortschritt letztendlich zum Siege geführt wird."

Feinde von Fortschritt und Gerechtigkeit

François Mitterrand, 1. Sekretär der Sozialistischen Partei Frankreichs: „Der Putsch ist das letzte Argument derjenigen Kräfte, die das Volk vernichten wollen, die Fortschritt und Gerechtigkeit ablehnen... die rechte Opposition hat – unterstützt vom Imperialismus – vom ersten Tag an den Weg der Gewalt und der Illegalität beschritten."

Scharfe Kritik

Francesco de Martino, Generalsekretär der Sozialistischen Partei Italiens, verurteilt „die blutige Vernichtungsaktion der Militärs", die „in der modernen Welt nur mit den Grausamkeiten der Nazis vergleichbar ist". De Martino kritisiert scharf die Anerkennung des faschistischen Regimes in Chile durch westeuropäische Länder, die damit auf „einen legitimen Druck gegen die Regierung der Generale" verzichtet haben.

Demokratie gemordet

Der Bundesparteirat der Sozialistischen Partei Österreichs (SPÖ): „Mit Abscheu verurteilen Österreichs Sozialisten jene Generäle, die die Demokratie gemordet und die Diktatur errichtet haben."

Seltene Brutalität

Thorbjoern Faelldin, Vorsitzender der Zentrumspartei, Schweden: „Die Verbrechen der Militärführung gegen die Verfassung und die demokratischen Traditionen des Landes und vor allem das selten brutale Vorgehen gegen Andersdenkende müssen scharf verurteilt werden."

Tiefe Besorgnis

Der Präsident der Sozialistischen Internationale, Dr. Bruno Pittermann, erklärt, die Ausschaltung demokratischer Regierungen in den lateinamerikanischen Staaten, zuletzt in Chile, durch militärische Gewalt, habe die Unterstützung der kapitalistischen Reaktion der USA gefunden. Die Ausschaltung demokratischer Regierungen, durch Interventionen der heimischen und ausländischen Reaktion, muß alle demokratischen Parteien, nicht nur die sozialdemokratischen, mit tiefer Besorgnis um die Zunkunft der parlamentarischen Demokratie in jenen Ländern erfüllen, in denen sie heute noch besteht. Die Abwehr verlange eine enge Kooperation der demokratischen Kräfte.

Keine Hilfe dem faschistischen Regime

Hans Janiczek, Generalsekretär der Sozialistischen Internationale: „Ich werde der erste sein, und ich bin überzeugt, mit mir viele andere Demokraten, die auf das Schärfste protestieren und alles unternehmen werden, um zu verhindern, daß Regierungen industrialisierter Länder dem Regime – diesem faschistischen Regime – wirtschaftliche Hilfe geben... Diese wirtschaftliche Hilfe würde nicht dem Volk zugute kommen. Sie würde einem Krieg zugute kommen, und sie würde, wenn sie das Einkommen von Leuten in Chile verbessern würde, sicherlich nicht die Lebensverhältnisse der arbeitenden Menschen und der Bauern in Chile verbessern. Sondern sie würde die Reichen reicher machen."

Nationale Organisationen

Aus der Fülle der Organisationen einzelner Länder, die sich gegen die Verbrechen an den Anhängern und Repräsentanten der Unidad Popular wenden, hier nur eine Auswahl:

Respektierung der Menschenrechte!

Führende Vertreter der Journalistenorganisationen Argentiniens, Perus, Uruguays, Panamas und Nicaraguas haben in einer in Lima unterzeichneten gemeinsamen Erklärung „die barbarischen Morde am chilenischen Volk, seinen politischen Führern und den Journalisten, die täglich von der faschistischen Junta begangen werden", verurteilt. Die Repräsentanten der lateinamerikanischen Journalisten fordern zugleich die Respektierung der Menschenrechte und des Lebens aller eingekerkerten Patrioten.

Protest gegen Verbote

Deutscher Gewerkschaftsbund der BRD: „Der Deutsche Gewerkschaftsbund ist tief bestürzt über die schwerwiegenden Vorfälle, die Chile erschüttert haben. Er bekennt sich vollinhaltlich zu der in Brüssel abgegebenen Erklärung des Internationalen Bundes Freier Gewerkschaften (IBFG)." Der DGB fordert die Freilassung chilenischer Gewerkschafter und protestiert „gegen das Verbot der Gewerkschaften und demokratischen Parteien in Chile".

Gemeinsamer Aufruf

Gemeinsamer Aufruf des Antiimperialistischen Solidaritätskomitees für Afrika, Asien und Lateinamerika, der Arbeitsgemeinschaft der Evangelischen Jugend, der Deutschen Jungdemokraten, der Jungsozialisten in der SPD, der Naturfreundejugend Deutschlands, der Sozialistischen Deutschen Arbeiterjugend, des Sozialistischen Hochschulbundes, der SJD-„Die Falken", des MSB-„Spartakus", des Verbandes Deutscher Studentenschaften und anderer Jugendorganisationen anläßlich einer Demonstration am 22. September 1973: „Die Reichtümer Chiles, die dem Volk gehören, die Kupferminen vor allem, sollen erneut der Ausbeutung der Monopole unterworfen werden. Jetzt braucht das chilenische Volk, die chilenische Jugend unsere Solidarität."

Appell an die Öffentlichkeit

Die Vereinigung Demokratischer Juristen der BRD: „Wir rufen die Öffentlichkeit in der BRD, die Ge-

werkschaften unseres Landes, alle demokratischen Organisationen und die Bundesregierung auf, alles in ihrer Macht Stehende zu tun, um das Leben von Luis Corvalán zu retten, umgehend den in Chile wütenden faschistischen Terror zu verurteilen und den Junta-Generalen jegliche Hilfe zu verweigern."

Hilfe für die Flüchtlinge

Amnesty International der BRD: "Wir fordern die Bundesregierung auf, alle politischen und finanziellen Möglichkeiten auszuschöpfen, um auf die Situation der Verfolgten in Chile selbst einzuwirken und durch eine entsprechende Handhabung des Ausländergesetzes die Eingliederung der Flüchtlinge aus Chile zu ermöglichen.

Neben diesen offiziellen Maßnahmen ist die aktive Hilfe der demokratischen Öffentlichkeit erforderlich. Zu diesem Zweck hat die Gefangenenhilfsorganisation Amnesty International ein Sonderkonto eingerichtet."

Unterschrieben haben den Appell unter anderem die Bundestagsabgeordneten Dr. Martin Bangemann (FDP) und Dr. Norbert Blüm (CDU); die Schriftsteller Heinrich Böll und Günter Grass; der Bundesvorsitzende der Jungsozialisten, Wolfgang Roth; der stellvertretende Vorsitzende der IG Che-

mie, Werner Vitt; der Verleger R. Neven DuMont sowie die Professoren Dr. Wolfgang Abendroth, Dr. Helmut Gollwitzer und Dr. Eugen Kogon.

Für gewerkschaftliche Rechte

Bundesvorstand des Freien Deutschen Gewerkschaftsbundes der DDR: "Trotz Gewalt und Terror, Verfolgung und Unterdrückung wird die einheitliche Kraft des chilenischen Volkes, gestützt auf die weltweite Solidarität, nicht zulassen, daß die faschistischen Henker die Saat, die die fast drei Jahre während Regierung der Unidad Popular in die Herzen und Hirne der chilenischen Werktätigen gesät hat, herausreißen können."

Freiheit für Luis Corvalán!

Jean-Michel Catala, Generalsekretär des Kommunistischen Jugendverbandes Frankreichs: "Luis Corvalán ist in Gefahr. Deshalb müssen wir die Jugend der Welt mobilisieren, um alle gemeinsam in den Ruf einzustimmen: ,Freiheit für Luis Corvalán! Freiheit für alle politischen Gefangenen! Schluß mit den Folterungen und Massakern am chilenischen Volk!'"

Gegen Beseitigung der Freiheiten

Der Generalrat des britischen Gewerkschaftsbundes (TUC), der zehn Millionen organisierte britische Arbeiter repräsentiert, protestiert entschieden gegen die Beseitigung "grundlegender Freiheiten, einschließlich der Koalitionsfreiheit und der Redefreiheit, gegen das Verbot des chilenischen nationalen Gewerkschaftszentrums und demokratischer politischer Parteien". Der TUC verurteilt den Beschluß der britischen Regierung, das chilenische Regime anzuerkennen, und fordert die Einstellung jeglicher Hilfe an die Junta.

Freiheit für die Patrioten!

Die Nationale Union der Studenten Großbritanniens (NUS) verlangt entschieden die Freilassung des Generalsekretärs der KP Chiles, Luis Corvalán, sowie des Studentenführers Pedilla de Silva und aller von der faschistischen Junta eingekerkerten Demokraten. Sie fordert von der britischen Regierung, die Beziehungen zum chilenischen Militärregime abzubrechen und jegliche Unterstützung für die Putschisten einzustellen. Gleichzeitig spricht die NUS sich für gemeinsame Solidaritätsaktionen mit den britischen Gewerkschaften aus.

Zorn gegen die Junta

Der Generalsekretär der Allgemeinen Konföderation der Werktätigen Perus, Gustavo Espinoza, erklärt, die peruanischen Werktätigen verurteilen voller Zorn die Repressalien der Militärjunta gegen die fortschrittlichen Kräfte und fordern, Luis Corvalán und die anderen chilenischen Patrioten sofort auf freien Fuß zu setzen. Der Führer dieser größten Ge-

werkschaftsvereinigung Perus betonte, die Gewerkschaften seien fest entschlossen, die internationale Solidaritätsbewegung für das chilenische Volk mit allen Mitteln zu unterstützen.

Militärclique zurückschlagen

Verband der syrischen Arbeitergewerkschaften: „Die Arbeiterklasse wird ihren Kampf fortsetzen, um den Rechtsputsch der mit dem amerikanischen Imperialismus verbündeten Militärclique zurückzuschlagen."

Persönlichkeiten

Viele namhafte Persönlichkeiten, vor allem Kulturschaffende, tun ihren zornigen Protest gegen die Generals-Junta und ihre Verbrechen in Stellungnahmen und Erklärungen kund. Spontan entstehen Lieder und Gedichte, in denen Partei für die Unidad Popular und ihre Sache ergriffen wird. Zu denen, die ihre Stimme erheben, gehören u.a.:

● aus der BRD: Bernt Engelmann, Max von der Grün, Hans-Werner Henze, Franz Xaver Kroetz, Peter Maiwald, Liselotte Rauner, Erika Runge, Peter Schütt, Günter Wallraff, Rodja Weigand, Gerhard Zwerenz.

● aus der DDR: Fritz Cremer, Paul Dessau, Lea Grundig, Hermann Kant, Erik Neutsch, Anna Seghers, Willi Sitte, Christa Wolf.

● aus Frankreich: Louis Aragon, James Baldwin, Constantin Costa-Gayras, Regis Debray, Francois Pirier, Chris Marker, Yves Montand, Simone Signoret.

● aus Großbritannien: James Aldridge

● aus der Sowjetunion: Alexander Dymschiz, Konstantin Fedin, Lew Oborin, Sergej Obraszow, David Oistrach, Leonid Kogan, Konstantin Simonow, Wladislaw Sokolow, Jakow Flier und Dmitri Zyganow.

16 000 Unterschriften

Nahezu 16 000 Künstler, Kulturschaffende und Wissenschaftler aus aller Welt haben bisher einen Appell zur Solidarität mit dem leidgeprüften Volk Chiles und seiner Patrioten unterzeichnet. Die Initiative ging von der Akademie der Künste und der Akademie der Wissenschaften der DDR aus.

Entschiedener Protest

Die Teilnehmer eines internationalen Poesie-Symposiums der Länder Asiens und Afrikas: „Wir vereinen unsere Stimme mit dem entschiedenen Protest der Weltöffentlichkeit, aller progressiven antiimperialistischen Kräfte und drücken unsere brüderliche Solidarität mit dem Volk Chiles aus, an dessen Zukunft, gegründet auf den Prinzipien der Demokratie, Freiheit, Unabhängigkeit und des sozialen Fortschritts wir fest glauben."

Putschisten angeklagt

Das PEN-Zentrum der BRD protestiert gegen die Unterdrückung der Freiheit in Chile und klagt die chilenische faschistische Junta an, „die Menschenrechte und demokratischen Freiheiten zu mißbrauchen, Intellektuelle zu verfolgen und Bücher zu verbrennen". Zugleich beschließt das PEN-Zentrum, chilenische Emigranten zu unterstützen.

Auktion für Chile

100 Künstler der BRD spenden für eine Auktion in Hamburg zur Unterstützung der Unidad Popular Siebdrucke, Kollagen, Radierungen und Ölbilder. Die Auktion bringt bereits am ersten Tag 5 000 DM ein. Die Bundesdelegiertenkonferenz des Verbandes Deutscher Schriftsteller beauftragt ihre Landesverbände, monatlich 100 DM für notleidende chilenische Autoren zur Verfügung zu stellen. Eine spontane Sammlung für einen anwesenden chilenischen Schriftsteller erbringt 700 DM.
Über 60 Verlage und Autoren erklären sich auf der 25. Frankfurter Buchmesse im Oktober 1973 dazu bereit, einen Teil des Erlöses aus dem Verkauf des Messegutes für die Solidarität mit den chilenischen Demokraten zu spenden.

Wir rufen Euch,
Kollegen in allen Ländern. Wir rufen Euch aus Berlin, wo der Faschismus Bücher verbrannte wie jetzt in Santiago, und wo man später Menschen verbrannte.
Wir bitten Euch, Kollegen, Eure Stimme zu erheben für die, deren Mund man in Chile mit Erde verschließt.
Allende und Zehntausende Unbekannte und Neruda:

Seht doch das Blut in den Straßen!

Und seht, das ist nicht bloß bestialisch, das ist geplante Bestialität, lange und gründlich vorbereitet, innerhalb und außerhalb Chiles.
Das ist Mord an einem Volk und seiner Hoffnung. Es ist auch eine Probe auf den Willen aller Völker, dem zu widerstehen. Wo wir auch wohnen, unsere Lage ist anders als vor dem September.
Wir bitten Euch, alles zu unternehmen und nichts zu unterlassen, um Menschenleben zu retten. Im Namen der Menschlichkeit: Fallt den Henkern in den Arm!
Sprecht, schreibt! Helft dem chilenischen Volk!

In Berlin, 40 Jahre nach 1933.

Totschlag statt Menschlichkeit

Gisela May, Schauspielerin aus der DDR: „Jetzt, da uns aus Chile die Nachrichten von Mord und Terror der reaktionären Kräfte erreichen, denke ich tief erschüttert und mit großer Sorge an diese jungen revolutionären Sänger und an die Tausenden Werktätigen, die unter dem großen Patrioten Salvador Allende für ein freies, demokratisches Land gekämpft haben und deren Freiheit und Leben jetzt bedroht sind. Die Putschisten und all jene, die im eigenen Lande und in den USA hinter ihnen stehen, heucheln Moral und Menschlichkeit. Und sie führen mit Bomben und Totschlag aller Welt vor, was sie in Wahrheit darunter verstehen."

Zur Verteidigung von Corvalán bereit

Der Präsident der Pariser Anwaltskammer, Claude Lussan, hat sich bereit erklärt, Luis Corvalán zu verteidigen. Lussan hatte sich auf Wunsch des „Ausschusses der 18 von Helsinki" – dem verschiedene politische Parteien angehören – zu diesem Schritt bereit erklärt.

Recht mit Füßen getreten

15 kolumbianische Intellektuelle, darunter der Rektor der Bolivar-Universität, José Consuegra: „Die Demokraten Kolumbiens, ja ganz Lateinamerikas sind von der Brutalität und Bestialität der Junta, die das Recht in Chile mit Füßen tritt, erschüttert und empört. Wir glauben fest an die Tapferkeit des chilenischen Volkes und sind überzeugt, daß es vorwärtsschreiten und sich das Andenken an das aufrechte Leben und den heldenhaften Tod Präsident Salvador Allendes auf sein Banner schreiben wird."

Erinnerung ans Dritte Reich

Der Schutzverband deutschsprachiger Schriftsteller in Zürich drückt seine Bestürzung über die Repression durch die Militärdiktatur aus und hebt hervor, daß die Massenverhaftungen, Folterungen und Hinrichtungen von Männern, deren einziges „Verbrechen" ihre politische Überzeugung ist, an die Methoden des Dritten Reiches erinnern.

Auf Verfassungsnormen drängen

71 spanische Anwälte appellieren an die internationale Kommission für Menschenrechte, die Internationale Juristenkommission und die Gefangenen-Hilfsorganisation „Amnesty International", bei der chilenischen Militärjunta auf die strikte Einhaltung der Verfassungsnormen und der internationalen humanitären Abkommen zu drängen.

Wie im Hitlerreich

Liga der amerikanischen Autoren: „Die Menschheit protestiert dagegen, daß der Literaturnachlaß Pablo Nerudas und anderer Schriftsteller dem Raub und der Vernichtung preisgegeben werden. Die inszenierten Bücherverbrennungen erinnern an die schlimmsten Tage des Hitlerreichs. Wir fordern die unverzügliche Einstellung dieser Barbarei."

Sicherheit der Flüchtlinge gewährleisten

Eine Gruppe amerikanischer Wissenschaftler, unter ihnen vier Nobelpreisträger, fordern die Vereinten Nationen auf, eine Kommission nach Chile zu entsenden, um die Sicherheit politischer Flüchtlinge zu gewährleisten. Eine entsprechende Petition wird UNO-Untersekretär Bradford Morse vorgelegt.

Grundrechte wiederherstellen

Professoren und Dozenten von mehr als 40 Universitäten der USA verlangen in Appellen an ihre Regierung, den Kongreß und die UNO, für die Einstellung des Massenterrors und die Wiederherstellung der Grundrechte in Chile einzutreten.

Kirchenvertreter

Auch zahlreiche Vertreter der Kirche haben sich in die Front der Protestierenden eingereiht.

Menschenrechte beachten!

Dr. Potter, Generalsekretär des Weltkirchenrates, hat in einem Telegramm alle Mitglieder des Weltsicherheitsrates der UNO gebeten, dafür zu sorgen, daß die chilenische Militärjunta die in der UNO-Charta festgelegten Menschenrechte beachtet.

Das UP-Programm wirkt weiter

Dr. Leopoldo Niilus, Direktor der Kommission für Internationale Angelegenheiten beim Ökumenischen Rat der Kirchen, Genf: „Luis Corvalán und viele andere sind in Haft, doch ihr Programm wirkt weiter. Die reaktionären Kräfte begehen überall denselben Fehler, indem sie meinen, wenn man Individuen vernichtet, vernichtet man auch geschichtliche Prozesse.
Es ist nicht wahr, daß wir Lateinamerikaner ,Gewalt lieben'. Sie wird uns aufgezwungen von den Kräften der Reaktion im In- und Ausland. Der Kampf gegen die Junta ist Selbstverteidigung."

Krieg gegen das Volk

Ökumenischer Jugendrat in Europa: „Wir sind erschrocken über die brutale Gewalt, mit der in Chile eine Minderheit auf Kosten der Mehrheit des Volkes ihre Privilegien zu behaupten sucht… In Chile wurde nicht irgendeine Regierung von einer anderen abgelöst. Der Militärputsch vom 11. September 1973 bedeutet Krieg gegen ein Volk, das auf dem Wege war, sich von sozialer und ökonomischer Ungerechtigkeit und Unterdrückung zu befreien."

Kritik an Junta-Anhänger

Der chilenische Bischof Fernando Ariztia übt öffentlich Kritik an den Äußerungen des Direktors der Fernsehstation der katholischen Universität Chiles, Pater Raul Hasbun. Hasbun hatte wiederholt in verschiedenen Publikationsorganen den Marxismus als antihuman und unterdrückend bezeichnet, Salvador Allende sowie die Leiter der Unidad Popular beleidigt und sich anmaßend über Kardinal Raul Silva geäußert.
In einem von mehreren chilenischen Zeitungen veröffentlichten „Offenen Brief" an Hasbun bringt Bischof Ariztia sein „Unbehagen und seine Befremdung" über die Erklärungen des Paters zum Ausdruck. Darin heißt es: „Wie ist es möglich, daß in Deinen Worten die Leiden derjenigen nicht erwähnt sind, die bei den Ereignissen besiegt wurden, ich meine den Arbeiter, den Siedlungsbewohner, den Soldaten, die ärmsten Kreise."

Gegen Demagogie der Reaktion

Christliche Friedenskonferenz, Regionalausschuß BRD: „In dieser Stunde müssen auch in der BRD Demokraten, Sozialisten, Kommunisten und Christen zusammenstehen, um die Demagogie der reaktionären Kräfte und imperialistischen Konzerne im eigenen Land zurückzuweisen… Unsere Solidarität mit dem Volk Chiles ist zugleich ein Kampf gegen die verfassungsfeindlichen Kräfte in der Bundesrepublik."

Christen und Marxisten gemeinsam

Prof. D. Helmut Gollwitzer, BRD: „Spätestens jetzt kann jeder wissen, was Klassenkampf ist: immer zuerst Klassenkampf von oben, der Klassenkampf der Privilegierten, zäh entschlossen zu jeder Brutalität, zu jedem Rechtsbruch, zu jedem Massaker, auch zur Abschaffung der Demokratie, wenn sie nicht mehr zur Sicherung der Klassenherrschaft taugt… In Chile haben sich in diesen Jahren Christen und Marxisten gefunden. Christen sind Marxisten geworden, ohne aufzuhören, Christen zu sein, und Marxisten haben an dieser Bundesgenossenschaft erkannt, daß Christentum ein revolutionäres Potential sein kann, nicht notwendig ein reaktionäres Potential sein muß. Das muß Wirkung haben bei uns. Vom Streit der Christen und der Marxisten hat bisher nur das Kapital profitiert. Weltanschauung darf nicht mehr trennen."

Hilfsaktion für Chile

Bischof D. Dr. Schönherr, DDR: „Das Erschrecken über die Ereignisse in Chile, die einen umfassenden Kampf der verfassungsmäßigen Regierung gegen Armut und Ungerechtigkeit in diesem Lande und damit eine hoffnungsvolle gesellschaftliche Entwicklung durch militärische Gewalt erstickt haben, hat sich in den Predigten, Gebeten und Gesprächen vielfältig ausgedrückt. Es besteht aber der dringende Wunsch vieler Gemeindemitglieder, dem chilenischen Volk auch Zeichen tätiger Anteilnahme zu vermitteln. Darum wird eine Hilfsaktion für Flüchtlinge aus Chile vorbereitet."

Nicht schweigen!

Gerard Huyghe, Bischof von Arras, Frankreich. „Schweigen gegenüber den Vorgängen in Chile würde uns zu Komplicen der Unterdrücker machen."

Kardinal Paul Gouyen, Erzbischof von Rennes, Frankreich, bringt seine Bestürzung darüber zum Ausdruck, „daß eine auf demokratischem Wege errichtete Regierung durch Gewalt beseitigt werden konnte".

Hilfe für Flüchtlinge

Frau Went, Sekretärin des Ökumenischen Hilfswerks in den Niederlanden, teilt mit, daß die chilenischen Kirchen in enger Verbindung mit dem Weltkirchenrat und den Vereinten Nationen eine chilenische Kommission für Menschenrechte ins Leben rufen wollen. Die Kommission soll auch Mittel und Wege suchen, um den etwa 15 000 politischen Flüchtlingen zu helfen.

USA angeklagt

50 Vertreter von Kirchen und Religionsgemeinschaften der USA: „Washington hat mit der Einfrierung der chilenischen Banknoten und der Lieferung von Waffen im Werte von 30 Millionen Dollar in den letzten drei Jahren gegen die Regierung Allende gearbeitet."

Das Recht auf Leben verlangt

Jesuitenpater Professor Gonzalo Arroyo, einer der Inspiratoren und Theologen der chilenischen Be-

wegung „Christen für den Sozialismus", in einer Rede Mitte November 1973 in Lyon:

„Chile galt in Lateinamerika wohl als Land mit der am weitesten entwickelten Demokratie. Es hatte die längste Tradition politischer Mitbestimmung. Seit dem vergangenen Jahrhundert hatte die Arbeiterklasse nach zahlreichen und harten Kämpfen viele Rechte erhalten. Es herrschte tatsächlich Freiheit, Redefreiheit und politische Freiheit. Daher hatte der Versuch Chiles, in Freiheit den Weg zum Sozialismus zu gehen, so viele Hoffnungen in der Welt geweckt.

Aber jäh wurde dieses Wagnis unterbrochen, durch den wilden und brutalen Schlag des Militärs. Ohne daß die Linke zu bewaffnetem Widerstand aufgerufen worden war, kostete der Militärputsch in unserem Land – so schätzt man – mehr als 20 000 Menschen das Leben; 25 000 bis 30 000, meist unschuldige Männer, Frauen und Kinder wurden getötet. Nunmehr sind dort die fundamentalsten Menschenrechte unterdrückt, nicht nur die Verfassung und die Gesetze, sondern auch das Recht auf Leben, ja auf Überleben.

Der weltweite Kapitalismus hat erneut sein Gesicht gezeigt, das eines weit brutaleren Faschismus, als wir ihn bislang von seinem ersten Auftreten in Brasilien her kannten...

Inzwischen beschleunigen sich fürchterlich die Hinrichtungen, Unterdrückungen, die Linkskatholiken werden verfolgt. Mehr als 100 Priester und Missionare sahen sich gezwungen, das Land zu verlassen. Der Kardinal läßt Rom wissen, die Kirche müsse der Regierung dienen, die das Volk sich gegeben habe. Dem Nein zum unpolitischen Verhalten der Kirche, die keine Politik, sondern eine religiöse Haltung wünscht, bietet die Regierung erneut dieselbe Zusammenarbeit an, die die Kirche vorher der ‚marxistischen Regierung' des Herrn Allende gewährt hatte."

Für dieses Kapitel wurden Nachrichten der Agenturen DPA, AFP, AP, UP, Reuter, TASS und ADN sowie Zeitungen und Pressedienste aus der BRD, DDR, Frankreich, Italien, Großbritannien, den Niederlanden, USA und der Sowjetunion ausgewertet.

In Westberlin kommt es wiederholt zu Solidaritätskundgebungen und -aktionen. Mitglieder der Jungsozialisten, der SPD, der Jungdemokraten, der verschiedensten Studentenverbände, der SEW und der FDJW demonstrieren vereint durch die Straßen der Stadt.

Das Urteil der internationalen Presse

Ein Regime der Angst und des Schreckens

In zahllosen Zeitungsartikeln und Rundfunkkommentaren wird hervorgehoben, daß die demokratischen Rechte und Freiheiten, die in Chile unter der Regierung Dr. Allendes uneingeschränkt gültig waren, durch einen Zustand faschistischer Willkür und Angst vor Verhaftung, Verschleppung, Folter und Exekution ersetzt worden sind. Das Junta-Regime wird als diktatorischer Polizeistaat gebrandmarkt.

Eine Militärdiktatur entsteht

„Süddeutsche Zeitung", 23. September 1973:
„Der Staatsstreich vom 11. September kam zunächst mehr der Okkupation eines feindlichen Staates gleich... Chile bietet am Ende der zweiten Woche nach dem Putsch das Bild einer entstehenden Militärdiktatur."

Herrschaft der Konterrevolution

„The Guardian" vom 24. September 1973:
„Chile erlebt gegenwärtig eine Konterrevolution, viel drastischer und schwerer als die Revolution, die ihr vorausging...
Im Augenblick setzt das Militär sein Vertrauen in den reaktionärsten Sektor der Gesellschaft, in die 20 Prozent, die für die Vertreter der Privatunternehmer, die nationale Partei, stimmen..."

Die Menschen zittern

Der „Stern" am 27. September 1972:
„Angst herrscht in Chile. Wenn abends um acht Uhr die Ausgangssperre beginnt, sind die Hauptstraßen der Hauptstadt leergefegt. Dann zittern die Menschen in ihren Wohnungen, weil sie fürchten, daß die Soldaten kommen. Die ganze Nacht über sind die Salven der Maschinenpistolen zu hören. Mal in der Nähe, mal weiter entfernt. Die Militärs machen Jagd auf jene Zigtausende, die mit dem sozialistischen Präsidenten Allende und seiner Regierung sympathisiert haben."

Blutige Siesta

Unter der Überschrift „Blutige Siesta: Konservative und Faschisten in Chile" konstatiert die „Weltwoche", Schweiz, am 3. Oktober 1973:

„Wer immer sich einmal für den Sozialismus aussprach, sei es nun in einer Arbeiterversammlung, einem Lehrsaal oder einer Bauernversammlung, riskiert nun Denunziation, Hausdurchsuchung, Kreuzverhör auf der Polizeistation und möglicherweise Gefangenschaft in den Garderoben des Nationalstadions, dem Bauch des Dampfers ‚Lebu' oder die Deportation auf die Internierungsinseln im unwirtlichen Süden. Vielleicht kann man sich dann glimpflich davongekommen preisen. Denn in den Slums von Santiago und auf dem Lande draußen gehen die Ordnungsmächte oft viel summarischer vor...
Durch ihr Verhalten säen ihre Soldaten nur die Saat neuer Unordnung. Während sie nach Flüchtigen und Waffen suchen, terrorisieren, vergewaltigen sie und stehlen wie die Raben."

Anklage nur wegen KP-Mitgliedschaft

„Le Monde" am 5. Oktober 1973:
„So wird Luis Corvalán allein wegen seiner Mitgliedschaft zu einer marxistischen Partei des ‚Hochverrats' angeklagt. Corvalán... ist der friedlichste, gütigste und am wenigsten heftigste von allen ehemaligen Führern der Unidad Popular. Es ist ein tragischer Hohn, diesen Intellektuellen, der während seines ganzen Lebens als aktiver Kämpfer das Gegenteil eines Unruhestifters gewesen ist, vor einem Kriegsgericht zu sehen, das ihn ‚im Namen des chilenischen Staates' vor ein Erschießungskommando schicken kann."

Terror gegen die Ärmsten

„Newsweek" vom 8. Oktober 1973 sieht sich veranlaßt, festzustellen, der Terror sei „schon viel weiter gegangen, als die meisten Menschen annahmen":
„...einfache Menschen lernten es, sich davor zu fürchten, daß es Mitternacht an ihrer Tür klopfen würde...
Mit kaum einer Ausnahme stammen die Opfer aus den Poblaciones, den Elendsvierteln an der Peripherie Santiagos, in denen die Hälfte der vier Millionen Einwohner der Stadt lebt. In den drei turbulenten Jahren der Regierungszeit Salvador Allendes schwankten die Armen in den Poblaciones niemals in ihrer Unterstützung für seine Regierung, denn die ‚Rotos' (die Heruntergekommenen, wie sie von den Wohlhabenden verächtlich genannt werden) hatten es niemals so gut. Trotz der steil ansteigenden Inflation verdienten sie genügend Geld, um sich Luxusartikel zu kaufen, von denen sie früher nie geträumt hatten, wie z.B. neue Kleidung, Rundfunk- und Fernsehgeräte sowie Kühlschränke. Das Angebot in den Lebensmittelverteilungsstellen in den Poblaciones war immer gut, während die Regale in den Geschäften anderer Viertel leer blieben. Wahrscheinlich nimmt die Junta an, daß die Poblaciones deshalb, weil sie die Hauptstütze der frühe-

ren Regierung bildeten, durch Terror dazu gebracht werden müssen, sich mit ihrem Sturz abzufinden."

Perfektionierter Terror

Die „Neue Zürcher Zeitung" am 11. Oktober 1973, vier Wochen nach dem blutigen Putsch:
„Was am Vorgehen der Junta unter General Pinochet besonders auffällt, ja in erschreckendem Maße aus dem Rahmen lateinamerikanischer Putsch-‚Dramaturgie' fällt, ist der perfektionierte Terror, den sie entfaltet. Die neuen Machthaber in Chile haben sich zu allem noch den zweifelhaften Ruhm eingehandelt, daß unter ihrem Regime wahrscheinlich zum erstenmal in Amerika Bücher und Schriften Andersdenkender öffentlich auf den Scheiterhaufen geworfen worden sind…"

Mehrheit des Volkes in Opposition

Die „Frankfurter Rundschau" am 25. Oktober 1973:
„Nichts steht mit größerer Gewißheit fest, als daß die Militärs mit ihrem blutigen Putsch und der gnadenlosen Repression die absolute Mehrheit der Bevölkerung in die Opposition getrieben haben. Diese Opposition weist einen außerordentlich hohen politischen Bewußtseinsstand auf, trägt eine lange und schmerzfreie gewerkschaftliche Tradition mit sich und hatte zum Zeitpunkt des Umsturzes einen maximalen Mobilisierungsgrad erreicht.
Unter solchen Voraussetzungen dürfte die angestrebte Normalität schwer zu verwirklichen sein. Chile wird sich nicht ‚brasilianisieren' lassen."

Revanche des Imperialismus

„Meshdunarodnaja Shisn", Sowjetunion, in ihrer November-Ausgabe 1973:
„Das Ziel der Putschisten ist offensichtlich: Sie wollen das chilenische Volk einschüchtern, seine organisierten Formationen – Parteien und Gewerkschaften – zerschlagen und ihre Führer vernichten, um Bedingungen für die Liquidierung der in drei Jahren verwirklichten sozialen Umgestaltungen, für die Wiedererrichtung der Herrschaft der Oligarchie und der Imperialisten im Lande zu schaffen…
Der Putsch in Chile ist keine isolierte Erscheinung, sondern ein weiterer Schritt des Imperialismus, der darauf gerichtet ist, den Prozeß der nationalen und sozialen Befreiung in Lateinamerika aufzuhalten, Revanche für die Niederlagen zu nehmen, die die Monopole der USA in den letzten Jahren in einigen Ländern des Kontinents erlitten haben, diese Länder von der Befreiungsbewegung, von den sozialistischen Staaten zu trennen. Nicht zufällig waren dem Aufruhr in Chile zwei reaktionäre proimperialistische Militärputsche zuerst in Bolivien und dann in Uruguay vorangegangen."

Der reine Faschismus

In Artikeln und Kommentaren wird die Lüge der Junta zurückgewiesen, sie habe eine Entwicklung in Richtung einer „marxistischen Diktatur" verhindern wollen. Anhand der Tatsachen wird das Militärregime als brutale faschistische Diktatur nach klassischen Vorbildern angeprangert, wie sie schlimmer nicht vorstellbar ist.

Wie 1933

„Neues Deutschland" am 13. September 1973:
„Können sich die Generale auf irgendein rechtsstaatliches Prinzip stützen? Nein, sie stützen sich allein auf die Waffengewalt, die ihrem Kommando untersteht. Wo bleibt die Verfassung? Die Putschgenerale haben sie zerrissen. Wo bleibt die Demokratie? Sie haben das Votum der Wähler einfach durchgestrichen. Wo bleiben Moral und Menschlichkeit? Die werden immer dann niedergetrampelt, wenn die reaktionären Kreise der Bourgeoisie im Bunde mit dem ausländischen Imperialismus gegen das Volk zu Felde ziehen und das Volk noch nicht stark genug ist, seine Feinde zu schlagen.
So ist der Imperialismus. Wir selber haben ja mit dem deutschen Imperialismus unsere Erfahrungen machen müssen. Die chilenischen Ereignisse erinnern uns an vieles, was wir im imperialistischen Deutschen Reich erlebt haben."

Gewalt gegen Gesetz

„Le Monde" am 23./24. September 1973:
„Solange die chilenische Rechte glaubte, daß dem Experiment der Unidad Popular durch den Willen der Wähler ein Ende gesetzt würde, hielt sie eine demokratische Haltung aufrecht… Als sie befürchtete, daß… das Spiel der liberalen Institutionen dazu führt, Salvador Allende an der Macht zu belassen und den Sozialismus zu entwickeln, zog sie dem Gesetz die Gewalt vor.
Die Kommune von 1871, der Faschismus der 30er Jahre, die Pressekommentare über den Staatsstreich in Chile zeigen, daß die europäische Rechte unter den gleichen Umständen analoge Reaktionen hätte."

Monopole setzen auf Faschistenjunta

Unter der Schlagzeile „Vor Beginn der zweiten Ausplünderung Chiles" kommentiert das Organ der DKP, „Unsere Zeit", am 2. Oktober 1973:
„Die Militärjunta bemüht sich verzweifelt, mit brutalstem Terror Friedhofsruhe im Lande herzustellen. So sollen die Voraussetzungen geschaffen werden, damit US- und andere ausländische Kapitalisten wieder ins Land strömen…
Jetzt halten sie ihren Tag für gekommen. Noch bevor die USA die Militärjunta in Chile anerkannt

hatte, erhielten die Putschisten von der Interamerikanischen Entwicklungsbank einen Kredit von 65 Millionen Dollar. Nach dem Putsch… erklärte das Junta-Mitglied Gustavo Leigh: ‚Für alles ausländische Kapital, das in Chile einen Platz sucht, werden die Tore offen sein.'"

Minderheit argumentiert mit Kanonen

„Corriere della Sera" am 19. September 1973:
„Wenn die putschenden Militärs sagen, daß sie eingegriffen haben, weil sie es über hatten, eine Minderheit zu beobachten, die ihren Willen der Mehrheit aufzwang, sagen sie das Gegenteil dessen, was wahr ist. Die wahre Minderheit ist die, die Kanonen und Flugzeuge besitzt und nur mit diesen argumentieren kann."

Klassischer Faschismus

Aus dem Leitartikel der Zeitung „Combat" vom 25. September 1973:
„Nichts fehlt: Massenerschießungen, Einkerkerungen, Verhaftungen, Zensur, Verbote, Denunziation, Fremdenhaß, Bücherverbrennungen. Den ersten Augenzeugenberichten aus Chile zufolge, fehlt wirklich nichts in dem klassischen Unterdrükkungsarsenal, das die faschistischen Regimes seit fast einem halben Jahrhundert in Ruhe vervollkommnet haben."

Nach berüchtigtem Vorbild

Der „Vorwärts" der SPD am 27. September 1973:
„Der Putsch vom 11. September war also nicht ein blutiges Intermezzo, sondern der Auftakt zu einer neuen Realität, mit der Chile auf die Linie von Brasilien, Paraguay, Uruguay und Bolivien einschwenken soll."

Nur mit Hitlerfaschismus vergleichbar

Die „Iswestija" am 28. September 1973:
„Das, was jetzt in Chile geschieht, kann man höchstens mit den Machenschaften des Hitlerfaschismus vergleichen… Seit den ersten Tagen seines Auftretens gegen die Verfassung und gegen das Volk zeigte sich das chilenische Militär vor der Nation und der internationalen Öffentlichkeit in faschistischer Aufmachung…"

Hinterhältiges Schachspiel

Die Zeitung „Expreso", Peru, am 1. Oktober 1973:
„Das in Chile erreichte Ziel ist nur ein Zug des blutigen und bisweilen hinterhältigen Schachspiels, der voller Wut und auch mit Geschick von den USA angesichts all der Länder ausgeführt wurde, die vom geopolitischen Standpunkt mit dem Wort ‚Lebensraum' bezeichnet werden können, so wie man es zur Zeit Hitlers gebraucht hatte."

...wie im Dritten Reich

Die Gewerkschaftszeitung „Welt der Arbeit" am 5. Oktober 1973:
„Wo Bücher verbrannt werden, werden auch Menschen verbrannt. Diese Erfahrung haben wir in der unseligsten Epoche der Geschichte unseres Landes, während des sogenannten Dritten Reiches, machen müssen..."

Wer es mit der Wahl nicht schafft, greift zum Mord

Die sozialdemokratische Monatszeitschrift „Neue Gesellschaft" in ihrer Novemberausgabe 1973:
„Wer es mit den Wahlstimmen nicht schafft, greift zum Maschinengewehr, zum Sturzflug auf den Amtssitz des Präsidenten, zur Folter, zum Konzentrationslager, zum tausendfachen Mord. Mord bei Nacht und Nebel, auf offener Straße, Ausrottung. Faschismus. Das ist hier kein linkes Modewort, das ist die Essenz all dessen, was Chilenen seit Wochen Tag um Tag erleben. Der Faschismus ist wieder da mit einer brutalen Vehemenz, die von den ersten Jahren der Naziherrschaft nicht in den Schatten gestellt wird."

Hunger, Arbeitslosigkeit, Inflation

Die Junta „begründete" ihren blutigen Staatsstreich mit der Absicht, Chile vor „wirtschaftlichem Chaos" zu retten. In Wirklichkeit verschärfte sie die wirtschaftlichen Schwierigkeiten, die ihre Hintermänner bereits vor dem 11. September organisiert hatten, um ein Vielfaches. Die Junta stürzte Chiles Volk in Chaos, Elend und Not. Dazu folgende Pressestimmen:

Reaktion schuf Chaos

Kommentar des „Norddeutschen Rundfunks" am 13. September 1973:
„Nun haben Militärs eingegriffen und haben dem Land soziales und politisches Chaos beschert mit dem zynischen Argument, es vom kommunistischen Joch zu befreien... Aber eines hat die leidvolle Geschichte der amerikanischen Beziehungen zur dritten Welt inzwischen mit aller Deutlichkeit gezeigt: Jeder Putsch gegen eine Linksregierung hat das soziale Leid der Unterdrückten ins ungeheure vergrößert."

Die „kleinen Leute" zahlen drauf

Der „Spiegel" am 5. November 1973:
„Doch für viele Chilenen wird es fortan nichts zu la-

chen geben: Denn acht Wochen nach dem blutigen Putsch der Militärs gegen die demokratisch gewählte Regierung des Sozialisten Salvador Allende scheint festzustehen, daß den ‚nationalen Wiederaufbau' vor allem jene Leute bezahlen müssen, die keine Juwelen besitzen und die ihren Kindern auch keine Dollars zu Weihnachten schenken konnten: Arbeiter, Campesinos, Tagelöhner und kleine Angestellte. Denn mit drakonischen Maßnahmen soll Chiles Wirtschaft jetzt auf neuen Kurs gebracht, Allendes Experiment Zug um Zug rückgängig gemacht werden."

Errungenschaften vernichtet

Die „Révolution africaine", Algerien, am 9. November 1973:
„Seit dem Staatsstreich vom 11. September lebt Chile in einem wahren Klima des Terrors. Die Militärjunta ist gewillt, alle Grundinteressen des chilenischen Volkes preiszugeben und so allen Direktiven des amerikanischen Imperialismus Folge zu leisten.
Tatsächlich hat die Junta beschlossen, über tausend Gesellschaften und Fabriken an ihre ehemaligen ausländischen Eigentümer zurückzuerstatten, die von der Regierung der Volkseinheit in den drei Jahren ihrer Amtszeit verstaatlicht worden waren. So machte General Pinochet alle sozialistischen Errungenschaften zunichte, die in den großen Schlachten zwischen 1970 und 1973 gegen die multinationalen Gesellschaften zur Erlangung der ökonomischen Unabhängigkeit errungen worden waren.
Jetzt erlebt Chile, das von den Verbrechen und Untaten der Junta verwüstet ist, wie sich alle die kapitalistischen Gesellschaften ausbreiten, deren Ziel darin besteht, ihre mächtigen Fangarme auszustrecken, um die chilenischen arbeitenden Massen auszubeuten und zu ruinieren."

Die Arbeiter leiden

Die „Financial Times" vom 15. November 1973:
„Die Armen, die unter Präsident Allende bemerkenswert gut essen konnten, dürften große Schwierigkeiten haben, ihren Magen zu füllen. Alles ist drastisch teurer geworden, einschließlich Brot, Speiseöl, Milch und Zucker, Artikel, die die Grundnahrung der Armen darstellen und deren Preise angeblich ‚kontrolliert' werden. Die gesamte Ökonomie wird so rigoros kapitalistisch reorganisiert, wie es seit dreißig Jahren nicht der Fall war."

Schmerzhaft für die Armen

„Business Week" am 17. November 1973:
„Die Junta, die von den Unternehmern generell unterstützt wird, unternimmt auf wirtschaftlicher Ebene Schritte, die sich auf die Armen äußerst

schmerzhaft auswirken. Der Beschluß, das Preis-kontrollprogramm Allendes aufzuheben, hat z.B. dazu geführt, daß in den Geschäften von Santiago zum ersten Mal seit Monaten wieder Verbrauchsgü-ter, Fleisch und Gemüse angeboten werden. Doch die Preise sind erschreckend steil angestiegen."

Strengste kapitalistische Grundsätze

Die „Schweizer Finanzzeitung", am 28. November 1973:
„Vertreter der Großindustrie nehmen in der Regie-rung Schlüsselstellungen als Minister oder Berater ein, und zwei Monate genügten vollauf, die meisten ‚Errungenschaften' der werktätigen Klasse in den drei Jahren Allende-Regime hinwegzufegen. In ei-nem beinahe halsbrecherischen Tempo wurde die Reorganisierung der Wirtschaft an die Hand ge-nommen, und zwar nach strengeren kapitalisti-schen Grundsätzen als je zuvor in den vergangenen dreißig Jahren. Es wird daher kaum überraschen, daß die Geschäftswelt und Industriekreise vor Zu-versicht förmlich überquellen.
Die überbordende Inflation und Rezession, welche das Land momentan heimsuchen, werden als un-vermeidliche Bestandteile der ‚Neuanpassungs-phase' gleichmütig hingenommen, während die Hexenjagd auf die Anhänger des gestürzten Regi-mes damit entschuldigt wird, daß sie leider unum-gänglich sei… Daß die Arbeiter die größten Opfer in der kommenden ‚Gesundungsphase' zu bringen haben, erscheint den neuen Machthabern als selbstverständlich."

José Venturelli

Kapitel V

Bilanz und Urteil

Zahlen und Fakten, Dokumente und Zeugenaussagen, unbestechliche Bilder vom Ort des Geschehens haben gesprochen. Den Schuldigen helfen keine Dementis. Ihnen hilft kein Lügen und kein Leugnen. Die fortschrittliche Welt hat den Tatbestand umfassend aufgenommen, ihn auf Grund der Normen des Rechts und der Moral geprüft und ihr Urteil gefällt:

1. In Chile wurde und wird in Permanenz ein ungeheuerliches Verbrechen gegen die Menschlichkeit begangen. Seit dem gewaltsamen Sturz der rechtmäßig gewählten Regierung der Unidad Popular, seit dem 11. September 1973, wurden und werden die von der UN beschlossenen und garantierten Menschenrechte durch die Militär-Junta des Generals Pinochet Tag für Tag aufs gröbste verletzt. Die Verletzung der Menschenrechte richtet sich nicht gegen einen engen Kreis von militanten Regime-Gegnern, sondern gegen alle Anhänger der Unidad Popular schlechthin, gegen die größte politische und soziale Gruppierung im Lande. Ihre Vertreter wurden für vogelfrei erklärt und werden wahllos zu Zehntausenden verhaftet, verschleppt, gefoltert und ermordet.

2. In Chile wurde und wird ein abscheuliches Verbrechen gegen die demokratischen Grundfreiheiten des Menschen begangen. Der vom Volk frei gewählte Präsident, der sein Amt auf Grund des Volkswillens und im Einklang mit der Verfassung zum Wohle des Volkes ausübte, wurde durch ein Komplott ausländischer und einheimischer

Feinde der Demokratie nicht nur gewaltsam gestürzt, sondern brutal ermordet. Seine durch militärische Übermacht gestürzte Regierung der Volkseinheit, die den größten sozialen Fortschritt in der Geschichte Chiles erreichte, war noch 6 Monate vor dem blutigen Staatsstreich von den Wählern im Amt bestätigt worden. Sie vereinte mit 43,36 Prozent den weitaus größten Anteil an Stimmen auf ihre Kandidaten. Die blutige Junta kann keine einzige Wählerstimme vorweisen.

3. In Chile wurde an die Stelle der parlamentarischen Demokratie und der freien Betätigung der politischen Parteien eine uneingeschränkte Militärdiktatur faschistischer Prägung gesetzt, die ihre Herrschaft nur durch ein Regime totaler Willkür, der Angst und des Schreckens aufrechterhalten kann. Diese totalitäre faschistische Diktatur entfaltet einen Terror, der in seinem Ausmaß und in seinen Formen nur mit dem vom Gericht der Völker verurteilten Terror der Hitlerfaschisten in Deutschland vergleichbar ist. Sie hat den Rechtsbruch zur Gesetzesnorm erhoben.

4. Die Errichtung der militär-faschistischen Diktatur in Chile wurde nur möglich durch eine massive Einmischung imperialistischer Mächte in die inneren Angelegenheiten Chiles, durch eine eklatante Verletzung seiner Souveränität, durch den völkerrechtswidrigen Export der Konterrevolution mit subversiven Mitteln, durch den Bruch der Prinzipien der friedlichen Koexistenz. Die Beseitigung der vom Volk gewählten Regierung Chiles ist das Ergebnis des verschwörerischen Zusammenwirkens großer, zum Teil multinationaler Konzerne – vor allem der ITT, der Kennecott und der Anaconda – mit dem Geheimdienst CIA, dem US-State Department und dem Pentagon. Im Bunde mit der chilenischen Oligarchie haben diese imperialistischen Kräfte alle verwerflichen Mittel angewendet – vom Wirtschafts- und Handelsboykott über Kreditsperren bis zum Einsatz krimineller Methoden einschließlich des Mordes und der Entfesselung militärischer Gewalt.

5. Der vom Ausland inspirierte blutige Umsturz hat dem chilenischen Volk nur Leid und Abbau seiner Errungenschaften, aber nichts Positives gebracht. Er läßt sich durch nichts rechtfertigen und beschönigen. Die Putschisten haben weder die Begründung für sich, sie hätten das Volk „vor einer totalitären Diktatur bewahrt" – denn diese haben sie selbst und niemand anderes errichtet –, noch können sie ihren blutigen Putsch damit begründen, sie hätten „wirtschaftlichen Schwierigkeiten ein Ende gemacht" – denn die größten wirtschaftlichen Schwierigkeiten, grenzenlose Preistreiberei und uferlose Inflation haben sie selbst herbeigeführt. Die einzigen, die von Putsch und Massenmord profitieren, sind die einheimischen Oligarchen und Latifundistas und mehr noch die Kupferkonzerne, die Großbanken und die ITT, die sich ihre Rückkehr freigebombt und freigeschossen

haben. Sie haben die Freiheit uneingeschränkter Ausbeutung des chilenischen Volkes vorübergehend wieder erlangt. In ihrem Interesse und ihrem Auftrag wurde in Chile geputscht und wird in Chile gemordet.

6. Was in Chile geschah und geschieht, ist ein Anschlag auf alle demokratischen und antiimperialistischen Bewegungen in der ganzen Welt, insbesondere auf die nationale Befreiungsbewegung in Latein-amerika, Afrika und Asien. Er trifft ebenso die Demokraten Europas. Die Vorgänge in Chile haben erneut den Beweis erbracht, daß das internationale Finanzkapital vor keinem noch so abscheulichen Verbrechen zurückschreckt, wenn es um die Aufrechterhaltung, Wiederherstellung oder Erweiterung seiner Privilegien und Profite geht. Je größer die Furcht des Großkapitals vor den sich befreienden Völkern wird, desto mehr verstärken sich die Tendenzen seiner aggressivsten und reaktionärsten Gruppierungen zu offen faschistischer Machtausübung.

Chile ist eine Mahnung an das Weltgewissen, der sich niemand entziehen kann. Es ist die Mahnung zu größter Wachsamkeit gegenüber den aggressiven imperialistischen Kreisen, die trotz der positiven Wandlungen in der Welt immer wieder neue Versuche machen, Einbrüche in die Front des Friedens, der Freiheit und des Fortschritts zu erzielen.

Chile ist die unüberhörbare Mahnung an alle fortschrittlichen Menschen, die Solidarität mit den befreiten und sich befreienden Völkern zu verstärken. Es geht um unser aller Sache. Die ganze Welt kann, darf und wird nicht ruhen, bis dem Terror in Chile ein Ende gesetzt ist, bis das chilenische Volk wieder frei atmen und den Weg fortsetzen kann, den es sich erkämpft und gewählt hatte und der von seinen Feinden so grausam unterbrochen wurde.

Menschen aller Hautfarben, Demokraten unterschiedlicher politischer Richtungen und Gläubige aller Bekenntnisse, Liberale und Radikale, Sozialisten und Kommunisten, Arbeiter und Künstler, Bauern und Studenten, Staatsmänner und einfache Bürger vereinen sich in der großen menschlichen Forderung: Freiheit für die chilenischen Patrioten, für Luis Corvalán und alle Anhänger der Unidad Popular! Freiheit, Demokratie und Menschenrechte für das chilenische Volk!

Anmerkungen

1 Vgl. Programa Básico de Gobierno de la Unidad Popular, Santiago 1970.

2 Vgl. zu diesem Abschnitt: Chile – Volkskampf gegen Reaktion und Imperialismus, Ausgewählte Reden des Präsidenten der Republik Chile Salvador Allende Gossens, Berlin 1973; „Der Spiegel", 14. September 1970.

3 Vgl. „Le Nouvel Observateur", 17. Dezember 1973.

4 Vgl. zu diesem Abschnitt: Chile – Volkskampf gegen Reaktion und Imperialismus, a.a.O.

5 Vgl. zu diesem Abschnitt: Chile – Volkskampf gegen Reaktion und Imperialismus, a.a.O.; „Deutsche Volkszeitung", Düsseldorf, 20. September 1973; Chile lebt, Oberhausen 1973; „Der Spiegel", 16. Oktober 1972.

6 Vgl. zu diesem Abschnitt: Chile – Volkskampf gegen Reaktion und Imperialismus, a.a.O., S. 136. Vgl. auch: IPW-Berichte, Berlin, 11/1973; „Stern", 18. April 1971; „Der Spiegel", 9. August 1971; Who owns whom, London 1971/72; Loseblattsammlung, Hoppenstedt & Co, Darmstadt.

7 Vgl. „Deutsche Volkszeitung", 15. April 1971.

8 „Der Spiegel", 9. Juli 1973.

9 „Vorwärts", Bonn, 21. Dezember 1972.

10 Vgl. „die tat", Frankfurt/Main, 2. Dezember 1972. Vgl. auch: Chile-Referat, Antiimperialistisches Informationsbulletin, 11–12/1973, Dokumententeil S. 22–27.

11 Vgl. „Washington Post", 7. April 1972.

12 Ebenda.

13 „Newsweek", 3. April 1972.

14 DPA, 17. September 1973.

15 „Frankfurter Rundschau", 19. September 1973.

16 Chile/Die ITT-Dokumente, Frankfurt/Main 1972, S. 19.

17 Ebenda, S. 143.

18 The Department of State Bulletin, 22. März 1971, Vol. LXIV, No. 1656, S. 362.

19 Ebenda, 3. Mai 1971, Vol. LXIV, No. 1662, S. 567.

20 Statistisches Jahrbuch für die Bundesrepublik Deutschland 1973, S. 317.

21 Statistisches Bundesamt, Wiesbaden, Außenhandel, Reihe 3 (lfd.).

22 Zu den folgenden Angaben und Zitaten vgl.: North American Congress of Latin America (NACLA), New York, 14. September 1973.

23 Claude Julien, Das amerikanische Imperium, Frankfurt/Main 1969, S. 250.

24 Ebenda, S. 250/251.

25 Emil Obermann, Gesellschaft und Verteidigung, Stuttgart, 1971, S. 378.

26 Vgl. Helga Haftendorn, Militärhilfe und Rüstungsexporte der BRD, Düsseldorf 1971, S. 121.

27 „Frankfurter Rundschau", 17. September 1973.

28 „Deutsche Zeitung/Christ und Welt", 2. November 1973.

29 Chile-Referat, Antiimperialistisches Informationsbulletin, 11–12/1973, S. 31.

30 Ebenda, S. 37.

31 AFP, 18. September 1973.

32 „Neue Zeit", Moskau, 42/1972.

33 „Kritische Justiz", Frankfurt/Main, 3/1973.

34 Ist Chile bei uns möglich?, Frankfurt/Main 1973, S. 12.

35 „Kritische Justiz", a.a.O.

36 Ebenda.

37 Ist Chile bei uns möglich?, a.a.O., S. 14.

38 „Deutsche Volkszeitung", 20. September 1973.

39 „Stern", 20. September 1973.

40 „Extra-Dienst", 5. Oktober 1973.

41 Ebenda.

42 „Neue Zeit", 20/1973.

43 Chile-Referat, a.a.O., S. 28.

44 „Die Welt", 31. August 1973.

45 „Neue Zeit", a.a.O.

46 Vgl. „Le Monde Diplomatique", September 1973.

47 „Neue Zeit", a.a.O.

48 „El Siglo", Santiago, 29. August 1973.

49 „L'Humanite", 3. November 1973.

50 Vgl. hierzu besonders: „Neue Zeit", 40/1973.

51 D. Macdonald, The Ford Foundation, The Ran and the Millions, New York 1956, S. 308.

52 W. Kalb, Stiftungen und Bildungswesen in den USA, hrsg. v. Institut für Bildungsforschung in der Max-Planck-Gesellschaft, Berlin 1968, S. 203

53 F. Lundberg, Die Reichen und die Superreichen, Hamburg 1969, S. 294.

54 Vgl. hierzu: Robert G. Garey, The Peace Corps, New York 1970; Longino Becerra, US-Imperialism in Latin America, in: „Political Affairs", New York, 7/1968.

55 A. Pühringer, Die Wichtigkeit der deutschen höheren Schulen im Ausland, in: „Der deutsche Lehrer im Ausland", 3/1961, S. 54.

56 Vgl. Braunbuch, Berlin 1968, S. 248 u. S. 263.

57 „Auslandskurier", Schwäbisch Hall, 2/1972.

58 Festrede des Vorsitzenden des Deutsch-Chilenischen Bundes (Liga chileno-Alemana) vom 19. Mai 1966 in Valdivia aus Anlaß des 50jährigen Bestehens des Bundes. Vgl. „Mitteilungen des Deutsch-Chilenischen Bundes 1966".

59 Vgl. „Dink", 25. Januar 1973; „Neue Kommentare", September 1973.

60 „Condor", 1. Oktober 1970.

61 Ebenda

62 „Condor", 10. Juni 1972.

63 „Der Spiegel", 13. September 1971.

64 „Neue Rhein-Zeitung", 17. Oktober 1963.

65 „Telegraf", 17. Mai 1964.

66 W. Brockdorf, Flucht vor Nürnberg, München-Wels 1969, S. 86.

67 „Extra-Dienst", 28. September 1972.

68 DPA, 19. September 1973.

69 „Süddeutsche Zeitung", 3. Dezember 1973.

70 „Tagesspiegel", 17. November 1973.

71 „Extra-Dienst", 14. September 1973.

72 „Frankfurter Allgemeine Zeitung", 11. Oktober 1973.

73 Vgl. „The Guardian", 22. September 1973.

74 Ebenda.

75 Vgl. „El Mercurio", Santiago, 22. November 1973.

76 „The Financial Times", 15. November 1973.

77 Vgl. „The Guardian", 2. November 1973.

78 C. Cerda, in: „Chile: Testimonio de un Genocidio", Ediciones Suramerica, Bogota, Oktober 1973.

79 AFP, 14. September 1973.

80 „Chile: Testimonio de un Genocidio", a.a.O.

81 AP, 23. September 1973.

82 Prensa Latina, 3. Oktober 1973.

83 „Extra-Dienst", 23. Oktober 1973.

84 „Stern", 27. September 1973.

85 ADN, 9. November 1973.

86 Reuter, 6. Oktober 1973.

87 „Extra-Dienst", 19. Oktober 1973.

88 ADN, 10. Oktober 1973.

89 „El Mercurio", Santiago, 18. September 1973.

90 Ebenda, 12. Oktober 1973.

91 DPA, 15. September 1973.

92 „El Peruano", Lima, 25. Oktober 1973.

93 C. Cerda, in: „Chile: Testimonio de un Genocidio", a.a.O.

94 W. Borowski, Gewöhnlicher Faschismus, in: „Meshdunarodnaja Shisn", Moskau, 11/1973.

95 „Blätter für deutsche und internationale Politik", 11/1973, S. 1235 ff.

Inhalt